파이썬과 코랩기반의

제2판

OpenCV로 배우는 영상처리

Image Processing Learning with Open CV Based on Pyshon&Colab

고병철 | 이덕우 지음

도서출판 그린

Preface

우리는 매일 아침 Facebook, Instagram 등에서 영상 또는 동영상을 보며 '좋아요'를 누릅니다. 또는 남들에게 좋은 영상을 보여주기 위해 스마트폰 앱을 이용해 일명 뽀샵(포토샵 처리)를 합니다. 카메라가 내장된 스마트폰이 보편화되면서 언제, 어디서나 영상 또는 동영상을 촬영하고 스마트폰 앱을 통해 영상을 편집하는 것이 이제 특별한 일이 아닙니다. 편집된 영상은 네트워크를 통해 SNS에 공유됩니다. 과거에는 영상처리에 대한 지식과 프로그램 능력이 있어야만 가능했던 전문적인 일들이 이젠 영상처리에 대한 지식이 없는 일반인도 가능해졌습니다.

과거 10년전만 해도 영상처리의 기본 언어는 단연 Visual C++였습니다. 영상을 불러오고 다양한 영상처리 함수들을 여러 개의 포인터로 메모리를 할당해서 프로그램을 했습니다. 동영상까지 처리해야 한다면 때에 따라서는 이중, 삼중 포인터를 써야 했습니다. 이 경우 복잡한 행렬 연산으로 머리를 싸매고 고민했던 것이 엊그제 같습니다. 물론 OpenCV라는 강력한 라이브러리를 사용하긴 했지만 아무튼 기본 언어는 C++였기 때문에 전문가가 아니면 프로그램을 작성하는 것이 여간 고역이 아니었습니다. 하지만 불과 몇 년 사이에 상황이 많이 바뀌었습니다. 지금은 C++보다는 파이썬 언어가 대세라서 인공지능, 머신러닝, 데이터사이언스 분야에서 파이썬을 쓰지 않으면 프로그램이 불가능할 정도입니다. 물론 영상처리에서도 파이썬과 OpenCV를 사용하면 프로그램의 개발속도를 높일 수 있습니다.

본 교재는 이러한 추세에 맞추어 영상처리 알고리즘을 파이썬과 OpenCV를 이용하여 프로그램하도록 개발되었습니다. 이 교재는 구글의 Colaboratory(코랩)을 활용하여 실습할 수 있도록 작성되었기 때문에, 학생들은 고사양의 PC 없이도 어떤 환경과 장비에서도 구글 드라이브에 접속하여 프로그램을 작성하고 실행을 해볼 수 있습니다.

본 교재의 1장에서는 디지털 영상처리의 개요와 코랩 환경을 구축하는 방법에 대해서, 2장에서는 영상의 표현 방법에 대해 다루고 있습니다. 3장에서는 영상의 산술 및 논리연산을 학습합니다. 4장에서는 영상의 화질 향상기법의 이론을 공부합니다. 5장에서는 영상의 공간적 필터링 기법을 공부합니다. 6장에서는 영상의 특징 검출 기법을 7장에서는 영상의 기하학적 변환에 대해서 공부합니다. 8장에서는 영상의 모폴로지 기법을 공부하고, 9장에는 영상분석 기법을 공부합니다. 10장에서는 영상 분할 방법을 공부하고 11장에서는 앞 장에서 배운 내용을 토대로 영상을 인식하는 기법을 배웁니다. 12장에서는 직선 검출을 위한 허프 변환과 RANSAC알고리즘을 공부하고 13장에서는 영상의 주파수 변환에 대해 배워봅니다.

이 교재는 이론을 설명하고 코드를 직접 실습해보도록 구성되어 있으므로 15주 강의로 적절하게 배분해서 수업을 진행하면 됩니다. 각 챕터별로 제시되는 연습문제에서는 본문에서 다루지 못한 문제나 난이도를 높인 응용문제를 학생 스스로 풀어 볼 수 있도록 하였습니다. 교재의 실습코드는 https://github.com/nniceko/Image-processing에서 내려받을 수 있습니다. 하지만 본인이 학생이라면 교재의 코드를 직접 타이핑해보기를 권합니다.

'Visual C++기반의 의료영상처리 프로그래밍'을 집필했던 10년 전과 지금은 너무도 많은 환경의 변화가 있었습니다. 프로그램 코딩 툴과 개발 환경도 너무 빨리 변합니다. 하지만 확실한 것은 아무리 좋은 라이브러리가 개발되어 코딩하기가 편해졌다 하더라도 기본적인 이론을 모르고서는 새로운 알고리즘을 개발할 수 없다는 것입니다. 지금 이 교재로 공부하는 여러분들도 최대한 영상처리 기본 이론을 습득하고 나서 코딩을 해보십시오. 그리고 반드시 기억해야 할 것은 라이브러리에서 제공하는 함수는 내 것이 아니라는 것입니다. 본인만의 방법으로 영상처리의 새로운 알고리즘을 제안하고 함수로 만들어 보십시오.

부디 이 책을 통해 더 많은 학생이 영상처리와 컴퓨터 비전에 관심을 갖고 우리나라의 영상처리 기술력을 세계적인 수준으로 향상시키는데 일조할 수 있기를 기대합니다.

2024년 08월

저자 고 병 철, 이 덕 우

Contents

제1장 디지털 영상처리 개요 및 코랩(Colab) 환경구축하기 / 11

제2장 영상의 표현 / 35

제6장 영상의 특징 검출 기법 / 155

제7장 영상의 기하학적 변환(Geometry Transform) / 181

제8장 영상의 모폴로지(Morphology) 기법 / 205

제13장 영상의 주파수영역으로의 변환 (Transformation to Frequency Domain) / 329

```
include <stdio.h>

oid main()

  int iValue1, iValue2, iResult;

  printf("WnWn ***** program start

  iValue1 = 20;
  iValue2 = 30;
  iResult = iValue1 * iValue2;

  printf(" %d + %
```

제1장

디지털 영상처리 개요 및 코랩(Colab) 환경구축하기

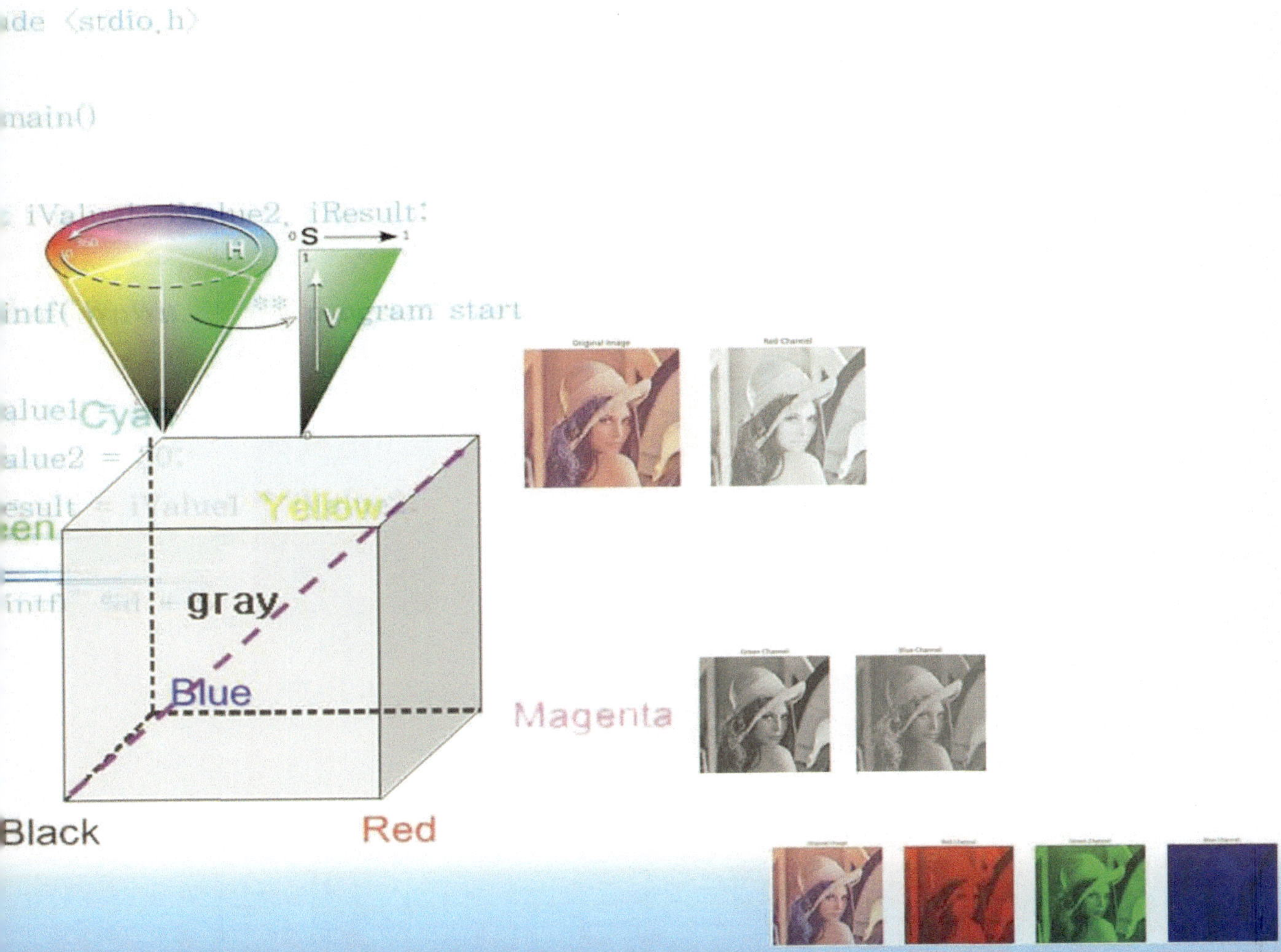

제 1 장 디지털 영상처리 개요 및 코랩(Colab) 환경구축하기

1.1 디지털 영상처리(Digital Image Processing)란?

디지털 영상처리(Digital image processing)란 컴퓨터 알고리즘을 사용하여 디지털 영상에 대한 일련의 정보 처리를 수행하는 학문이다. 디지털 신호처리의 하위분야로, 디지털 영상처리는 입력 자료에 더욱 광범위한 알고리즘을 적용할 수 있게 하고, 처리 도중 발생하는 잡음과 신호 왜곡과 같은 문제들을 방지할 수 있어서 아날로그(analog) 영상처리에 비해 많은 장점이 있다.[1] 카메라에 입력되는 영상은 아날로그 신호이지만 신호는 다시 디지털화 과정을 거쳐 0과 1의 숫자로 이루어진 디지털 영상으로 변환된다.

그림 1과 같이 아날로그 영상을 디지털 데이터로 변환, 가공, 재생하는 전체 시스템을 디지털 영상처리 시스템이라고 부른다. 먼저 영상은 카메라, 스캐너와 같은 디지털 영상 장치로부터 입력된다. 입력된 영상은 카메라의 영상 센서인 포토 다이오드(photodiode, 2차원 평면의 배열형식의 센서)라는 센서에 흡수된다. 포토 다이오드는 피사체에 반사된 빛의 강약에 따라 전기적 신호로 변환되는데 강한 빛은 높은 전압의 신호로, 약한 빛은 낮은 전압의 신호로 변환된다. 전기신호로 변환된 포토 다이오드는 아날로그-디지털 변환기(ADC, Analog-to-Digital Convertor)를 거쳐 디지털 신호로 변환된다.

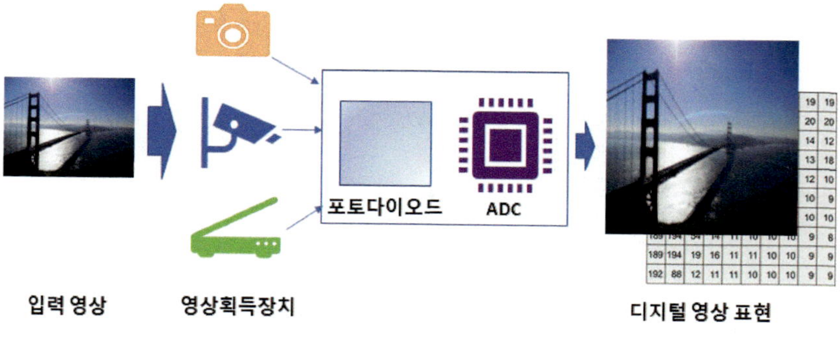

(그림 1-1) 자연영상의 디지털 영상 변환 과정

1) 위키피디아, 디지털 화상처리

아날로그-디지털 변환기(ADC)는 포토 다이오드에 입력된 아날로그 전기신호를 0/1의 디지털 신호로 바꾸어야 한다. 아날로그-디지털 변환기에서는 ① 샘플링(Sampling)과 ② 양자화(Quantization)라는 중요한 두 가지 작업이 필요하다. 두 가지 작업은 아래와 같이 간략하게 설명할 수 있다.

① **샘플링(Sampling)**: 연속적인 아날로그 신호로부터 일정한 간격의 주기로 신호의 강도를 수집하는 것을 말한다. 주기가 짧을수록 보다 선명한 영상을 얻을 수 있고 주기가 클수록 영상의 선명도가 떨어진다. 영상의 픽셀(화소, pixel)수가 많다는 것은 짧은 주기로 신호를 샘플링하는 것을 의미한다. 2차원 영상에서 포토 다이오드는 2D 배열과 같고 각 포토 다이오드의 셀(cell)부터 다음 셀까지의 거리를 샘플링 주기라 할 수 있다. 그림 1-2의 (a)는 1차원 신호에 대한 샘플링 과정을 보여준다.

② **Quantization(양자화)**: 각 샘플링 단계에서 얻어진 신호값을 일정한 범위의 디지털 값으로 매핑시키는 과정이다. 즉, 그림 1-2 (b)와 같이 샘플링을 통해 획득된 데이터(픽셀)에 숫자로 된 값을 할당하는 것이다. 할당되는 숫자의 범위에 따라 여러 양자화 수준(0~255)이 있을 수 있으며, 이 과정을 통해 우리는 각 픽셀에 대한 강도(intensity) 값을 얻을 수 있다.

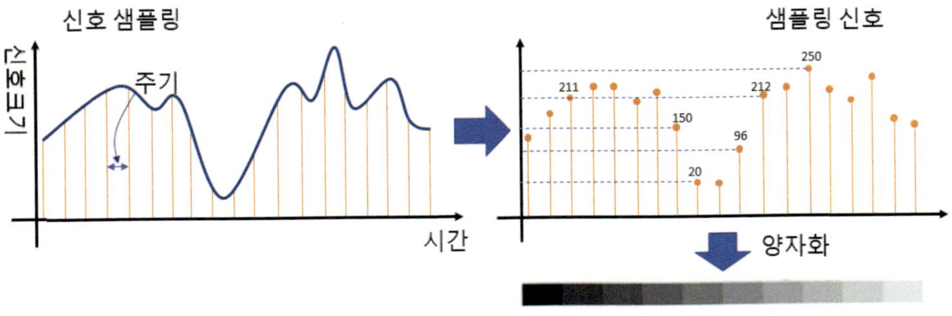

(a) 주기에 따른 신호 샘플링　　(b) 샘플링 된 신호에 대한 양자화 과정

(그림 1-2) 샘플링 및 양자화 과정

그림 1-3은 샘플링 주기 차이에 의한 화질 변화를 보여준다. 1-3 (b)는 1-3 (a) 영상에 비해 샘플링 주기를 3배로 늘려준 경우로 화질이 눈에 띄게 손상될 것을 알 수 있다.

(a) (b)

(그림 1-3) 샘플링 간격에 따른 영상화질의 차이

이번에는 샘플링된 영상에 대해 양자화 수준을 다르게 설정해보자. 양자화 수준은 원 영상에 대해 1픽셀당 비트수를 다르게 할당하여 조절할 수 있다. 그림 1-4 (a)는 1픽셀당 24비트를 할당한 경우이고 1-4 (b)는 8비트, 1-4 (c)는 4비트, 1-4 (d)는 1비트를 할당한 경우이다. 그림과 같이 양자화 수준에 따라 표현할 수 있는 색의 범위가 달라지기 때문에 1픽셀당 비트수가 적을수록 원래의 색과 다른 색으로 표현되는 것을 알 수 있다.

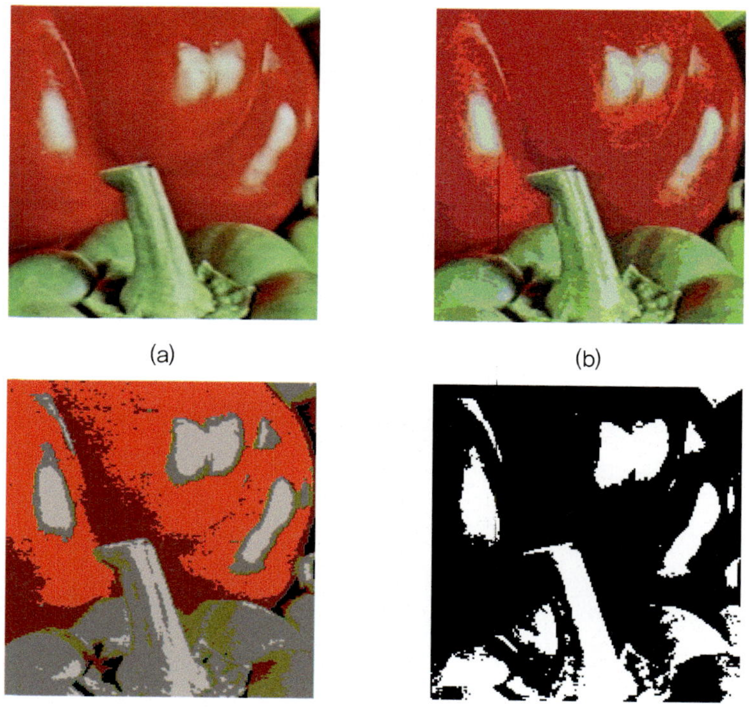

(a) (b)

(c) (d)

(그림 1-4) 양자화 수준에 따른 영상화질의 차이

샘플링 주기와 양자화 수준에 따라 우리는 영상의 크기를 알아 낼 수 있다. 640×480 크기의 영상의 경우 샘플링 주기가 2고 양자화 수준이 1픽셀당 24비트라면, 영상파일의 크기는

> 영상크기 (320×240)×픽셀당 바이트 수 3 (byte)=230,400 byte

가 된다.

최근의 영상획득 장비는 모두 디지털 방식으로 영상을 획득하고 처리하므로 지금부터는 디지털 영상처리라는 용어 대신에 영상처리로 줄여 부르도록 한다.

1.2 영상처리의 기초

1) 영상 픽셀(Pixel, 화소)

영상에서 가장 기본단위는 픽셀(Pixel, 화소)로 텔레비전이나 사진 전송에서, 화면을 전기적으로 나눈 최소 단위 면적이다. 그림 1-5와 같이 영상을 확대해 보면 영상이 픽셀로 구성된 것을 알 수 있다. 이러한 픽셀들은 8비트 그레이 영상으로 표현될 경우 0~255사이의 값을 갖게 된다.

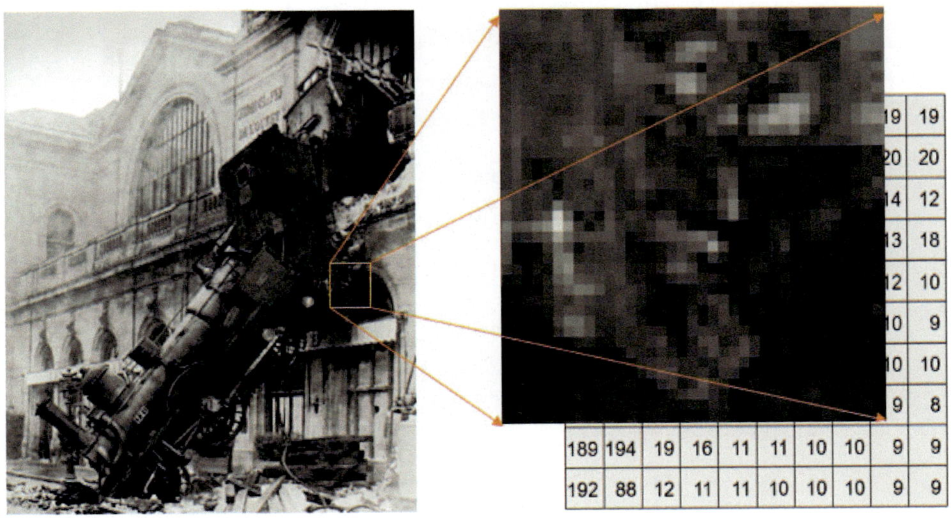

(그림 1-5) 영상과 영상을 구성하는 픽셀의 표현방법[2)]

2) 영상 출처: https://en.wikipedia.org/wiki/Montparnasse_derailment

2) 영상 해상도(Resolution)

영상의 해상도(크기)는 화면에서 표현되는 영상의 픽셀수를 나타내는 기준으로 영상을 표현하는데 '가로×세로'로 몇 개의 픽셀이 사용되었는가 나타낸다. 만약 영상의 해상도가 1024×786이라면 가로 픽셀수가 1024개, 세로 픽셀수가 786개라는 것을 의미한다. 보통 영상 해상도를 표현할 때는 픽셀의 밀도(pixel density)를 나타내는 단위인 ppi(pixel per inch)를 많이 사용한다. ppi는 단어의 의미 그대로 1인치당 몇 개의 화소로 이루어지는지를 나타낸다. ppi는 영상뿐만 아니라 모니터의 해상도 수준을 나타낼 때 사용된다. 반대로 프린터 인쇄물의 해상도를 나타낼 때는 dpi(dot per inch)를 사용한다[3].

그림 1-6은 512×512 크기의 원본영상을 80×80 크기로 축소한 후 확대한 영상과, 원본영상을 170×170 크기로 축소한 후 3배 확대한 영상이다. 그림과 같이 크기가 줄어들면 픽셀 밀도가 떨어져 다시 영상을 확대하더라도 영상의 화질이 손상되는 것을 알 수 있다. 이러한 현상은 영상의 축소비율이 더 클수록 뚜렷이 나타난다.

(a) 원본을 축소(80×80)한 뒤 약 6.4배 확대한 영상 (b) 원본을 축소(170×170)한 뒤 약 3배 확대한 영상 (c) 원본(512×512) 영상

(그림 1-6) 영상 해상도에 따른 화질의 차이

3) 영상 유형(Mode)

영상의 유형은 크게 ① 그레이스케일(Gray scale) 영상, ② 트루컬러(True color)영상으로 나눌 수 있다. 그레이스케일 영상은 색상 정보 없이 오직 밝기 정보로만 구성된 영상으로 1개 화소가 1바이트로 구성되어 있어 색상 표현하는 범위가 2^8인 0~255까지이다. 0은 가장 어두운 검정색을 나타내고 255는 가장 밝은 흰색을 나타낸다.

3) [네이버 지식백과] 해상도 [resolution, 解像度](두산백과)

그림 1-7과 같이 트루컬러 영상은 24비트-트루컬러와 32비트-트루컬러로 다시 나뉘는데, 24비트-트루컬러는 1개 픽셀이(Blue, Green, Red)[4]의 조합으로 구성되며 각각 1바이트씩 할당되어 총 $2^8 \times 2^8 \times 2^8 = 16,777,216$가지의 색상이 표현 가능하다. 이 정도의 색상 수라면 자연에 존재하는 대부분의 색상을 표현할 수 있으므로 트루컬러라고 불린다.

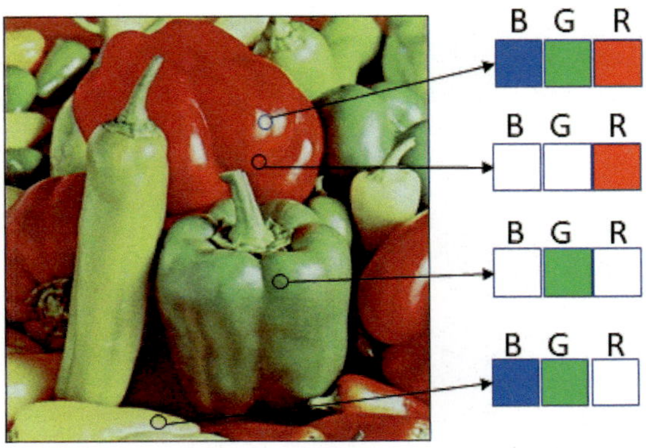

(그림 1-7) 24-비트 트루컬러에서 픽셀별 RGB색상 값의 차이

32비트-트루컬러는(Blue, Green, Red, Alpha)의 4바이트로 구성되는데 알파값은 투명도를 나타낸다. 그림 1-8에서 각 영상유형별로 표현된 영상의 차이점을 확인할 수 있다.

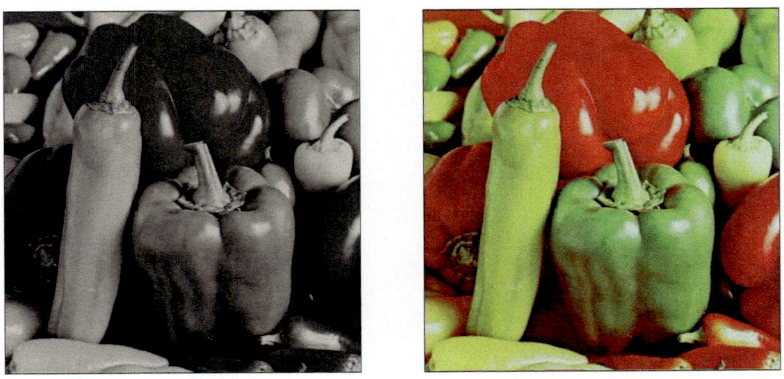

(a) 8비트 그레이스케일 영상 (b) 24비트-트루컬러 영상

(그림 1-8) 영상유형에 따른 영상 색상의 차이

4) 영상 픽셀은 메모리에 Blue, Green, Red 순서로 저장된다.

1.3 영상처리 기법들

디지털 영상은 영상 획득 과정에서 카메라 렌즈나 장비 등의 문제로 인해 잡음이나 회전, 왜곡 등이 발생할 수 있다. 이러한 영상의 문제점들을 다양한 영상처리 기법들을 이용하여 개선할 수 있다. 본 장에서는 우리가 교재에서 배워야할 다양한 영상처리 기법들을 간략하게 살펴보도록 한다. 각 세부 내용들은 교재 전체에 걸쳐 프로그램 코드와 함께 차근차근 살펴보도록 할 것이다.

1) 영상 화질 개선(Image Enhancement) 기법

영상의 화질 개선이란, 영상에 포함된 잡음을 제거, 영상의 밝기 성질의 개선, 영상의 명암 대비(contrast)를 개선, 영상의 선명도 향상 등의 방법들을 포함한다.

(a) (b) (c) (d)

(a) salt & pepper(소금&후추) 잡음이 포함된 영상, (b) 3x3 미디언 필터(median filter)로 화질을 개선한 영상, (c) 영상의 밝기차가 심한 영상, (d) 히스토그램 평활화를 이용해 밝기차를 줄인 영상

(그림 1-9) 영상 화질 개선의 예

2) 영상의 기하학적 변형(Geometric Transformation) 기법

영상의 기하학적 변환이란 영상을 회전, 이동, 크기 변환시키는 기법을 의미하며, 영상획득 시에 발생되는 여러 가지 기하학적 오류를 개선하거나 영상을 효과적으로 분석하기 위해 주로 사용된다.

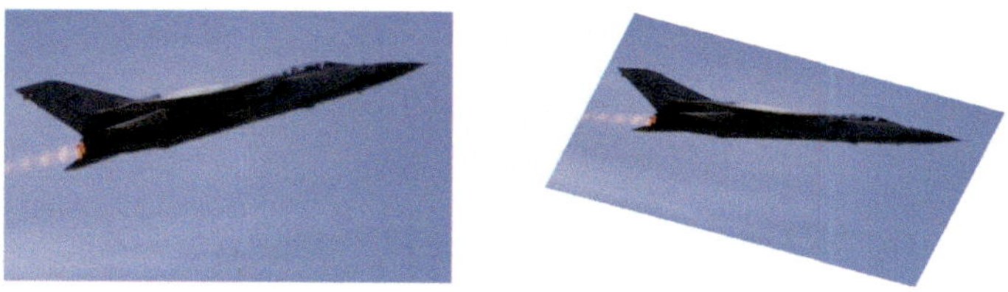

(a) 원 영상 (b) 1/2 축소 및 45도 회전된 영상

(그림 1-10) 영상의 기하학적 변형의 예

3) 영상 변환(Image Transformation)

영상은 보다 효과적인 분석을 위해 다른 형태의 데이터로 변환할 필요가 있다. 가장 대표적인 영상 변환으로는 공간 영역(spatial domain) 상에 존재하는 픽셀을 주파수 영역(frequency domain)으로 변형하는 방법이며, 이를 통해 영상의 명암 변화정도를 나타내는 공간 주파수 정보를 쉽게 파악할 수 있다. 대표적인 영상 변환 기법은 푸리에 변환(Fourier Transform), 이산 코사인 변환(Discrete Cosine Transform), 웨이블릿 변환(Wavelet Transform)등이 있다.

(a) 원영상　(b) 푸리에 변환 결과　(c) 웨이블릿 변환 결과

(그림 1-11) 영상 변환의 예

4) 영상 분석(Image Analysis)

영상으로부터 수치화된 특징을 추출하여 영상을 분류 또는 판독하는 과정을 영상 분석이라고 한다. 영상 분석을 위해서는 영상처리 기술을 이용하여 영상으로부터 특징에 해당하는 질감, 크기, 형태, 윤곽선 등을 찾아야 한다. 이렇게 추출된 영상의 특징들은 추후에 컴퓨터 비전(Computer Vision)이나 패턴인식(Pattern Recognition) 기술을 접목하여 영상 인식(Image understanding)에 사용된다.

(a)　(b)

(a) 소벨(Sobel) 에지 검출기를 적용한 결과 (b) 케니(Canny) 에지 검출기를 적용한 결과

(그림 1-12) 영상 변환의 예

영상분석을 위해 중요한 기법 중 하나는 영역 레이블링(region labeling)으로, 이 방법은 영상을 이진화하여 의미 있는 단위로 그룹화 시키고 이렇게 그룹화 된 영역의 수를 세어 영상 안에 포함된 영역의 개수를 알아내는 방법이다. 예를 들어 그림 1-13과 같이 혈액에서 백혈구 숫자를 카운트해야 하는 영상처리 시스템이 있다고 한다면 영역 레이블링 과정을 통해 쉽게 백혈구 수를 카운트해 낼 수 있다.

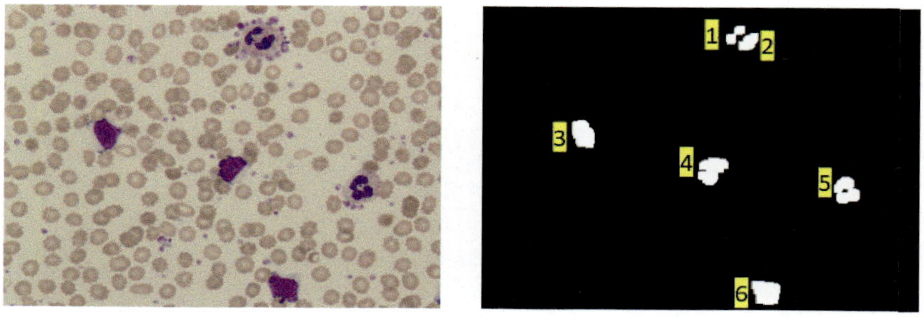

(a) 혈액 영상 (b) 영역 레이블링 알고리즘을 적용한 결과

(그림 1-13) 영역 레이블링의 예

1.4 영상처리 응용 분야

영상처리는 컴퓨터비전(computer vision)이라는 용어와 혼동되어 사용되고 있다. 컴퓨터 비전은 인식(recognition)이라는 개념이 포함된 개념으로 영상처리는 컴퓨터비전의 부분집합으로 보면 될 것 같다. 따라서 영상처리도 인공지능의 여러 전처리 단계로 사용되며 최근 들어 시각인공지능에 대한 발전과 더불어 그 필요성이 더욱 증가하고 있다. 본 장에서는 실제 사용되고 있는 몇 가지 영상처리 기법에 대해서 설명한다.

1) 내용기반 영상 검색 기법(Content-based Image Retrieval)

내용기반 영상 검색이란 의료 영상에 포함된 내용(컬러, 질감, 모양 정보) 등을 추출하여 수치화 하고 이를 데이터베이스에 저장하여 색인화 한 후에, 질의를 텍스트 대신 영상을 선택하여 데이터베이스로부터 유사한 영상을 자동으로 검색해 주는 시스템을 의미한다. 내용기반 영상 검색 기법에서는 영상 내의 색상 분포에 대한 분석, 텍스쳐에 대한 분석, 모양 정보, 크기 정보 등의 다양한 특징들이 영상처리 기법에 의해 추출되고 이를 검색을 위한 데이터베이스로 활용한다. 영상검색과 유사한 연구로 얼굴인식, 지문인식, 행동인식, 정맥인식 등의 연구가 있다.

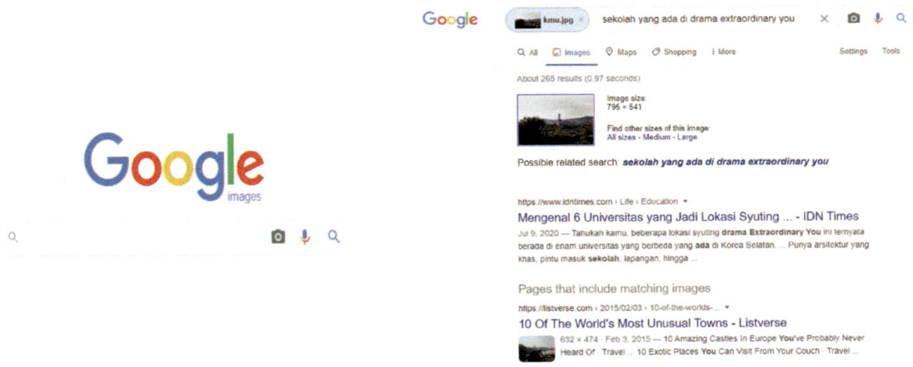

(a) 영상 검색 메뉴 (b) 질의한 영상 검색 결과[5)]

(그림 1-14) 구글의 내용기반 영상검색 예

2) 인공위성 영상분석

인공위성 영상은 대규모지형에 대해 다양한 형태의 센서 정보를 제공하고 이렇게 얻어진 다채널 스펙트럼 영상을 이용한 영상 분석 가능하다는 장점이 있다. 인공위성은 넓은 지역에서 수집된 다양한 센서 정보를 제공함으로 현장에 가지 않고도 넓은 범위의 지형을 효과적으로 분석할 수 있기 때문에 인력과 장비로 인한 유지비용을 획기적으로 줄일 수 있다. 그림 1-15는 위성영상처리의 한 예로, 위성영상에서 강과 호수를 검출하고 검책된 영역의 수질을 측정하는 영상처리 알고리즘의 예이다. 먼저 위성영상에서 하천 영역만을 분리해 내고 색상값의 차이를 이용해 하천에 대해 투명도(Secchi depth)와 Chlorophyll-a와 같은 수질을 자동으로 측정할 수 있다.

(a) (b) (c)

(그림 1-15) 인공위성 영상처리의 예 (a) 위성영상 (b) 하천 영역 검출 (c) 측정된 하천 수질 농도[6)]

---

5) https://www.google.co.kr/imghp?hl=en&tab=wi&ogbl

6) H. H. Kim, B. C. Ko, J. Y. Nam, "Predicting Chlorophyll-a using Landsat 8 OLI Sensor Data and Nonlinear RANSAC Method-A Case Study of Nakdong River, South Korea," Int. J. of Remote Sensing, Vol. 37, Issue 14, pp. 3255-3271, 28 Jun, 2016

3) 의료영상분석 : 백혈구 세포 자동 분류

자동 혈구 분석 검사 항목 중 백혈구감별계수(White Blood Cell Differential Count)는 전체 백혈구(WBC: White Blood Cell) 수에 대한 호중구(Neutrophil), 호산구(Eosinophil), 호염기구(Basophil), 단핵구(Monocyte), 림프구(Lymphocyte)의 분포율을 구함으로써 여러 병증을 판단하는 기초정보를 제공한다. 대부분의 백혈구감별계수 검사는 자동 혈구 분석기를 통해 이루어지고 있으며 이 분석기는 레이저 다각도 편광산란 분리법과 형광 측정법의 원리를 이용하여 혈구를 측정한다. 하지만, 백혈구나 혈소판 관련 분석 결과는 현미경을 통한 말초혈액 도말표본의 육안 관찰이 필요한 경우가 많으며, 실제로 자동 혈구 분석기에서 보통 전체 검사의 20% 이상이 불감지 결과로 나타난다. 이러한 경우 임상의에 의해 일일이 눈으로 구분해야 하는 추가적인 확인 작업의 대상이 된다. 따라서, 이러한 문제점을 해결하기 위해 영상처리를 통해 백혈구를 종류별로 분류하고 분석하여 질병을 예측하기 위한 시스템들이 개발되고 있다.

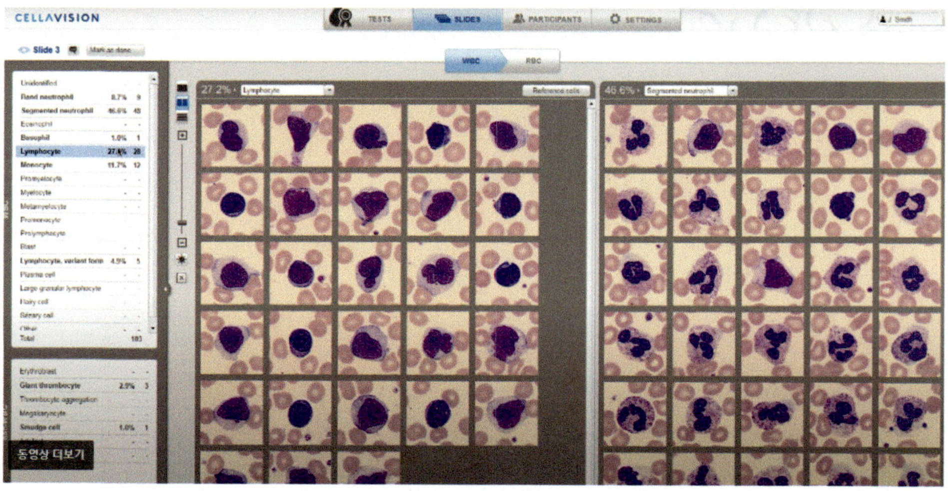

(그림 1-16) 영상처리를 이용한 백혈구감별계수 검사 시스템(CellaVision)[7]

4) 그 밖의 응용 : 화재감지

현재의 화재 경보 시스템은 열, 연기 등의 센서기반 감지기들이 대부분이며, 이들 감지기는 화재가 발생한 후 일정시간이 지나 열이나 연기가 확산되어 센서에 도달해야 비로소 감지가 가능하다. 이러한 방식들은 조기에 화재를 감지하지 못하는 문제점과 넓은 장소와 개방된 공간에서는 그 성능이 떨어지는 단점이 있다. 이에 반하여 카메라를 이용한 화재 감지

7) https://cellavision-proficiency.com/

시스템은 건물 내외에 설치되어있는 감시카메라를 이용하여 구현이 가능하므로 추가적인 비용이 들지 않고, 화재나 연기가 발생할 경우 열이나 연기의 확산을 기다릴 필요 없이 카메라를 통해 원격지에서 즉각적인 감지가 가능한 장점 등이 있다. 따라서 영상처리 기술을 활용하면 불꽃과 연기색상 정보를 통해 대략적인 화재를 감지할 수 있다.

(a) 화재 불꽃 감지

(b) 산불 연기 감지[8)]

(그림 1-17) 카메라 영상을 이용한 화재 감지의 예

1.5 구글 코랩에서 영상처리 환경 설정하기

영상처리프로그램은 C 또는 C++로 작성하는 것이 기본이지만, 한편으로는 실시간 컴퓨터 비전을 처리를 목적으로 만들어진 OpenCV(Open source Computer Vision) 라이브러리를 많이 사용하기도 한다. OpenCV 라이브러리는 영어 그대로 컴퓨터 비전에서 많이 사용되는 알고리즘을 라이브러리화한 것으로 인텔에 의해 처음 만들어 공개되었다. OpenCV는 크로스 플랫폼 라이브러리로서 윈도우즈, 리눅스, Mac 등에서 무료로 사용할 수 있으

8) http://cvpr.kmu.ac.kr

며, 기본적으로 C++로 쓰여져 있지만 C/C++, Python, Java, C#, Ruby 등 여러 언어에 대한 인터페이스 환경을 제공하고 있다. 본 교재에서는 구글 코랩(Colab) 환경에서 OpenCV라이브러리와 파이썬 코드로 영상처리 프로그램을 작성할 것이다. 구글 코랩은 따로 프로그램을 설치할 필요가 없으며 완전히 클라우드에서 실행되는 무료 주피터 노트(Jupyter notebook)환경이다. 이 방법은 크롬과 같은 웹 브라우저를 통해 텐서플로우 코드를 작성, 실행, 분석, 저장 및 공유할 수 있고 구글 클라우드 서버의 강력한 컴퓨팅 리소스를 무료로 이용할 수 있다.

1) 구글 코랩(Colab) 환경 구축하기

구글 코랩(Colaboratory, Colab으로 줄여 부름)은 2017년 10월에 공개되었다. 구글 코랩의 장점은 별다른 설치 없이 웹 브라우저만을 이용해 주피터 노트북으로 작업을 할 수 있고 다른 사용자들과 공유가 쉽다는 점이다. 이러한 이유로 구글 코랩은 현재 연구 및 교육용으로 많이 사용되고 있다. 구글 코랩을 사용하기 위해서는 먼저 구글 계정을 생성해야 한다. 구글 계정을 생성하고 아래 그림 1-18 (a)와 같이 구글 메인 페이지에서 '구글 드라이브(https://drive.google.com/)'에 접속해보자. 구글 드라이브에 접속했다면 그림 1-18 (b)와 같이 메뉴에서 "새로 만들기 " > "더보기" > "Colaboratory"를 클릭한다. 구글 코랩이 설치되지 않았을 경우 그림 1-19와 같이 '연결'을 눌러 코랩을 설치하자.

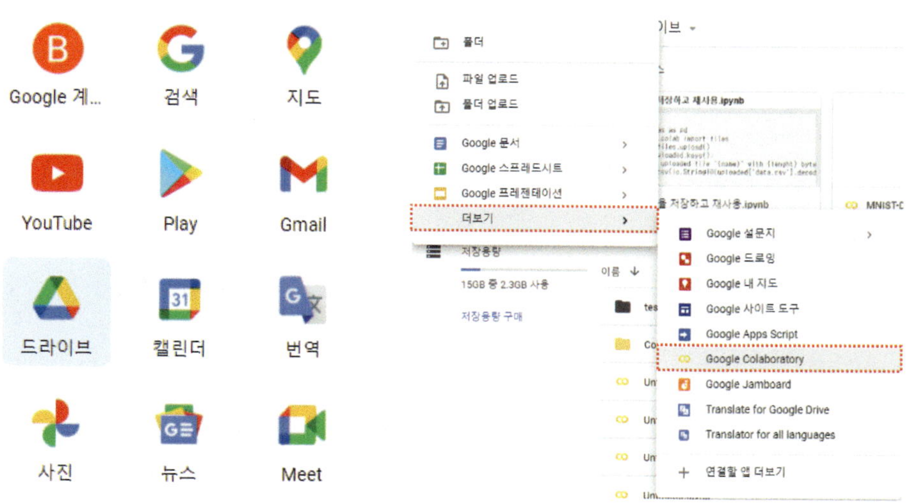

(a) (b)

(a) 구글 홈페이지에서 드라이브 메뉴 선택, (b) 새로만들기 메뉴에서 구글 코랩 메뉴 선택하기

(그림 1-18) 구글 코랩 설치하기

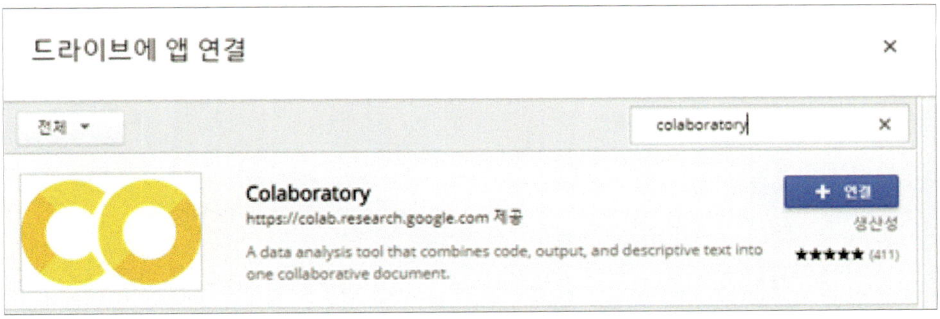

(그림 1-19) + 새로만들기 에서 구글 Corroboratory 생성하기

설치가 끝났다면 + 새로만들기 를 다시 클릭해보자. 그림 1-18 (b)와 같이 코랩을 선택하면 새로운 파일(주피터 노트북)이 생성될 것이다. 구글 코랩에서는 프로그램 개발환경을 위해 주피터 노트북을 기본으로 제공하고 있다. 만약 PC환경에서 파이썬 코딩을 하고 싶다면 아나콘다(Anaconda, https://www.anaconda.com/)와 주피터 노트북(https://jupyter.org/)을 설치하고 IPython 쉘과 주피터 노트북(Jupyter Notebook)을 실행하여 프로그램 하면 된다. 파이썬만 설치되어 있는 경우 'pip' 명령을 통해 필요한 패키지들을 모두 개별 설치해야 하지만 아나콘다를 설치하면 'pip'를 비롯한 'sklearn', 'pandas', 'numpy', 'scipy' 패키지들을 자동으로 설치해 준다.

이제 구글 코랩을 사용하기 위한 기본 준비과정이 끝났다. 먼저 주피터 노트북에서 + 코드 를 클릭하여 새로운 명령창을 만들자. 명령창에서 미리 설치되어 있는 파이썬의 버전을 알아보기 위해 아래와 같이 명령을 입력하고 실행 버튼 ●를 누르자. 현재 구글 코랩에서 사용하고 있는 파이썬의 버전이 아래와 같이 결과값으로 보여질 것이다.

```
!python --version
Python 3.10.12
```

구글 코랩 환경에는 데이터 분석에 자주 사용되는 패키지들이 이미 설치되어 있다. 명령창에 아래와 같은 패키지들을 import 시켜보고 에러가 없다면 문제없이 코랩에서 해당 패키지들을 지원하고 있다는 것을 의미한다. 패키지에는 numpy와 같이 익숙한 명칭도 있지만 그렇지 않은 명칭들이 대부분일 것이다. 모르는 패키지가 있다고 겁을 낼 필요는 없다. 본 교재에서 챕터별로 영상처리를 위해 필요한 패키지들을 소개하도록 할 것이다.

```
import matplotlib.pyplot as plt
import sklearn as sk
import tensorflow as tf
import pandas as pd
import numpy as np
import keras
import scipy
import sympy
import datetime
```

코랩에서는 새로운 패키지 추가를 위해 '!' 와 Shell 명령어를 사용한다. 이제 영상처리를 위해 필요한 OpenCV패키지를 설치해보자.

```
!pip install opencv-contrib-python

Collecting opencv-contrib-python
  Downloading https://files.pythonhosted.org/packages/b7/b9/26ddaf22a96b61f90c80305446db65a44a95273b9bcfa088(
    100% |████████████████████████████████| 31.0MB 1.4MB/s
Requirement already satisfied: numpy>=1.11.3 in /usr/local/lib/python3.6/dist-packages (from opencv-contrib-|
Installing collected packages: opencv-contrib-python
Successfully installed opencv-contrib-python-3.4.4.19
```

코랩을 사용하여 프로그램을 개발할 때 유의할 점이 있다. 코랩의 코드는 계정 전용 가상 머신에서 실행되는데, 이 가상 머신을 구글 드라이브와 연동하면 구글 드라이브에 저장된 데이터나 모델을 불러오거나 저장할 수 있고 필요할 때 로그를 구글 드라이브에 저장할 수 있다. 코랩 노트북에서 구글 드라이브에 연동하는 방법은 아래와 같이 2가지로 나눌 수 있다.

① 구글 드라이브 마운트(mount, 연동) 아이콘( ) 이용하기

먼저 코랩 노트북을 실행시키면 화면 왼쪽에 아래와 같은 아이콘( )을 발견할 수 있다. 이 폴더를 클릭하면 아래 오른쪽 그림과 같이 드라이브 마운트 아이콘( )이 생성된다.

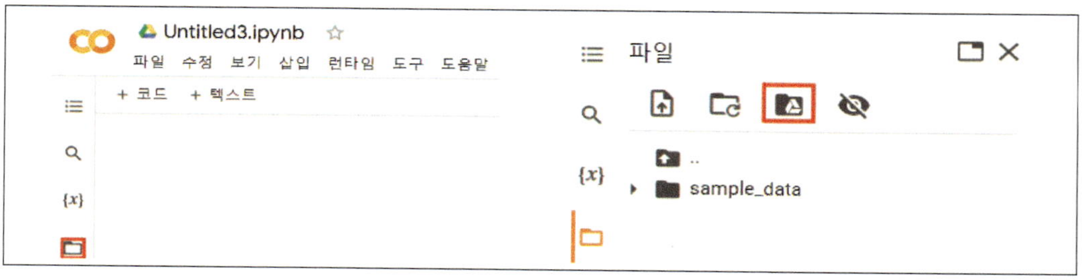

(그림 1-20) 드라이브 마운트 과정

드라이브 마운트 아이콘을 클릭하면 아래와 같이 팝업창이 나타나고 'GOOGLE 드라이브에 연결' 버튼을 클릭하면 구글 드라이브와의 연동이 완료된다.

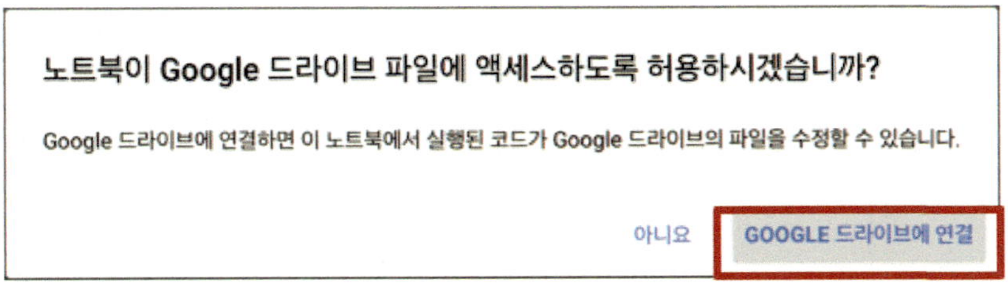

이제 코랩 노트북에서 구글 드라이브의 폴더를 연동해서 볼 수 있으며, 구글 드라이브와 마찬가지로 코랩 노트북 창에서도 새로운 폴더 또는 파일을 생성하거나 삭제할 수도 있다.

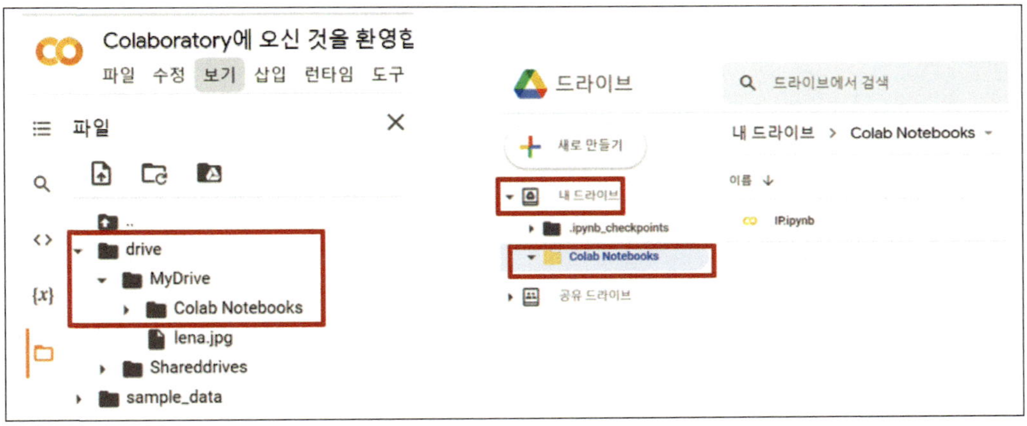

(그림 1-21) 동일한 폴더와 파일을 공유하는 구글 드라이브와 코랩 노트북 창

② 코랩 노트북의 command에 직접 명령어 입력하여 연동하기

아래 코드와 같이 구글의 코랩을 드라이브에 임포트 해주자. 그런 다음 구글 드라이브를 마운트(mount, 연동) 한다 (코랩에서 파일을 읽고 쓰기 위한 구글 드라이브의 기본 경로는 '/content/gdrive').

코드 창을 열고 아래와 같이 코드를 입력해 보자.

```
from google.colab import drive

drive.mount('/content/gdrive')
```

(그림 1-22) 드라이브 마운트를 위한 코드

코드를 실행하면 첫 번째 방법과 동일하게 팝업창이 나타나고 'GOOGLE 드라이브에 연결' 버튼을 클릭하면 구글 드라이브와의 연동이 완료된다. 하지만 명령어를 이용하는 경우는 보다 엄격하게 보안을 체크한다. 따라서 아래와 같이 다시 한번 계정을 선택하도록 창이 나타난다.

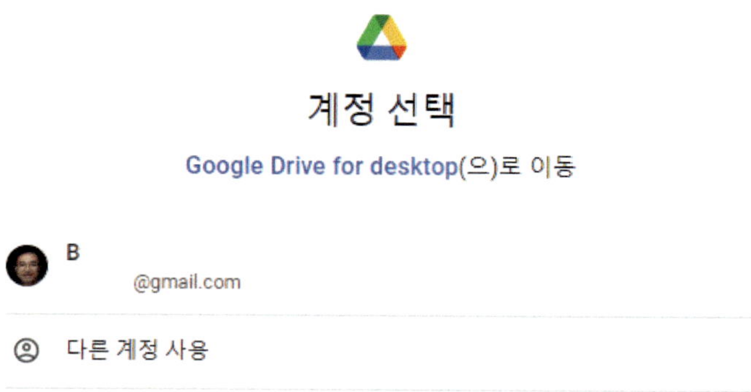

계정을 선택하고 나면 아래와 같이 해당 사용자가 구글 드라이브에 접근을 허용할지를 물어본다. '허용'을 누르면 최종 연동이 완료된다.

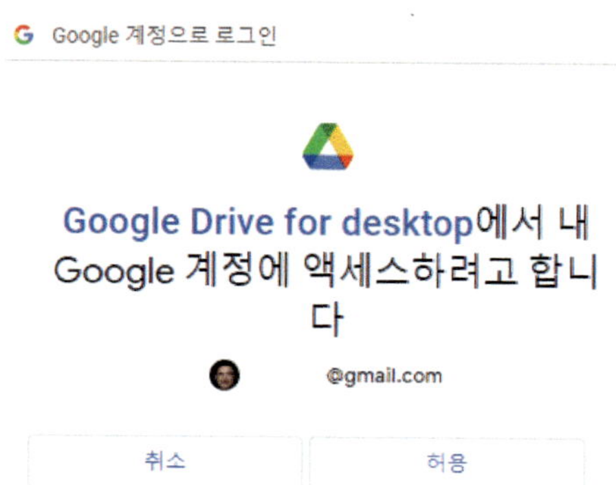

구글 드라이브와 코랩 노트북 연동이 완료되면 아래와 같이 실행 창에 드라이브가 연동되었음을 보여준다.

```
from google.colab import drive
drive.mount('/content/gdrive')

Mounted at /content/gdrive
```

첫 번째 경우와 마찬가지로 이제 코랩 노트북에서 구글 드라이브의 폴더를 연동해서 볼 수 있으며, 구글 드라이브와 마찬가지로 코랩 노트북 창에서도 새로운 폴더 또는 파일을 생성하거나 삭제할 수도 있다.

코랩 노트북에서 구글 드라이브에 있는 파일을 가져오거나 처리된 결과를 구글 드라이브에 다시 저장할 때 계정 확인을 두 번 체크한 ②번의 방법이 문제없이 동작한다. 따라서 실제 파일 연동이 필요한 코드를 작성할 때는 두 번째 명령어를 이용한 구글 드라이브 연동 방법을 추천한다.

2) 구글 코랩 주피터 노트북에서 영상 불러오기

구글 드라이브와 코랩을 사용할 준비가 다 되었다면 코랩 노트북에서 구글 드라이브의 영상파일을 읽고 저장하는 연습을 해보자. 먼저 구글 드라이브에 Image_Processing 폴더를 하나 만들고 lena.jpeg영상을 폴더에 저장하자.

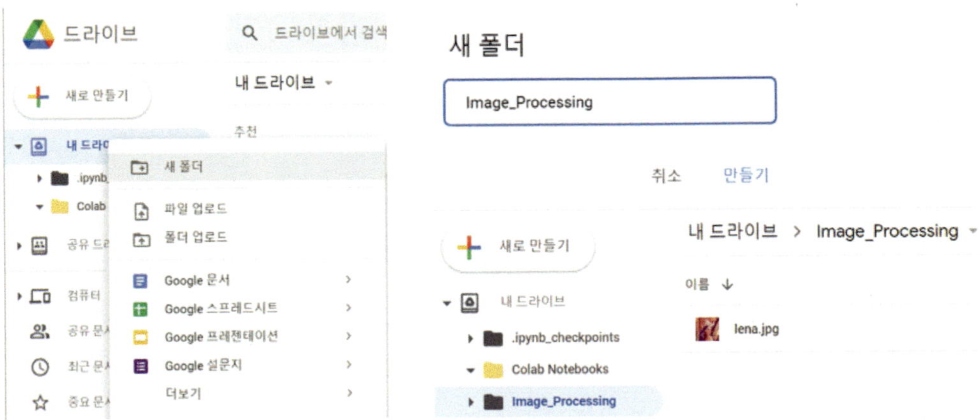

(그림 1-23) 구글 드라이브에 새폴더 만들기와 jpg영상 저장하기

이제 새로운 코드창을 열고 아래와 같이 OpenCV 코드를 입력해보자. 코드에서 '/content/gdrive/My Drive/'까지는 내 구글 드라이브의 표준 경로이고 Image_Processing은 새롭게 만든 폴더이다.

(연습 1-1) 영상 불러오고 저장하기

```
from google.colab.patches import cv2_imshow
from google.colab import drive
import cv2
drive.mount('/content/gdrive')
#영상 불러오기
img = cv2.imread('/content/gdrive/My Drive/Image_Processing/lena.jpg')
#영상 화면에 표시하기
cv2_imshow(img)
#영상을 디렉토리에 새로운 이름으로 저장하기
cv2.imwrite('/content/gdrive/My Drive/Image_Processing/lena2.jpg',img)
```

```
True
```

코드설명

drive.mount(): 코랩에서 구글드라이브에 접근하기 위한 함수이다.

from **google.colab.patches** import cv2_**imshow:**cv2_imshow () 함수는 구글 코랩에서 영상을 출력해주는 전용함수이다. 영상을 표현하는 방법은 cv2.imshow() 함수와 그래픽 전용 라이브러리인 matplotlib를 사용하여 영상을 출력하는 함수가 있다.

cv2.imwrite(): 영상을 지정된 경로에 저장한다.

이제 영상이 제대로 복사되어 구글 드라이브의 Image_Processing 폴더에 그림 1-24와 같이 lena2.jpg 파일로 저장되었는지 확인해보자.

(그림 1-24) 같은 폴더에 생성된 lena2.jpg영상

이제 우리는 코랩과 주피터 노트북 환경에서 OpenCV 라이브러리와 파이썬 코드를 활용하여 영상처리 프로그램을 작성할 수 있는 준비를 모두 끝냈다. 2장부터는 영상처리의 기본 이론과 함께 코랩환경에서 직접 코드를 구현해보도록 하자.

1장 정리

1. 디지털 영상처리(Digital image processing)란 컴퓨터 알고리즘을 사용하여 디지털 영상에 대한 일련의 정보 처리를 수행하는 것이다. 디지털 신호처리의 하위분야로, 디지털 영상처리는 입력 자료에 더욱 광범위한 알고리즘을 적용할 수 있게 하고, 처리 도중 발생하는 잡음과 신호 왜곡과 같은 문제들을 방지할 수 있어서 아날로그(analog) 영상처리에 비해 많은 장점이 있다.

2. 아날로그 영상을 디지털 데이터로 변환, 가공, 재생하는 전체 시스템을 디지털 영상처리 시스템이라고 부른다.

3. 아날로그-디지털 변환기에서는 ① 샘플링(Sampling)과 ② 양자화(Quantization)라는 중요한 두 가지 작업이 필요하다.

4. 샘플링(Sampling)이란 연속적인 아날로그 신호로부터 일정한 간격의 주기로 신호의 강도를 수집하는 것을 말한다. 주기가 짧을수록 보다 선명한 영상을 얻을 수 있고 주기가 클수록 영상의 선명도가 떨어진다.

5. Quantization(양자화)란 각 샘플링 단계에서 얻어진 신호값을 일정한 범위의 디지털 값으로 매핑시키는 과정이다.

6. 영상에서 가장 기본단위는 픽셀(畫素, pixel)로 텔레비전이나 사진 전송에서, 화면을 전기적으로 나눈 최소의 단위 면적이다.

7. 영상의 해상도(크기)는 화면에서 표현되는 영상의 픽셀수를 나타내는 기준으로 영상을 표현하는데 '가로×세로'로 몇 개의 픽셀이 사용되었는가 나타낸다.

8. 영상의 유형은 크게 ① 그레이스케일(Gray scale) 영상, ② 트루컬러(True color)영상으로 나눌 수 있다.

9. 디지털 영상은 영상 획득 과정에서 카메라 렌즈나 장비 등의 문제로 인해 잡음이나 회전, 왜곡 등이 발생할 수 있다. 이러한 영상의 문제점들을 다양한 영상처리 기법들을 이용하여 개선

할 수 있다.

10. 영상의 화질 개선이란, 영상에 포함된 잡음을 제거, 영상의 밝기 성질의 개선, 영상의 명암 대비(contrast)를 개선, 영상의 선명도 향상 등의 방법들을 포함한다.

11. 영상의 기하학적 변환이란 영상을 회전, 이동, 크기 변환시키는 기법을 의미하며, 영상획득 시에 발생되는 여러 가지 기하학적 오류를 개선하거나 영상을 효과적으로 분석하기 위해 주로 사용된다.

12. 영상 변환은 공간 영역(spatial domain) 상에 존재하는 픽셀을 주파수 영역(frequency domain)으로 변형하는 방법이며, 이를 통해 영상의 명암값의 변화정도를 나타내는 공간 주파수 정보를 쉽게 파악할 수 있다.

13. 영상으로부터 수치화된 특징을 추출하여 영상을 분류 또는 판독 하는 과정을 영상 분석이라고 한다.

14. 영상처리 응용 분야에는, 내용기반 영상 검색(Content-based Image Retrieval), 인공위성 분석, 의료영상 분석, 화재 감지 등이 있다.

15. 영상처리프로그램을 하려면 C 또는 C++로 모든 코드를 작성하는 것이 기본이지만, 한편으로는 실시간 컴퓨터 비전을 처리를 목적으로 만들어진 OpenCV(Open source Computer Vision)라이브러리를 많이 사용하기도 한다.

16. 구글 코랩의 장점은 별다른 설치 없이 웹 브라우저만을 이용해 주피터 노트북으로 작업을 할 수 있고 다른 사용자들과 공유가 쉽다는 점이다.

17. 구글 코랩 환경에는 데이터 분석에 자주 사용되는 패키지들이 이미 설치되어 있다. 명령창에 아래와 같은 패키지들을 import 시켜보고 에러가 없다면 문제없이 코랩에서 해당 패키지들을 지원하고 있다는 것을 의미한다.

18. 코랩의 코드는 계정 전용 가상머신에서 실행되는데, 이 가상 머신을 구글 드라이브와 연동하면 구글 드라이브에 저장된 데이터나 모델을 불러오거나 저장할 수 있고 필요할 때 로그를 구글 드라이브에 저장할 수 있다.

연습문제

1. 디지털 영상을 획득하는 과정에서 거쳐야할 샘플링(Sampling)과 양자화(Quantization)과정에 대해 더 자세히 조사해 보자.

2. 영상처리 기법들에 사용되고 있는 알고리즘 중에서 공간도메인(spatial domain)기법과 주파수 도메인(frequency domain)기법의 차이를 알아보자.

3. 책에 소개된 영상처리 응용 분야 외에 2가지(예, 지능형자동차, 보안/감시 시스템)를 찾아보고 설명하라.

4. 연습 1-1에서 구글 라이브러리를 사용하기 위해 필수적인 import 키워드와 from키워드의 차이점을 조사해 보시오.

5. 코랩에서 영상을 출력하기 위해서는 코랩의 cv2_imshow(img), matplotlib.pyplot의 imshow(img), OpenCv의 cv2.imshow(img)를 사용할 수 있다. 각 방법의 차이점을 비교해 보고 각 함수를 이용해서 입력 영상이 출력되도록 연습 1-1의 코드를 변경해 보자.

참고문헌

[1] 위키피디아, 디지털 화상처리
[2] 황선규, OpenCV 4로 배우는 컴퓨터 비전과 머신 러닝, (주)도서출판 길벗
[3] 아나콘다 공식 사이트, https://www.anaconda.com/
[4] 주피터 노트북 공식 사이트, https://jupyter.org/
[5] 고병철, 정미라, 텐서플로우 2.x기반의 인공지능 이론과 실습, 한빛미디어, 2021

제2장

영상의 표현

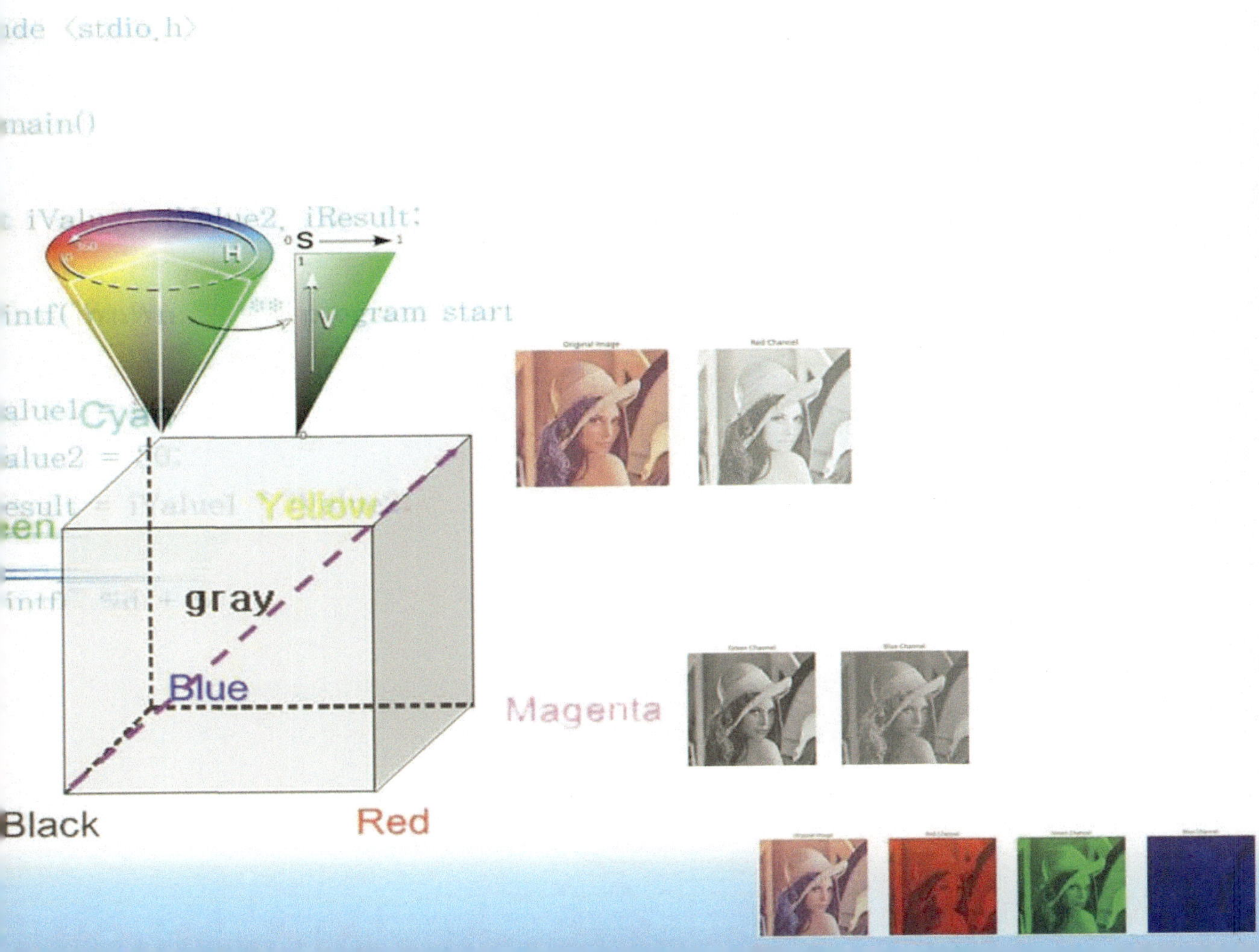

제 2 장 영상의 표현

이번 장에서는 디지털 영상을 표현하는 방법에 대해 배우기로 한다. 먼저 픽셀로 구성된 영상을 표현하기 위한 색상 표현방법 중에서 색상모델의 종류에 대해 공부하고, 영상의 색상을 변화시키는 코드를 연습해 본다. 또한 디지털 영상의 구조에서는 다양한 영상 압축 방식에 대해 소개하도록 한다. 이번 장에서 공부할 내용은 다음과 같다.

- 영상의 색상 표현 방법
- RGB, HSV, YCrCb 색상 모델과 색상모델 변경 방법
- 디지털 영상의 구조
- BMP 영상 저장 방식
- JPEG 영상 저장 방식

2.1 영상의 색상 표현 방법

디지털 영상을 표현하기 위한 색상은 빨강(Red), 파랑(Blue), 녹색(Green)의 3가지 색상의 조합으로 표현된다. 컴퓨터에서는 영상을 표현하기 위해 이 3가지 색상을 조합한 RGB 색상 모델을 사용한다. 색상 모델에는 RGB 색상 모델 이외에도 프린터에서 인쇄를 위해 사용되는 CMY(Cyan, Magenta, Yellow) 색상 모델과 색상, 채도, 명도를 다루어야 하는 시스템에서 사용되는 HSV(Hue, Saturation, Value) 색상 모델, TV방송을 위해 사용되는 YIQ, YCrCb 색상 모델 등이 있다.

1) RGB 색상 모델

RGB 색상 모델은 빛의 3원색인 빨간색(Red), 녹색(Green), 파란색(Blue)의 가산 조합으로 만들어진다. 아래 그림 2-1과 같이 RGB 색상 모델은 모든 색을 길이가 1인 정육면체 내부 좌표로 표시한다. 그림에서 (R=1, G=0, B=0)이면 빨간색을 나타내고, (R=0, G=1,

B=0)이면 녹색을, (R=0, G=0, B=1)이면 파란색을 나타낸다. 좌표축의 원점(0, 0, 0)은 검은색을 나타내며, 대각선 끝점(1, 1, 1)은 흰색을 나타낸다.

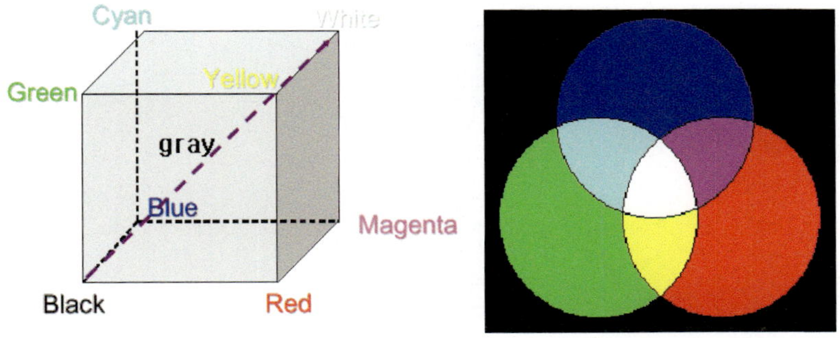

(그림 2-1) RGB 색상 모델 좌표(왼쪽)와 RGB 색상 모델의 가산조합(오른쪽)

그림 2-2는 RGB 색상 모델로 구성된 24비트 영상을 8비트의 Red, Green, Blue 채널로 각각 분할한 영상을 보여준다. 그림에서 보는 것과 같이 Red 채널에서 빨간색만 표현되고 Green 채널에서는 초록색만, Blue 채널에서는 파란색만 표현되는 것을 알 수 있다. 각 색상 채널은 8비트로 구성되어 있음으로 픽셀이 가질 수 있는 색상값의 범위는 0~255이다.

이제 코랩에서 RGB 색상을 R, G, B 채널로 분할하는 연습을 해보자.

(그림 2-2) R, G, B 각 채널로 분할된 영상

(연습 2-1) RGB 컬러 영상을 Red, Green, Blue 3 채널로 분리하기

```
from google.colab.patches import cv2_imshow
import numpy as np
import cv2
import matplotlib.pyplot as plt
from google.colab import drive
drive.mount('/content/gdrive')
#영상 불러오기
origin_img = cv2.imread('/content/gdrive/My Drive/Image_Processing/lena.jpg')
# BGR 채널순서를 RGB 채널로 변경
RGB_img = cv2.cvtColor(origin_img, cv2.COLOR_BGR2RGB)
# R,G,B 채널로 분할하기
Red_img, Green_img, Blue_img = cv2.split(RGB_img)
#그림을 화면에 출력
plt.subplot(1, 4, 1) # 1행 4열에서 1번째 열
#원 영상 출력
plt.title("Original Image")
plt.imshow(RGB_img)
# R채널만 출력
RGB_img[:,:,0] = Red_img
RGB_img[:,:,1] = Red_img
RGB_img[:,:,2] = Red_img
plt.subplot(1, 4, 2) # 1행 4열에서 2번째 열
plt.title("Red Channel")
plt.imshow(RGB_img)
# G 채널만 출력
RGB_img[:,:,0] = Green_img
RGB_img[:,:,1] = Green_img
RGB_img[:,:,2] = Green_img
plt.subplot(1, 4, 3) # 1행 4열에서 3번째 열
plt.title("Green Channel")
plt.imshow(RGB_img)
# B 채널만 출력
RGB_img[:,:,0] = Blue_img
RGB_img[:,:,1] = Blue_img
RGB_img[:,:,2] = Blue_img
plt.subplot(1, 4, 4) # 1행 4열에서 4번째 열
plt.title("Blue Channel")
plt.imshow(RGB_img)
plt.show()
```

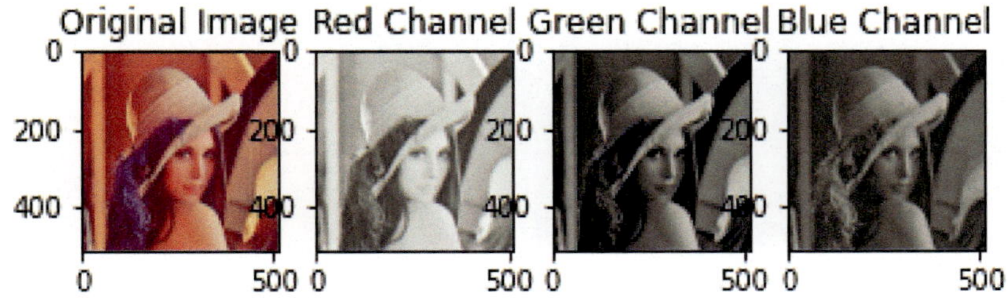

코드설명

`import numpy as np`: NumPy는 Numerical Python의 줄임말로 C언어로 구현된 파이썬 라이브러리로 고성능 수치계산을 위해 만들어졌다. NumPy는 array 단위로 벡터 및 행렬 연산에 있어서 매우 편리한 기능을 제공하며 데이터분석에 사용되는 라이브러리인 pandas와 matplotlib의 기반으로 사용되기도 한다.

`import matplotlib.pyplot as plt`: matplotlib라이브러리의 pyplot 모듈은 여러 그래프 관련 함수를 사용해서 그래프를 만들고 변화를 줄 수 있다.

`RGB_img = cv2.cvtColor(origin_img, cv2.COLOR_BGR2RGB)`: 불러온 영상의 채널 순서를 BGR에서 RGB순으로 바꾼다. 영상은 기본적으로 한 픽셀이 24비트일 때 BGR 순서로 8비트씩 구성되어 있는데 영상처리에서 사용하기 편하도록 RGB순서대로 변화시켜 사용한다. cvtColor 함수에 의해 RGB_img는 영상의 (높이, 너비, 채널수)shape의 배열이 된다. 코드를 구현하고 마우스를 가져다 대면 `ndarray with shape (512, 512, 3)` 와 같이 출력되는 것을 알 수 있다. 결국 512x512x3의 3차원 배열이 있다고 생각하면 된다.

`Red_img[0:512,0:512,1] = 0`: 0~512 높이, 0~512 너비까지, 채널 1번 (1번째 2차원 배열)에 해당하는 값들을 0으로 만든다. 따라서 Green 채널에 해당하는 2차원 배열값은 모두 0이 된다.

`Green_img[:,:,0] = 0` : 영상의 너비, 폭에 아무것도 적지 않으면 디폴트로 0~512(영상 크기)로 세팅된다. 채널 0번 (Red)에 해당하는 2차원 배열값을 모두 0으로 변환한다.

`plt.subplot(1, 4, 1)`: 그림 배치를 위한 테이블과 인덱스를 지정한다. 기본형은 `subplot(nrows, ncols, index, **kwargs)` 이다.

`plt.imshow(RGB_img)`: 영상을 화면에 출력한다. RGB_img는 RGB로 변형된 원 영상이다.

`plt.title("Original Image")`: 영상위에 이름을 출력해준다.

결과영상이 512x512 크기로 출력되지 않았다. 이것은 plt.imshow() 함수가 화면의 해상도에 따라 다르게 영상을 출력하기 때문이다. 따라서 더 큰 영상으로 보기 원한다면 영상의 크기를 아래와 같이 크게 해주고 출력할 수도 있다.

```
plt.figure( figsize=(20,20) )
```

또한 영상에 눈금이 생기는 것을 지우고 싶다면 아래 코드를 추가해주자.

```
plt.axis("off")
```

```
#그림을 화면에 출력
plt.figure( figsize=(20,20) ) # 영상의 크기를 키워주자
plt.subplot(1, 4, 1) # 1행 4열에서 1번째 열 plt.title("First image")
#원 영상 출력
plt.title("Original Image")
plt.imshow(RGB_img)
# R채널만 출력
RGB_img[:,:,0] = Red_img
RGB_img[:,:,1] = Red_img
RGB_img[:,:,2] = Red_img
plt.axis("off")
plt.subplot(1, 4, 2) # 1행 4열에서 2번째 열
plt.title("Red Channel")
plt.imshow(RGB_img)
# G 채널만 출력
RGB_img[:,:,0] = Green_img
RGB_img[:,:,1] = Green_img
RGB_img[:,:,2] = Green_img
plt.axis("off")
plt.subplot(1, 4, 3) # 1행 4열에서 3번째 열
plt.title("Green Channel")
plt.imshow(RGB_img)
# B 채널만 출력
RGB_img[:,:,0] = Blue_img
RGB_img[:,:,1] = Blue_img
RGB_img[:,:,2] = Blue_img
plt.axis("off")
plt.subplot(1, 4, 4) # 1행 4열에서 4번째 열
plt.title("Blue Channel")
plt.imshow(RGB_img)
plt.axis("off")
plt.show()
```

위의 예제에서는 3개의 채널에 모두 같은 하나의 채널을 입력했다. 실제 표현되는 색상과 유사하게 보려면 3개의 채널 중 하나만 목표 색상을 입력하고 나머지는 0으로 변경하는 방법도 있다. 아래 코드로 변경한 후에 결과를 비교해 보자.

```
#원 영상 출력
plt.title("Original Image")
plt.imshow(RGB_img)
# R채널만 출력
RGB_img[:,:,0] = Red_img
RGB_img[:,:,1] = 0
RGB_img[:,:,2] = 0
plt.axis("off")
plt.subplot(1, 4, 2) # 1행 4열에서 2번째 열
plt.title("Red Channel")
plt.imshow(RGB_img)
# G 채널만 출력
RGB_img[:,:,0] = 0
RGB_img[:,:,1] = Green_img
RGB_img[:,:,2] = 0
plt.axis("off")
plt.subplot(1, 4, 3) # 1행 4열에서 3번째 열
plt.title("Green Channel")
plt.imshow(RGB_img)
# B 채널만 출력
RGB_img[:,:,0] = 0
RGB_img[:,:,1] = 0
RGB_img[:,:,2] = Blue_img
plt.axis("off")
plt.subplot(1, 4, 4) # 1행 4열에서 4번째 열
plt.title("Blue Channel")
plt.imshow(RGB_img)
plt.axis("off")
```

```
plt.show()
```

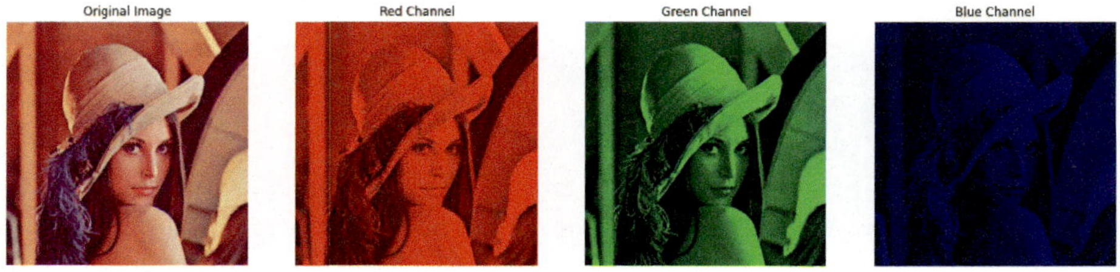

2) HSV 색상 모델

HSV 색상 모델은 RGB 색상 모델이 인간의 색상 정보 체계와는 다르다는 문제점을 해결하고, 인간이 인식하는 색상과 흡사한 색상 모델을 만들기 위해 고안된 색상 모델이다. H는 색상(Hue)을 의미하고, S는 채도(Saturation), V는 명도(Value)를 의미한다. HSV 색상 모델은 그림 2-3과 같이 원뿔 모양으로 표시된다. 색상(H)은 색의 원색을 나타내며 원뿔 둘레를 따라 0~360도의 각도로 표현된다. 0°는 빨간색을 나타내며, 120°는 녹색, 240°는 파란색을 나타낸다. H 값은 색의 종류를 나타내기 때문에 크기는 의미가 없으며 단순한 인덱스(index)를 나타낸다. 채도(S)는 색의 순수도 또는 순수한 색이 흰빛에 의해 희석된 정도의 척도를 0~1사이의 값으로 나타낸다. 원뿔 중심의 채도는 0으로 완전한 흰색이 되며, 원뿔의 가장자리는 1의 값으로 흰색이 전혀 섞이지 않은 순수한 원색이 된다. 명도(V)는 색의 밝기를 나타내며 역시 0~1사이의 값을 갖는다. 명도는 원뿔에서 세로축에 해당되며 가장 아래쪽이 0으로 검정색을 나타내고 가장 위쪽이 1로 흰색을 나타낸다.

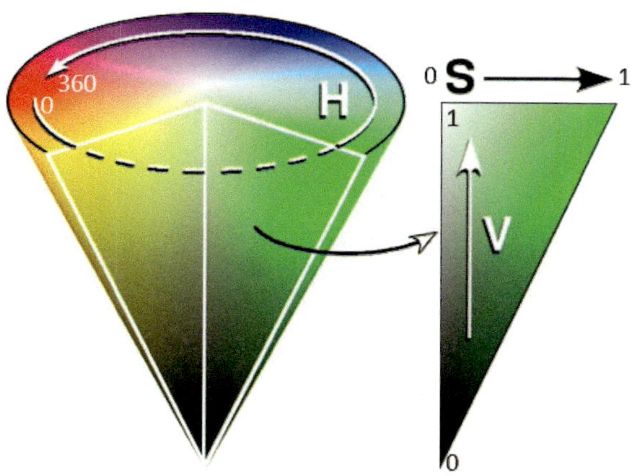

(그림 2-3) HSV 색상 모델 [9]

9) wikipedia.org

RGB 색상 모델을 HSV 색상 모델로 변환하는 식은 아래와 같다. 여기서, R, G, B는 각각 255로 나뉘어 0~1의 범위로 정규화된다. 색상 변환 후 V와 S는 0~1의 범위를 가지고 H는 0~360의 범위를 가진다. H가 0보다 작으면 360을 더하여 최종 H를 구한다.

$$V = \max(R, G, B) \tag{2-1}$$

$$S = \begin{cases} \dfrac{V - \min(R, G, B)}{V} & \text{if } V \neq 0 \\ 0 & \text{if } V = 0 \end{cases} \tag{2-2}$$

$$H = \begin{cases} \dfrac{60(G - B)}{V - \min(R, G, B)} & \text{if } V = R \\ 20 + \dfrac{60(B - R)}{V - \min(R, G, B)} & \text{if } V = G \\ 240 + \dfrac{60(R - G)}{V - \min(R, G, B)} & \text{if } V = B \end{cases} \tag{2-3}$$

$$\text{if } H < 0,\ H = H + 360 \tag{2-4}$$

이렇게 변환된 HSV 값은 각각 최대값이 360, 1, 1의 값을 각각 가지므로 H/360.0 × 255.0, S × 255.0, V × 255.0의 곱을 통해 화면에 표시해야 한다.

그림 2-4는 RGB 색상 모델로 구성된 24비트 영상을 8비트의 H, S, V 채널로 각각 분할한 영상을 보여준다.

(그림 2-4) H, S, V 각 채널로 분할된 영상

이제 연습 2-2를 통해 RGB채널을 HSV채널로 분할하는 프로그램을 실습해 보자.

연습 2-2) RGB 컬러 영상을 H, S, V 채널로 분리하기

```
from google.colab.patches import cv2_imshow
import numpy as np
import cv2
import matplotlib.pyplot as plt
from google.colab import drive
drive.mount('/content/gdrive')
#영상 불러오기
origin_img = cv2.imread('/content/gdrive/My Drive/Image_Processing/lena.jpg')
# BGR채널순서를 RGB채널로 변경
RGB_img = cv2.cvtColor(origin_img, cv2.COLOR_BGR2RGB)
# RGB채널을 HSV채널로 변경
HSV_img = cv2.cvtColor(RGB_img, cv2.COLOR_RGB2HSV)
# H, S, V 채널로 나누기
H_img, S_img, V_img = cv2.split(HSV_img)
#그림을 화면에 출력
plt.figure( figsize=(20,20) ) # 영상의 크기를 키워주자
plt.subplot(1, 4, 1) # 1행 4열에서 1번째 열
plt.title("Original Image")
plt.imshow(RGB_img)
plt.axis("off")
plt.subplot(1, 4, 2) # 1행 4열에서 2번째 열
RGB_img[:,:,0] = H_img
RGB_img[:,:,1] = H_img
RGB_img[:,:,2] = H_img
plt.title("H Channel")
plt.imshow(RGB_img)
plt.axis("off")
plt.subplot(1, 4, 3) # 1행 4열에서 3번째 열
RGB_img[:,:,0] = S_img
RGB_img[:,:,1] = S_img
RGB_img[:,:,2] = S_img
plt.title("S Channel")
plt.imshow(RGB_img)
plt.axis("off")
plt.subplot(1, 4, 4) # 1행 4열에서 4번째 열
RGB_img[:,:,0] = V_img
```

```
RGB_img[:,:,1] = V_img
RGB_img[:,:,2] = V_img
plt.title("V Channel")
plt.imshow(RGB_img)
plt.axis("off")
plt.show()
```

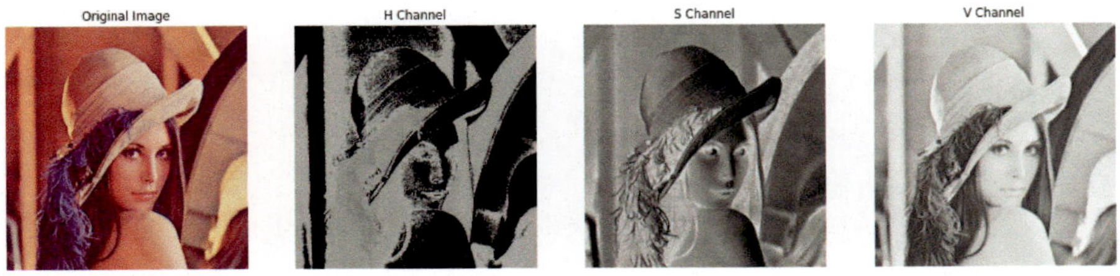

코드설명

HSV_img = cv2.cvtColor(RGB_img, cv2.COLOR_RGB2HSV): 불러온 영상의 채널 순서를 RGB에서 HSV순으로 바꾼다. 따라서 HSV의 shape은 (512, 512, 3)이 되고 (*,*,0)은 H 채널 색상, (*,*,1)은 S채널 색상, (*,*,2)는 V채널 색상이 배정된다.

H_img, S_img, V_img = cv2.split(HSV_img): RGB 채널을 분할하는 것과 다르게 split() 함수를 사용해서 쉽게 각 채널별(8비트씩)로 분할이 가능하다. **split()** 함수를 이용해서 채널을 분리한 경우와 연습 2-1처럼 분할하는 방법의 차이를 연습문제를 통해 알아보자. 반대로 cv2.merge((채널1, 채널2, 채널3))을 이용하여 나눠진 채널을 다시 원래 영상으로 병합할 수 있다.

3) YCrCb 색상 모델

YCrCb 은 영상 시스템에서 사용되는 색공간의 일종이다. Y 는 휘도(luminance) 성분이며 Cr 와 Cb 은 색상의 붉은 정도와 푸른 정도를 나타내는 색차 성분이다. YCrCb 색상 모델은 주로 동영상 압축 표준인 MPEG과 정지영상 압축표준인 JPEG에서 주로 사용되는 색상이다.

RGB에서 YCrCb로 변환하기 위한 공식은 아래와 같다.

$$\begin{aligned} Y &= 0.29900*R + 0.58700*G + 0.11400*B \\ Cr &= 0.50000R - 0.41869G - 0.08131B \\ Cb &= -0.16874R - 0.33126G + 0.50000B \end{aligned} \tag{2-5}$$

수식 (2-5)를 이용하여 색상 변환을 해야 하지만 OpenCV에서는 색상변환 함수를 제공하고 있어서 쉽게 변환이 가능하다. 연습 2-3을 통해 RGB채널을 YCrCb채널로 변경하는 프로그램을 실습해 보자.

연습 2-3) RGB 컬러 영상을 Y, Cr, Cb 채널로 분리하기

```
--------------------영상 읽기 코드 동일-----------------
# BGR채널순서를 RGB채널로 변경
RGB_img = cv2.cvtColor(origin_img, cv2.COLOR_BGR2RGB)
# RGB채널을 YCrCb채널로 변경
YCrCb_img = cv2.cvtColor(RGB_img, cv2.COLOR_RGB2YCrCb)
# Y, Cr, Cb 채널로 나누기
Y_img, Cr_img, Cb_img = cv2.split(YCrCb_img)
--------------------출력 코드 동일--------------------
```

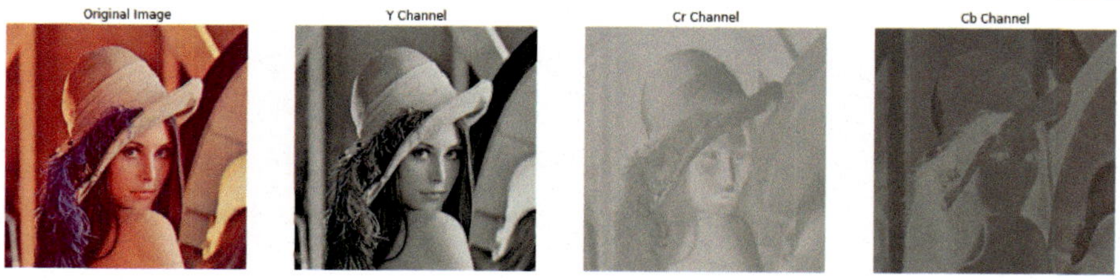

반대로 YCrCb에서 RGB 색상공간으로 역변환하는 공식은 아래와 같다.

$$R = 1.0000*Y + 1.40200*Cr$$
$$G = 1.0000*Y - 0.34414*Cb - 0.71414*Cr \qquad (2\text{-}6)$$
$$B = 1.0000*Y + 1.77200*Cb$$

역변환 수식은 아래와 같이 merge() 함수로도 간단하게 구현할 수 있다. (연습 2-3)의 코드를 수정하여 YCbCr->RGB로 역변환 해보자.

```
YCrCb_img=cv2.merge((Y_img,Cr_img,Cb_img))
RGB_img = cv2.cvtColor(YCrCb_img, cv2.COLOR_YCrCb2RGB)
plt.title("Merged Image")
plt.imshow(RGB_img)
```

4) YIQ 색상 모델

YIQ 색상 모델은 미국 및 한국 등지에서 사용하는 NTSC(National Television Standards Committee) TV 표준에서 사용하는 색상표현 방식으로 밝기를 나타내는 Y(휘도, luminance)와 색상 정보를 나타내는 I와 Q로 구성된다. I는 주황–청색(Orange–Blue)값을, Q는 자주–녹색(Purple–Green)을 나타낸다. RGB 색상 모델을 YIQ 색상 모델로 바꾸는 식은 다음과 같다.

$$
\begin{aligned}
Y&=0.299*R+0.587*G+0.114*B\\
I&=0.596*R-0.275*G-0.321*B\\
Q&=0.212*R-0.523*G+0.311*B
\end{aligned}
\tag{2-7}
$$

이제 RGB채널을 YIQ채널로 변환해 보도록 하자. 아쉽게도 OpenCV에서는 모든 색상 채널변환을 지원하지 않는다. 이제 연습 2-4와 같이 직접 파이썬 코드를 이용해서 YIQ변환 코드를 작성해 보도록 하자.

연습 2-4) RGB 컬러 영상을 Y, I, Q 채널로 분리하기

```
from google.colab.patches import cv2_imshow
import numpy as np
import cv2
import matplotlib.pyplot as plt
from google.colab import drive
drive.mount('/content/gdrive')
#영상 불러오기
origin_img = cv2.imread('/content/gdrive/My Drive/Image_Processing/lena.jpg')
# BGR채널순서를 RGB채널로 변경
RGB_img = cv2.cvtColor(origin_img, cv2.COLOR_BGR2RGB)
# RGB 채널 나누기
R_img, G_img, B_img = cv2.split(RGB_img)
# Y, I, Q_img파일 생성하고 0으로 초기화
Y_img = np.zeros((RGB_img.shape[0], RGB_img.shape[1]),dtype=np.float64)
I_img = np.zeros((RGB_img.shape[0], RGB_img.shape[1]),dtype=np.float64)
Q_img = np.zeros((RGB_img.shape[0], RGB_img.shape[1]),dtype=np.float64)
#for문을 돌며 픽셀값 계산하기
for h in range (RGB_img.shape[0]):
```

```
    for w in range (RGB_img.shape[1]):
      Y_img[h,w] = 0.299*R_img[h,w]+0.587*G_img[h,w]+0.114*B_img[h,w]
      I_img[h,w] = 0.596*R_img[h,w]-0.275*G_img[h,w]-0.321*B_img[h,w]
      Q_img[h,w] = 0.212*R_img[h,w]-0.523*G_img[h,w]+0.311*B_img[h,w]
#그림을 화면에 출력
plt.figure( figsize=(20,20) ) # 영상의 크기를 키워주자
plt.subplot(1, 4, 1) # 1행 4열에서 1번째 열
plt.title("Original Image")
plt.imshow(RGB_img)
plt.axis("off")
plt.subplot(1, 4, 2) # 1행 4열에서 2번째 열
RGB_img[:,:,0] = Y_img
RGB_img[:,:,1] = Y_img
RGB_img[:,:,2] = Y_img
plt.title("Y Channel")
plt.imshow(RGB_img)
plt.axis("off")
plt.subplot(1, 4, 3) # 1행 4열에서 3번째 열
RGB_img[:,:,0] = I_img
RGB_img[:,:,1] = I_img
RGB_img[:,:,2] = I_img
plt.title("I Channel")
plt.imshow(RGB_img)
plt.axis("off")
plt.subplot(1, 4, 4) # 1행 4열에서 4번째 열
RGB_img[:,:,0] = Q_img
RGB_img[:,:,1] = Q_img
RGB_img[:,:,2] = Q_img
plt.title("Q Channel")
plt.imshow(RGB_img)
plt.axis("off")
plt.show()
```

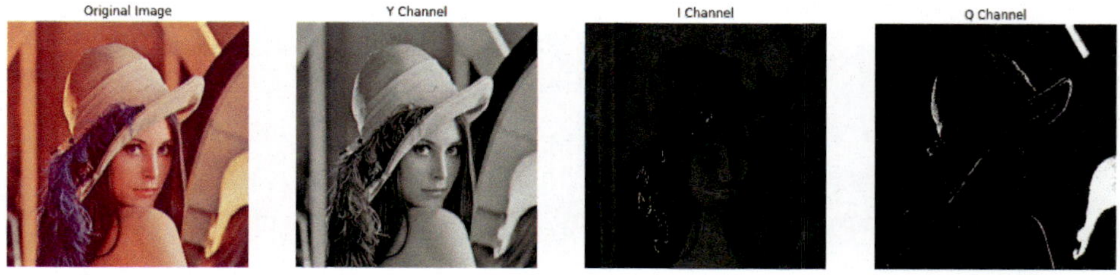

코드설명

`Y_img = np.zeros((RGB_img.shape[0], RGB_img.shape[1]),dtype=np.float64):` `np.zeros()` 함수는 `RGB_img`의 `height(shape[0])`와 `width(shape[1])`의 길이를 가져와 동일한 크기의 배열을 만들고 원소값을 0으로 만든다. 이때 정밀 소수점 연산을 위해 배열의 타입을 `float64(double)`형식으로 지정한다.

`for h in range (RGB_img.shape[0]):`
`for w in range (RGB_img.shape[1]):`파이썬에서 2차원 배열을 다루기 위한 이중 `for`문 처리방식이다.

`Y_img[h,w] = 0.299*R_img[h,w]+0.587*G_img[h,w]+0.114*B_img[h,w]:` 수식에 따라 Y 채널의 각 픽셀을 연산한다. **I, Q**도 동일하게 적용한다.

여기서, Y는 0~255의 범위를 갖고, I는 −152 ~ +152, Q는 −134 ~ +134의 범위를 가지므로 화면에 표시하기 위해서는 I'=(I+152)/304.0×255.0, Q'=(Q+134)/268.0×255.0의 연산을 추가해야 한다. 역으로 YIQ 색상 모델을 RGB 색상 모델로 변환하기 위해서는 아래 수식을 사용한다.

$$\begin{aligned} R &= Y+0.9561*I+0.621*Q \\ G &= Y-0.272*I-0.647*Q \\ B &= Y-1.107*I+1.704*Q \end{aligned} \qquad (2\text{-}8)$$

YIQ영상을 다시 RGB영상으로 역변환하는 과정은 연습문제에서 다루어 보기로 한다.

2.2 디지털 영상의 구조

디지털 영상처리에서 많이 사용되는 영상 파일포맷들은 아래와 같이 나눌 수 있다.

- **RAW 영상:** 영상 구성(configuration)에 대한 헤더(header)정보를 포함하지 않고 영상의 픽셀값만을 가지고 있는 파일이다. 따라서 영상을 처리하기 위해서는 사전에 영상의 가로 및 세로의 크기를 알고 있어야 한다. 무손실 저장방식이며 확장자는 *.raw이다.
- **BMP(bitmap) 영상:** MS에서 윈도우즈 기반 운영체제에서 사용할 목적으로 만든 무손실 영상 저장 방식이다. 이 방식은 영상의 픽셀값을 그대로 저장하는 방식이다. 이 방식은 헤더(header), 팔레트(palette), 픽셀값으로 구성된다.

- **JPEG(Joint Photographic Experts Group):** JPEG 영상 저장 방식은 정지 영상을 위해서 만들어진 손실 압축 방법 표준이다. 압축률에 따라 영상의 파일 크기를 크게 줄일 수 있지만 그만큼 영상 화질의 손상이 있다. JPEG를 사용하는 파일 형식들은 보통 JPEG 영상이라 불리며, .jpg, .jpeg 등의 확장자를 사용한다.
- **PNG(Portable Network Graphics)[10]:** 최근 소셜 미디어나 고화질 그래픽이 필요한 사진 포트폴리오등에서 많이 사용되는 파일 형식이다. PNG파일 형식의 가장 큰 장점은 다양한 색과 투명 백그라운드를 지원한다는 것이다. BMP와 같이 무손실 압축방식을 사용하므로 영상의 세부 손실이 전혀 없고 JPEG보다 고품질의 영상을 저장할 수 있다. 무손실 압축이므로 영상이 선명한 장점이 있지만 파일 크기가 커지는 단점이 있다.

이 밖에도, GIF, PCX, TIF, PGM 등등의 다양한 영상 저장 방식이 있지만, 본 교재에서는 대표적인 무손실 압축방법인 BMP형식과 손실 압축방법인 JPEG형식에 대해서만 구조를 간단히 살펴보도록 한다.

1) BMP 영상 저장 방식

비트맵(bitmap)방식은 마이크로소프트 윈도우즈에서 사용할 목적으로 만들어진 디지털 영상 저장 포맷이다. 기본적으로 1~24비트의 색을 표현할 수 있지만 알파 채널(Alpha channel)을 포함한 32비트 포맷이 사용되기도 한다.

BMP는 장치 의존 비트맵(DDB: Device Dependent Bitmap)과 장치 독립 비트맵(DIB: Device Independent Bitmap)으로 나뉜다. DDB는 모니터(출력 장치)에 나타나는 영상이 모니터의 화면에 설정된 값에 의해 출력되는 방식이다. DIB는 출력 장치의 설정이 달라지더라도 자신의 비트맵 값이 그대로 출력되도록 하는 방식으로 대부분의 BMP파일은 DIB방식으로 저장되어 있다.

일반적으로 쓰이는 BMP는 다음의 데이터 블록을 담고 있다. BMP를 비롯하여 PNG와 같은 무손실 압축 파일 형식은 대부분 BMP와 유사한 파일 헤더를 가지고 있다.

- **BMP 헤더:** BMP 파일에 대한 일반 정보를 담고 있다.
- **비트맵 정보(DIB 헤더):** 비트맵 그림에 대한 자세한 정보를 담고 있다.
- **색 팔레트:** 인덱스 컬러 비트맵에 쓰이는 색의 정의를 담고 있다.
- **비트맵 데이터:** 픽셀 단위의 실제 그림을 담고 있다.

10) https://www.itworld.co.kr/news/98431

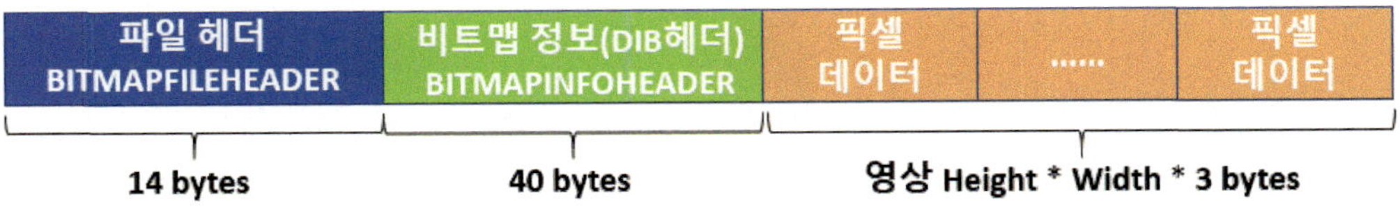

(그림 2-5) BMP 파일의 구조, BMP 영상의 크기가 100 x 100영상이고 24비트 트루 컬러를 갖는다면 영상의 파일 크기는 30,054 바이트이다(14+40+(100*100*3)).

BMP헤더는 BITMAPFILEHEADER 구조체로 표현된다.

```
typedef struct tagBITMAPFILEHEADER
{
   WORD    bfType;  // "BM"이라는 글자가 설정됨 (16진수 0x42 or 0x4D)
   DWORD   bfSize;  // 비트맵 파일의 전체 크기 (바이트 단위)
   WORD    bfReserved1;  // 예약변수(0으로 설정함)
   WORD    bfReserved2;  // 예약변수(0으로 설정함)
   DWORD   bfOffBits;    // 파일에서 비트맵 데이터가 있는 위치 (바이트 단위의
                            시작 주소)
} BITMAPFILEHEADER;
// 총 14 BYTES = 2+4+2+2+4 (byte)
```

비트맵 정보는 BITMAPINFOHEADER 구조체로 표현되며, 가로와 세로의 크기, 색상 수 등의 비트맵 자체의 정보를 담고 있다.

```
typedef struct tagBITMAPINFOHEADER
{
   DWORD biSize;  // 이 구조체를 저장하기 위해 필요한 바이트 수
   LONG biWidth;  // 비트맵의 가로 크기 (픽셀단위)
   LONG biHeight;  // 비트맵의 세로 크기 (픽셀단위)
   WORD biPlanes;  // 비트맵을 화면에 보여줄 때 필요한 Plane수(1로 설정함)
   WORD biBitCount;  // 한 픽셀 당 비트수 (1,4,8,16,24,32)
   DWORD biCompression;  // 압축 유무 플래그(압축하지 않으면 BI_RGB)
   DWORD biSizeImage;  // 영상 데이터의 크기를 바이트 단위로 표시
   LONG biXPelsPerMeter;  // 미터 당 가로 픽셀 수 (영상의 가로 해상도)
   LONG biYPelsPerMeter;  // 미터 당 세로 픽셀 수 (영상의 세로 해상도)
   DWORD biClrUsed;  // 그림에서 실제 사용되는 컬러 수
   DWORD biClrImportant;  // 중요하게 사용되는 컬러
} BITMAPINFOHEADER;
// 총 40 BYTES = 4+4+4+2+2+4+4+4+4+4+4 (byte)
```

위 구조체에서 biCompression과 biSizeImage 필드는 0이 될 수 있다. 또한 biCluUsed가 0이면 biBitCount에서 지정한 색상수를 모두 사용하는 것을 나타낸다. 따라서 이 필드는 일반적으로 0을 갖는다. biBitCount가 8이면 그레이 영상으로 $2^8 = 256$ 색상을 갖고, 24라면 $2^{24} = 16,777,216$의 색상을 사용하는 영상이다. biClrImportant필드는 비트맵을 화면에 표현하기 위해 필요한 색상 인덱스의 수를 나타내며, 0이면 모든 색상이 필요함을 나타낸다. 이 값 또한 일반적으로 0의 값을 갖는다.

우리가 일반적으로 사용하는 BMP는 24비트 트루컬러(biBitCount=24)이다. 따라서 비트맵 1 픽셀은 3바이트로 8비트씩 파랑(B), 초록(G), 빨강(R) 순서로 저장된다. 우리가 이전에 프로그램했던 파이썬에서도 load했던 영상파일들의 RGB순서가 아닌 BGR순서로 배치된 것을 알 수 있었다. 영상 출력에 사용했던 plt.imshow() 함수에서는 RGB순서로 영상을 출력하기 때문에 만약 이 함수로 영상을 출력하려면

```
RGB_img = cv2.cvtColor(origin_img, cv2.COLOR_BGR2RGB)
```

과정을 거쳐 색상 채널 순서를 재배치해야 한다.

2) JPEG 영상 저장 방식

JPEG 저장 방식은 총 4개의 과정을 거쳐 압축이 이루어진다. 첫 번째 단계로 픽셀의 RGB 성분을 우리가 이전에 배웠던 YCrCb 성분으로 변화시킨다. Y는 휘도(luminance) 성분이며 Cr와 Cb은 색상의 붉은 정도와 푸른 정도를 나타내는 색차 성분(chroma components)이다. 사람은 색상의 변화보다는 밝기 변화에 더 민감하기 때문에 색상변환 후에 각 색상별로 압축률을 다르게 적용한다. 따라서 Y채널은 그대로 두고 Cr과 Cb 채널은 압축률에 따라 선택되는 픽셀의 개수를 줄인다. 이러한 과정을 크로마서브샘플링(chroma subsampling, down sampling)이라고 하며, 자세한 과정은 그림 2-6과 같다.

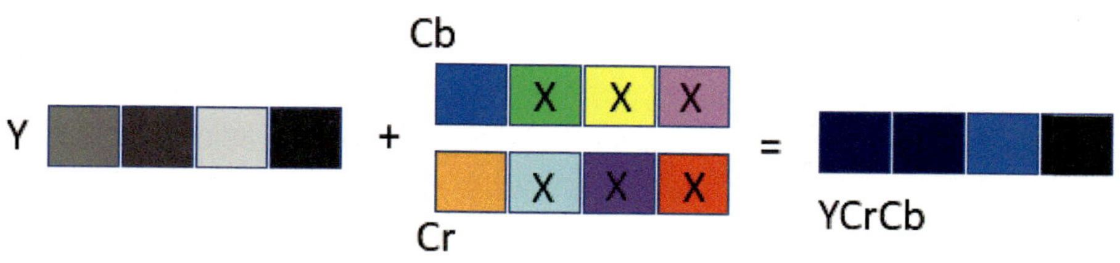

(그림 2-6) 샘플링이 4(Y):1(Cr):1(Cb)인 경우의 색상결합 예. 이 경우 동일한 4개의 픽셀을 만들기 위해 Y채널은 그대로 유지되고 Cr, Cb는 1개씩만 Y색상에 결합된다. 복원후의 색상값은 원래픽셀의 색상값과 다르다.

두 번째로 DCT(Discrete Cosine Transform, 이산코사인변환)변환과 양자화(quantization)를 적용한다. 저주파(평면) 성분이 손실되면 변화가 크게 눈에 띄고(압축을 심하게 했을 경우 영상에 블록이 생기는 것을 생각하자) 반대로 고주파(테두리 영역)은 손실되더라도 변화가 크게 인식되지 않다는 사실에 기반하여 저주파 성분은 유지하면서 고주파 성분을 줄이는 방법을 DCT라 한다. 영상을 각각 8×8블록으로 자르고 각각의 블록에 DCT변환을 수행하면 공간영역에서 주파수영역으로 변하면서 좌측 상단에는 저주파 성분이 배치되고 우측 하단에는 고주파 성분이 배치된다. DCT변환된 행렬에서 최상위(0,0) 위치의 계수를 DC라고 부르고 나머지 계수들을 AC라고 부른다.

DCT변환 후에 고주파 성분을 제거하기 위해 양자화 과정을 거친다. 이를 위해 양자화 행렬상수로 주파수 계수들을 나눈 후 반올림하면 저주파는 더 큰 값을 갖고 고주파 부분은 0 값을 갖게 된다.

세 번째 단계로 Zig-Zag스캐닝 방법을 이용하여 DCT행렬의 값들을 벡터(1x64D)에 저장한다. 이렇게 하면 실제 값을 갖는 부분은 벡터의 앞부분에 들어가고 0인 값들은 연속적으로 뒷부분에 입력됨으로 0이 들어간 부분 전체를 제거할 수 있게 된다. 네 번째 단계로 양자화된 DC계수는 허프만 인코딩(Huffman encoding) 방식[11]을 이용하여 부호화 되고, AC계수는 Run-length 부호화[12]와 허프만 인코딩을 이용해 부호화된다. 전체적인 JPEG파일 형식변환 과정은 그림 2-7과 같다.

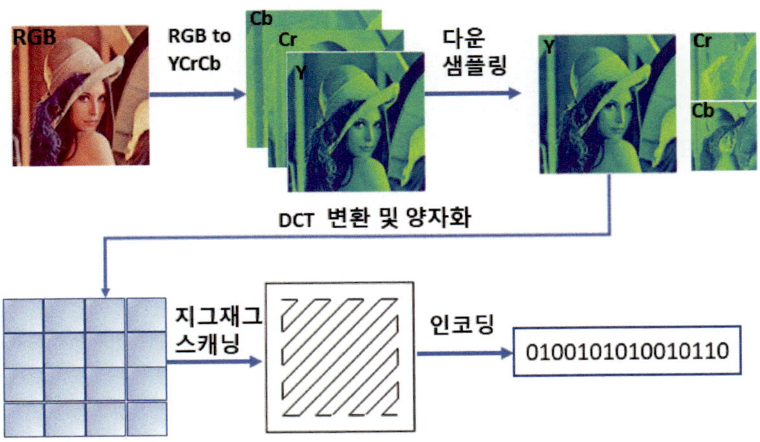

(그림 2-7) JPEG 파일 형식 변환 과정 [13]

11) 무손실 압축에 쓰이는 엔트로피 부호화의 일종으로, 데이터 문자의 등장 빈도에 따라서 다른 길이의 부호를 사용하는 알고리즘, https://ko.wikipedia.org/wiki/

12) 이 방법은 연속적인 코드를(길이, 숫자)로 줄여 표현하는 방식이다. 예를 들어 코드가 '2000107'면 [(0, 2), (3, 1), (1, 7)]로 인코딩된다.

13) http://www.websiteoptimization.com/speed/12/12-3.html의 그림을 변형하여 사용하였음

2장 정리

1. 디지털 영상을 표현하기 위한 색상의 표현은 빨간색(Red), 파란색(Blue), 녹색(Green)의 3가지 색상의 조합으로 표현된다. 컴퓨터에서 영상을 표현하기 위한 색상 모델은 RGB, CMY, HSV, YIQ, YCrCb 색상 모델들이 있다.

2. RGB 색상 모델은 빛의 3원색인 빨간색(Red), 녹색(Green), 파란색(Blue)의 가산 조합으로 만들어진다.

3. HSV 색상 모델은 RGB 색상 모델이 인간의 색상 정보 체계와는 다르다는 문제점을 해결하고, 인간이 인식하는 색상과 흡사한 색상 모델을 만들기 위해 고안된 색상 모델이다. H는 색상(Hue), S는 채도(Saturation), V는 명도(Value)를 의미한다.

4. YIQ 색상 모델은 NTSC(National Television Standards committee) TV 표준에서 사용하는 방식으로 Y(휘도, luminance)는 밝기, I와 Q는 색상 정보를 나타낸다. I는 주황-청색(Orange-Blue)값, Q는 자주-녹색(Purple-Green)값을 나타낸다.

5. RAW 영상은 영상 구성(Configuration)에 대한 헤더(header)정보를 포함하지 않고 영상의 픽셀값만을 가지고 있는 파일이다.

6. BMP(bitmap) 영상은 MS에서 윈도우즈 기반 운영체제에서 사용할 목적으로 만든 영상 저장 방식이다.

7. JPEG(Joint Photographic Experts Group) 영상 저장 방식은 정지 영상을 위해서 만들어진 손실 압축 방법 표준이다.

8. BMP는 장치 의존 비트맵(DDB: Device Dependent Bitmap)과 장치 독립 비트맵(DIB: Device Independent Bitmap)으로 나뉜다. DDB 모니터(출력 장치)에 나타나는 영상이 모니터의 화면에 설정된 값에 의해 출력되는 방식이다. DIB는 출력 장치의 설정이 달라지더라도 자신의 비트맵 값이 그대로 출력되도록 하는 방식이다.

9. RGB영상이 JPEG영상으로 변환되는 순서는, '1) RGB 색공간에서 YCbCr 색공간 전환, 2) 색상 채널에 대한 다운샘플링, 3) 이산코사인변환(DCT) 변환, 4) 양자화, 5) zig-zag 스캐닝, 6) 인코딩을 이용한 부호화'이다.

10. 텐서플로우 연산자에 NumPy는 Numerical Python의 줄임말로 C언어로 구현된 파이썬 라이브러리로 고성능 수치계산을 위해 만들어졌다. NumPy는 array 단위로 벡터 및 행렬 연산에 있어서 매우 편리한 기능을 제공하며 데이터분석에 사용되는 라이브러리인 pandas와 matplotlib의 기반으로 사용되기도 한다.

연습문제

1. 책에 소개된 색상 모델 이외에 CIE-L*a*b* 색상 모델을 웹이나 관련 서적에서 찾아보고 이 책에 소개된 색상 모델과 비교 설명하라. 또한 OpenCV함수를 이용하여 RGB채널을 CIE-L*a*b* 채널로 변환해 보자.

2. 연습 2-1의 RGB채널 분할을 연습 2-2와 같이 split() 함수를 이용해서 변환하면 아래 그림과 같이 색상이 다르게 출력된다. 이유가 무엇인지 알아보자.

반대로 연습 2-2의 HSV분할을 연습 2-1과 같이 채널별로 분할해 보고 차이점을 분석해 보자.

3. 우리는 연습 2-4에서 RGB 컬러 영상을 Y, I, Q 채널로 분리하여 보았다. 이번에는 각 분리된 YIQ영상을 합하여 RGB영상으로 표현해보자. 또한 Y채널을 모두 0으로 설정하고 YIQ->RGB 변환을 적용해 보자. 결과가 어떻게 나오는지 확인해보고 밝기를 나타내는 Y값을 0으로 설정했을 때 왜 이런 결과가 나오는지 생각해보자.

4. 연습 2-4에서 분리된 R, G, B 채널을 Gray영상으로 변환시켜보는 연습을 해보자. Gray영상은 (R+G+B)/3로 구할 수 있다. 만들어진 Gray 영상을 각 3개의 채널에 다시 넣어 영상으로 표현해보자.

참고문헌

[1] 위키피디아, "BMP파일 포맷," http://ko.wikipedia.org/

[2] eLecToy, "BMP 읽고 쓰는 방법," http://electoy.tistory.com/35

[3] itworld뉴스, https://www.itworld.co.kr/news/98431

[4] 위키사전, https://gammabeta.tistory.com/390

[5] 고병철, Visual C++기반의 의료영상처리 프로그래밍, 도서출판 그린

[6] http://www.websiteoptimization.com/speed/12/12-3.html

```
include <stdio.h>

oid main()

  int iValue1, iValue2, iResult;

  printf("\n\n ***** program start

  iValue1 = 20;
  iValue2 = 30;
  iResult = iValue1 * iValue2;

  printf(" %d + %
```

제3장

영상의 산술(Arithmetic) 및 논리(Logic) 연산

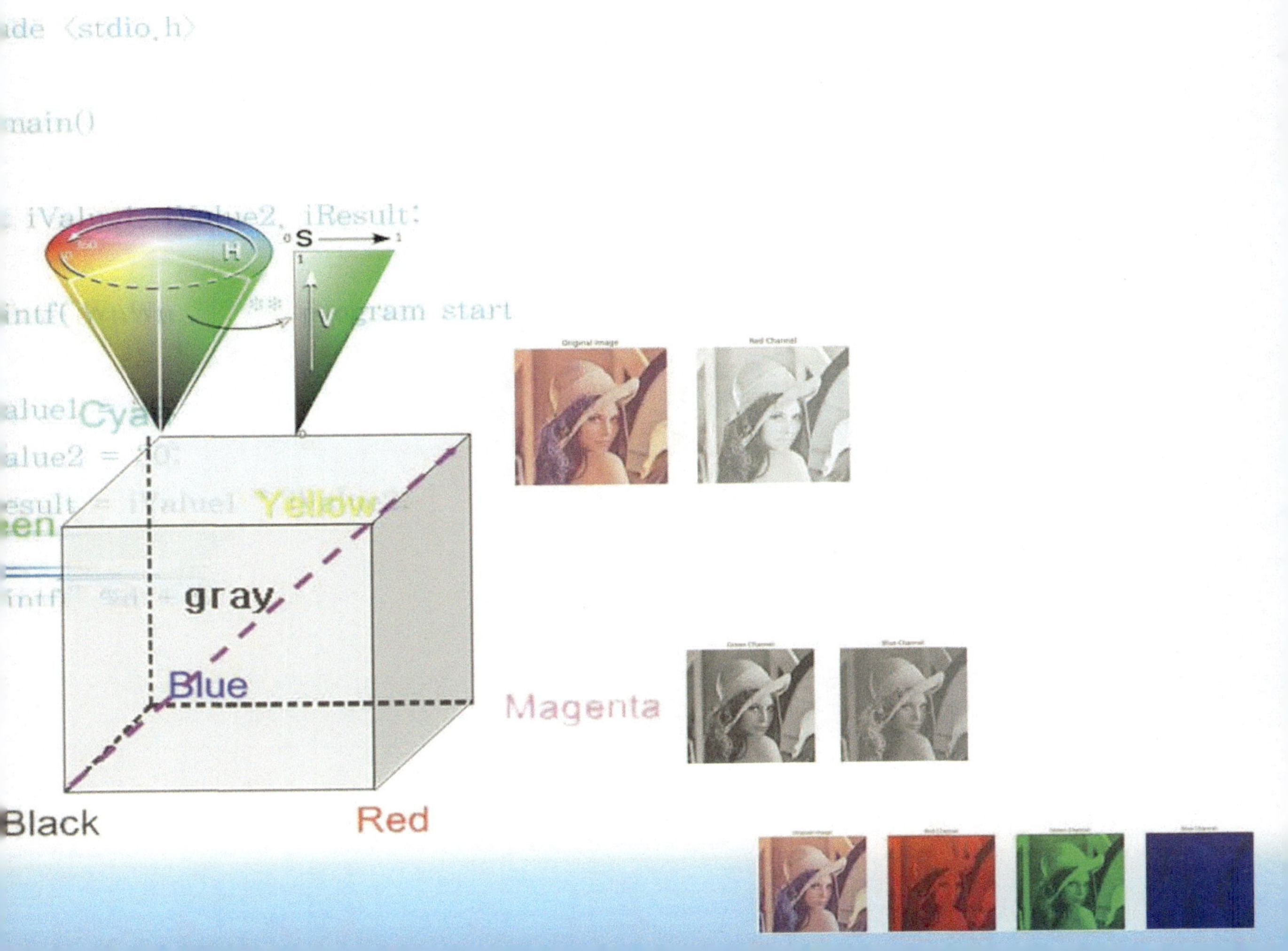

제 3 장 영상의 산술(Arithmetic) 및 논리(Logic) 연산

영상 처리에서 픽셀은 가장 기본적인 처리 단위로서, 그림 3-1과 같이 입력 영상의 한 픽셀 I(x, y)을 매핑 함수 f에 적용하면 출력 영상의 한 픽셀 O(x, y)를 얻을 수 있다. 이러한 관계식은 다음 수식과 같이 표현할 수 있다.

$$O(x,y) = f[I(x,y)] \tag{3-1}$$

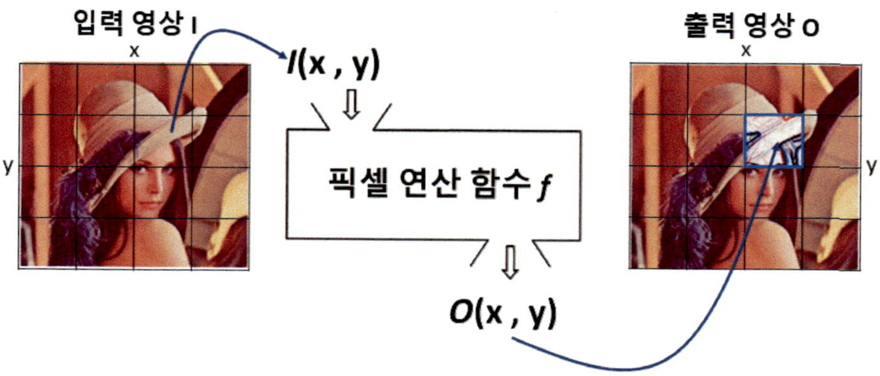

(그림 3-1) 픽셀 연산 과정

함수 f에는 다양한 영상처리 기법들이 적용될 수 있는데, 본 장에서는 픽셀 단위의 매핑 함수 f 중에서 산술 및 논리 연산에 관련된 내용들을 다루도록 할 것이다. 본 장에서 다루고자 하는 영상의 산술 및 논리 연산은 다음과 같다.

- 픽셀 더하기(Addition)
- 픽셀 빼기(Subtraction)
- 픽셀 곱하기 및 나누기(Multiplication & Division)
- 픽셀 혼합하기(Blending)
- 논리적 AND 및 OR

3.1 픽셀 더하기(Pixel Addition)

픽셀 더하기 연산은 동일한 크기의 두 영상으로부터 대응되는 좌표의 각 픽셀들을 더하여 결과 영상에 매핑하는 방법이다. 아래 수식 (3-2)와 같이 입력된 두 영상 P와 Q의 동일 좌표 픽셀들의 값을 합하여 출력 영상 O(x, y)에 입력한다.

$$O(x,y) = P(x,y) + Q(x,y) \tag{3-2}$$

또한 수식 (3-3)과 같이 입력 영상의 픽셀에 임의의 상수값 C (C>=0)를 더하여 출력 영상에 매핑 할 수도 있다.

$$O(x,y) = P(x,y) + C \tag{3-3}$$

하지만, 픽셀 더하기는 연산값이 픽셀의 최대값인 255를 초과할 경우 오버플로우(overflow)가 발생할 수 있는데, 이러한 문제를 해결하기 위해 다음과 같은 방법을 사용한다.

- **Saturation:** 픽셀값이 설정된 최대값을 초과할 경우 초과된 값을 미리 설정된 최대값(255)로 교체하는 방법이다.

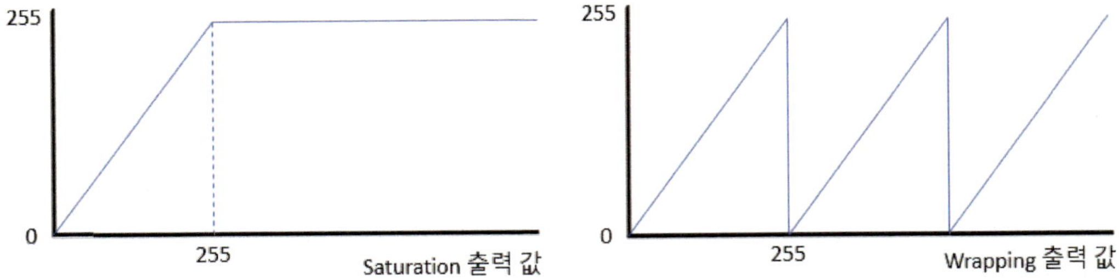

(그림 3-2) Saturation(왼쪽)과 Wrapping(오른쪽)

- **Wrapping:** 픽셀값이 설정된 최대값을 초과할 경우 초과된 값에서 최대값+1을 뺀 값으로 픽셀 값을 교체한다. 예를 들어 최소값이 0이고 최대값이 255라면 256값은 0으로, 257값은 1을 갖는다.

- **최대-최소 정규화 방법(max-min normalization):** 픽셀 I(x,y)을 미리 설정된 최대값(max)과 최소값(min)사이 (예, 0~255)의 값으로 재계산하는 방법이다. 이렇게 되면 픽셀의 최대값은 255를 갖고 나머지 값들은 0~255미만의 값을 갖게 된다.

$$O(x,y) = \frac{I(x,y) - \min}{\max - \min} \times \max \qquad (3\text{-}4)$$

이제 연습 3-1과 3-2를 통해 영상의 픽셀 더하기 연산을 구현해 보고 255 초과되는 값에 대해 saturation을 적용해 보자.

연습 3-1) 픽셀 더하기 saturation적용

```
from google.colab.patches import cv2_imshow
import numpy as np
import cv2
import matplotlib.pyplot as plt
from google.colab import drive
drive.mount('/content/gdrive')
#영상 불러오기
img1 = cv2.imread('/content/gdrive/My Drive/Image_Processing/aero2.bmp')
img2 = cv2.imread('/content/gdrive/My Drive/Image_Processing/milkdrop.bmp')
# BGR채널순서를 RGB채널로 변경
RGB_img1 = cv2.cvtColor(img1, cv2.COLOR_BGR2RGB)
RGB_img2 = cv2.cvtColor(img2, cv2.COLOR_BGR2RGB)
output_img = cv2.cvtColor(img1,cv2.COLOR_BGR2RGB)
# RGB 채널 나누기
R_img1,G_img1,B_img1=cv2.split(RGB_img1)
R_img2,G_img2,B_img2=cv2.split(RGB_img2)
# 출력 array 생성하고 0으로 초기화, unsigned byte (0~255)로 설정
R_plus=np.zeros((RGB_img1.shape[0],RGB_img.shape[1]),dtype=np.ubyte)
G_plus=np.zeros((RGB_img1.shape[0],RGB_img.shape[1]),dtype=np.ubyte)
B_plus=np.zeros((RGB_img1.shape[0],RGB_img.shape[1]),dtype=np.ubyte)

#for문을 돌며 픽셀 더하기 계산하기
for h in range(RGB_img1.shape[0]): #영상의 높이
  for w in range(RGB_img1.shape[1]):#영상의 너비
    r = np.int32(R_img1[h,w])+np.int32(R_img2[h,w]) #타입 변환하기
    if(r >255):
```

```
            R_plus[h,w] = 255 # Saturation
        else:
            R_plus[h,w] = r
        g = np.int32(G_img1[h,w])+np.int32(G_img2[h,w]) #타입 변환하기
        if(g >255):
            G_plus[h,w] = 255  # Saturation
        else:
            G_plus[h,w] = g
        b = np.int32(B_img1[h,w])+np.int32(B_img2[h,w])  #타입 변환하기
        if(b >255):
            B_plus[h,w] = 255 # Saturation
        else:
            B_plus[h,w] = b
#그림을 화면에 출력
plt.figure(figsize=(20,20))# 영상의 크기를 키워주자
plt.subplot(1,3,1)# 1행 3열에서 1번째 열
plt.title("Image1")
plt.imshow(RGB_img1)
plt.axis("off")
plt.subplot(1,3,2)# 1행 3열에서 2번째 열
plt.title("Image2")
plt.imshow(RGB_img2)
plt.axis("off")
plt.subplot(1,3,3)# 1행 3열에서 3번째 열
output_img[:,:,0]=R_plus
output_img[:,:,1]=G_plus
output_img[:,:,2]=B_plus
plt.title("Added image")
plt.imshow(output_img)
plt.axis("off")
plt.show()
```

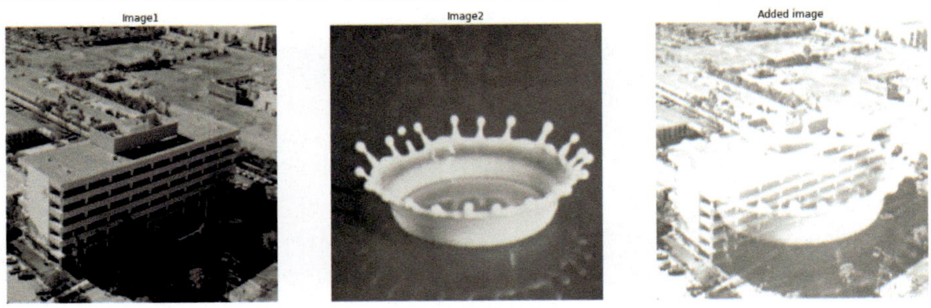

코드설명

R_plus=np.zeros((RGB_img.shape[0],RGB_img.shape[1]),dtype=np.ubyte): RGB_img의 height(shape[0])와 width(shape[1])의 길이를 가져와 동일한 크기의 배열을 만들고 원소값을 0으로 만든다. 이때 배열의 요소는 0~255사이의 픽셀값을 갖음으로 unsigned byte타입인 np.ubyte형식으로 지정한다.

r = np.int32(R_img1[h,w])+np.int32(R_img2[h,w]): 더하기 연산에서 값의 범위를 넘을 경우 오버플로우가 발생할 수 있으므로 int32타입으로 형변환 한다.

if(r >255):

R_plus[h,w] = 255: 더하기 연산 값이 255 이상이면 255로 설정한다.

위 코드는 사실 좀 복잡하다. 이번에는 OpenCV 함수를 이용하여 코드를 간략하게 변경해 보자. OpenCV함수 중에서 add() 함수는 두 개의 영상을 각각의 픽셀 단위로 더한 후 255보다 크면 255로 설정하는 saturation기능이 포함되어 있다. 아래 연습 3-2를 통해 코드를 변경해 보자.

연습 3-2) 픽셀 더하기 OpenCV 함수 이용하기

```
import numpy as np
import cv2
import matplotlib.pyplot as plt
from google.colab import drive
drive.mount('/content/gdrive')
#영상 불러오기
img1 = cv2.imread('/content/gdrive/My Drive/Image_Processing/aero2.bmp')
img2 = cv2.imread('/content/gdrive/My Drive/Image_Processing/milkdrop.bmp')
img_plus = img1+img2 #일반적인 더하기 연산
img_add=cv2.add(img1,img2) #OpenCV의 add() 함수 이용하기
#그림을 화면에 출력
plt.figure(figsize=(20,20))# 영상의 크기를 키워주자
plt.subplot(1,2,1)# 1행 4열에서 1번째 열
plt.title("Plus image")
plt.imshow(img_plus)
plt.axis("off")
plt.subplot(1,2,2)# 1행 4열에서 1번째 열
plt.title("Saturation")
plt.imshow(img_add)
```

```
    plt.axis("off")
    plt.show()
```

코드설명

img_plus = img1+img2: 두 영상의 픽셀끼리 더하기 연산을 한다. 255를 넘는 값은 따로 처리하지 않기 때문에 결과 왼쪽 결과 그림과 같이 255가 넘을 경우 잘못된 값이 들어간다.

img_add=cv2.add(img1,img2): 더하기 연산과 동시에 saturation기능을 같이 한다. 오른쪽 결과그림과 같이 255가 넘는 부분은 255 픽셀로 변경되었다.

덧셈연산에 대한 warping코드는

```
 r = np.int32(R_img1[h,w])+np.int32(R_img2[h,w]) #타입 변환하기
if(r >255): # wrapping
    R_plus[h,w] = r-(255+1)
```

와 같이 작성할 수 있다. 결과는 연습 3-2의 왼쪽결과 그림과 유사하게 나온다. 직접 코드를 변환하여 결과를 확인해보자.

마찬가지로 덧셈연산에 대한 최대-최소 정규화는 아래와 같이 작성할 수 있다.

```
min=0.0
max=255.0
if(r >255): # max-min normalization
   R_plus[h,w] = (r-min)/(max-min) * max
```

역시 직접 코드를 변환하여 결과를 확인해보자.

3.2 픽셀 빼기(Pixel Subtraction)

픽셀 빼기 연산은 더하기 연산과 마찬가지로 동일한 크기의 두 영상으로부터 동일한 좌표의 각 픽셀들을 뺀 값을 결과 영상에 입력하는 방법이다. 아래 수식에서와 같이 입력된 두 영상 P와 Q의 동일 좌표 픽셀들의 값을 뺄셈하여 출력 영상 O(x,y)에 입력한다.

$$O(x,y) = P(x,y) - Q(x,y) \tag{3-5}$$

뺄셈의 경우 결과값이 음수가 될 수 있으므로 아래와 같이 뺄셈 연산에 절대값을 취하여 입력할 수도 있다.

$$O(x,y) = |P(x,y) - Q(x,y)| \tag{3-6}$$

또는 한 개의 영상에 임의의 상수값 C(C>=0)를 빼고 출력 영상에 입력할 수도 있다.

$$O(x,y) = P(x,y) - C \tag{3-7}$$

연습 3-3을 이용하여 픽셀 빼기 연산을 프로그램 해 보자.

연습 3-3) 픽셀 빼기 연산하기

```
from google.colab.patches import cv2_imshow
import numpy as np
import cv2
import matplotlib.pyplot as plt
from google.colab import drive
drive.mount('/content/gdrive')
#영상 불러오기
img1 = cv2.imread('/content/gdrive/My Drive/Image_Processing/aero2.bmp')
img2 = cv2.imread('/content/gdrive/My Drive/Image_Processing/milkdrop.bmp')
# BGR채널순서를 RGB채널로 변경
RGB_img1 = cv2.cvtColor(img1, cv2.COLOR_BGR2RGB)
RGB_img2 = cv2.cvtColor(img2, cv2.COLOR_BGR2RGB)
output_img = cv2.cvtColor(img1,cv2.COLOR_BGR2RGB)
# RGB 채널 나누기
```

```
R_img1,G_img1,B_img1=cv2.split(RGB_img1)
R_img2,G_img2,B_img2=cv2.split(RGB_img2)
# 출력 array 생성하고 0으로 초기화, unsigned byte (0~255)로 설정
R_plus=np.zeros((RGB_img1.shape[0],RGB_img1.shape[1]),dtype=np.ubyte)
G_plus=np.zeros((RGB_img1.shape[0],RGB_img1.shape[1]),dtype=np.ubyte)
B_plus=np.zeros((RGB_img1.shape[0],RGB_img1.shape[1]),dtype=np.ubyte)

#for문을 돌며 픽셀 빼기 연산 하기 (절대값 이용)
for h in range(RGB_img1.shape[0]):
  for w in range(RGB_img1.shape[1]):
    R_plus[h,w] = np.abs(np.int32(R_img1[h,w]) - np.int32(R_img2[h,w]))
    G_plus[h,w] = np.abs(np.int32(G_img1[h,w]) - np.int32(G_img2[h,w]))
    B_plus[h,w] = np.abs(np.int32(B_img1[h,w]) - np.int32(B_img2[h,w]))
#그림을 화면에 출력
plt.figure(figsize=(20,20))# 영상의 크기를 키워주자
plt.subplot(1,3,1)# 1행 3열에서 1번째 열
plt.title("Image1")
plt.imshow(RGB_img1)
plt.axis("off")
plt.subplot(1,3,2)# 1행 3열에서 1번째 열
plt.title("Image2")
plt.imshow(RGB_img2)
plt.axis("off")
plt.subplot(1,3,3)# 1행 3열에서 2번째 열
output_img[:,:,0]=R_plus
output_img[:,:,1]=G_plus
output_img[:,:,2]=B_plus
plt.title("subtracted image")
plt.imshow(output_img)
plt.axis("off")
plt.show()
```

코드설명

`R_plus[h,w] = np.abs(np.int32(R_img1[h,w]) - np.int32(R_img2[h,w])):` 채널별로 각 픽셀의 차이값을 빼고 절대값을 취하여 출력 배열에 넣는다.
픽셀 빼기 연산은 `np.add()` 함수와 마찬가지로 `np.subtract()`를 사용할 수 있다.

픽셀 빼기 연산을 이용하면 두 영상 간에 변화를 감지 할 수 있다. 아래 그림에서 보는 것과 같이 좌측 영상과 우측 영상을 뺄셈 연산함으로써 변화된 부분을 검출해 낼 수 있다.

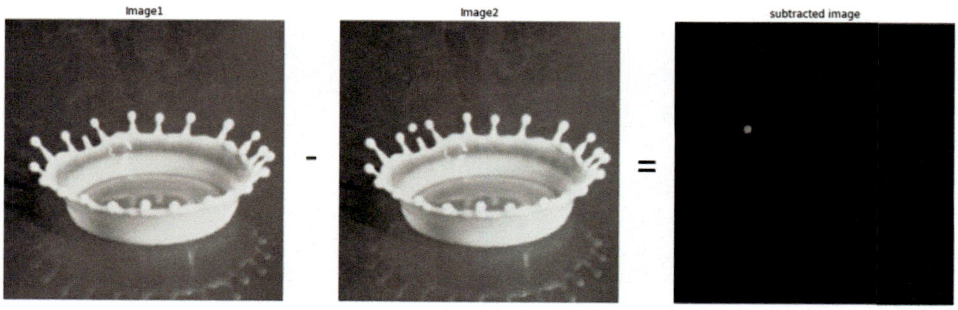

(그림 3-3) 픽셀 빼기 연산 후 결과

3.3 픽셀 곱하기(Pixel Multiplication)

픽셀 곱셈 연산은 동일한 크기의 두 영상으로부터 동일한 좌표의 각 픽셀 곱을 결과 영상에 입력하는 방법이다. 아래 수식에서와 같이 입력된 두 영상 P와 Q의 동일 좌표 픽셀들의 값을 곱하여 출력 영상 O(x,y)에 입력한다.

$$O(x,y) = P(x,y) \times Q(x,y) \tag{3-8}$$

또는 한 개의 영상에 임의의 상수값 C(C>=0)를 곱하고 그 결과값을 출력 영상에 입력할 수도 있다.

$$O(x,y) = P(x,y) \times C \tag{3-9}$$

상수값 C는 1보다 작은 부동소수점이 될 수도 있는데, 이 경우 출력 영상의 밝기(intensity)는 원 영상 P보다 떨어질 수 있다. 컬러 영상의 경우 목적에 따라 R, G, B 각 채널에 서로 다른 상수값을 곱함으로써 출력 영상의 색상을 조절 할 수 있다.

픽셀 곱셈에서도 오버플로우가 발생 할 수 있는데, 이 경우 픽셀 덧셈에서의 방법과 마찬가지로 saturation, wrapping, 최대-최소 정규화 방법들을 사용할 수 있다.

연습 3-4 픽셀 곱 연산하기에서는 saturation 함수를 새롭게 정의해서 사용해 보도록 하자.

연습 3-4) 픽셀 곱 연산하기

```
from google.colab.patches import cv2_imshow
import numpy as np
import cv2
import matplotlib.pyplot as plt
from google.colab import drive
drive.mount('/content/gdrive')
#영상 불러오기
img1 = cv2.imread('/content/gdrive/My Drive/Image_Processing/girl.jpg')
# BGR채널순서를 RGB채널로 변경
RGB_img1 = cv2.cvtColor(img1, cv2.COLOR_BGR2RGB)
output_img = cv2.cvtColor(img1,cv2.COLOR_BGR2RGB)
# RGB 채널 나누기
R_img1,G_img1,B_img1=cv2.split(RGB_img1)
# 출력 array 생성하고 0으로 초기화, unsigned byte (0~255)로 설정
R_plus=np.zeros((RGB_img1.shape[0],RGB_img1.shape[1]),dtype=np.ubyte)
G_plus=np.zeros((RGB_img1.shape[0],RGB_img1.shape[1]),dtype=np.ubyte)
B_plus=np.zeros((RGB_img1.shape[0],RGB_img1.shape[1]),dtype=np.ubyte)
C=2.0  # 곱하기 상수값
#-----------------------------------------------------
def saturation(value):  #Saturation을 함수로 정의하기
    if(value>255):
        value = 255;
    return value
#-----------------------------------------------------
#for문을 돌며 픽셀 곱하기 연산 하기
for h in range(RGB_img1.shape[0]):
  for w in range(RGB_img1.shape[1]):
    R_plus[h,w] = saturation(np.int32(R_img1[h,w])*C)
```

```
        G_plus[h,w] = saturation(np.int32(G_img1[h,w])*C)
        B_plus[h,w] = saturation(np.int32(B_img1[h,w])*C)
#그림을 화면에 출력
plt.figure(figsize=(20,20))# 영상의 크기를 키워주자
plt.subplot(1,2,1)# 1행 3열에서 1번째 열
plt.title("Image1")
plt.imshow(RGB_img1)
plt.axis("off")
plt.subplot(1,2,2)# 1행 3열에서 2번째 열
output_img[:,:,0]=R_plus
output_img[:,:,1]=G_plus
output_img[:,:,2]=B_plus
plt.title("Multiplication image")
plt.imshow(output_img)
plt.axis("off")
plt.show()
```

코드설명

```
def saturation(value):  #Saturation을 함수로 정의하고 사용할 수 있다.
    if(value>255):
        value = 255;
    return value
```

R_plus[h,w] = saturation(np.int32(R_img1[h,w])*C): 상수값 C를 원본 영상에 곱하고 saturation을 통해 픽셀값을 정규화 한다.

3.4 픽셀 나누기(Pixel Division)

픽셀 나누기 연산은 동일한 크기의 두 영상으로부터 동일한 좌표의 각 픽셀들을 나눈 값을 결과 영상에 입력하는 방법이다. 아래 수식에서와 같이 입력된 두 영상 P와 Q의 동일 좌표 픽셀들을 나눈 값을 출력 영상 O(x,y)에 입력한다.

$$O(x,y) = P(x,y) \div Q(x,y) \tag{3-10}$$

또는 한 개의 영상을 임의의 상수값 C(C>=0)로 나누고 그 결과값을 출력 영상에 입력할 수도 있다.

$$O(x,y) = P(x,y) \div C \tag{3-11}$$

픽셀 나누기에서는 연산된 값이 부동소수점 값이 될 수 있는데, 출력 영상에는 정수형으로 입력되어야 하므로 결과값에서 소수점 이하를 버림 혹은 반올림을 취한다. 나누는 값(divisor)에 해당하는 Q영상과 나뉘는 영상 P의 픽셀값에 변화가 없을 경우 출력 영상에는 1이 입력되고, Q의 픽셀 값이 증가했을 경우 출력 영상 O의 픽셀 값은 0보다 크고 1미만의 값을 갖는다. 반대로 Q의 픽셀 값이 감소했을 경우 출력 영상 O의 픽셀 값은 1보다 크고 255보다 작은 값을 갖는다.

연습 3-5를 통해 픽셀 나누기 연산을 프로그램 해보자.

연습 3-5) 픽셀 나누기 연산하기

```
from google.colab.patches import cv2_imshow
import numpy as np
import cv2
import matplotlib.pyplot as plt
from google.colab import drive
drive.mount('/content/gdrive')
#영상 불러오기
img1 = cv2.imread('/content/gdrive/My Drive/Image_Processing/camera.bmp')
img2 = cv2.imread('/content/gdrive/My Drive/Image_Processing/background.bmp')
# BGR채널순서를 RGB채널로 변경
```

```
RGB_img1 = cv2.cvtColor(img1, cv2.COLOR_BGR2RGB)
RGB_img2 = cv2.cvtColor(img2, cv2.COLOR_BGR2RGB)
output_img = cv2.cvtColor(img1,cv2.COLOR_BGR2RGB)
# RGB 채널 나누기
R_img1,G_img1,B_img1=cv2.split(RGB_img1)
R_img2,G_img2,B_img2=cv2.split(RGB_img2)
# 출력 array 생성하고 0으로 초기화, unsigned byte (0~255)로 설정
R_plus=np.zeros((RGB_img1.shape[0],RGB_img1.shape[1]),dtype=np.ub
yte)
G_plus=np.zeros((RGB_img1.shape[0],RGB_img1.shape[1]),dtype=np.ub
yte)
B_plus=np.zeros((RGB_img1.shape[0],RGB_img1.shape[1]),dtype=np.ub
yte)
def saturation(value): #saturation함수로 정의하기
    if(value>255):
        value = 255;
    return value
#for문을 돌며 픽셀 나누기 연산 하기
for h in range(RGB_img1.shape[0]):
  for w in range(RGB_img1.shape[1]):
    R_plus[h,w] = saturation(np.fabs(np.float32(R_img1[h,w])/ np
.float32(R_img2[h,w]+1))*255.0)
    G_plus[h,w] = saturation(np.fabs(np.float32(G_img1[h,w])/ np
.float32(G_img2[h,w]+1))*255.0)
    B_plus[h,w] = saturation(np.fabs(np.float32(B_img1[h,w])/ np
.float32(B_img2[h,w]+1))*255.0)

#그림을 화면에 출력
plt.figure(figsize=(20,20))# 영상의 크기를 키워주자
plt.subplot(1,3,1)# 1행 3열에서 1번째 열
plt.title("Image1")
plt.imshow(RGB_img1)
plt.axis("off")
plt.subplot(1,3,2)# 1행 3열에서 1번째 열
plt.title("Image2")
plt.imshow(RGB_img2)
```

```
plt.axis("off")
plt.subplot(1,3,3)# 1행 3열에서 2번째 열
output_img[:,:,0]=R_plus
output_img[:,:,1]=G_plus
output_img[:,:,2]=B_plus
plt.title("Pixel Division Image")
plt.imshow(output_img)
plt.axis("off")
plt.show()
```

연습 3-5의 결과는 픽셀 나눗셈 연산 후의 결과를 보여준다. 그림에서 보는 것처럼 원본 영상을 검은색 영상으로 나누어 줌으로써 원본영상의 배경은 전체적으로 밝은 색을 갖고 검색은 옷을 입은 카메라 맨은 원래 색을 유지하는 것을 알 수 있다.

코드설명

R_plus[h,w] = saturation(np.fabs(np.float32(R_img1[h,w])/ np.float32(R_img2[h, w]+1))*255.0): 나누기 연산을 하기 때문에 np.float32로 변환하였고, 분모 영상의 경우 픽셀값이 0인 경우의 오류를 방지하기 위해 1을 더했다. 실수형 연산이므로 절대값을 fabs()로 변경하였다.

3.5 픽셀 결합(Pixel Blending)

픽셀 결합 방법은 두 개의 동일한 크기의 입력 영상을 결합하는 방법으로, 다른 산술 연산 방법과 마찬가지로 대응되는 두 영상의 픽셀들을 선형 결합(linear combination)에 의해 출력 영상을 생성한다. 아래 수식과 같이 입력된 두 영상 P와 Q의 동일 좌표 픽셀들을 가중치 W에 따라 결합하여 출력 영상 O(x,y)에 입력한다.

$$O(x,y) = W \times P(x,y) + (1 - W) \times Q(x,y) \tag{3-12}$$

이때 가중치에 해당하는 W는, $0 \leq W \leq 1$의 범위의 실수값을 갖고, 두 영상을 결합하기 전에 사용자에 의해 조절될 수 있다.

연습 3-6을 통해 픽셀 결합을 프로그램 해 보자.

연습 3-6) 픽셀 결합 연산하기

```
from google.colab.patches import cv2_imshow
import numpy as np
import cv2
import matplotlib.pyplot as plt
from google.colab import drive
drive.mount('/content/gdrive')
#영상 불러오기
img1 = cv2.imread('/content/gdrive/My Drive/Image_Processing/pentagon.bmp')
img2 = cv2.imread('/content/gdrive/My Drive/Image_Processing/milkdrop.bmp')
# BGR채널순서를 RGB채널로 변경
RGB_img1 = cv2.cvtColor(img1, cv2.COLOR_BGR2RGB)
RGB_img2 = cv2.cvtColor(img2, cv2.COLOR_BGR2RGB)
output_img = cv2.cvtColor(img1,cv2.COLOR_BGR2RGB)
# RGB 채널 나누기
R_img1,G_img1,B_img1=cv2.split(RGB_img1)
R_img2,G_img2,B_img2=cv2.split(RGB_img2)
# 출력 array 생성하고 0으로 초기화, unsigned byte (0~255)로 설정
R_plus=np.zeros((RGB_img1.shape[0],RGB_img1.shape[1]),dtype=np.ubyte)
G_plus=np.zeros((RGB_img1.shape[0],RGB_img1.shape[1]),dtype=np.ubyte)
B_plus=np.zeros((RGB_img1.shape[0],RGB_img1.shape[1]),dtype=np.ubyte)
def saturation(value): #saturation함수로 정의하기
```

```
    if(value>255):
      value = 255;
    return value
W=0.4 # 가중치 설정
#for문을 돌며 픽셀 블렌딩 연산 하기
for h in range(RGB_img1.shape[0]):
  for w in range(RGB_img1.shape[1]):
    R_plus[h,w] = saturation(np.fabs(W*np.float32(R_img1[h,w])+(1-W)*np.float32
(R_img2[h,w])))
    G_plus[h,w] = saturation(np.fabs(W*np.float32(G_img1[h,w])+(1-W)*np.float32
(G_img2[h,w])))
    B_plus[h,w] = saturation(np.fabs(W*np.float32(B_img1[h,w])+(1-W)*np.float32
(B_img2[h,w])))

#그림을 화면에 출력
plt.figure(figsize=(20,20))# 영상의 크기를 키워주자
plt.subplot(1,3,1)# 1행 3열에서 1번째 열
plt.title("Image1")
plt.imshow(RGB_img1)
plt.axis("off")
plt.subplot(1,3,2)# 1행 3열에서 1번째 열
plt.title("Image2")
plt.imshow(RGB_img2)
plt.axis("off")
plt.subplot(1,3,3)# 1행 3열에서 2번째 열
output_img[:,:,0]=R_plus
output_img[:,:,1]=G_plus
output_img[:,:,2]=B_plus
plt.title("Pixel Blending Image")
plt.imshow(output_img)
plt.axis("off")
plt.show()
```

연습 3-6의 결과 그림과 같이 두 개의 입력 영상이 가중치에 의해 결합되어 하나의 결과 영상을 생성하는 것을 알 수 있다. 이때 가중치 크기에 따라 두 개의 입력 영상이 결과 영상에 미치는 중요도를 조절 할 수 있다.

코드설명

```
W=0.4
#for문을 돌며 픽셀 블렌딩 연산 하기
for h in range(RGB_img1.shape[0]):
  for w in range(RGB_img1.shape[1]):
    R_plus[h,w] = saturation(np.fabs(W*np.float32(R_img1[h,w])+(1-W)*np.float32(R_img2[h,w])))
```

R_plus[h,w] = saturation(np.fabs(W*np.float32(R_img1[h,w])+(1-W)*np.float32(R_img2[h,w]))): 가중치를 0.4로 설정하여 두 영상에 가중치를 곱하고 결합을 통해 0~255사이의 픽셀값을 갖는 영상으로 블랜딩한다.

3.6 픽셀 비트 연산(Pixel Bit AND / OR)

비트 연산에서 AND와 OR연산은 아래와 같은 진리 테이블 값을 가진다.

A	B	Q
0	0	0
0	1	0
1	0	0
1	1	1

A	B	Q
0	0	0
0	1	1
1	0	1
1	1	1

(그림 3-4) AND 연산(좌)과 OR 연산(우)

AND 비트 연산 (&)은 두 개의 이진 영상이나 컬러 영상을 입력으로 받고, 두 개의 입력 영상에 대응되는 픽셀 사이에 AND 비트연산을 수행한 결과를 출력 영상의 픽셀값으로 설정한다. 마찬가지로 OR 연산 (|)의 경우도 두 영상에 대응되는 픽셀값의 OR 비트 연산 값을 출력 영상의 픽셀값으로 설정한다.

연습 3-7을 통해 픽셀 AND 비트 연산을 프로그래해 보자.

연습 3-7) 픽셀 비트 AND 연산하기 1

```
from google.colab.patches import cv2_imshow
import numpy as np
import cv2
import matplotlib.pyplot as plt
from google.colab import drive
drive.mount('/content/gdrive')
#영상 불러오기
img1 = cv2.imread('/content/gdrive/My Drive/Image_Processing/abcdef.bmp')
img2 = cv2.imread('/content/gdrive/My Drive/Image_Processing/a.bmp')
# BGR채널순서를 RGB채널로 변경
RGB_img1 = cv2.cvtColor(img1, cv2.COLOR_BGR2RGB)
RGB_img2 = cv2.cvtColor(img2, cv2.COLOR_BGR2RGB)
output_img = cv2.cvtColor(img1,cv2.COLOR_BGR2RGB)
# RGB 채널 나누기
R_img1,G_img1,B_img1=cv2.split(RGB_img1)
R_img2,G_img2,B_img2=cv2.split(RGB_img2)
# 출력 array 생성하고 0으로 초기화, unsigned byte (0~255)로 설정
R_plus=np.zeros((RGB_img1.shape[0],RGB_img1.shape[1]),dtype=np.ubyte)
G_plus=np.zeros((RGB_img1.shape[0],RGB_img1.shape[1]),dtype=np.ubyte)
B_plus=np.zeros((RGB_img1.shape[0],RGB_img1.shape[1]),dtype=np.ubyte)
def saturation(value): #saturation함수로 정의하기
    if(value>255):
      value = 255;
    return value
#for문을 돌며 픽셀 비트 AND 연산 하기
for h in range(RGB_img1.shape[0]):
  for w in range(RGB_img1.shape[1]):
    R_plus[h,w] = saturation(np.int32(R_img1[h,w])& np.int32(R_img2[h,w]))
    G_plus[h,w] = saturation(np.int32(G_img1[h,w])& np.int32(G_img2[h,w]))
    B_plus[h,w] = saturation(np.int32(B_img1[h,w])& np.int32(B_img2[h,w]))

#그림을 화면에 출력
plt.figure(figsize=(20,20))# 영상의 크기를 키워주자
plt.subplot(1,3,1)# 1행 3열에서 1번째 열
plt.title("Image1")
plt.imshow(RGB_img1)
plt.axis("off")
plt.subplot(1,3,2)# 1행 3열에서 1번째 열
```

```
    plt.title("Image2")
    plt.imshow(RGB_img2)
    plt.axis("off")
    plt.subplot(1,3,3)# 1행 3열에서 2번째 열
    output_img[:,:,0]=R_plus
    output_img[:,:,1]=G_plus
    output_img[:,:,2]=B_plus
    plt.title("Pixel AND Image")
    plt.imshow(output_img)
    plt.axis("off")
    plt.show()
```

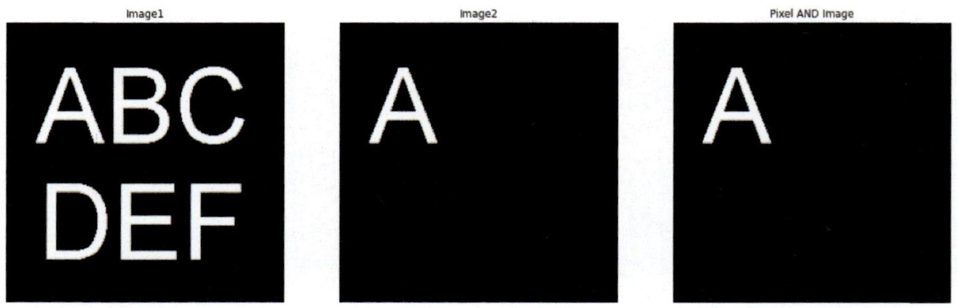

연습 3-7의 비트에 대한 AND 결과를 확인해보자. 이진화 영상에 대한 AND연산의 경우, 픽셀값이 0과 255로 구성되므로, 각 컬러를 비트로 표현하면 00000000, 11111111의 두 값을 갖는다. 따라서 두 영상 간의 AND연산 후 결과는 두 영상 모두 같은 픽셀에 11111111(255)로 표현된 픽셀은 결과 영상에서도 같은 값으로 표시되고 그렇지 않은 픽셀은 결과 영상에서 00000000(0)의 값으로 표현되게 되어 마치 사라진 것과 같은 효과를 나타낸다.

코드설명

R_plus[h,w] = saturation(np.int32(R_img1[h,w])& np.int32(R_img2[h,w])) : 각 픽셀값에 대해 비트 AND연산을 수행하고 연산 결과를 저장한다.

연습 3-8을 통해 영상을 특정 임계값(threshold)으로 이진화(binarization)하고 AND 비트 연산하는 과정을 실습해보자.

연습 3-8) 픽셀 AND 비트 연산하기 2

```
from google.colab.patches import cv2_imshow
import numpy as np
import cv2
import matplotlib.pyplot as plt
from google.colab import drive
drive.mount('/content/gdrive')
#영상 불러오기
img1 = cv2.imread('/content/gdrive/My Drive/Image_Processing/flower.bmp')
img2 = cv2.imread('/content/gdrive/My Drive/Image_Processing/flower.bmp')
# BGR채널순서를 RGB채널로 변경
RGB_img1 = cv2.cvtColor(img1, cv2.COLOR_BGR2RGB)
RGB_img2 = cv2.cvtColor(img2, cv2.COLOR_BGR2RGB)
output_img = cv2.cvtColor(img1,cv2.COLOR_BGR2RGB)
# RGB 채널 나누기
R_img1,G_img1,B_img1=cv2.split(RGB_img1)
R_img2,G_img2,B_img2=cv2.split(RGB_img2)
# 출력 array 생성하고 0으로 초기화, unsigned byte (0~255)로 설정
R_plus=np.zeros((RGB_img1.shape[0],RGB_img1.shape[1]),dtype=np.ubyte)
G_plus=np.zeros((RGB_img1.shape[0],RGB_img1.shape[1]),dtype=np.ubyte)
B_plus=np.zeros((RGB_img1.shape[0],RGB_img1.shape[1]),dtype=np.ubyte)
def saturation(value): #saturation함수로 정의하기
    if(value>255):
      value = 255;
    return value
#영상 이진화 하기
for h in range(RGB_img1.shape[0]):
  for w in range(RGB_img1.shape[1]):
    if(np.int32(R_img1[h,w])>180): # 첫 번째 영상 이진화
        R_img1[h,w]=G_img1[h,w]=B_img1[h,w]=255
    else:
        R_img1[h,w]=G_img1[h,w]=B_img1[h,w]=0
    if(np.int32(G_img2[h,w])>50): # 두 번째 영상 이진화
        R_img2[h,w]=G_img2[h,w]=B_img2[h,w]=255
    else:
        R_img2[h,w]=G_img2[h,w]=B_img2[h,w]=0
#for문을 돌며 픽셀 비트 AND 연산 하기
for h in range(RGB_img1.shape[0]):
  for w in range(RGB_img1.shape[1]):
```

```
        R_plus[h,w] = saturation(np.int32(R_img1[h,w])& np.int32(R_img2[h,w]))
        G_plus[h,w] = saturation(np.int32(G_img1[h,w])& np.int32(G_img2[h,w]))
        B_plus[h,w] = saturation(np.int32(B_img1[h,w])& np.int32(B_img2[h,w]))
    #영상 다시 넣어주기
    RGB_img1[:,:,0] = R_img1
    RGB_img1[:,:,1] = G_img1
    RGB_img1[:,:,2] = B_img1
    RGB_img2[:,:,0] = R_img2
    RGB_img2[:,:,1] = G_img2
    RGB_img2[:,:,2] = B_img2
    #그림을 화면에 출력
    plt.figure(figsize=(20,20))# 영상의 크기를 키워주자
    plt.subplot(1,3,1)# 1행 3열에서 1번째 열
    plt.title("Image1")
    plt.imshow(RGB_img1)
    plt.axis("off")
    plt.subplot(1,3,2)# 1행 3열에서 1번째 열
    plt.title("Image2")
    plt.imshow(RGB_img2)
    plt.axis("off")
    plt.subplot(1,3,3)# 1행 3열에서 2번째 열
    output_img[:,:,0]=R_plus
    output_img[:,:,1]=G_plus
    output_img[:,:,2]=B_plus
    plt.title("Pixel AND Image")
    plt.imshow(output_img)
    plt.axis("off")
    plt.show()
```

코드설명

```
#영상 이진화 하기
for h in range(RGB_img1.shape[0]):
  for w in range(RGB_img1.shape[1]):
    if(np.int32(R_img1[h,w])>180):
        R_img1[h,w]=G_img1[h,w]=B_img1[h,w]=255
    else:
        R_img1[h,w]=G_img1[h,w]=B_img1[h,w]=0
    if(np.int32(G_img2[h,w])>50):
        R_img2[h,w]=G_img2[h,w]=B_img2[h,w]=255
    else:
        R_img2[h,w]=G_img2[h,w]=B_img2[h,w]=0
```

: 첫 번째 영상의 R컬러값이 180 이상일 경우 첫 번째 영상의 모든 채널 픽셀을 255, 이하일 경우 0으로 이진화 시킨다(임계값 180은 조정 가능하다).

: 두 번째 영상의 G컬러값이 50 이상일 경우 첫 번째 영상의 모든 채널 픽셀을 255, 이하일 경우 0으로 이진화 시킨다.

```
R_plus[h,w] = saturation(np.int32(R_img1[h,w])& np.int32(R_img2[h,w]))
G_plus[h,w] = saturation(np.int32(G_img1[h,w])& np.int32(G_img2[h,w]))
B_plus[h,w] = saturation(np.int32(B_img1[h,w])& np.int32(B_img2[h,w]))
```

: 두 이진화 영상에 대해 AND 비트 연산을 실행한다.

```
RGB_img1[:,:,0] = R_img1
RGB_img1[:,:,1] = G_img1
RGB_img1[:,:,2] = B_img1
```

: R,G,B 각 채널 영상을 한 영상에 넣어준다.

연습 3-8에서 실습한 AND 비트 연산 코드를 변환하여 픽셀 OR 비트 연산 코드를 작성해 보자.

연습 3-9) 픽셀 OR 비트 연산하기 1

```
#나머지 코드 동일
#for문을 돌며 픽셀 비트 OR 연산 하기
for h in range(RGB_img1.shape[0]):
  for w in range(RGB_img1.shape[1]):
    R_plus[h,w] = saturation(np.int32(R_img1[h,w])| np.int32(R_img2[h,w]))
    G_plus[h,w] = saturation(np.int32(G_img1[h,w])| np.int32(G_img2[h,w]))
    B_plus[h,w] = saturation(np.int32(B_img1[h,w])| np.int32(B_img2[h,w]))
#영상출력 코드 동일
```

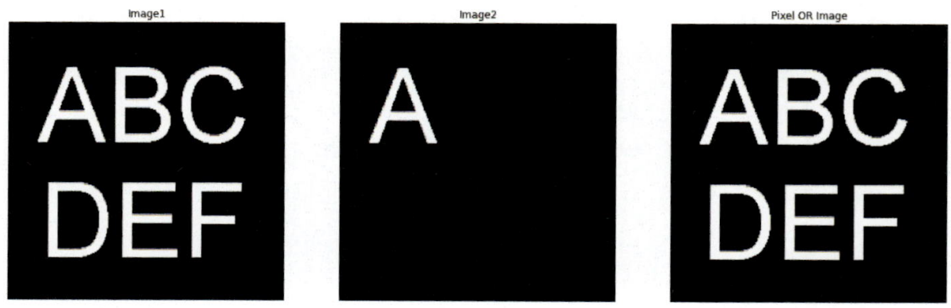

코드설명

R_plus[h,w] = saturation(np.int32(R_img1[h,w])| np.int32(R_img2[h,w]))
: 두 영상의 픽셀끼리 OR 비트연산을 수행하고 결과를 출력 영상에 입력한다.

연습 3-9의 결과 영상은 픽셀에 대한 OR 비트 연산 결과를 보여준다. AND비트 연산과 다르게 두 번째 영상의 픽셀이 검은색(0)이라도 첫 번째 영상의 픽셀이 흰색 (255)이면 OR 연산에 의해 첫 번째 영상의 픽셀이 결과 영상에 모두 표현된다.

연습 3-8과 동일하게 영상을 특정 임계값(threshold)으로 이진화(binarization)하여 OR 비트 연산을 해보자. 이진화 영상에 대한 OR연산의 경우, 픽셀값이 0과 255로 구성되므로, 각 컬러를 비트로 표현하면 00000000, 11111111의 두 값을 갖는다. 따라서 두 영상간의 OR 연산 후 결과는 두 영상 중 한쪽이라도 11111111(255)로 표현된 픽셀은 결과 영상에서도 11111111(255)의 값으로 표시되고 양쪽 모두 00000000(0)의 값을 갖는 픽셀은 결과 영상에서 00000000(0)의 값으로 표현된다.

연습 3-10) 픽셀 OR 비트 연산하기 2

```
#나머지 코드 동일
#영상 이진화 하기
for h in range(RGB_img1.shape[0]):
  for w in range(RGB_img1.shape[1]):
    if(np.int32(R_img1[h,w])>180): # 첫 번째 영상 이진화
        R_img1[h,w]=G_img1[h,w]=B_img1[h,w]=255
    else:
        R_img1[h,w]=G_img1[h,w]=B_img1[h,w]=0
    if(np.int32(G_img2[h,w])>50): # 두 번째 영상 이진화
        R_img2[h,w]=G_img2[h,w]=B_img2[h,w]=255
    else:
        R_img2[h,w]=G_img2[h,w]=B_img2[h,w]=0
#for문을 돌며 픽셀 비트 OR 연산 하기
for h in range(RGB_img1.shape[0]):
  for w in range(RGB_img1.shape[1]):
    R_plus[h,w] = saturation(np.int32(R_img1[h,w])| np.int32(R_img2[h,w]))
    G_plus[h,w] = saturation(np.int32(G_img1[h,w])| np.int32(G_img2[h,w]))
    B_plus[h,w] = saturation(np.int32(B_img1[h,w])| np.int32(B_img2[h,w]))

#영상출력 코드 동일
```

연습 3-10의 결과 그림에서 보듯이 image1과 image2의 이진화된 결과값이 모두 출력 영상에 포함된 것을 알 수 있다.

3.7 픽셀 반전 연산(Pixel Complement)

픽셀 반전 연산은, '① 이진 영상의 경우: 검은색 픽셀은 흰색으로, 흰색 픽셀은 검은색으로 매핑, ② 컬러 영상의 경우: 각 픽셀 값의 보수로 매핑'되는 연산을 의미한다. 아래 수식에서와 같이 입력된 한 영상 P의 각 좌표값을 255에서 빼고 그 결과 값을 출력 영상 O(x,y)에 입력함으로써 반전 영상을 얻을 수 있다.

$$O(x,y) = 255 - P(x,y) \qquad (3\text{–}13)$$

입력 컬러 영상에 대해 R, G, B 각각을 반전시킴으로써 연습 3-11과 같은 반전 영상을 얻을 수 있다.

연습 3-11) 픽셀 반전 연산하기

```
from google.colab.patches import cv2_imshow
import numpy as np
import cv2
import matplotlib.pyplot as plt
from google.colab import drive
drive.mount('/content/gdrive')
#영상 불러오기
img1 = cv2.imread('/content/gdrive/My Drive/Image_Processing/girl.jpg')
# BGR채널순서를 RGB채널로 변경
RGB_img1 = cv2.cvtColor(img1, cv2.COLOR_BGR2RGB)
output_img = cv2.cvtColor(img1,cv2.COLOR_BGR2RGB)
# RGB 채널 나누기
R_img1,G_img1,B_img1=cv2.split(RGB_img1)
# 출력 array 생성하고 0으로 초기화, unsigned byte (0~255)로 설정
R_plus=np.zeros((RGB_img1.shape[0],RGB_img1.shape[1]),dtype=np.ubyte)
G_plus=np.zeros((RGB_img1.shape[0],RGB_img1.shape[1]),dtype=np.ubyte)
B_plus=np.zeros((RGB_img1.shape[0],RGB_img1.shape[1]),dtype=np.ubyte)
def saturation(value): #saturation함수로 정의하기
    if(value>255):
        value = 255;
    return value
#for문을 돌며 픽셀 반전 연산 하기
for h in range(RGB_img1.shape[0]):
```

```
    for w in range(RGB_img1.shape[1]):
      R_plus[h,w] = saturation(255-np.int32(R_img1[h,w]))
      G_plus[h,w] = saturation(255-np.int32(G_img1[h,w]))
      B_plus[h,w] = saturation(255-np.int32(B_img1[h,w]))
#영상 다시 넣어주기
output_img[:,:,0]=R_plus
output_img[:,:,1]=G_plus
output_img[:,:,2]=B_plus
#그림을 화면에 출력
plt.figure(figsize=(20,20))# 영상의 크기를 키워주자
plt.subplot(1,2,1)# 1행 3열에서 1번째 열
plt.title("Image1")
plt.imshow(RGB_img1)
plt.axis("off")
plt.subplot(1,2,2)# 1행 3열에서 1번째 열
plt.title("Pixel Complement")
plt.axis("off")
plt.imshow(output_img)
plt.show()
```

코드설명

R_plus[h,w] = saturation(255-np.int32(R_img1[h,w]))

: 입력영상의 각 픽셀을 픽셀 최고값인 255에서 빼준 영상을 결과영상에 입력한다.

3.8 픽셀 산술 연산의 응용

3.1~3.7장까지 배운 다양한 산술 연산을 응용하여 아래와 같은 결과가 나오도록 프로그램을 작성해 보도록 하자.

우선 입력 영상에 대해 마스크(mask)로 사용될 영역을 선택하여 검게 표시하고, 검게 표시된 영상에 대해 이진화(thresholding)을 수행한다. 이진화가 수행된 영상과 원 영상을 다시 AND 비트 연산을 시킨 뒤에 마스크 영역에 대해서는 0.7의 가중치를 부여하고 원 영상에 대해서는 0.3의 가중치를 부여하여 가중치 결합을 하면 마지막 그림처럼 마스크 영역이 상대적으로 강조된 영상을 얻을 수 있다.

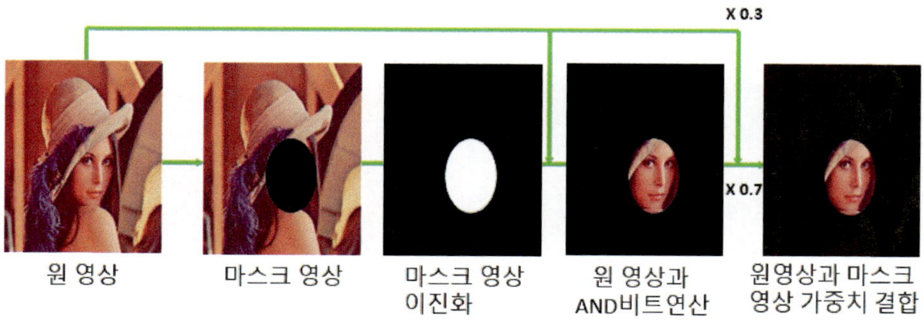

(그림 3-4) 특정 영역을 강조시키기 위한 다양한 산술연산의 응용

그림 3-4와 같이 결과가 나오도록 프로그램 코드를 작성해보자.

연습 3-12) 산술 연산의 응용

```
from google.colab.patches import cv2_imshow
import numpy as np
import cv2
import matplotlib.pyplot as plt
from google.colab import drive
drive.mount('/content/gdrive')
#영상 불러오기
img1 = cv2.imread('/content/gdrive/My Drive/Image_Processing/lena.jpg')
img2 = cv2.imread('/content/gdrive/My Drive/Image_Processing/lena-mask.bmp')
# BGR채널순서를 RGB채널로 변경
RGB_img1 = cv2.cvtColor(img1, cv2.COLOR_BGR2RGB)
RGB_img2 = cv2.cvtColor(img2, cv2.COLOR_BGR2RGB)
```

```
output_img = cv2.cvtColor(img1,cv2.COLOR_BGR2RGB)
# RGB 채널 나누기
R_img1,G_img1,B_img1=cv2.split(RGB_img1)
R_img2,G_img2,B_img2=cv2.split(RGB_img2)
# 출력 array 생성하고 0으로 초기화, unsigned byte (0~255)로 설정
R_plus=np.zeros((RGB_img1.shape[0],RGB_img1.shape[1]),dtype=np.ubyte)
G_plus=np.zeros((RGB_img1.shape[0],RGB_img1.shape[1]),dtype=np.ubyte)
B_plus=np.zeros((RGB_img1.shape[0],RGB_img1.shape[1]),dtype=np.ubyte)
def saturation(value): #saturation함수로 정의하기
    if(value>255):
       value = 255;
    return value
#1) 영상 임계값 적용 하기
for h in range(RGB_img2.shape[0]):
  for w in range(RGB_img2.shape[1]):
    if(np.int32(R_img2[h,w])<=0):
        R_img2[h,w]=G_img2[h,w]=B_img2[h,w]=255
    else:
        R_img2[h,w]=G_img2[h,w]=B_img2[h,w]=0
#2) 원 영상과 AND 비트 연산하기
for h in range(RGB_img1.shape[0]):
  for w in range(RGB_img1.shape[1]):
      R_plus[h,w] = saturation(np.int32(R_img1[h,w]) & np.int32(R_img2[h,w]))
      G_plus[h,w] = saturation(np.int32(G_img1[h,w]) & np.int32(G_img2[h,w]))
      B_plus[h,w] = saturation(np.int32(B_img1[h,w]) & np.int32(B_img2[h,w]))

#3) 두 영상간의 가중치 결합하기
W=0.3
for h in range(RGB_img1.shape[0]):
  for w in range(RGB_img1.shape[1]):
      R_plus[h,w] = saturation(W*np.float32(R_img1[h,w]) +(1-W)*np.float32(R_pl
us[h,w]))
      G_plus[h,w] = saturation(W*np.float32(G_img1[h,w]) +(1-W)*np.float32(G_pl
us[h,w]))
      B_plus[h,w] = saturation(W*np.float32(B_img1[h,w]) +(1-W)*np.float32(B_pl
us[h,w]))
#영상 다시 넣어주기
RGB_img1[:,:,0] = R_img1
RGB_img1[:,:,1] = G_img1
RGB_img1[:,:,2] = B_img1
```

```
RGB_img2[:,:,0] = R_img2
RGB_img2[:,:,1] = G_img2
RGB_img2[:,:,2] = B_img2
#그림을 화면에 출력
plt.figure(figsize=(20,20))# 영상의 크기를 키워주자
plt.subplot(1,3,1)# 1행 3열에서 1번째 열
plt.title("Image1")
plt.imshow(RGB_img1)
plt.axis("off")
plt.subplot(1,3,2)# 1행 3열에서 1번째 열
plt.title("Mask")
plt.imshow(RGB_img2)
plt.axis("off")
plt.subplot(1,3,3)# 1행 3열에서 2번째 열
output_img[:,:,0]=R_plus
output_img[:,:,1]=G_plus
output_img[:,:,2]=B_plus
plt.title("Pixel Blending Image")
plt.imshow(output_img)
plt.axis("off")
plt.show()
```

코드설명

```
for h in range(RGB_img2.shape[0]):
 for w in range(RGB_img2.shape[1]):
   if(np.int32(R_img2[h,w])<=0):
       R_img2[h,w]=G_img2[h,w]=B_img2[h,w]=255
   else:
       R_img2[h,w]=G_img2[h,w]=B_img2[h,w]=0
```

: 마스크로 사용할 입력영상의 반전시키기 위한 코드

연습 3-12의 결과를 확인해보자. 결과에서 보듯이 원 영상에서 마스크로 설정된 영역만 강조되고 나머지 영역은 상대적으로 어두워진 것을 알 수 있다.

3장 정리

1. 영상처리에서 픽셀은 가장 기본적인 처리 단위로서 입력 영상의 한 픽셀 I(x, y)를 매핑 함수 f에 적용하여 출력 영상의 한 픽셀 O(x, y)를 얻을 수 있다.

2. 픽셀 더하기 연산은 동일한 크기의 두 영상으로부터 동일한 좌표의 각 픽셀들을 더하여 결과 영상에 입력하는 방법이다.

3. Saturation 방법은 픽셀값이 설정된 최대값을 초과할 경우 초과된 값을 설정된 최대값으로 교체한다.

4. Wrapping 방법은 픽셀값이 설정된 최대값을 초과할 경우 초과된 값에서 최대값+1을 뺀 값으로 픽셀값을 교체한다.

5. 최대-최소 정규화 방법은 연산이 끝난 영상에서 최대값과 최소값을 찾고 수식을 이용하여 값을 원하는 범위 사이로 정규화 한다.

6. 픽셀 빼기 연산은 더하기 연산과 마찬가지로 동일한 크기의 두 영상으로부터 동일한 좌표의 각 픽셀들을 뺀 값을 결과 영상에 입력하는 방법이다. 계산 중 결과값이 음수가 될 수 있으므로 뺄셈 연산에 절대값을 취하여 입력할 수도 있다.

7. 픽셀 곱하기 연산은 동일한 크기의 두 영상으로부터 동일한 좌표의 각 픽셀들의 곱한 값을 결과 영상에 입력하는 방법이다. 픽셀 곱셈에서도 오버플로우가 발생할 수 있는데 이 경우 픽셀 덧셈에서의 방법과 마찬가지로 Saturation, Wrapping, 최대-최소 정규화 방법들을 사용할 수 있다.

8. 픽셀 나누기 연산은 동일한 크기의 두 영상으로부터 동일한 좌표의 각 픽셀들을 나눈 값을 결과 영상에 입력하는 방법이다. 연산된 값이 부동소수점 값이 될 수 있는데 출력 영상에서는 정수형으로 입력되어야 하므로 결과값에서 소수점 이하를 버림 혹은 반올림을 취한다.

9. 픽셀 결합 방법은 두 개의 동일한 크기의 입력 영상을 결합하는 방법으로 다른 산술 연산 방법과 마찬가지로 대응되는 두 영상의 픽셀들을 선형 결합 방식에 의해 결합하여 출력 영상을 생성한다.

10. 픽셀 연산 중 AND 비트 연산은 두 개의 이진 영상이나 컬러 영상을 입력으로 받고 두 개의 입력 영상에 대응되는 픽셀 사이에 AND 비트 연산을 수행한 결과를 출력 영상의 픽셀값으로 설정한다.

11. 픽셀 연산 중 OR 비트 연산은 AND 비트 연산과 마찬가지로 두 영상에 대응되는 픽셀 값의 OR 비트 연산 값을 출력 영상의 픽셀값으로 설정한다.

12. 픽셀 반전 연산은 이진 영상의 경우 검은색 픽셀은 흰색으로 흰색 픽셀은 검은색으로 매핑하고, 컬러 영상의 경우 각 픽셀값의 보수로 매핑되는 연산을 의미한다.

연습문제

1. 연습 3-4의 픽셀 곱셈에서 오버플로우가 처리를 위해 우리는 saturation 함수를 만들어 처리하는 연습을 해 보았다. 픽셀 곱셈 연산에 대해 정규화 방법에서 배운 wrapping, 최대-최소 정규화 방법들을 함수로 정의하고 각각 상수값 곱셈 연산의 결과를 정규화 해보자(상수값 C는 각자 알아서 정한다.)

2. 논리연산 중 NAND연산은 아래와 같은 진리표를 가진다.

A	B	Q
0	0	1
0	1	1
1	0	1
1	1	0

- NAND 연산 진리표를 이용하여 아래 두 영상의 이진 NAND연산과 컬러값 NAND연산 결과값을 얻기 위한 프로그램을 작성 하시오.

3. 연습 3-12는 총 3개의 연산 알고리즘으로 구성되어 있다. 각 연산 알고리즘을 함수로 정의하여 구조적 프로그램이 되도록 코드를 수정하시오.

4. 시간적 순서가 다르게 캡처된 아래 두 영상을 이용하여 픽셀 나누기와 픽셀 빼기 연산을 각각 적용해 보고 결과를 비교해 보자. 어떤 알고리즘이 작은 움직임 변화를 검출하기에 더 적합한지 결과를 토대로 분석해 보자.

〈출처: MOT 16 dataset, https://motchallenge.net/〉

참고문헌

[1] Robert Fisher, Simon Perkins, Ashley Walker and Erik Wolfart, "Hypermedia Image Processing Reference," John Wiley & Sons Ltd

[2] 고병철, "VISUAL C++기반의 의료영상처리 프로그래밍," 그린출판사, 2011.

```
include <stdio.h>

oid main()

  int iValue1, iValue2, iResult;

  printf("₩n₩n ***** program start

  iValue1 = 20;
  iValue2 = 30;
  iResult = iValue1 * iValue2;

  printf(" %d + %
```

제4장

영상의 화질 향상 기법

제 4 장 영상의 화질 향상 기법

이번 장에서는 픽셀 기반의 매핑 함수를 이용하여 영상의 화질을 향상시키기 위한 여러 가지 방법을 배워보도록 한다.

일반적으로 영상 화질 향상을 위한 매핑 함수 M은 다음과 같이 표현할 수 있다.

$$s = M(r) \tag{4-1}$$

수식을 이용하여 입력 영상의 한 픽셀 r을 매핑 함수 M에 적용하여 화질이 향상된 출력픽셀 s를 얻어낼 수 있다. 매핑 함수 M의 형태가 입력 픽셀에 대한 출력 결과를 결정짓는 연산자로 작용하게 되는데 이러한 연산자로는 앞으로 우리가 배울 임계값 적용(thresholding)기법이나 히스토그램 스트레칭(histogram stretching) 방법들이 있다.

이번 장에서는 픽셀 단위의 매핑 함수 M을 위한 여러 가지 화질 향상 연산자에 대해 다루도록 할 것이다. 본 장에서 다루고자 하는 화질 향상 기법들은 다음과 같다.

- 히스토그램(Histogram) 만들기
- 임계값 적용하기(Thresholding)
- 전역 임계값 적용하기(Global Thresholding)
- 적응적 임계값 적용하기(Adaptive Thresholding)
- 히스토그램 스트레칭(Histogram Stretching)
- 히스토그램 평활화(Histogram Equalization)

4.1 히스토그램 만들기

히스토그램(histogram)이란 영상 안에 포함된 각각 다른 밝기값을 갖는 픽셀들의 수(분포)를 보여주는 그래프를 의미한다. 그림 4-1과 같이 주어진 영상의 픽셀에서 각 픽셀의 밝기값을 가로 축의 도수로 표시하고 밝기값에 해당하는 픽셀의 개수를 누적함으로써 히스토그램을 작성할 수 있다.

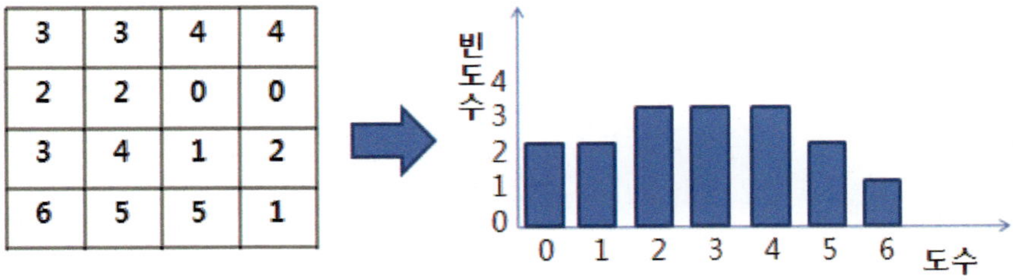

(그림 4-1) 히스토그램 작성 방법

우리는 히스토그램을 구하기 위해 OpenCV 함수를 사용할 것이다. OpenCV 함수 중에서 cv2.calcHist() 함수는 히스토그램을 구하는 전용함수로 아래와 같은 형식으로 정의되어 있다.

```
cv2.calcHist(images, channels, mask, histSize, ranges[, hist[, accumulate]])
```

이 함수에서 사용되는 파라미터들에 대한 설명은 다음과 같다.

- **images** : uint8 또는 float32 유형의 소스 이미지를 나타낸다. "[img]"와 같이 대괄호로 묶어 사용한다.
- **channel** : 대괄호로 사용하며, 히스토그램을 계산하는 채널의 인덱스이다. 예를 들어 입력이 그레이 영상인 경우 값은 [0]이다. 컬러 영상의 경우 [0], [1] 또는 [2]로 인덱스를 표현하고 각각 파란색, 녹색 또는 빨간색 채널의 히스토그램을 계산할 수 있다.
- **mask** : 마스크 영상. 전체 영상의 히스토그램을 찾으려면 "None"으로 지정하면 된다. 그러나 영상의 특정 영역에 대한 히스토그램을 찾으려면 해당 영역에 대한 마스크 영상을 만들어 마스크로 제공해야 한다.
- **histSize** : 히스토그램 bin 개수를 나타내며 대괄호로 묶어 표현한다. 영상 전체 색상을 나타내고 싶을 때 [256]로 표기한다.
- **ranges** : 색상 범위를 나타내며, 일반적으로 [0,255]로 쓴다.

cv2.calcHist() 함수를 사용하여 영상으로부터 히스토그램을 구하는 프로그램 코드는 연습 4-1과 같다.[14)]

14) numpy함수로도 동일하게 히스토그램을 만들 수 있다. hist,bins = np.histogram(img.ravel(),256,[0,256])

연습 4-1) 히스토그램 구하기

```
from google.colab.patches import cv2_imshow
import numpy as np
import cv2
import matplotlib.pyplot as plt
from google.colab import drive
drive.mount('/content/gdrive')
#영상 불러오기
img = cv2.imread('/content/gdrive/My Drive/Image_Processing/lena.jpg')
# BGR채널순서를 RGB채널로 변경
RGB_img1 = cv2.cvtColor(img, cv2.COLOR_BGR2RGB)
# RGB 채널 나누기
R_img1,G_img1,B_img1=cv2.split(RGB_img1)
plt.figure(figsize=(20,20))# 영상의 크기를 키워주자
plt.subplot(111), plt.imshow(RGB_img1)  #출력영상의 위치 지정 및 표시
plt.axis("off")
# 히스토그램 출력, 채널은 0으로 표시
hist = cv2.calcHist([R_img1],[0],None,[256],[0,255])
plt.subplot(112),plt.plot(hist,color = 'r') #R색상 히스토그램 표현
plt.xlim([0,256])
hist = cv2.calcHist([G_img1],[0],None,[256],[0,255])
plt.plot(hist,color = 'g')
plt.xlim([0,255])
hist = cv2.calcHist([B_img1],[0],None,[256],[0,255])
plt.plot(hist,color = 'b')
plt.xlim([0,255])
plt.show()
```

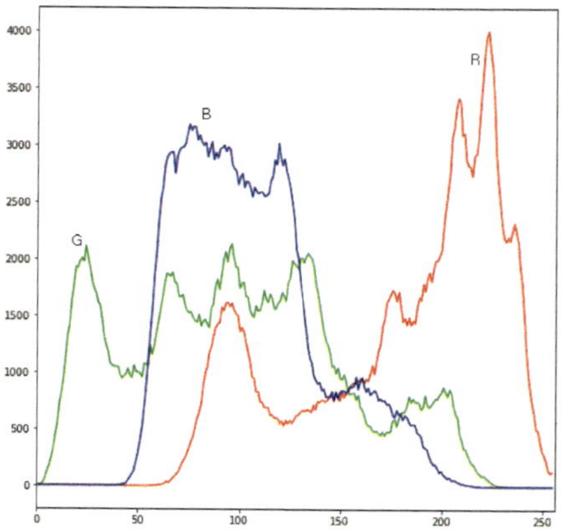

결과에서 보듯이 왼쪽 입력 영상에 대해 RGB 색상에 대한 히스토그램이 잘 표현된 것을 알 수 있다.

코드설명

hist = cv2.calcHist([R_img1],[0],None,[256],[0,256]): [R_imag]영상 배열, 채널은 0 (R, G, B로 각각 나누어져 있으므로), 마스크는 사용하지 않고, 표현하는 히스토그램 빈은 256, X축의 범위는 0~255이다.

plt.plot(hist,color = 'r'):히스토그램을 red색상으로 그린다.

plt.xlim([0,255]): 도형에서 x축의 범위를 나타낸다.

plt.subplot(221): 도형이 표현될 위치, 기본형은 subplot(nrows,ncols,index,**kwargs)로 (221)은 2행 2열에서 1번째 위치 (2,2,1)과 동일하다.

위 코드는 아래와 같이 for문을 이용해서 한 블록안에 작성할 수도 있다.

```
color = ('b','g','r')
for i,col in enumerate(color): #i는 순서대로 0, 1, 2의 값을 가짐
    histr = cv2.calcHist([img],[i],None,[256],[0,255])
    plt.plot(histr,color = col)
    plt.xlim([0,255])
plt.show()
```

4.2 임계값 적용하기(Thresholding)

임계값 적용하기는 전경 영역과 배경 영역의 밝기 차이나 색상 차이를 이용하여 영상의 배경으로 부터 전경 영역들을 분리할 수 있는 가장 기본적인 방법이다.

임계값 적용하기 방법은 기본적으로 다음과 같은 특징을 갖는다.

영역 분할(segmentation)은 한 개의 임계값(threshold) 파라미터를 이용하여 아래 수식에 의해 실시된다.

$$s = \begin{cases} 0 & \text{if } r < T \\ 255 & \text{if } r \geq T \end{cases} \qquad (4\text{-}2)$$

수식에서 T는 임계값, r은 픽셀값, s는 임계값에 따른 출력 픽셀값을 의미한다.

출력은 검은색과 흰색으로만 구성된 바이너리 영상이다. 즉, 검은색 픽셀은 배경에 해당하고 흰색 픽셀은 전경에 해당한다(반대의 경우도 가능).

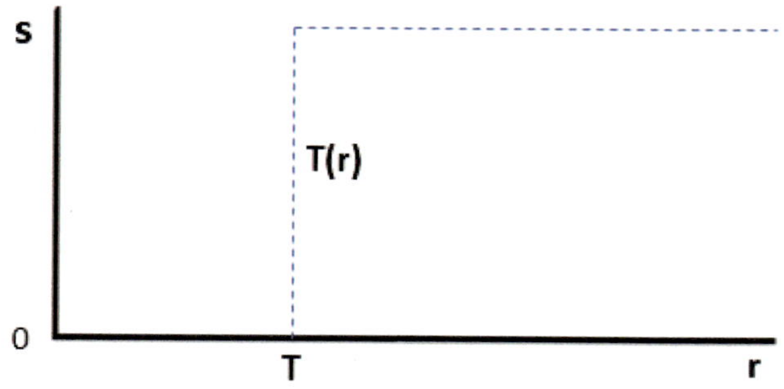

(그림 4-2) 임계값 적용 방법

임계값은 인위적으로 프로그래머에 의해 결정될 수도 있지만, 영상으로부터 히스토그램을 생성하여 결정할 수도 있다. 그림 4-3 (a)와 같이 히스토그램이 두 개의 봉우리로 확연히 구분된다면 한 개의 임계값만으로도 영상 안에 포함된 영역들을 효과적으로 분리해 낼 수 있다. 하지만 그림 4-3 (b)와 같이 히스토그램이 3개의 봉우리로 나타난다면 2개의 임계값이 필요하게 된다. 그림 4-3 (c)와 같이 봉우리의 경계가 모호한 경우 임계값을 이용한 영역 분리는 잘못 분리된 결과를 보여주므로 다른 방법으로 영상을 분리해야 한다.

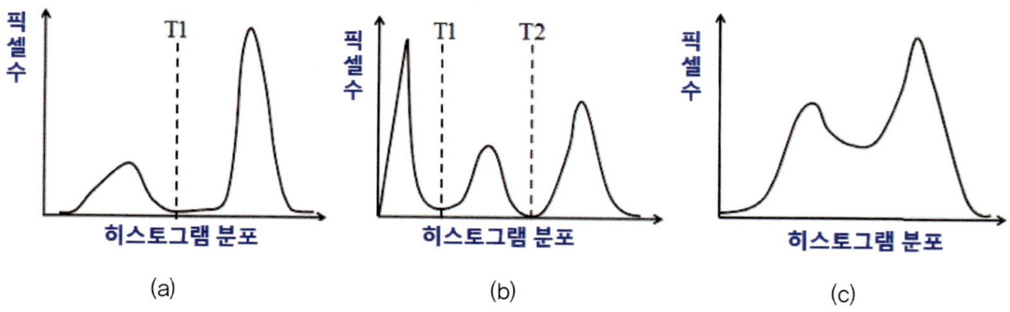

(그림 4-3) 히스토그램을 이용한 임계값 결정

그림 4-3 (a)와 같이 한 개의 임계값으로 영상 분할이 가능한 프로그램을 작성해보자.

연습 4-2) 한계의 임계값으로 영상 분할 하기

```
from google.colab.patches import cv2_imshow
import numpy as np
import cv2
import matplotlib.pyplot as plt
from google.colab import drive
drive.mount('/content/gdrive')
#영상 불러오기
img1 = cv2.imread('/content/gdrive/My Drive/Image_Processing/cell.bmp')
# BGR채널순서를 RGB채널로 변경
RGB_img1 = cv2.cvtColor(img1, cv2.COLOR_BGR2RGB)
# 결과 영상을 담을 기억 장소 생성
output_img =np.zeros((RGB_img1.shape[0],RGB_img1.shape[1]))
# 영상 임계값 적용 하기
for h in range(RGB_img1.shape[0]):
  for w in range(RGB_img1.shape[1]):
    if(np.int32(RGB_img1[h,w][0])<140):
        output_img[h,w]=255
    else:
        output_img[h,w]=0
#그림을 화면에 출력
plt.figure(figsize=(20,20))# 영상의 크기를 키워주자
plt.subplot(1,2,1)
plt.title("Image1")
plt.imshow(RGB_img1)
plt.axis("off")
plt.subplot(1,2,2)
plt.title("Segmented Image")
plt.imshow(output_img, cmap='gray')
plt.axis("off")
plt.show()
```

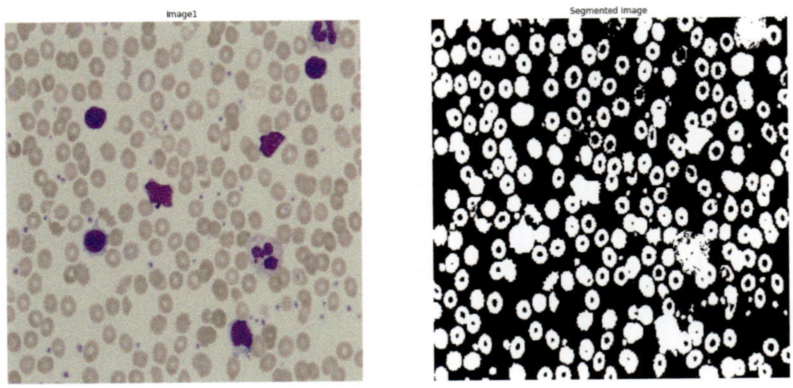

연습 4-2 코드에서 셀 영상에 대해 140의 임계값을 적용한 결과 오른쪽 영상과 같이 적혈구와 백혈구 영역(보라색)이 배경으로부터 잘 분할된 것을 알 수 있다. 하지만, 연습 4-2에서 사용한 영상에 그림 4-4 (a)와 같이 심한 조명 왜곡을 적용하고 동일한 프로그램에 다시 입력해보자. 원 영상에서는 그림 4-4 (b)와 같이 두 개의 봉우리로 된 히스토그램을 가지므로 봉우리 사이에서 임계값 140을 골라 두 영역을 잘 구분할 수 있었다. 하지만 영상에 조명 왜곡이 발생한 경우에는 그림 4-4 (c)처럼 히스토그램의 경계가 불분명해졌기 때문에 하나의 임계값으로 이진화를 한 경우에는 그림 4-4 (a)처럼 올바른 결과를 보여주지 못한다.

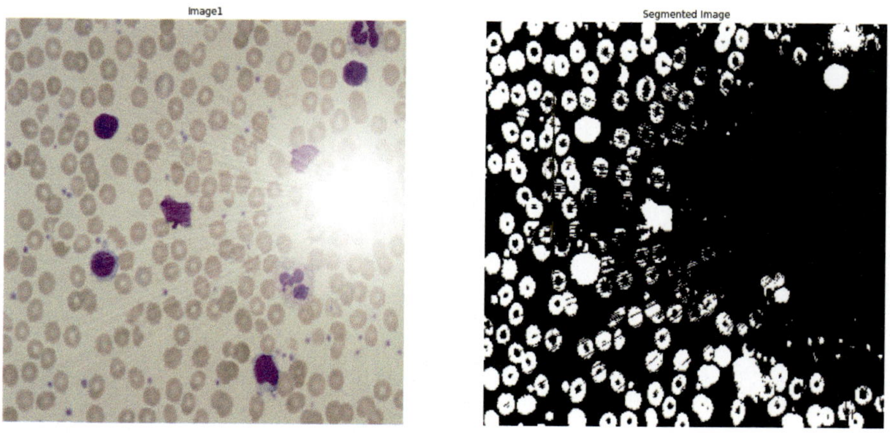

(a) 입력영상

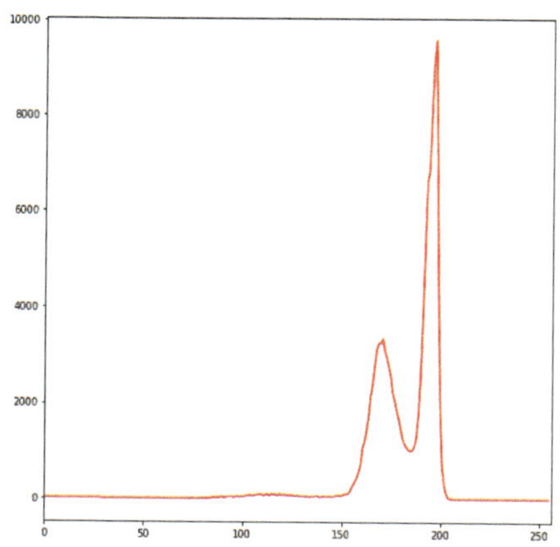

(b) 원 영상에 대한 히스토그램 분포

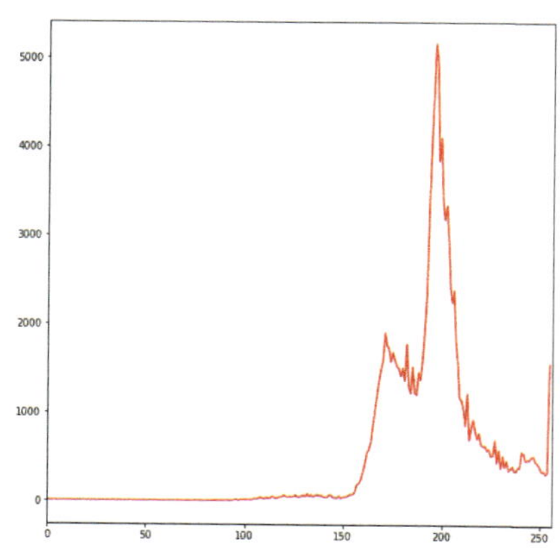

(c) 조명 왜곡이 발생한 경우에 대한 히스토그램 분포

그림 4-4. 조명 왜곡이 발생한 경우 임계값 적용의 오류

4.3 전역 임계값 적용하기(Global Thresholding)

4.2절에서는 임계값을 프로그래머가 인위적으로 결정하는 방법을 사용하였다. 하지만, 영상으로부터 적절한 임계값을 매번 인위적으로 결정한다는 것은 매우 어려운 일이다. 따라서 4.3절에서는 임계값을 자동으로 결정하기 위한 방법으로 전역 임계값 적용(global thresholding) 방법을 소개한다.

전역 임계값 적용 방법은 영상을 두 개의 그룹으로 분할하고 각 그룹마다 평균값을 계산하여 이 값들을 임계값 계산에 적용하는 방법을 사용한다.

구체적인 전역 임계값 적용 알고리즘은 다음과 같다.

1) 초기 임계값 T를 결정한다.
2) 임계값 T를 이용하여 영상을 분할한다. 분할 결과로 2개의 그룹이 생성되는데, 임계값 T보다 큰 픽셀로 이루어진 그룹을 G1, 반대의 그룹을 G2로 표시한다.
3) 그룹 G1과 G2의 색상 평균(mean1, mean2)을 각각 계산한다.
4) 두 그룹의 평균값으로 임계값을 갱신한다.

   T=(1/2)(mean1 +mean2)
5) 이전 임계값과 새로운 임계값의 차이가 미리 정의된 파라미터 T0 보다 작을 동안 단계 2부터 단계 4를 반복한다.

전역 임계값 알고리즘에서는 종료 조건에 해당하는 T0에 따라 영상 분할 속도가 달라질 수 있다. 즉, T0값이 작을 경우 최적의 임계값을 추정할 수 있는 장점이 있지만 많은 연산이 필요하므로 실행 속도가 느려질 수 있다.

연습 4-3을 통해 전역 임계값 적용 알고리즘을 프로그램으로 구현해 보자

연습 4-3) 전역 임계값으로 영상 분할 하기

```
from google.colab.patches import cv2_imshow
import numpy as np
import cv2
import matplotlib.pyplot as plt
from google.colab import drive
drive.mount('/content/gdrive')
#영상 불러오기
img = cv2.imread('/content/gdrive/My Drive/Image_Processing/milkdrop.bmp')
```

```
# color영상을 gray영상으로 만들기
gray_img = cv2.cvtColor(img, cv2.COLOR_BGR2GRAY)
# 초기 임계값, 이전 임계값 저장 변수, 종료 조건 임계값 설정
T1=50
T2=0
T0=1
# 임계값 적용 후 이진 영상을 담을 기억 장소 생성
output_img =np.zeros((gray_img.shape[0],gray_img.shape[1]))

# 각 그룹별 평균값으로 새로운 임계값 계산하는 함수
def threshold_update(h, w, img, output,T1): #saturation함수로 정의하기
   sum1=0
   count1=1 # 분모가 0이 되는 것을 방지하기 위해
   sum2=0
   count2=1 # 분모가 0이 되는 것을 방지하기 위해
   for h in range(img.shape[0]):
    for w in range(img.shape[1]):
      # 그룹별 픽셀 총합 계산
      if(output[h,w]==255):
         sum1 = sum1 + img[h,w]
         count1 = count1+1
    else:
        sum2 = sum2+ img[h,w]
        count2 = count2+1
   # 그룹별 픽셀 평균 계산
   ave1 = sum1/count1
   ave2 = sum2/count2
   # 평균으로 새로운 임계값 계산
   T2 = np.int32(ave1+ave2)/2
   return T2
#1) 영상 초기 임계값 적용 하기
for h in range(gray_img.shape[0]):
  for w in range(gray_img.shape[1]):
    if(gray_img[h,w]>T1):
        output_img[h,w]=255
    else:
        output_img[h,w]=0
#2) 종료 조건을 만족할 때 까지 계속 반복
while True:
  #새로운 임계값 생성을 위한 함수 호출
  T2 = threshold_update(gray_img.shape[0], gray_img.shape[1], gray_img, outpu
t_img,T1)
```

```
  #새로운 임계값과 이전 임계값의 변화 측정
  if(np.abs(T1-T2)<T0):
    # 종료 조건을 만족하면 새로운 임계값으로 영상 이진화 후 출력
    for h in range(gray_img.shape[0]):
      for w in range(gray_img.shape[1]):
        if(gray_img[h,w]>T2):
          output_img[h,w]=255
        else:
          output_img[h,w]=0
    break
  #종료 조건을 만족하지 않는다면
  else:
     # 새로운 임계값으로 다시 이진화 작업
     T1 = T2
     for h in range(gray_img.shape[0]):
      for w in range(gray_img.shape[1]):
        if(gray_img[h,w]>T1):
          output_img[h,w]=255
        else:
          output_img[h,w]=0
#그림을 화면에 출력
plt.figure(figsize=(20,20))# 영상의 크기를 키워주자
plt.subplot(1,2,1)
plt.title("Image1")
plt.imshow(gray_img, cmap='gray')
plt.axis("off")
plt.subplot(1,2,2)
plt.title("Segmented Image")
plt.imshow(output_img, cmap='gray')
plt.axis("off")
plt.show()
```

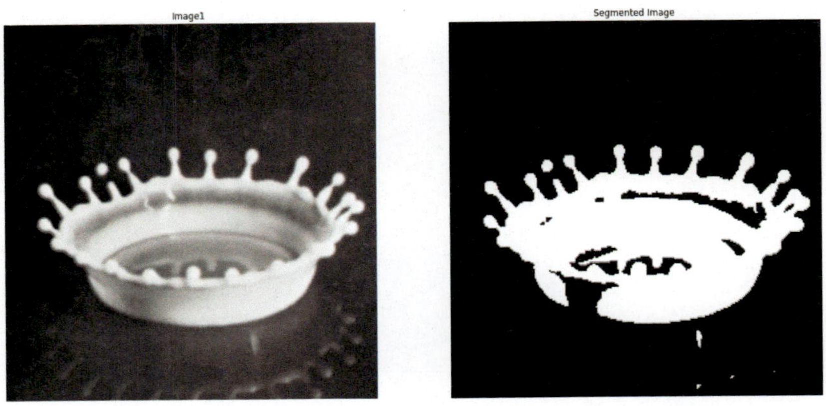

코드설명

`gray_img = cv2.cvtColor(img, cv2.COLOR_BGR2GRAY)`: 입력 영상 gray영상으로 변환하기, R, G, B로 분할한 영상을 gray = (R+G+B)/3과 같이 연산하여도 동일한 gray영상을 만들 수 있다.

`while True: ~ break`: while문을 이용한 무한 loop만들기와 break를 이용한 무한루프 빠져 나올 수 있다.

`T2 = threshold_update()`: 새로운 임계값 계산하는 함수 호출하고 그 결과값 받아온다.

`plt.imshow(gray_img, cmap='gray')`: 출력 영상을 gray영상으로 표현하기. 만약 cmp을 설정하지 않으면 B,G,R3개의 컬러 채널 중 B로 출력된다 (직접 확인해 보자).

연습 4-3의 출력은 전역 임계값 적용 후 결과를 보여주고 있다. 그림에서 보는 것처럼 전역 임계값을 적용할 경우 초기 임계값이 잘못 설정되었더라도 영상이 잘 분리되는 것을 알 수 있다.

4.4 적응적 임계값 적용하기(Adaptive Thresholding)

전역 임계값 적용 방법은 모든 픽셀에 대해 동일한 임계값을 적용하는 방식으로 영상이 전경과 배경으로 확연히 구분될 경우 매우 뛰어난 성능을 발휘한다. 하지만 영상 안에 조명이 일정하지 않거나 다양한 색상을 가지는 전경 물체가 있을 경우 하나의 임계값만으로 전경과 배경을 구분하는 것은 쉽지 않다. 따라서 이러한 문제점을 해결하기 위해 영상을 일정 블록으로 분할하고 각 분할된 블록마다 제각기 다른 임계값을 적용하는 적응적 임계값 적용(Adaptive Thresholding)방법이 필요하다.

(그림 4-5) 적응적 임계값 적용을 위해 NxN블록으로 분할된 영상

적응적 임계값 적용 방법은 "작은 블록은 대략적으로 균등한 조명을 가질 가능성이 크기 때문에 임계값 적용에 보다 적합" 하다는 가정을 기본 전제로 하고 있다. 이러한 가정을 토대로 그림 4-5와 같이 영상을 NxN의 블록으로 일정하게 나누고 각 블록에서 다음과 같은 방법 중 하나로 임계값을 결정한다.

1) 블록 안의 픽셀 밝기 분포에 대한 평균

$$T = \frac{\sum I(x,y)}{\text{블록 안의 픽셀 개수}} \tag{4-3}$$

2) 블록 안의 픽셀 밝기의 중간값

$$T = Median(I(x,y) \in block) \tag{4-4}$$

3) 블록 안의 픽셀 밝기의 최대값과 최소값의 평균

$$T = \frac{\max(i(x,y)) + \min(i(x,y))}{2} \tag{4-5}$$

적응적 임계값 방법에서 주의할 점은 블록의 크기를 결정하는 문제다. 블록의 크기가 너무 작을 경우, 영상이 너무 세분화되어 분리됨으로 잡영상이 많아지는 단점이 있고 반대로, 너무 큰 경우 블록 내의 픽셀들은 일정한 조명을 갖는다는 적응적 임계값 적용 방법의 기본 가정을 위반하므로 전역적 임계값 방법과 유사한 결과를 나타내는 문제점이 발생 할 수 있다. 따라서, 영상의 특성과 크기에 따라 블록의 크기를 가변적으로 결정해 주어야 한다.

연습 4-4는 임계값 결정 방법 중 1)번 블록 평균을 이용한 적응적 임계값 적용 프로그램 코드이다.

연습 4-4) 적응적 임계값으로 영상 분할하기

```
from google.colab.patches import cv2_imshow
import numpy as np
import cv2
import matplotlib.pyplot as plt
from google.colab import drive
drive.mount('/content/gdrive')
#영상 불러오기
```

```
img = cv2.imread('/content/gdrive/My Drive/Image_Processing/cell-bright.bmp')
# color영상을 gray영상으로 만들기
gray_img = cv2.cvtColor(img, cv2.COLOR_BGR2GRAY)
#가로세로 블록의 개수
N=18
#블록 당 가로와 세로 크기 계산
dimh=np.int32(gray_img.shape[0]/N)
dimw=np.int32(gray_img.shape[1]/N)
#연산에서 제외될 영상 가장자리 크기 계산
dh_rest = np.int32(gray_img.shape[0]%N)
dw_rest =np.int32(gray_img.shape[1]%N)
# 임계값 적용 후 이진 영상을 담을 기억 장소 생성
mean_img = np.zeros((N,N)) #블록의 평균값 저장 배열
output_img = np.zeros((gray_img[0], gray_img[1]))
# 각 블록의 평균값 계산을 위한 함수
def mean_function(img,dimh,dimw,h,w):
   count=1
   sum=0
   ave=0
   for y in range(h, h+dimh):
    for x in range(w, w+dimw):
       sum = sum+img[y,x]
       count = count+1
   # 블록별 픽셀 평균 계산
   ave = np.int32(sum/count)
   return ave
#각 블록의 평균값 계산
for h in range(0,img.shape[0]-dh_rest,dimh):
    for w in range(0,img.shape[1]-dw_rest,dimw):
         if(h+dimh <img.shape[0] and w+dimw<img.shape[1]):
                  mean_img[np.int32(h/dimh),np.int32(w/dimw)]= mean_function(g
ray_img,dimh,dimw,h,w)

#각 블록에 대해 임계값 적용 및 이진화 작업 수행
for h in range(0,gray_img.shape[0]-dh_rest):
  for w in range(0,gray_img.shape[1]-dw_rest):
    if(gray_img[h,w]>= mean_img[np.int32(h/dimh),np.int32(w/dimw)]):
        output_img[h,w]=255
    else:
        output_img[h,w]=0
```

```
#그림을 화면에 출력
plt.figure(figsize=(20,20))# 영상의 크기를 키워주자
plt.subplot(1,2,1)
plt.title("Image1")
plt.imshow(gray_img, cmap='gray')
plt.axis("off")
plt.subplot(1,2,2)
plt.title("Segmented Image")
plt.imshow(output_img, cmap='gray')
plt.axis("off")
plt.show()
```

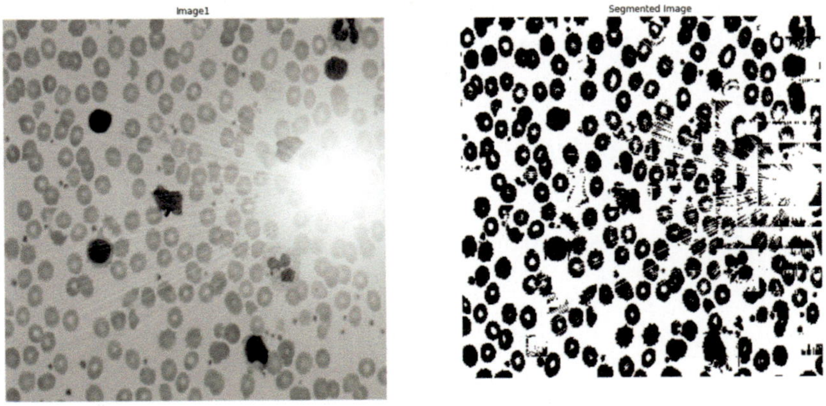

코드설명

dh_rest = np.int32(gray_img.shape[0]%N): 블록의 크기보다 작은 영상의 가장자리 영역을 연산에서 제외시킨다.

mean_img = np.zeros((N,N)): 블록의 평균값을 임시로 저장할 NxN크기의 numpy 배열로 생성하고 0으로 초기화시킨다.

if(h+dimh <img.shape[0] and w+dimw<img.shape[1]): 영상의 외곽을 벗어나지 않게 하기 위한 if문

mean_img[np.int32(h/dimh),np.int32(w/dimw)]= mean_function(gray_img,dimh,dimw,h,w): 블록을 위한 배열에 평균 값 배치, h/dimh를 이용 영상 블록에 해당하는 평균 블록의 위치를 설정한다.

if(gray_img[h,w]>= mean_img[np.int32(h/dimh),np.int32(w/dimw)]): 반대로 평균값 저장 배열의 값보다 대응되는 영상 블록이 크다면 출력 영상에 255를 할당하고 그렇지 않을 경우 0을 할당한다.

예제 4-4의 결과는 조명 왜곡이 발생한 영상에 대한 적응적 임계값 적용 결과를 보여준다. 그림 4-4 (a)에서는 전역 임계값을 적용했을 경우 왜곡된 조명으로 인해 일부분의 세포 영역만 정확히 분리되고 나머지 영역은 잘못 분리된 결과를 보였다. 이에 비해 예제 4-4에서는 적응적 임계값을 각 블록마다 적용하였기 때문에 보다 정확하게 세포 영역을 분리해 낼 수 있었다.

4.5 히스토그램 스트레칭(Histogram Stretching)

히스토그램 스트레칭 방법은 영상의 밝기값 범위를 확장(또는 축소) 시킴으로써 영상의 대비(contrast)를 향상시키는 방법을 말한다. 이 방법은 4.6장에서 배울 히스토그램 평활화(Histogram Equalization) 방법과는 다르게 영상 픽셀들에 대해 선형 확장 함수(linear scaling function)를 적용하여 구현 할 수 있다. 그림 4-6과 같이 현재 영상의 Histogram이 40~180의 범위를 갖는다면 영상의 히스토그램 분포를 0~255로 선형적으로 확장시켜 영상의 대비 정도를 개선할 수 있다.

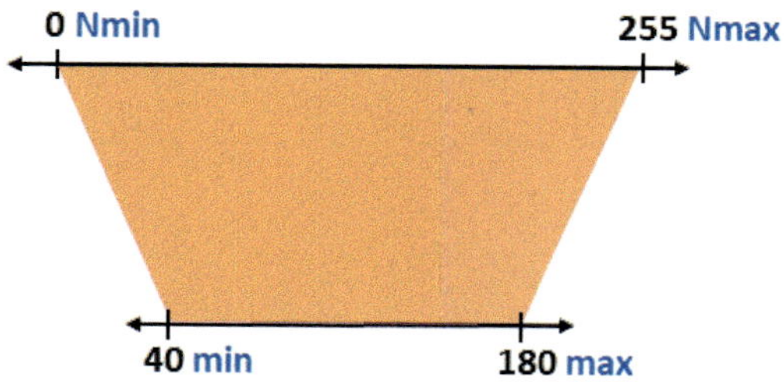

(그림 4-6) 히스토그램 스트레칭 방법

히스토그램 스트레칭을 구현하는 알고리즘은 다음과 같다.

1) 영상을 정규화 시키고 싶은 상한값(Nmax)과 하한값(Nmin)의 범위를 설정한다.

2) 현재 영상에 포함된 픽셀의 최고 밝기값(max)과 최소 밝기값(min)을 찾는다.

3) 각 픽셀 I(x,y)를 다음의 함수를 이용하여 스트레칭 된 밝기값 I'(x, y)를 구한다.

$$I'(x,y) = (I(x,y) - \min)\left(\frac{N\max - N\min}{\max - \min}\right) + N\min \tag{4-6}$$

히스토그램 스트레칭은 영상에 포함된 픽셀의 최고 밝기값(max)과 최소 밝기값(min)에 큰 영향을 받기 때문에 단순하게 영상의 픽셀값 중 밝기의 최고 및 최소값을 적용하는 것은 문제가 있다. 따라서 적절한 최고 밝기값과 최소 밝기값을 구하기 위해 다음과 같은 방법을 적용해 보도록 하자.

상하위 절단법

- 영상의 히스토그램을 구한다.
- 히스토그램에서 하위 m%(예, 5%)와 상위 n%(예, 95%)에 해당하는 부분을 min과 max로 결정한다.
- 하위 m% 미만에 해당하는 픽셀들은 min과 같은 밝기값을 갖도록 설정한다.
- 상위 n+1% 이상에 해당하는 픽셀들은 max와 같은 밝기값을 갖도록 설정한다.

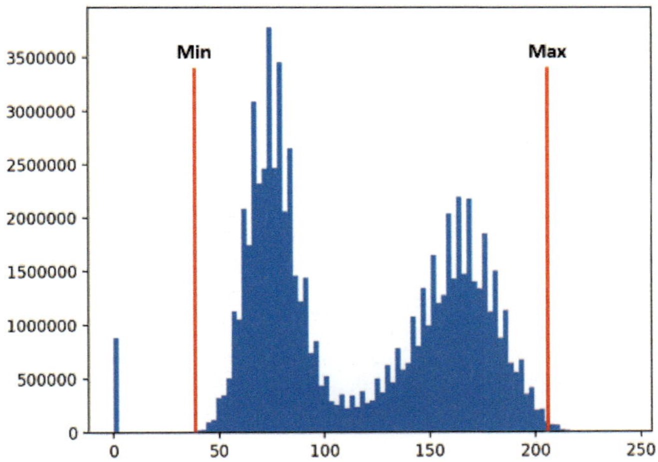

(그림 4-7) 상하위 절단법을 이용한 최고(max) 및 최소(min) 밝기값 결정

히스토그램 스트레칭에 대해 다음과 같이 코드를 구현해 보고 최고값과 최소값을 변경하면서 결과가 어떻게 바뀌는지 확인해 보자.

연습 4-5) 히스토그램 스트레칭 구현하기

```
from google.colab.patches import cv2_imshow
import numpy as np
import cv2
```

```
import matplotlib.pyplot as plt
from google.colab import drive
drive.mount('/content/gdrive')
#영상 불러오기
img = cv2.imread('/content/gdrive/My Drive/Image_Processing/aero2.bmp')
# color영상을 gray영상으로 만들기
gray_img = cv2.cvtColor(img, cv2.COLOR_BGR2GRAY)
output_img = np.zeros((gray_img[0], gray_img[1]))
def saturation(value): #saturation함수로 정의하기
    if(value>255):
        value = 255;
    return value
Nmax=255
Nmin=0
max = 0
min = 255
#영상의 픽셀 중 최소값과 최대값 찾기
for h in range(img.shape[0]):
    for w in range(img.shape[1]):
        if (max < gray_img[h,w]):
            max = gray_img[h,w]
        if (min > gray_img[h,w]):
            min = gray_img[h,w]

# 최대, 최소 값을 넘어서는 픽셀들을 최소, 최대값으로 정리
for h in range(img.shape[0]):
    for w in range(img.shape[1]):
        if gray_img[h,w] < min:
            gray_img[h,w] = min
        if gray_img[h,w] > max:
            gray_img[h,w] = max

#히스토그램 스트레칭
for h in range(img.shape[0]):
    for w in range(img.shape[1]):
        output_img[h,w] = saturation(np.int32((gray_img [h,w]-min)*np.float32(
(Nmax-Nmin)/(max-min))+Nmin))

hist=cv2.calcHist([gray_img],[0],None,[256],[0,255])
plt.title("Histogram")
```

```
plt.plot(hist,color='b',label='original histo')
plt.xlim([0,255])
hist=cv2.calcHist([output_img],[0],None,[256],[0,255])
plt.plot(hist,color='g',label='streched histo')
plt.xlim([0,255])
plt.legend()
#그림을 화면에 출력
plt.figure(figsize=(20,20))# 영상의 크기를 키워주자
plt.subplot(1,2,1)
plt.title("Image1")
plt.imshow(gray_img, cmap='gray')
plt.axis("off")
plt.subplot(1,2,2)
plt.title("Streched Image")
plt.imshow(output_img, cmap='gray')
plt.axis("off")
plt.show()
```

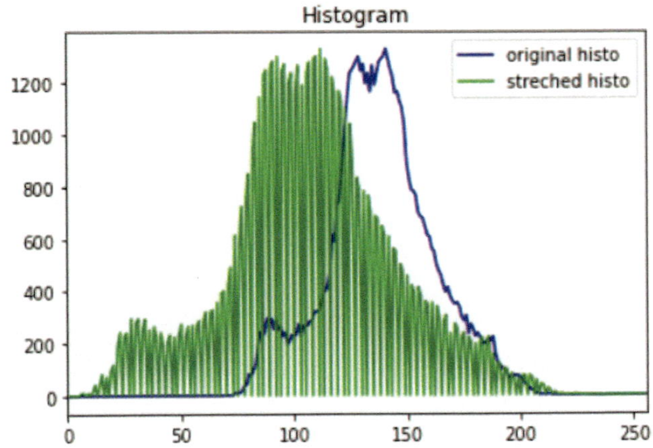

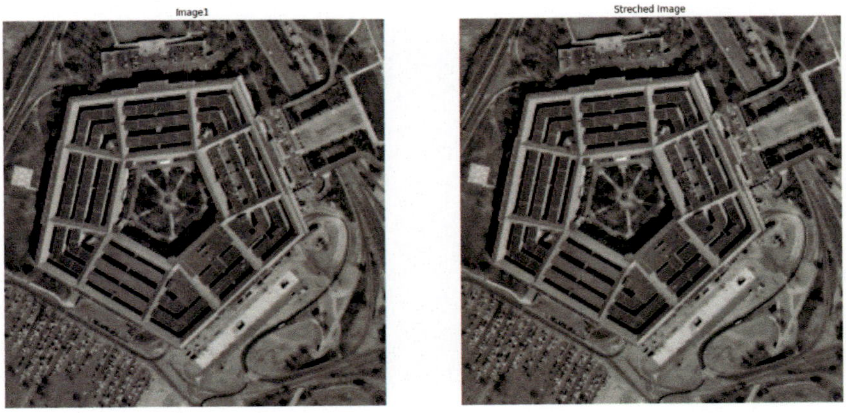

코드설명

```
for h in range(img.shape[0]):
    for w in range(img.shape[1]):
        if gray_img[h,w] < min:
          gray_img[h,w] = min
```

: 영상의 픽셀값 범위가 새로운 min과 max안에 존재하도록 픽셀값을 변화시킨다.

```
for h in range(img.shape[0]):
    for w in range(img.shape[1]):
        output_img[h,w] = saturation(np.int32((gray_img [h,w]-min)*np.float32(
(Nmax-Nmin)/(max-min))+Nmin)):
```

히스토그램 스트레칭 코드. 나누기 연산은 float32로 수행하고 그 결과를 다시 int32로 변경한다.

`hist=cv2.calcHist([gray_img],[0],None,[256],[0,256])`: 0~256 사이의 값 범위에서 히스토그램을 구한다.

`plt.plot(hist,color='b',label='original histo')`: 히스토그램을 blue색상의 선으로 표시한다.

연습 4-5의 결과에서 보는 것과 같이 스트레칭을 적용한 결과 히스토그램이 한쪽에 몰려 있지 않고 0~255로 범위에 펼쳐진 것을 알 수 있다. 또한 결과 스트레칭이 적용된 영상을 자세히 살펴보면 명암비가 좀 더 선명해짐을 확인할 수 있다. 히스토그램 스트레칭 결과는 최고값과 최소값에 매우 민감하게 반응하는 것을 알 수 있다. 따라서 각 영상의 특성을 분석하여 두 수치 값을 결정하는 작업이 필요하다.

그림 4-8 영상은 5%에 대한 절단 후 히스토그램 스트레칭을 적용한 결과를 보여준다. 상하위 절단법을 이용한 히스토그램 스트레칭은 연습문제 2를 통해 직접 프로그램해 보도록 하자.

(a) 입력영상

(b) 상 하위 5%에 대한 절단 후 히스토그램 스트레칭 결과

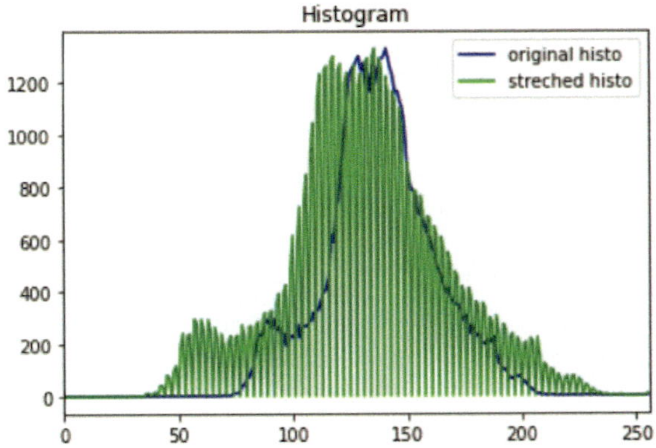

(c) 상 하위 5%에 대한 절단 후 히스토그램 변화

(그림 4-8) 히스토그램 스트레칭 결과

4.6 히스토그램 평활화(Histogram Equalization)

히스토그램 평활화는 히스토그램 스트레칭과 마찬가지로 영상의 화질을 개선하기 위한 방법이지만 스트레칭이 선형 함수에 의해 새로운 픽셀 값을 계산한 것과는 다르게 비선형적인 함수를 이용하여 영상으로 하여금 정규 분포 형태의 히스토그램을 갖도록 화질을 개선하는 방법이다. 따라서 히스토그램 스트레칭 결과는 히스토그램 분포가 원래 영상의 히스토그램 분포와 같은 비율로 확장되는 것과 다르게, 히스토그램 평활화 결과는 히스토그램 분포가 균일 분포(uniform distribution) 형태로 변하게 된다.

그림 4-9은 히스토그램 스트레칭과 히스토그램 평활화의 실행 결과 및 히스토그램 변화를 표현한 것으로, 히스토그램 스트레칭은 히스토그램 분포가 원 영상의 히스토그램 분포

와 크게 차이가 나지 않는 반면, 히스토그램 평활화 후의 히스토그램 분포는 각 빈에 분포가 골고루 분포되도록 재배치된 것을 알 수 있다.

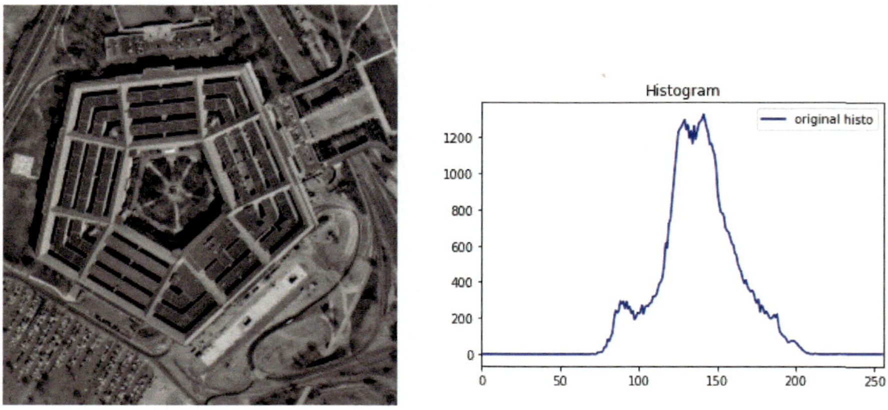

(a) 원영상의 히스토그램 분포

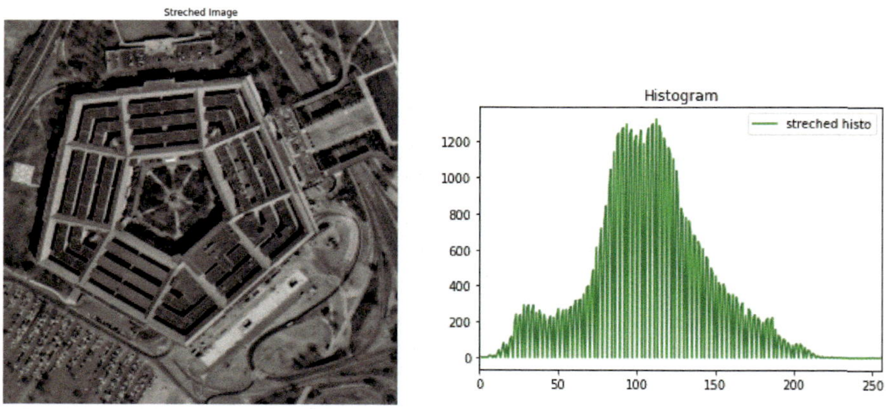

(b) 히스토그램 스트레칭 결과에 대한 히스토그램 분포

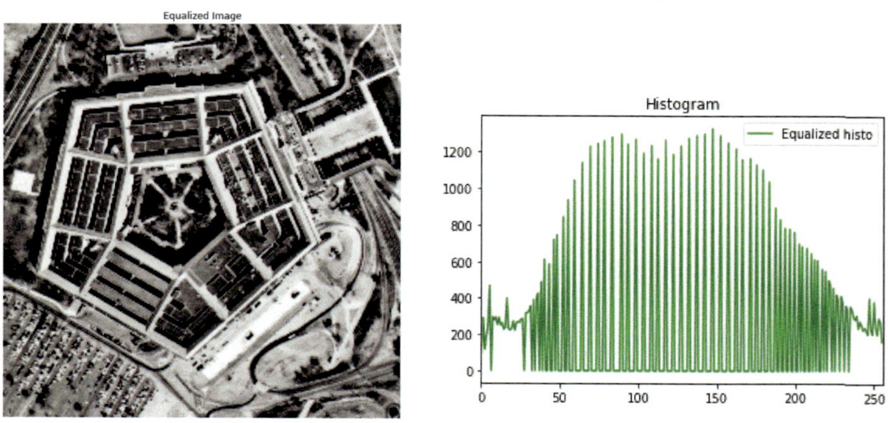

(c) 히스토그램 평활화 결과에 대한 히스토그램 분포

(그림 4-9) 히스토그램 스트레칭과 히스토그램 평활화 후의 결과 영상과 히스토그램 분포 결과 비교

히스토그램 평활화 알고리즘은 다음과 같다.

1) 그레이 입력 영상으로부터 균일 분포 히스토그램을 갖는 출력 영상을 생성하는 변환 함수를 T라고 하자.

2) 영상으로부터 히스토그램을 구하고 이를 누적 히스토그램으로 변환하자.

원 영상

2	2	3	5
4	2	3	3
4	3	5	1
0	3	2	5

(a)

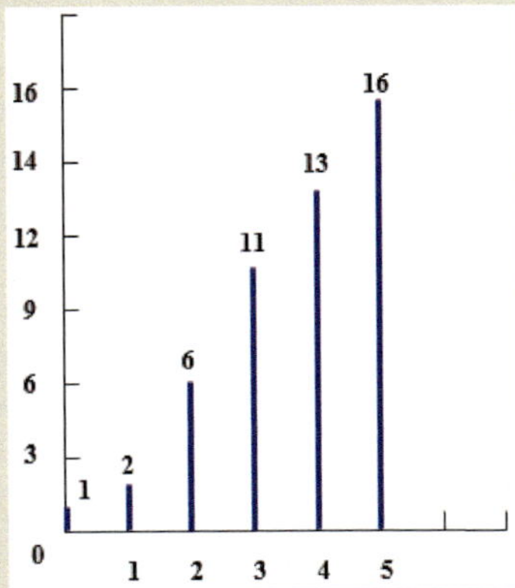

(b)

(그림 4-10) (a) 원 영상의 픽셀 값과 (b) 원 영상의 누적 히스토그램 분포

3) 변환 함수 T에 의해 입력 영상의 픽셀 값 r은 s의 출력 값으로 변환된다.

$$s = T(r) \tag{4-7}$$

수식에서 변환함수 T는 전체 픽셀 개수 N과 히스토그램에서 i번째 도수의 누적 값 n_i를 이용하여 아래와 같이 표현 할 수 있다.

$$T(r) = \sum_{i=0}^{k} \frac{n_i}{N} \tag{4-8}$$

함수 T는 결국 히스토그램에서 픽셀 r의 값에 해당하는 빈 k까지의 히스토그램 누적 개수를 전체 영상의 픽셀 개수로 나눈 값이다. 예를 들어 그림에서 r=3인 경우 누적 도수가 11임으로 T(r=3)는 11/16 = 0.6875의 값을 갖게 된다.

실제 프로그램에서는 픽셀이 특정 값 사이에 표현 되도록 식 (4-9)를 사용한다.

$$s = T(r) = Round(D_m \cdot T(r_i)) \tag{4-9}$$

수식에서 D_m은 영상에 표현하고자 하는 최대 픽셀값이다. 따라서 입력 영상의 한 픽셀 r=3이고 D_m의 값이 6인 경우 히스토그램 변환 함수 T가 적용된 최종 s의 값은

round(6×11/16)= Round(4.125) = 4의 값을 갖게 된다. D_m이 255이라면 0~255 사이의 값으로 표현이 가능하다.

4) 위 수식을 이용하여 입력 영상에 대해 최종적으로 다음 표와 같은 값을 얻을 수 있다($D_m = 6$).

r	누적합	Dm*T (r)	Round
0	1	0.37	0
1	2	0.75	1
2	6	2.25	2
3	11	4.12	4
4	13	4.87	5
5	16	6.00	6

5) 각 픽셀 r에 대해 변환 함수 T가 적용된 위의 표를 이용하여 입력 영상을 변환하면 아래와 같이 픽셀값이 변화하고 히스토그램의 분포도 전체 범위에 걸쳐 골고루 나타나게 된다.

2	2	4	6
5	2	4	4
5	4	6	1
0	4	2	6

(a)

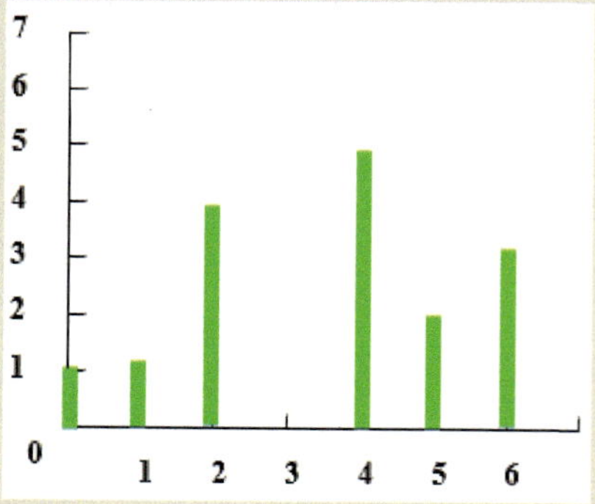

(b)

(그림 4-11) (a) 히스토그램 평활화 영상의 픽셀값과 (b) 변화된 영상의 히스토그램 분포

OpenCV에서는 히스토그램 평활화를 위한 기본함수인

dst = cv2.equalizeHist(src)

를 제공하고 있다. src는 입력 영상이고 dst는 결과영상을 나타낸다.

지금까지 배운 히스토그램 평활화 알고리즘을 토대로 연습 4-6을 프로그램하고 그 결과를 확인해 보자.

연습 4-6) 히스토그램 평활화 구현하기

```
from google.colab.patches import cv2_imshow
import numpy as np
import cv2
import matplotlib.pyplot as plt
from google.colab import drive
drive.mount('/content/gdrive')
#영상 불러오기
img = cv2.imread('/content/gdrive/My Drive/Image_Processing/girl.jpg')
# color영상을 gray영상으로 만들기
gray_img = cv2.cvtColor(img, cv2.COLOR_BGR2GRAY)

#히스토그램 평활화 (output_image를 따로 정의하지 말고 동적으로 생성하자)
output_img = cv2.equalizeHist(gray_img)
hist=cv2.calcHist([gray_img],[0],None,[256],[0,256])
plt.title("Histogram")
plt.plot(hist,color='b',label='original histo')
plt.xlim([0,256])
hist=cv2.calcHist([output_img],[0],None,[256],[0,256])
plt.plot(hist,color='g',label='Equalized histo')
plt.xlim([0,256])
plt.legend()
#그림을 화면에 출력
plt.figure(figsize=(20,20))# 영상의 크기를 키워주자
plt.subplot(1,2,1)
plt.title("Image1")
plt.imshow(gray_img, cmap='gray')
plt.axis("off")
plt.subplot(1,2,2)
plt.title("Equalized Image")
plt.imshow(output_img, cmap='gray')
plt.axis("off")
plt.show()
```

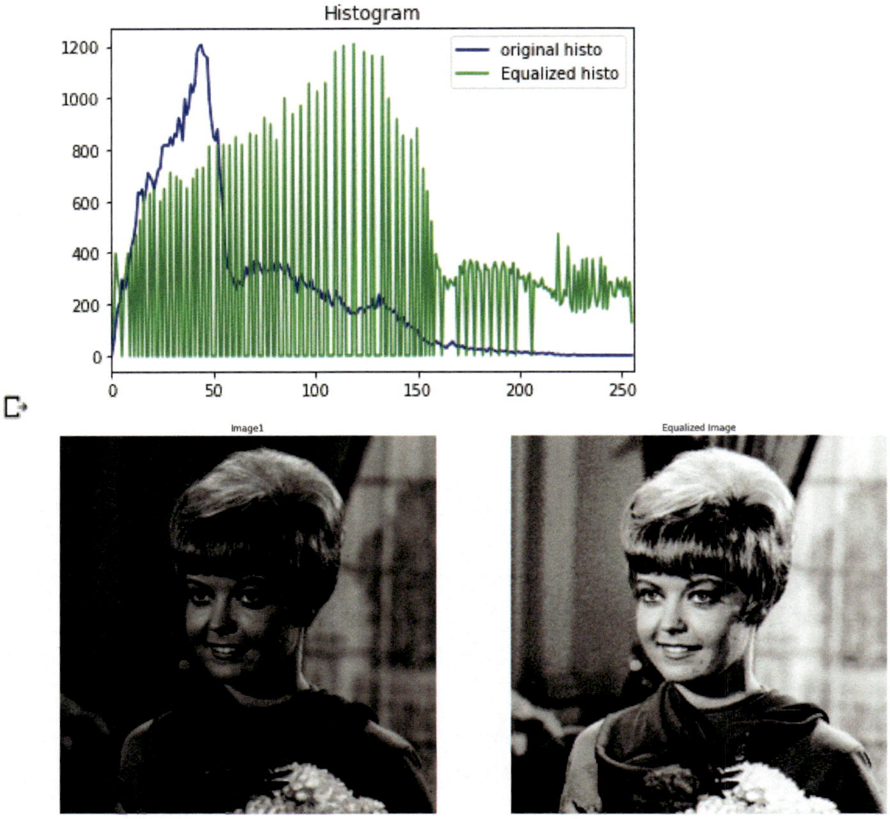

코드설명

output_img = cv2.equalizeHist(gray_img): gray_img에 대해 자동으로 히스토그램 평활화와 그 결과를 output_image에 리턴한다. output_img는 따로 메모리를 할당하지 않고 실행 시에 자동으로 리턴 타입에 따라 배정되도록 변경해 보았다.

연습 4-6에서는 영상을 그레이로 변환하여 적용해 보았다. 그렇다면 컬러 영상에서는 어떻게 히스토그램 평활화를 적용할까? 각 컬러별로 적용할 수도 있지만 일반적으로는 RGB영상을 YCrCb등의 다른 색상으로 변경하고 Y채널에 대해서만 히스토그램 평활화를 진행 한 후 다시 RGB로 변환하는 방법을 사용한다. 모든 컬러 채널에 대해 히스토그램 평활화를 진행하고 다시 채널들을 RGB로 변환 할 경우 원래의 색상이 변색되는 오류가 발생할 수 있다. 연습문제를 통해 색상변환에 따른 히스토그램 평활화를 직접 실행해 보고 문제점을 분석해 보자.

4장 정리

1. 히스토그램(histogram)이란 영상 안에 포함된 각각 다른 밝기값을 갖는 픽셀들의 수(분포)를 보여주는 그래프를 의미한다.

2. 임계값 적용하기는 전경 영역과 배경 영역의 밝기 차이나 색상 차이를 이용하여 영상의 배경으로 부터 전경 영역들을 분리할 수 있는 가장 기본적인 방법이다. 임계값은 인위적으로 프로그래머에 의해 결정될 수도 있지만, 영상으로부터 히스토그램을 생성하여 결정할 수도 있다.

3. 히스토그램이 두 개의 봉우리로 확연히 구분될 경우에는 한 개의 임계값만으로도 영상 내에 포함된 영역들을 효과적으로 분리해 낼 수 있지만 두 개 이상의 봉우리로 확연히 구분된다면 한 개의 임계값으로는 구분이 되지 않기 때문에 임계값을 추가해주어야 한다. 하지만 히스토그램의 봉우리가 모호할 경우 임계값을 이용한 영역 분리는 잘못된 결과를 보여준다.

4. 전역 임계값 적용 방법은 영상을 두 개의 그룹으로 분할하고 각 그룹마다 평균값을 계산하여 이 값들을 임계값 계산에 적용하는 방법을 사용한다. 이렇게 구해진 임계값을 모든 픽셀에 대해 적용하는 방식으로 영상이 전경과 배경으로 확연히 구분될 경우 매우 뛰어난 성능을 발휘한다.

5. 전역 임계값 알고리즘에서는 종료 조건에 해당하는 T0에 따라 영상 분할 속도가 달라질 수 있다. T0 값이 작을 경우 최적의 임계값을 추정할 수 있지만 많은 연산이 필요하므로 실행 속도가 느려질 수 있다.

6. 적응적 임계값 적용 방법은 전역 임계값 적용 방법의 단점 즉 영상 안에 조명이 일정하지 않거나 다양한 색상을 가지는 전경 물체가 있을 경우 하나의 임계값만으로 전경과 배경이 구분되지 않는 문제를 보완하는 방법으로 영상을 NxN의 블록으로 일정하게 분할하고 각 분할된 블록마다 제각기 다른 임계값을 결정하는 방법이다.

7. 적응적 임계값 적용 방법은 "작은 블록은 대략적으로 균등한 조명을 가질 가능성이 크기 때문에 임계값 적용에 보다 적합"하다는 가정을 기본 전제로 하고 있다. 그렇기 때문에 이 방법에서의 문제는 블록의 크기가 너무 작을 경우 영상이 너무 세분화 되어 잡영상이 많아지고, 너무 큰 경우 블록 내의 픽셀들은 일정한 조명을 갖는다는 적응적 임계값 적용 방법의

기본 가정을 위반하므로 전역적 임계값 방법과 유사한 결과를 나타낸다. 따라서 영상의 특성과 크기에 따라 블록의 크기를 가변적으로 결정해 주어야 한다.

8. 히스토그램 스트레칭 방법은 영상의 밝기값 범위를 확장(또는 축소) 시킴으로써 영상의 대비(contrast)를 향상시키는 방법이다. 영상 픽셀들에 대해 선형 확장 함수(linear scaling function)를 적용하여 구현 할 수 있다. 따라서 변환 결과는 히스토그램의 분포는 원래 영상의 히스토그램 분포에서 같은 비율로 확장된 분포를 갖는다.

9. 히스토그램 스트레칭 방법은 영상에 포함된 픽셀의 최고 밝기값과 최소 밝기값에 민감하기 때문에 상하위 절단법과 같은 방법을 사용하여 최고 밝기값과 최소 밝기값을 구한다.

10. 히스토그램 평활화는 비선형적인 함수를 이용하여 영상으로 하여금 정규 분포 형태의 히스토그램을 갖도록 하여 화질을 개선하는 방법이다. 따라서 변환 결과 히스토그램의 분포는 균일 분포(uniform distribution) 형태가 된다.

연습문제

1. 적응적 임계값 적용 방법 중, 2) 중간값 이용하기 3)번 최대-최소값 이용하기 방법을 이용하여 프로그램 코드를 수정하고 결과를 확인해 보자.

2. 아래 코드는 히스토그램 스트레칭에서 상위 95% 이상, 하위 5% 미만 밝기 픽셀을 제외한 픽셀에 대해서만 스트레칭을 하기 위한 C코드이다. 이 코드와 연습 4-5의 코드를 참고하여 프로그램을 완성해 보자.

```
int max,min, Nmax, Nmin;
Nmax=255, Nmin=0;
int histogram[256]={0};

// 영상의 그레이 히스토그램 생성
for(i=0;i<height;i++)
    for(j=0;j<width;j++)
            histogram[image[i][j]]++;

  //히스토그램의 하위 5%, 상위 95%에 해당하는 히스토그램 빈 찾기
  int scaling_const = (int)((float)height*(float)width*0.05);

int count=0;
  for(i=0;i<256;i++)
  {
          count+=histogram[i];
          if(count>scaling_const)
          {
                  min = i;
                  break;
          }
  }
  count=0;
  for(i=255;i>=0;i--)
  {
          count+=histogram[i];
          if(count>scaling_const)
```

```
                {
                        max = i;
                        break;
                }
        }

        for( i=0;i<height;i++)
          for( j=0;j<width;j++)
                {
                //5%미만, 95%이상 픽셀은 같은 값으로 변경
                   if(image[i][j] < min) image[i][j] = min;
                   if(image[i][j] > max) image[i][j] = max;

          //히스토그램 스트레칭 값 계산
         image[i][j] = (int)((float)(image[i][j]-min)*((float)(Nmax-Nmin)/
                            (float)(max-min))+Nmin);
                }
```

3. 아래 코드는 히스토그램 평활화를 하기 위한 C코드이다. 이 코드를 참고하여 연습 4-6의 'cv2.equalizeHist'를 대체할 수 있는 파이썬 함수를 만들어 보자.

```
        float cumulation=0.0;
        int histogram[256]={0};

      // 히스토그램 생성
         for(i=0;i<height;i++)
           for(j=0;j<width;j++)
             histogram[image[i][j]]++;

    for(index=0;index<256;index++)
    {
     // 히스토그램 누적
     cumulation +=(float)histogram[index];

     // 누적 히스토그램에 대한 정규화(0~1) 및 255로 확장
     histogram[index]
                    = (int)((cumulation/(float)(width*height))*255.0+0.5);
    }
```

```
for(i=0;i<height;i++)
    for(j=0;j<width;j++)
{
  // 입력 픽셀에 대응되는 T(r)값 적용
   index = image[i][j];
   image[i][j] = histogram[index];
}
```

4. 히스토그램 스트레칭을 R,G,B 세 채널에 각각 적용한 뒤 결합한 결과와 아래와 같이 YCrCb 채널로 변경하고 Y채널에 대해서만 적용한 결과를 다시 합쳤을 때의 결과를 확인하시오. 영상이 비정상적으로 스트레칭 되었다면 어떤 방법을 사용하여 가장 선명한 영상을 만들 수 있는지 생각해 보자.

```
YCrCb_img = cv2.cvtColor(img, cv2.COLOR_BGR2YCrCb)
YCrCb_planes = cv2.split(YCrCb_img)

# 히스토그램 구현하기

YCrCb_out = cv2.merge(YCrCb_planes)
out_img = cv2.cvtColor(YCrCb_img, cv2.COLOR_YCrCb2BGR)
# 영상 출력
```

5. 컬러 히스토그램 균등화 구현에서, YCrCb 색상으로 변환 후에 Y에 대해서만 히스토그램 평활화를 적용하고 다시 영상을 합친 경우와, 각 Y, Cr, Cb 색상 마다 하나씩 적용하고 다시 합친 경우를 비교하고, 어떤 색상에서 적용했을 때가 가장 오류가 적은지 분석하시오.(YCrCb색상에 대해서만 구현하시오.)

(그림 4-12) 컬러 영상에 대한 히스토그램 평활화 결과의 예

참고문헌

[1] Robert Fisher, Simon Perkins, Ashley Walker and Erik Wolfart, "Hypermedia Image Processing Reference," John Wiley & Sons Ltd

[2] 고병철, "VISUAL C++기반의 의료영상처리 프로그래밍," 그린출판사, 2011.02.25

제5장

영상의 공간적 필터링 기법

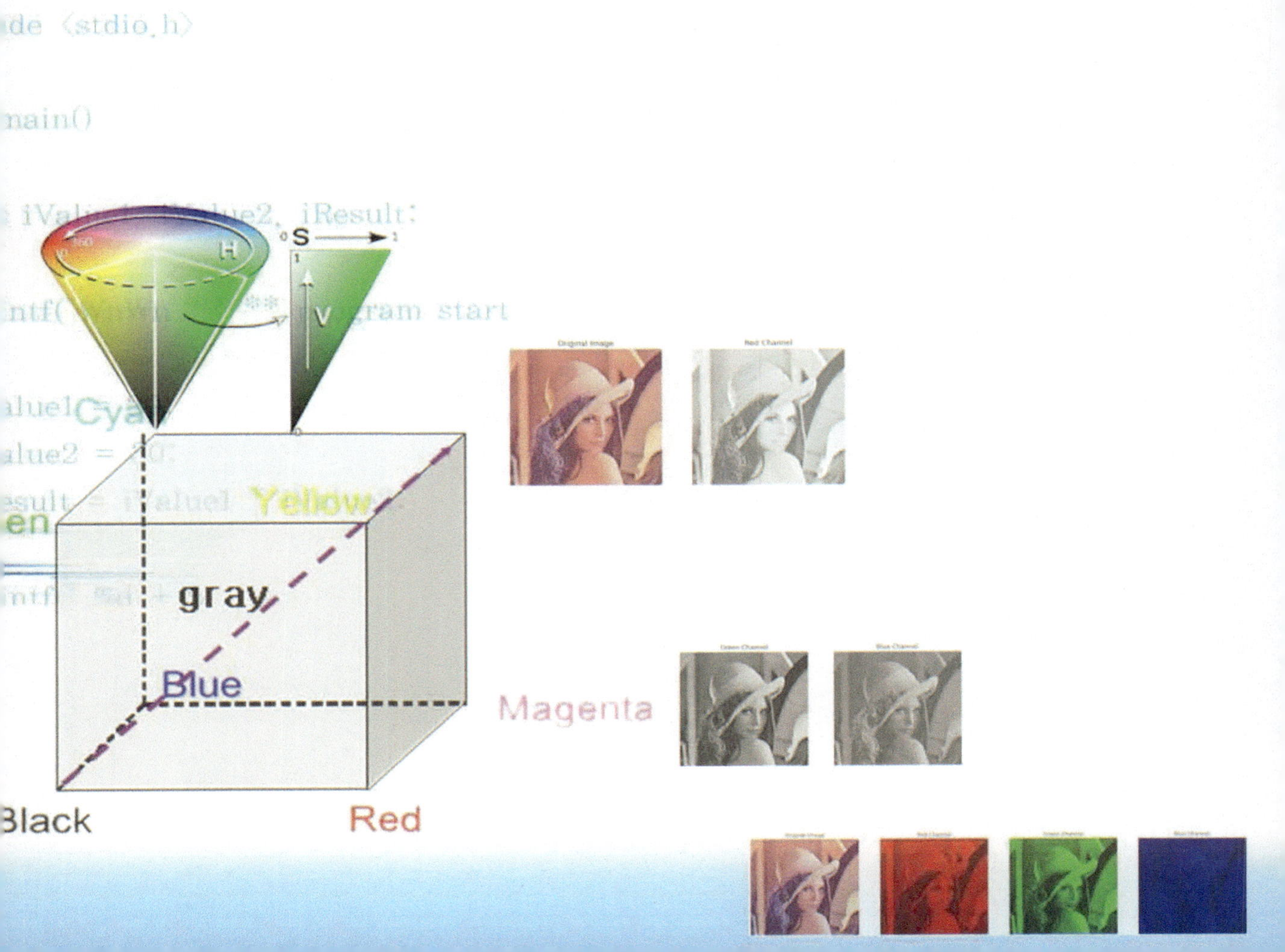

제 5 장 영상의 공간적 필터링 기법

5장에서는 영상에서 잡음을 제거하거나 경계선을 강조하여 영상의 화질을 향상시키기 위한 여러 가지 공간적 필터링 기법들을 배워보도록 한다.

공간적 필터링 기법은 각각의 목적에 따라 적절한 커널(kernel) 혹은 필터(filter)를 정의하고 원본 영상과 컨벌루션(convolution) 연산을 수행하는 것이 일반적이다. 컨벌루션 연산은 그림 5-1과 같이 입력 영상의 픽셀 밝기값을 커널의 동일한 위치에 해당하는 픽셀값과 곱하고 모든 값들을 더한 값으로 대체하는 방법이다. 이번 장에서 우리는 영상에 대해 다양한 커널을 컨벌루션하여 잡음을 제거하고 선명도를 높이는 과정을 필터링(filtering)이라고 부르도록 한다.

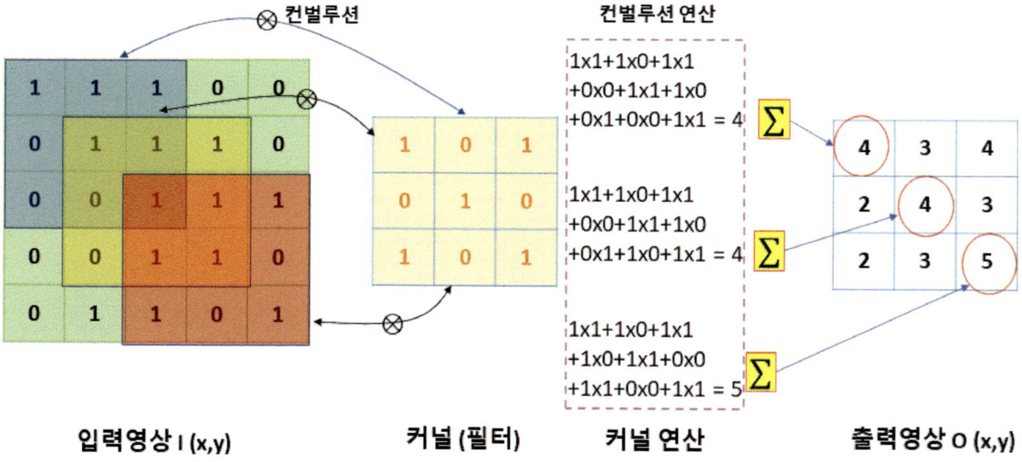

(그림 5-1) 커널과 입력 영상을 이용한 컨벌루션 연산[15)]

5장에서 다루고자 하는 공간적 필터링 기법들은 다음과 같다.

15) 컨벌루션 연산은 deep learning에서 영상 인식에 많이 사용되는 convolutional neural network의 컨벌루션 방법과 동일하다.

- 평균 필터링(Mean Filtering)
- 중간값 필터링(Median Filtering)
- 가우시안 필터링(Gaussian Filtering)
- 보존 스무딩(Conservative Smoothing)
- 언샤프 필터링(Unsharp Filtering)

5.1 평균 필터링(Mean Filtering)

평균 필터링은 입력 영상의 픽셀 밝기값을 주변 픽셀들의 밝기값의 평균으로 대체하여 영상을 스무딩(smoothing)시키면서 잡음을 줄이는 필터링 기법이다. 컨벌루션 연산을 위한 평균 필터링 커널은 그림 5-2와 같이 정의할 수 있다.

$$\begin{bmatrix} \frac{1}{9} & \frac{1}{9} & \frac{1}{9} \\ \frac{1}{9} & \frac{1}{9} & \frac{1}{9} \\ \frac{1}{9} & \frac{1}{9} & \frac{1}{9} \end{bmatrix} \equiv \begin{bmatrix} 1 & 1 & 1 \\ 1 & 1 & 1 \\ 1 & 1 & 1 \end{bmatrix} \times \frac{1}{9}$$

(a) 3x3 평균 커널

$$\begin{bmatrix} \frac{1}{25} & \frac{1}{25} & \frac{1}{25} & \frac{1}{25} & \frac{1}{25} \\ \frac{1}{25} & \frac{1}{25} & \frac{1}{25} & \frac{1}{25} & \frac{1}{25} \\ \frac{1}{25} & \frac{1}{25} & \frac{1}{25} & \frac{1}{25} & \frac{1}{25} \\ \frac{1}{25} & \frac{1}{25} & \frac{1}{25} & \frac{1}{25} & \frac{1}{25} \\ \frac{1}{25} & \frac{1}{25} & \frac{1}{25} & \frac{1}{25} & \frac{1}{25} \end{bmatrix}$$

(b) 5x5 평균 커널

(그림 5-2) 다양한 크기의 평균 커널들

커널의 크기에 따라 영상의 스무딩의 정도가 결정되며, 커널의 크기가 클수록 스무딩 효과가 커지는 특성이 있다. OpenCV를 이용하여 평균 필터링을 적용하는 방법은 2가지가 있다.

```
void cv::filter2D (        InputArray        src,
OutputArray        dst,
int       ddepth,
InputArray        kernel,
Point     anchor = Point(-1,-1),
double    delta = 0,
```

```
int       borderType = BORDER_DEFAULT
)
src: 입력영상
dst: 출력영상
ddepth: 목표로 하는 영상의 깊이 (-1)
kernel: 커널 배열
anchor: 커널에서 필터 될 포인트의 상대적 위치
delta: 목표영상에 저장되기 전에 필터링 된 픽셀에 추가될 선택적 값

void cv::blur    (       InputArray        src,
OutputArray       dst,
Size      ksize,
Point     anchor = Point(-1,-1),
int       borderType = BORDER_DEFAULT
)
src: 입력영상
dst: 출력영상
ksize: 커널 크기
anchor: 커널에서 필터 될 포인트의 상대적 위치
```

2가지 방법의 평균 필터링을 각각 적용해보고 영상의 잡음제거 효과를 확인해보자.

연습 5-1) 평균 필터링 구현하기 (1)

```python
from google.colab.patches import cv2_imshow
import numpy as np
import cv2
import matplotlib.pyplot as plt
from google.colab import drive
drive.mount('/content/gdrive')
#영상 불러오기
img = cv2.imread('/content/gdrive/My Drive/Image_Processing/Lena-Gaussian-
noise1.jpg')
# color영상을 gray영상으로 만들기
gray_img = cv2.cvtColor(img, cv2.COLOR_BGR2GRAY)
# 계수가 1/9로 구성된 3x3커널 만들기
kernel = np.ones((3,3),np.float32)/9
```

```
output_img = cv2.filter2D(gray_img,-1,kernel)
#그림을 화면에 출력
plt.figure(figsize=(20,20))# 영상의 크기를 키워주자
plt.subplot(1,2,1)
plt.title("Image1")
plt.imshow(gray_img, cmap='gray')
plt.axis("off")
plt.subplot(1,2,2)
plt.title("Mean filtering Image")
plt.imshow(output_img, cmap='gray')
plt.axis("off")
plt.show()
```

코드설명

kernel = np.ones((3,3),np.float32)/9: 3x3의 배열을 생성하고 값을 1로 세팅한 후에 전체 개수 9로 나누어서 커널 계수를 결정한다.

output_img = cv2.filter2D(gray_img,-1,kernel): 만들어진 커널을 입력 그레이 영상에 적용한다.

이번에는 cv2.blur() 함수를 이용해서 평균 필터링을 적용해 보자.

연습 5-2) 평균 필터링 구현하기 (2)

```
#영상 불러오기
img = cv2.imread('/content/gdrive/My Drive/Image_Processing/Lena-Gaussian-noi
se1.jpg')
# color영상을 gray영상으로 만들기
gray_img = cv2.cvtColor(img, cv2.COLOR_BGR2GRAY)

# 3x3커널 적용하기
output_img = cv2.blur(gray_img,(3,3))

#그림을 화면에 출력
```

결과는 연습 5-1과 동일하다. cv2.blur() 함수를 사용하면 쉽게 평균 필터링을 구현할 수 있다. 반대로 cv2.filter2D()를 사용하면 커널 계수를 모두 지정해줘야 하는 불편함이 있지만 개발자가 원하는 형태의 필터를 설계 할 수 있다는 장점이 있다.

앞에서 커널의 크기에 따라 스무딩 효과가 결정된다고 하였다. 그림 5-3은 가우시안 잡음에 대하여 크기를 확장한 5x5와 7x7인 평균 커널을 이용하여 필터링한 결과이다. 그림에서 볼 수 있듯이 잡음이 감소되었으나 영상이 전체적으로 스무딩되어 영상의 테두리 부분이 무뎌진 것을 볼 수 있다. 또한 커널의 크기가 커짐에 따라 스무딩 효과가 더 크게 나타남을 볼 수 있다.

(a) 원본 잡음 영상 (b) 5x5 평균 커널 (c) 7x7 평균 커널

(그림 5-3) 가우시안 잡음이 포함된 영상에 대한 커널 크기 별 평균 필터링 결과

그림 5-4는 Salt and Pepper와 같은 임펄스 잡음(영상의 픽셀 값과 뚜렷하게 다른 픽셀 값에 의한 잡음)이 추가된 영상에 대하여 크기가 각각 3x3과 5x5인 평균 커널을 이용하여 필터링 한 결과이다. 그림에서 보는 바와 같이 가우시안 잡음과는 달리 효과적으로 잡음이 제거되

지 않는 것을 볼 수 있다. 이는 Salt and Pepper 잡음의 경우 잡음 픽셀이 주변 픽셀에 비해서 현저히 밝거나 어두운 값을 가짐으로 평균 계산 값이 잡음의 영향을 받기 때문이다.

(a) 원본 잡음 영상 (b) 3x3 평균 커널 (c) 5x5 평균 커널

(그림 5-4) Salt and Pepper 잡음에 대한 커널 크기 별 평균 필터링 결과

5.2 중간값 필터링(Median Filtering)

중간값 필터링은 입력 영상의 현재 픽셀을 중심으로 커널을 씌우고, 커널 안에 포함된 주변 픽셀들을 밝기값 기준으로 정렬하여 중간에 위치한 값으로 대체하는 기법이다. 중간값 계산 방법을 예를 들어 설명하면 다음과 같다.

59	20	16	30	45
69	110	90	87	50
70	90	60	98	74
80	88	79	85	83
81	89	100	110	90

주변 픽셀의 밝기 값:
60, 79, 85, 87, 88
90, 90, 98, 110

중간 값 : 88

(그림 5-5) 중간값 필터링 계산의 예

중간값 필터링은 비선형 필터로 평균 필터에서처럼 컨벌루션 연산에 의해 새로운 값을 생성하는 것이 아니라, 기존에 있는 주변 픽셀의 밝기값을 그대로 이용함으로써 영상의 선명도가 유지된다는 장점이 있다. 그러나 중간값을 계산하기 위하여 주변 픽셀들을 밝기값을 기준으로 정렬하는 추가연산이 필요한 단점이 있다.

OpenCV에서 지원하는 중간값 필터링 함수는 아래와 같다.

```
void cv::medianBlur    (    InputArray    src,
OutputArray    dst,
int    ksize
)
src: 입력 영상
dst: 출력 영상
ksize: 커널 크기
```

중간값 필터링의 프로그램 코드는 다음과 같다.

연습 5-3) 중간값 필터링 구현하기

```
#영상 불러오기
img = cv2.imread('/content/gdrive/My Drive/Image_Processing/Lena-Gaussian-noise
1.jpg')
# color영상을 gray영상으로 만들기
gray_img = cv2.cvtColor(img, cv2.COLOR_BGR2GRAY)

# 5x5 중간값 커널 적용하기
output_img = cv2.medianBlur(gray_img,5)

#그림을 화면에 출력(코드 동일)
```

코드설명

output_img = cv2.medianBlur(img,5): 5x5크기의 중간값 커널을 입력영상에 적용한다.

그림 5-6은 가우시안 잡음에 대하여 중간값 필터링을 적용한 결과이다. 결과를 살펴보면 앞에서 언급했던 것처럼 영상의 선명도가 유지되며 적절하게 잡음이 제거되었음 볼 수 있다.

(a) 원본 잡음 영상 (b) 5x5 중간값 커널

(그림 5-6) 가우시안 잡음에 대한 중간값 필터링 결과

그림 5-7은 잡음의 정도가 심한 영상에 대하여 평균 필터링과 중간값 필터링을 적용한 결과이다. 그림에서 보는 바와 같이 잡음의 정도가 심한 영상의 경우 평균 필터링처럼 잡음을 효과적으로 감소시키지 못하고 있음을 알 수 있다.

(a) 잡음 영상 (b) 5x5 평균 커널 (c) 5x5 중간값 커널

(그림 5-7) 심한 가우시안 잡음에 대한 평균 필터링과 중간값 필터링 결과

그림 5-8은 Salt & Pepper 잡음에 대하여 평균 필터링과 중간값 필터링을 적용한 결과이다. 새로운 픽셀 값을 생성하는 평균 필터링과 달리 중간값 필터링은 주변의 픽셀 값 중 하나를 이용함으로 화질 저하가 거의 없이 잡음 픽셀이 제거된 것을 알 수 있다.

(a) 잡음 영상　　(b) 5x5 평균 커널　　(c) 5x5 중간값 커널

(그림 5-8) Salt & Pepper 잡음에 대한 평균 필터링과 중간값 필터링 결과

위에서 살펴본 바와 같이 중간값 필터는 에지와 경계선과 같은 영상의 고주파 성분을 잘 보존하면서 잡음 제거할 수 있다는 장점이 있는 반면 주변 픽셀 값들 중에서 중간값을 찾기 위한 추가적인 정렬 과정을 필요하다. 퀵 정렬(quick sort)과 같이 빠른 정렬 알고리즘을 이용하더라도 추가적인 연산과 시간을 필요로 하는 단점이 있다.

5.3 가우시안 필터링(Gaussian Filtering)

가우시안 필터링은 가우시안 분포(Gaussian distribution)를 따르는 가우시안 커널을 이용하여 영상의 잡음을 제거하는 기법이다. 앞 절에서 설명한 평균 필터와의 차이점은 평균 필터는 주변 픽셀들에 모두 동일한 가중치(uniformly weighted)를 부여하는 반면 가우시안 필터링은 중심의 가까운 픽셀에 더 높은 가중치를 부여한다는 것이다.

가우시안 필터링은 비슷한 크기의 평균 필터링에 비해 경계선과 같은 에지 정보를 잘 유지하면서 자연스럽게 스무딩을 적용할 수 있는 것이 특징이다. 또한 대부분의 컨벌루션 기반의 필터링의 경우 영상의 세밀함이 감소되는 반면, 가우시안 필터링은 세밀함이 잘 보존된다는 장점이 있다.

컨벌루션 연산을 위한 가우시안 커널을 정의하기 위해서는 2차원 가우시안 함수를 이용하여 2차원 공간상에서의 가우시안 분포를 구한다. 2차원 공간에서 평균이 (0,0)이고 표준편차가 1인 가우시안 분포($mean=(0,0), \sigma=1$)는 그림 5-9와 같으며, 중심이 가장 높은 값을 가지고 중심에 멀어질수록 작은 값을 갖게 된다.

$$G(x,y) = \frac{1}{2\pi\sigma^2} e^{-\frac{x^2+y^2}{2\sigma^2}}$$

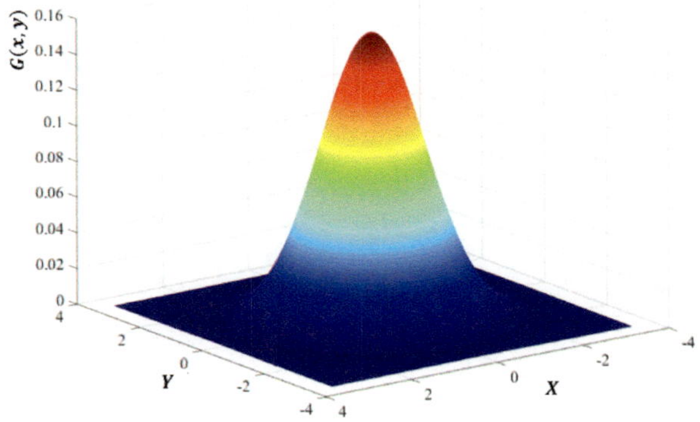

(a) 2차 가우시안 함수 (b) 2차원 가우시안 분포

(그림 5-9) 2차 가우시안 함수와 분포($mean = (0,0), \sigma = 1$)

가우시안 커널의 가중치는 표준편차(σ)에 따라 결정되며 표준편차가 클수록 넓고 완만한 가우시안 분포를 보이는 반면, 표준편차가 작을수록 좁고 뾰족한 모양의 가우시안 분포를 보인다. 그림 5-10은 표준편차가 $\sigma = 1$ 인 가우시안 분포를 5x5 커널에 근사시켜 얻은 가우시안 커널이다.

$\frac{1}{전체합}$

0.0029	0.0133	0.0219	0.0133	0.0029
0.0133	0.0595	0.09832	0.0596	0.0133
0.0219	0.0983	0.1621	0.0983	0.0219
0.0133	0.0595	0.09832	0.0596	0.0133
0.0029	0.0133	0.0219	0.0133	0.0029

(그림 5-10) 가우시안 분포($\sigma = 1$)를 따르는 5x5 가우시안 커널

가우시안 커널의 가중치값은 가우시안 함수를 이용하여 직접 구할 수도 있다. 우선 가우시안 커널의 한 점 (i,j)의 가중치를 $g[i,j]$라 하고 상수값을 갖는 $\frac{1}{2\pi\sigma^2}$를 기호 c로 대체한다면 2차 가우시안 함수는 다음과 같이 변환이 가능하다.

$$g[i,j] = ce^{-\frac{(i^2+j^2)}{2\sigma^2}} \tag{5-1}$$

수식에서 c는 정규화 상수의 역할을 한다.

위 수식은 다시 아래와 같이 변경 가능하다.

$$\frac{g[i,j]}{c} = e^{-\frac{(i^2+j^2)}{2\sigma^2}} \tag{5-2}$$

위 수식을 이용하여 가우시안 커널의 정규화 된 가중치를 구할 수 있다. 예를 들어 $\sigma^2 = 2$라고 가정하고 커널의 크기가 7x7인 가우시안 커널의 가중치를 계산해 보자. 그림 5-11에서 보는 것과 같이 커널의 좌표 중 (3,−3) 위치의 가중치는 위 수식에 대입하여 0.011의 값을 얻을 수 있다. 이와 같은 방법으로 모든 좌표에 대해 가중치를 구하면 (0, 0)의 위치 가중치가 1로 가장 크고 끝 부분으로 갈수록 작은 값을 갖는걸 알 수 있다. 가우시안 커널의 가중치는 표준편차(σ)값에 따라 크게 변하므로 영상에 포함된 잡음의 정도에 따라 σ값을 조절하여 커널의 가중치를 결정하면 된다.

[i,j]	-3	-2	-1	0	1	2	3
-3	.011	.039	.082	.105	.082	.039	.011
-2	.039	.135	.287	.368	.287	.135	.039
-1	.082	.287	.606	.779	.606	.287	.082
0	.105	.368	.779	1.00	.779	.368	.105
1	.082	.287	.606	.779	.606	.287	.082
2	.039	.135	.287	.368	.287	.135	.039
3	.011	.039	.082	.105	.082	.039	.011

$$\frac{g[3,3]}{c} = e^{-\frac{(3^2+3^2)}{2(2)}} = 0.011$$

(그림 5-11) 가우시안 분포($\sigma^2 = 2$)를 따르는 7x7 가우시안 커널 가중치

OpenCV에서 가우시안 필터링을 위한 함수는 다음과 같다.

```
void cv::GaussianBlur    (       InputArray      src,
OutputArray     dst,
Size     ksize,
double  sigmaX,
double  sigmaY = 0,
int      borderType = BORDER_DEFAULT
)
src: 입력 영상
dst: 출력 영상
ksize: 커널의 크기
sigmaX: 커널의 X축 표준편차
sigmaY: 커널의 Y축 표준편차, 0이면 sigmaX와 동일한 값으로 설정
```

가우시안 분포에 따른 커널을 생성하고, 이를 이용하여 영상의 잡음을 줄이는 코드와 결과는 다음과 같다.

연습 5-4) 가우시안 필터링 구현하기

```
#영상 불러오기
img = cv2.imread('/content/gdrive/My Drive/Image_Processing/Lena-Gaussian-noise
1.jpg')
# color영상을 gray영상으로 만들기
gray_img = cv2.cvtColor(img, cv2.COLOR_BGR2GRAY)

# 5x5 가우시안 커널 적용하기
output_img = cv2.GaussianBlur(gray_img,(5,5),0)

#그림을 화면에 출력 (코드 동일)
```

앞에서 가우시안 커널은 분산에 따라 커널의 값이 결정되며, 표준편차가 클수록 가우시안 커널의 크기가 커지게 된다고 설명하였다. 그림 5-12 (b) (c)에서 보는 것과 같이 대부분의 컨벌루션 커널과 공통적으로 가우시안 커널도 커널의 크기가 커짐에 따라 스무딩의 정도가 심해지지만, 추가적으로 커널의 표준편차 값이 커질수록 스무딩 정도가 심해짐을 알 수 있다.

(a) 잡음 영상　　(b) 5x5 가우시안 커널, $\sigma = 0$

(c) 7x7 가우시안 커널, $\sigma = 0$　　(d) 5x5 중간값 커널

(그림 5-12) 가우시안 잡음에 대한 가우시안 커널의 크기변화와 중간값 필터링 결과 비교

그림 5-12 (d)는 가우시안 잡음이 추가된 영상에 대하여 중간값 필터링을 적용한 결과이다. 가우시안 필터링을 적용한 결과는 중간값 필터링에 비해 영상의 경계선과 같이 세밀한 부분을 잘 유지하면서 잡음이 적절히 제거되었음을 알 수 있다.

그림 5-13은 Salt & Pepper 잡음이 추가된 영상에 대하여 가우시안 필터링과 중간값 필터링을 적용한 결과이다. Salt & Pepper 잡음의 경우, 가우시안 필터링을 적용했을 때는 잡음이 상당히 감소했지만, 여전히 잡음이 남아 있음을 확인할 수 있다. 하지만 중간값 필터링를 적용했을 때는 대부분의 잡음이 제거된 것을 알 수 있다. 이 처럼 가우시안 필터링은 가우시안 분포를 보이는 잡음에 대해서는 탁월한 제거 효과를 보이지만, Salt & Pepper 처럼 임펄스 잡음에는 제거 효과가 떨어지는 것을 알 수 있다.

(a) 잡음 영상　(b) 5x5 가우시안 커널, $\sigma = 1$　(c) 5x5 중간값 커널

(그림 5-13) Salt & Pepper 잡음에 대한 가우시안 필터링과 중간값 필터링 결과 비교

5.4 보존 스무딩(Conservative Smoothing)

보존 스무딩은 입력 영상의 픽셀 값이 주변 픽셀과 비교했을 때 너무 높거나 너무 낮은 경우 잡음으로 가정하고 이 픽셀을 가장 가까운 픽셀 값으로 대체하는 기법이다. 이 방법은 단순하지만 영상의 경계선같이 세밀한 부분을 유지하면서 Salt & Pepper 잡음처럼 점 단위로 튀는 임펄스 잡음을 제거하는데 효과적이다. 하지만 가우시안 잡음과 같은 부가적인 잡음(additive noise) 제거에는 효과가 떨어지는 단점이 있다. 보존 스무딩 알고리즘을 예를 들어 간략하게 설명하면 다음과 같다.

112	95	86	120	110
110	110	99	110	120
100	110	130	120	110
120	90	100	112	120
98	110	105	115	110

주변 픽셀의 밝기 값:
90, 99, 100, 110, 110
110, 112, 120, 130

최대값: 120

최소값: 90

중심 픽셀값: 130 > 최대값: 120

새로운 중심 픽셀값: 120

(그림 5-14) 보존 스무딩의 예

그림 5-14에서 커널의 중심에 위치한 픽셀 값이 130으로 주변 픽셀의 값들에 비하여 높은 값을 갖는다. 따라서 중심 픽셀이 잡음일 가능성이 있으므로, 주변 픽셀 값들 중 중심 픽셀값과 가장 근사한 120으로 대체한다. 가장 근사한 값을 결정하는 과정은 다음과 같다.

1) 주변 픽셀들에 대해서 최고 값(MAX)과 최저 값(MIN)을 찾음

2) 현재 중심 픽셀 값(CEN)이 MIN〈CUR〈MAX에 있는 경우 그대로 유지

3) 중심 픽셀 값이 CEN 〈 MIN일 경우, 중심 픽셀을 최저 값으로 대체 (CEN=MIN)

4) 중심 픽셀 값이 CEN 〉 MAX일 경우, 중심 픽셀을 최고 값으로 대체 (CEN=MAX)

보존 스무딩은 비선형 필터로 컨벌루션 연산을 이용하지 않으며, 중간값 필터링과 마찬가지로 주변 픽셀 값들을 그대로 이용한다. 보존 스무딩을 이용하여 영상의 잡음을 줄이는 코드와 결과는 다음과 같다.

연습 5-5) 보존 스무딩 구현하기

```
from google.colab.patches import cv2_imshow
import numpy as np
import cv2
import matplotlib.pyplot as plt
from google.colab import drive
drive.mount('/content/gdrive')
#영상 불러오기
img = cv2.imread('/content/gdrive/My Drive/Image_Processing/Lena-Gaussian-noise
1.jpg')
# color영상을 gray영상으로 만들기
gray_img = cv2.cvtColor(img, cv2.COLOR_BGR2GRAY)
output_img = np.zeros((img.shape[0],img.shape[1]))
center=0
current=0
min=255;
max=0;
ed=1 # 3x3커널일 경우 1, 5x5 커널일 경우 2
for h in range(ed,img.shape[0]-ed,1):
```

```
        for w in range(ed, img.shape[1]-ed,1):
            #초기값 설정
            center = gray_img[h,w]
            min = gray_img[h-ed,w-ed]
            max = gray_img[h-ed,w-ed]
            #최대, 최소 구하기
            for m in range(-ed,ed,1):
               for n in range(-ed,ed,1):
                  if( m==0 and n==0):
                    continue
                  else:
                    current = gray_img[h+m,w+n]
                  if (min > current):
                    min = current
                  if (max < current):
                    max = current
            if (center> min and center < max):
              output_img[h,w] = center
            elif (center > max):
              center = max
            elif (center < min):
              center = min
            output_img[h,w] = center
#그림을 화면에 출력
plt.figure(figsize=(20,20))# 영상의 크기를 키워주자
plt.subplot(1,2,1)
plt.title("Image1")
plt.imshow(gray_img, cmap='gray')
plt.axis("off")
plt.subplot(1,2,2)
plt.title("Conservative Smoothing Image")
plt.imshow(output_img, cmap='gray')
plt.axis("off")
plt.show()
```

코드설명

```
for m in range(-ed,ed,1):
        for n in range(-ed,ed,1):
          if( m==0 and n==0):
            continue
          else:
            current = gray_img[h+m,w+n]
          if (min > current):
            min = current
          if (max < current):
            max = current
```

: 커널의 중심점을 제외한 나머지 픽셀에서 최대값과 최소값을 구한다.

```
if (center> min and center < max):
        output_img[h,w] = center
      elif (center > max):
        center = max
      elif (center < min):
        center = min
      output_img[h,w] = center
```

: 커널의 중심 픽셀이 커널안의 최대값보다 크거나 최소값 보다 작을 경우 최대값 혹은 최소값으로 교체한다.

그림 5-15와 그림 5-16은 가우시안 잡음과 Salt & Pepper 잡음이 추가된 영상에 대하여 중간값 필터링과 보존 스무딩을 적용한 결과이다.

(a) 잡음 영상 (b) 5x5 중간값 커널 (c) 3x3 보존 커널

(그림 5-15) 가우시안 잡음에 대한 중간값 필터링과 보존 스무딩 결과 비교

그림 5-15에서 보는 것과 같이 보존 스무딩은 중간값 필터링에 비해 가우시간 잡음 제거 성능이 떨어지지만, 고주파 성분들이 잘 보존된 것을 볼 수 있다.

(a) 잡음 영상 (b) 5x5 중간값 커널 (c) 3x3 보존 커널

(그림 5-16) Salt & Pepper 잡음에 대한 중간값 필터링과 보존 스무딩 결과 비교

그림 5-16에서는 중간값 필터링과 보존 스무딩이 모두 좋은 잡음제거 효과를 보여주지만, 보존 스무딩에서는 여전히 잡음이 완전히 제거되지 않은 것을 볼 수 있다. 이것은 커널 안에 한 개 이상의 잡음이 포함되어 있기 때문에 발생하는 현상이다.

5.5 언샤프 필터링(Unsharp Filtering)

언샤프 필터링은 영상의 에지와 같은 고주파 성분을 강조(enhancing)하는 필터링 방법으로 선명하지 않은(blurred) 영상의 선명도를 향상시키기 위하여 주로 이용된다. 이 방법은 영상의 고주파 성분에 해당하는 에지 정보를 이용한다. 에지 영상 $g(x,y)$은 원본 영상 $f(x,y)$에서 원본 영상을 스무딩한 영상 $f_{smooth}(x,y)$의 뺄셈 연산을 통하여 구할 수 있다.

$$g(x,y) = f(x,y) - f_{smooth}(x,y) \tag{5-3}$$

그림 5-17은 2차원 영상에서 가로축 1차원영상에 대해 고주파에 해당하는 에지만을 얻는 예를 설명하고 있다.

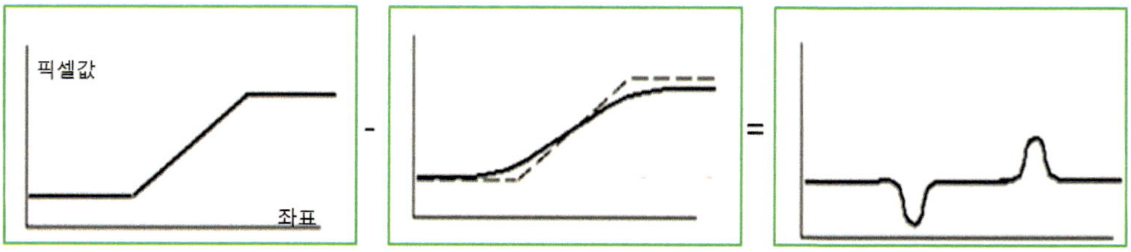

(a) 1차원 원본 영상 (b) 스무딩 영상 (c) 에지 영상 g(x,y)

(그림 5-17) 언샤프 필터를 위한 에지영상 구하기

이렇게 구해진 에지영상 $g(x,y)$과 원본영상 $f(x,y)$을 덧셈하면 원본영상의 에지(고주파) 성분이 강조된 새로운 영상을 얻을 수 있다.

$$f_{sharp}(x,y) = f(x,y) + k * g(x,y) \tag{5-4}$$

위의 식에서 가중치(k)를 이용하여 고주파 성분의 강조 정도를 조절할 수 있다. 그림 5-18는 1차원 원본 영상에 대해 에지 영상을 더함으로써 언샤프 결과를 얻는 과정을 보여주는 그림으로 원본 영상에서 고주파 성분이 강조된 것을 볼 수 있다.

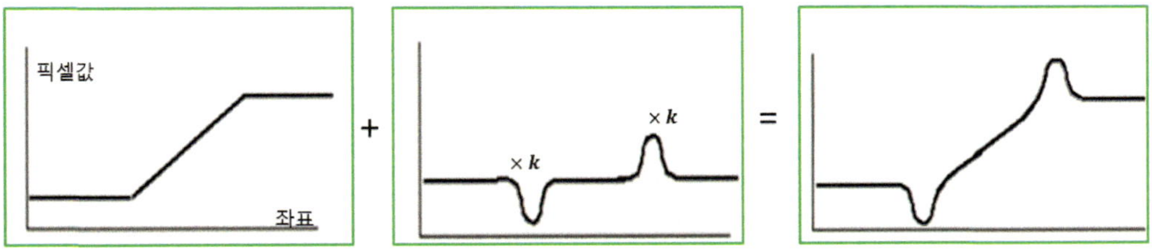

(a) 원본 영상　　(b) 에지 영상　　(c) 언샤프 필터링 결과 영상

(그림 5-18) 고주파 강조된 영상 $f_{sharp}(x,y)$

평균 필터링(mean filtering)를 이용하여 고주파를 강조하는 언샤프 필터링을 프로그램 해보자.

연습 5-6) 언샤프 필터링 구현하기

```
from google.colab.patches import cv2_imshow
import numpy as np
import cv2
import matplotlib.pyplot as plt
from google.colab import drive
drive.mount('/content/gdrive')
#영상 불러오기
img = cv2.imread('/content/gdrive/My Drive/Image_Processing/lena.jpg')
# color영상을 gray영상으로 만들기
gray_img = cv2.cvtColor(img, cv2.COLOR_BGR2GRAY)

# 5x5커널 적용하기
mean_img = cv2.blur(gray_img,(5,5))
edge_img = cv2.addWeighted(gray_img, 1.0, mean_img, -1.0, 0)
output_img = cv2.addWeighted(gray_img, 1.0, edge_img, 3.0, 0)
#그림을 화면에 출력
plt.figure(figsize=(20,20))# 영상의 크기를 키워주자
plt.subplot(1,3,1)
plt.title("Image1")
plt.imshow(gray_img, cmap='gray')
plt.axis("off")
plt.subplot(1,3,2)
plt.title("Edge Image")
plt.imshow(edge_img, cmap='gray')
plt.axis("off")
```

```
plt.subplot(1,3,3)
plt.title("Unsharped Image")
plt.imshow(output_img, cmap='gray')
plt.axis("off")
plt.show()
```

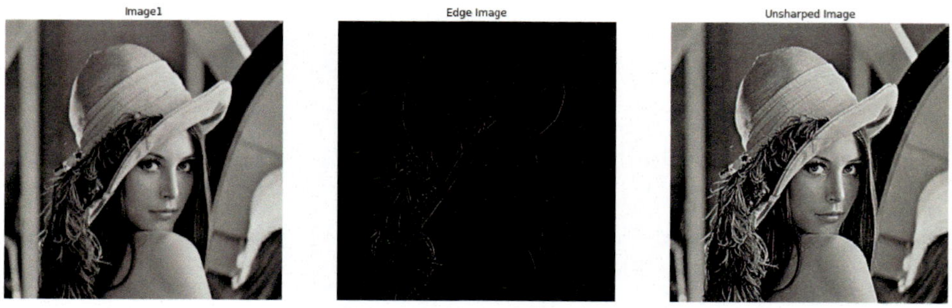

코드설명

edge_img = cv2.addWeighted(gray_img, 1.0, mean_img, -1.0, 0):
addWeighted(src1, alpha, src2, beta, 0.0) 함수를 이용하여 (원영상, 원영상에 대한 가중치, 합할 영상, 합할 영상의 가중치, 추가로 더해줄 값)을 지정한다. gray_img에서 mean_img를 빼는 효과를 얻을 수 있다.

output_img = cv2.addWeighted(gray_img, 1.0, edge_img, 3.0, 0):
addWeighted(src1, alpha, src2, beta, 0.0) 함수를 이용하여 edge_img에 가중치를 3배하여 원영상과 가중치 결합하고 그 결과를 ouput_img에 넣는다.

연습 5-6의 결과에서 보는 바와 같이 언샤프 필터링은 고주파 성분을 강조함으로서 물체의 경계선을 뚜렷하게 해주는 장점이 있다. 연습 5-6의 'Lena' 영상의 경계선이 더욱 선명하게 구분된 것을 알 수 있다.

반면 그림 5-19에서처럼 원본 영상에 잡음이 추가된 경우, 잡음 또한 고주파 성분으로 간주되어 영상의 화질이 오히려 저하될 수도 있다. 따라서 잡음이 있는 경우는 원영상에 대해 먼저 잡음 제거를 해 준 후에 동일한 작업을 시행하면 잡음이 덜 섞인 언샤프 필터링 결과를 얻을 수 있다.

(a) 잡음 영상　　(b) 중간값 필터링 결과　　(c) 언샤프 필터링 결과

(그림 5-19) 잡음 영상에 대한 중간값 필터링과 언샤프 필터링 결과 비교

5장 정리

1. 대부분의 공간적 필터링 기법들은 각각의 목적에 따라 적절한 커널을 정의하고 원본 영상과 컨벌루션 연산을 수행하는 것이 일반적이다.

2. 컨벌루션 연산은 입력 영상의 픽셀 밝기값을 커널의 동일한 위치에 해당하는 픽셀값과 곱하고 모든 값들을 더한 값으로 대체하는 방법이다.

3. 평균 필터링은 입력 영상의 픽셀 밝기값을 주변 픽셀들의 밝기값의 평균으로 대체하여 영상을 스무딩(smoothing)시키는 방법으로 잡음을 줄이는 필터링 기법이다.

4. 평균 필터링은 간단한 컨벌루션 연산으로 가우시안 잡음을 제거할 수 있으나, 선형 필터로 보간(interpolation)효과에 의해 경계선과 같은 에지의 세밀함을 감소된다.

5. 평균 필터링은 Salt & Pepper 잡음을 효과적으로 제거하지 못한다. 왜냐하면 잡음 픽셀의 밝기값이 주변 픽셀의 밝기값 결정을 위한 평균 계산에 큰 영향을 주기 때문에 전체적으로 잡음이 제대로 제거되지 않기 때문이다.

6. 중간값 필터링은 입력 영상의 현재 픽셀을 중심으로 커널을 씌우고, 커널 안에 포함된 주변 픽셀들을 밝기값 기준으로 정렬하여 중간에 위치한 값으로 대체하는 기법이다.

7. 중간값 필터링은 하나의 픽셀 단위로 튀는 Salt & Pepper 잡음 제거에 가장 효과적이나 정렬을 위한 추가적인 연산이 필요하며, 비선형 필터로 기존의 주변 픽셀 밝기값을 그대로 이용하여 평균 필터에 비해 영상의 세밀함을 유지할 수 있다.

8. 가우시안 필터링은 2차 가우시안 함수에 따른 가우시안 분포를 근사 시킨 커널(가우시안 커널)을 이용하며, 커널의 크기는 분산(σ)에 의해 결정된다. 평균 필터링에 비해 세밀함을 유지하면서 잡음을 제거할 수 있다.

9. 대부분의 컨벌루션 커널과 공통적으로 가우시안 커널도 커널의 크기가 커짐에 따라 스무딩의 정도가 심해지지만, 추가적으로 커널의 분산이 커질수록 스무딩 정도가 심해짐을 알 수 있다.

10. 가우시안 필터링은 가우시안 분포를 보이는 잡음에 대해서는 탁월한 제거 효과를 보이지만 Salt & Pepper 잡음과 같은 임펄스 잡음에는 제거 효과가 떨어진다.

11. 보존 스무딩은 중간값 필터링과 같은 비선형 필터로 주변 픽셀과 비교하여 너무 높거나 낮은 밝기값을 가지는 경우 가장 가까운 밝기값으로 대체한다. 중간값 필터링과 같이 영상의 세밀함을 유지하며 잡음을 제거 할 수 있다.

12. 언샤프 필터링은 영상의 에지와 같은 고주파 성분을 강조하는 필터로 선명하지 않은 영상의 선명도를 향상시키기 위하여 주로 이용된다.

13. 언샤프 필터링은 세밀함이 덜한(blurred) 영상에 대하여 간단한 연산만으로 고주파 성분을 강조하여 영상의 선명도를 개선할 수 있으나, 잡음이 포함된 영상의 경우 잡음도 함께 강조되어 잡음이 심해지는 단점이 있다.

연습문제

1. 비선형 필터인 중간값 필터링과 보존 스무딩을 커널의 크기를 변화 시켜가면서 구현해 보고, Salt & Pepper 잡음과 가우시안 잡음 제거 결과를 바탕으로 차이점을 비교 분석하시오.

2. 아래 코드는 중간값 필터링을 C로 구현한 것이다. OpenCV에서 제공하는 cv2.medianBlur() 함수 대신에 아래 C코드를 def medianfilter()로 정의하여 구현해보고 그 결과를 확인해 보자. (C코드에서는 커널안의 픽셀값을 정렬하기 위해 선택정렬을 이용하였다. 본인의 취향에 맞게 다른 소팅 방법으로 변경해도 관계없다.)
   ① 본인이 작성한 코드 결과와 OpenCV함수 결과가 같은지 확인해보자.
   ② 만약 잡음이 더 잘 제거 되었다면 어떤 이유인지 분석해 보자.

```
int median;

int NUM = 9; // 커널 픽셀의 수 (3x3)
int* pixel = new int[ NUM ];   // 주변 픽셀 임시 저장
int pidx; // 픽셀 인덱스

// 커널 컨벌루션 연산
for(i=1;i<height-1;i++)
    for(j=1;j<width-1;j++)
    {
        pidx = 0;

        // 주변 픽셀 가져오기
        for(m=-1;m<=1;m++)
            for(n=-1;n<=1;n++)
                pixel[pidx++]= (int)image[i+m][j+n];

        int subi, subj, tmp;

        // 밝기값 기준 정렬(선택 정렬)
        for ( subi = 0 ; subi < NUM-1 ; subi++ )
            for ( subj = subi+1 ; subj < NUM ; subj++ )
                if ( pixel[subi] > pixel[subj] )
                {
                    tmp = pixel[subi];
```

```
                pixel[subi] = pixel[subj];
                pixel[subj] = tmp;
            }

        if ( NUM % 2 != 0 )         // 홀수인 경우
            median = pixel[NUM/2];
        else                        // 짝수인 경우
            median = (pixel[NUM/2-1]+pixel[NUM/2])/2;

        // 픽셀 밝기값 설정
        out_image[i][j] = (unsigned char)Saturation(median);
    }
```

3. 가우시안 필터링에서 커널의 크기변화, σ의 수치 변화에 따른 잡음의 제거 효과를 분석해 보자.

4. 아래와 같이 다양한 필터링를 이용하여 언샤프 필터링를 구현하고 결과 영상을 바탕으로 차이점을 분석하시오.

① 평균 필터링, 가우시안 필터링, 중간값 필터링, 보존 스무딩

② cv2.addWeighted() 함수를 사용하지 말고 직접 에지영상(원영상 - 스무딩 영상)을 만들고 다시 원영상에 가중치 결합하는 과정을 코딩해 보자.

5. 언샤프 필터링을 컬러 영상에 대해 적용해보자. R, G, B 채널로 나누어 적용하고 그 결과를 합한 것과, YCrCb로 변환 한 후, Y에 대해서만 적용하여 다시 합친 경우를 비교해 보고 어떤 방법이 영상을 선명하게 만드는데 더 효율적인지 알아보자.

참고문헌

[1] Anil K. Jain, "Fundamentals of Digital Image Processing ", Prentice Hall, 1988

[2] Robert Fisher, Simon Perkins, Ashley Walker and Erik Wolfart, "Hypermedia Image Processing Reference," John Wiley & Sons Ltd

[3] 고병철, "VISUAL C++기반의 의료영상처리 프로그래밍," 그린출판사, 2011.02.25.

[4] OpenCV-Python Tutorials, https://opencv-python-tutroals.readthedocs.io/en/latest/index.html

```
include <stdio.h>

oid main()

  int iValue1, iValue2, iResult;

  printf("WnWn ***** program start

  iValue1 = 20;
  iValue2 = 30;
  iResult = iValue1 * iValue2;

  printf(" %d + %
```

제6장

영상의 특징 검출 기법

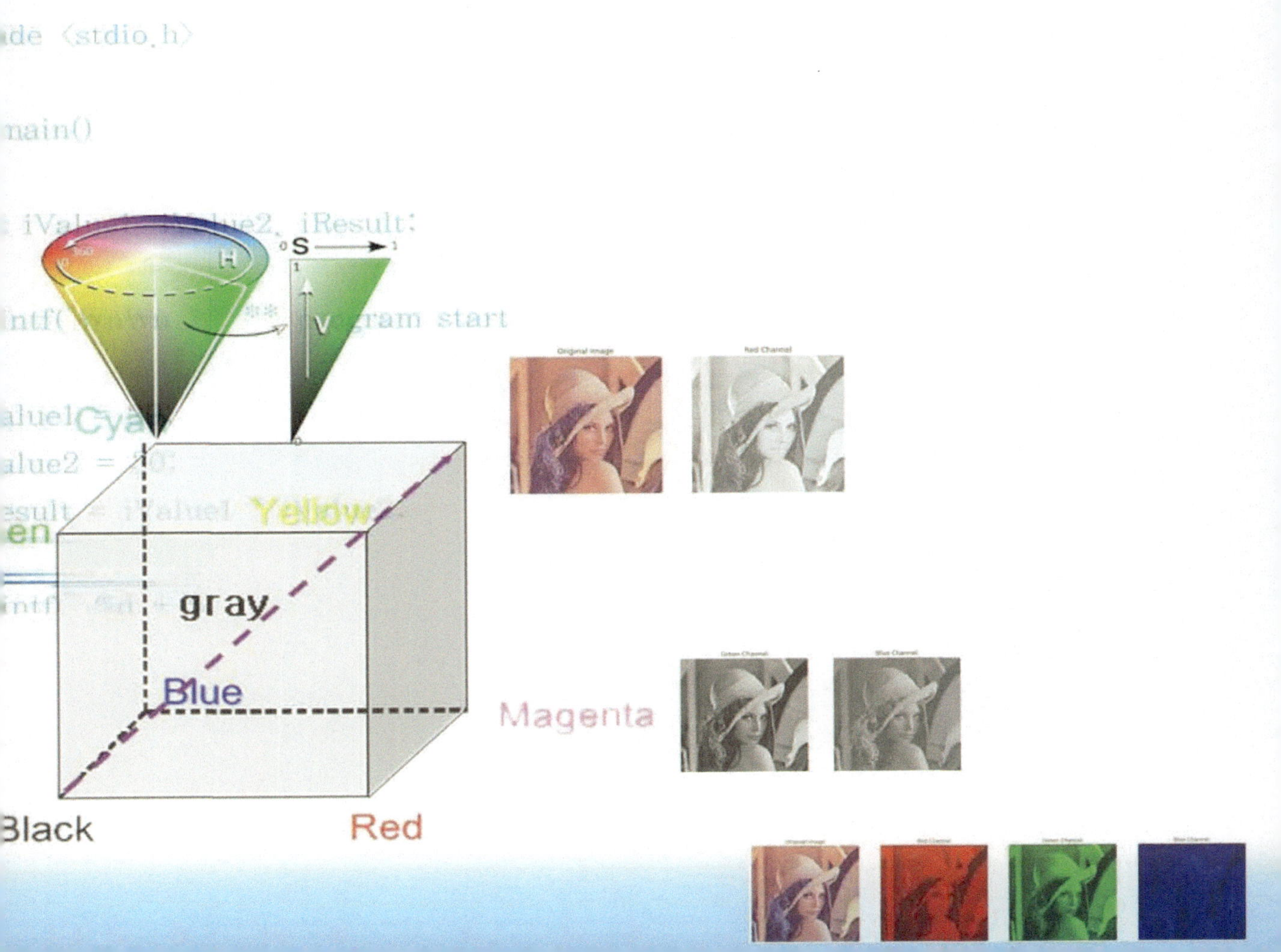

제 6 장 영상의 특징 검출 기법

6장에서는 영상의 특징 정보로 많이 사용되는 에지(edge, 경계선) 검출을 위한 여러 가지 방법을 배워보도록 한다.

에지는 영상의 두드러진 경계 영역으로 영상 내 물체에 대한 모양, 크기, 텍스쳐 등의 많은 정보를 알려준다. 일반적으로 에지는 영상 내 물체와 배경 간의 밝기값 차이(gradient, 그래디언트)가 갑자기 변하는 지점으로, 이 지점을 검출하기 위해서는 수학적으로 미분 연산자를 이용하면 된다. 따라서 대부분의 에지 검출기들은 1차 미분, 2차 미분 연산을 통해 에지를 검출한다.

주파수 측면으로 봤을 때 에지 영역은 고주파 성분이 많은 영역으로 볼 수 있다. 고주파 영역은 밝기가 급격하게 변화하는 영역으로 주로 경계선 부분이나 객체의 모서리 부분에 해당한다. 저주파 영역은 밝기가 거의 변하지 않는 영역으로 주로 패턴이 없는 배경이나 객체의 내부가 여기에 해당한다. 우리가 5장에서 다루어본 잡음도 고주파에 해당한다. 고주파와 저주파를 다루는 방법은 크게 공간 영역과 주파수 영역으로 나눌 수 있다. 공간 영역은 픽셀값으로 영상을 표현하는 방식이고 주파수 영역에서는 픽셀값이 직접 표현되지 않고 계수(coefficient)로 표현되며 이산 코사인 변환(DCT, Discrete Cosine Transform)과 이산 푸리에 변환(DFT, Discrete Fourier Transform)이 대표적인 주파수 영역 방법이다. 5장과 6장에서는 공간영역에서의 영상처리 기법을 다루었고 주파수 영역에서의 영상처리 기법은 11장에서 다룰 것이다.

이번 장에서는 공간 영역에서 에지를 검출하기 위해 1, 2차 미분 연산을 이용하는 다양한 방법에 대해 다루도록 할 것이다. 본 장에서 다루고자 하는 에지 검출 방법들은 다음과 같다.

- 에지 검출을 위한 연산 방법
- 로버트 크로스 에지 검출기(Roberts Cross Edge Detector)
- 소벨 에지 검출기(Sobel Edge Detector)
- 프르윗 에지 검출기(Prewitt Edge Detector)
- 캐니 에지 검출기(Canny Edge Detector)
- 라플라시안 에지 검출기(Laplacian Edge Detector)

6.1 에지 검출을 위한 연산 방법

일반적으로 에지는 영상 내 밝기값의 차이가 급격히 변하는 지점으로, 이를 검출하기 위해서는 수학적으로 미분 연산자를 이용한다. 미분 연산자를 통해 영상 내 픽셀 밝기값의 기울기인 그래디언트(gradient)를 구할 수 있으며, 에지 영역은 기울기가 급한 영역이기 때문에 그래디언트 크기값이 큰 곳을 에지로 검출할 수 있다.

한 점 I(x,y)에서 G_x를 x축 방향으로의 그래디언트 값, G_y를 y축 방향으로의 그래디언트 값이라고 할 때, 그래디언트 크기(magnitude)는 다음 식을 통해 구할 수 있다.

$$|G| = \sqrt{G_x^2 + G_y^2} \tag{6-1}$$

그러나 위 식을 계산하는 것은 복잡도가 크기 때문에, 복잡도를 낮추고 프로그래밍을 간결하게 하기 위해 보통 아래의 식을 이용하여 근사화된 그래디언트 크기를 구한다.

$$|G| \approx |G_x| + |G_y| \tag{6-2}$$

에지 검출 알고리즘을 구현할 때는 직접적으로 미분값을 계산하기 보다는 미분 역할을 하는 커널(kernel)을 정의하여 컨벌루션(convolution) 연산을 하는 것이 일반적이다. 영상 잡음제거를 위해 사용되었던 필터링과 마찬가지로, 컨벌루션 연산은 입력 영상의 픽셀 밝기값을 커널의 동일한 위치의 픽셀값과 곱하고 모든 값을 더하면 된다. 다음 그림 6-1은 컨벌루션 연산을 통해 그래디언트를 구하는 방법을 보여준다.

I_1	I_2	I_3
I_4	I_5	I_6
I_7	I_8	I_9

(a) 입력 영상

m_1	m_2	m_3
m_4	m_5	m_6
m_7	m_8	m_9

(b) 컨벌루션 커널

$$G = \sum_{i=1}^{9} m_i I_i$$

(c) 그래디언트 계산식

(그림 6-1) 컨벌루션 연산 방법

에지 검출기들은 커널의 계수값(coefficient)에 따라 각각 다른 에지 검출기로 정의되며, 계수값에 따라 에지 검출 결과가 다양하다. 따라서 본 장에서 다루는 에지 검출기 이외에도 계수값을 조정하여 다른 에지 검출 결과를 얻는 것이 가능하다.

6.2 로버트 크로스 에지 검출기(Roberts Cross Edge Detector)

로버트 크로스 에지 검출기는 1차 미분 연산자로 그림 6-2의 커널을 이용하여 에지를 검출한다. 커널은 계수값에서 알 수 있듯이 45도 방향의 대각선 에지를 찾는데 유용하다. 컨벌루션 연산은 각각 x축 방향의 미분을 수행하는 G_x 커널과 y축 방향의 미분을 수행하는 G_y 커널에 대해 분리적으로 적용한다.

−1	0
0	+1

G_x

90도 회전 ⇨

0	−1
+1	0

G_y

(그림 6-2) 로버트 크로스 컨벌루션 커널

위 그림에서 볼 수 있듯이 로버트 크로스 에지 검출기는 2×2 크기의 작은 커널을 사용하기 때문에 연산속도는 빠르지만 영상의 잡음에 민감한 특성이 있다. 또한 원 영상에서 선명한 에지일지라도 약하게 반응하는 특성이 있다. 로버트 크로스 컨벌루션을 위한 함수는 OpenCV에서 지원하지 않기 때문에 filter2D함수를 이용해 구현하도록 한다.

```
dst=cv2.filter2D(src, ddepth, kernel, dst=None, anchor=None, delta=None,
borderType=None)
• dst: 출력 영상
• src : 입력 영상
• ddepth : 출력 영상 깊이 (-1), cv2.CV_8U, cv2.CV_32F, cv2.CV_64F등이 있음.
  -1을 지정하면 src와 같은 타입의 dst 영상을 생성
• kernel: 커널 행렬
• anchor: 고정점 위치, (-1, -1)이면 필터 중앙을 고정점으로 사용
• delta: dst에 저장하기 전에 결과에 추가되는 선택적 델타 값
• borderType: 가장자리 픽셀 확장 방식
```

로버트 크로스 에지를 검출하는 프로그램 코드를 구현해보자.

연습 6-1) 로버트 크로스 에지 검출기 구현하기

```
from google.colab.patches import cv2_imshow
import numpy as np
import cv2
import matplotlib.pyplot as plt
from google.colab import drive
drive.mount('/content/gdrive')
#영상 불러오기
img = cv2.imread('/content/gdrive/My Drive/Image_Processing/lena.jpg')
# color영상을 gray영상으로 만들기
gray_img = cv2.cvtColor(img, cv2.COLOR_BGR2GRAY)
# 로버트 크로스 필터
gx = np.array([[-1, 0], [0, 1]], dtype=int)
gy = np.array([[0, -1], [1, 0]], dtype=int)
# 로버트 크로스 컨벌루션
x = cv2.filter2D(gray_img, -1, gx)
y = cv2.filter2D(gray_img, -1, gy)
# uint8 타입(0~255)로 변경하고 영상 합하기
absX = cv2.convertScaleAbs(x)
absY = cv2.convertScaleAbs(y)
output_img = cv2.addWeighted(absX, 0.5, absY, 0.5, 0)

#그림을 화면에 출력
plt.figure(figsize=(20,20))# 영상의 크기를 키워주자
plt.subplot(1,2,1)
plt.title("Image1")
plt.imshow(gray_img, cmap='gray')
plt.axis("off")
plt.subplot(1,2,2)
plt.title("Roberts Cross Edge Detection")
plt.imshow(output_img, cmap='gray')
plt.axis("off")
plt.show()
```

코드설명

`x = cv2.filter2D(gray_img, -1, gx)`: 만들어진 커널 gx를 입력 그레이 영상에 적용한다.

`absX = cv2.convertScaleAbs(x)`: 필터가 적용된 x영상에 대해 절대값을 취하고 uint 8 타입 (0~255) 으로 변경한다.

`output_img = cv2.addWeighted(absX, 0.5, absY, 0.5, 0)`: addWeighted()를 이용하여 absX에 가중치 0.5배, absY에 가중치 0.5배 가중치 결합하여 그 결과를 ouput_img에 넣는다.

앞에서 로버트 크로스 컨벌루션 커널은 잡음에 민감한 특성이 있다고 하였다. 그림 6-3은 가우시안 잡음을 추가한 영상에 대해 로버트 크로스 에지를 검출한 결과이다. 그림에서 볼 수 있듯이 에지들이 끊어지고, 잡음들이 에지로 검출된 것을 볼 수 있다.

(a) 입력 영상 (b) 에지 검출 결과

(그림 6-3) 잡음이 있는 영상에 대한 로버트 크로스 에지 검출 결과

6.3 소벨 에지 검출기(Sobel Edge Detector)

소벨 에지 검출기는 가장 대표적인 에지 검출기로써 그림 6-4의 커널을 이용하여 에지를 검출한다. 소벨 커널은 1차 미분 연산자로 x축 방향의 미분을 수행하는 G_x 커널과 y축 방향의 미분을 수행하는 G_y 커널을 동시에 적용한다. 따라서 소벨 에지 검출기의 G_x 커널은 세로 방향, G_y 커널은 가로 방향의 에지를 검출하는 데 유용하며, 커널의 계수 분포에서 알 수 있듯이 가운데에 위치한 픽셀을 강조하는 특성이 있다.

−1	0	+1
−2	0	+2
−1	0	+1

G_x

90도 회전 ⇨

+1	+2	+1
0	0	0
−1	−2	−1

G_y

(그림 6-4) 소벨 컨벌루션 커널

소벨 에지 검출기는 로버트 크로스 에지 검출기보다 커널의 크기가 크기 때문에 연산 속도가 느리며 좀 더 굵은 에지를 검출한다. 그러나 소벨에지 검출기 역시 여전히 잡음에 민감한 특성을 가지고 있다. 소벨 에지 검출을 위해 OpenCV는 Soble() 함수를 제공하고 있다. 기본적인 Soble() 함수의 형식은 아래와 같다.

```
void cv::Sobel    (        InputArray        src,
OutputArray       dst,
int       ddepth,
int       dx,
int       dy,
int       ksize = 3,
double    scale = 1,
double    delta = 0,
int       borderType = BORDER_DEFAULT
)
• src: 입력영상
• dst: 출력 영상
• ddepth: 출력 영상 깊이 (-1)
• dx: x 미분의 차수
```

- dy: y 미분의 차수
- ksize: 소벨 커널의 확장 크기, 1, 3, 5, or 7.
- scale: 계산된 미분 값에 대한 선택적 배율 계수
- delta: dst에 저장하기 전에 결과에 추가되는 선택적 델타 값
- borderType: 가장자리 픽셀 확장 방식

소벨에지를 검출하는 프로그램 코드는 다음과 같다.

연습 6-2) 소벨 에지 검출기 구현하기

```
from google.colab.patches import cv2_imshow
import numpy as np
import cv2
import matplotlib.pyplot as plt
from google.colab import drive
drive.mount('/content/gdrive')
#영상 불러오기
img = cv2.imread('/content/gdrive/My Drive/Image_Processing/lena.jpg')
# color영상을 gray영상으로 만들기
gray_img = cv2.cvtColor(img, cv2.COLOR_BGR2GRAY)
# Sobel operator
x = cv2.Sobel(gray_img, -1, 1, 0)
y = cv2.Sobel(gray_img, -1, 0, 1)
# uint8 타입(0~255)로 변경하고 영상 합하기
absX = cv2.convertScaleAbs(x)
absY = cv2.convertScaleAbs(y)
output_img = cv2.addWeighted(absX, 0.5, absY, 0.5, 0)
#그림을 화면에 출력
plt.figure(figsize=(20,20))# 영상의 크기를 키워주자
plt.subplot(1,2,1)
plt.title("Image1")
plt.imshow(gray_img, cmap='gray')
plt.axis("off")
plt.subplot(1,2,2)
plt.title("Sobel Edge Detection")
plt.imshow(output_img, cmap='gray')
plt.axis("off")
plt.show()
```

코드설명

`x = cv2.Sobel(gray_img, -1, 1, 0):` 입력 영상은 gray_image, depth는 -1, dx는 1, dy는 0

`y = cv2.Sobel(gray_img, -1, 0, 1):` 입력 영상은 gray_image, depth는 -1, dx는 0, dy는 1

결과 그림에서 보듯이 잡음이 포함되지 않은 일반영상에 대해 소벨 에지 검출기를 적용한 결과는 픽셀 밝기 값이 차이가 많이 나는 부분 일수록 그래디언트의 크기가 커짐으로 선이 굵고 밝게 나오는 것을 알 수 있다.

그림 6-5는 가우시안 잡음을 추가한 영상에 대해 소벨 에지를 검출한 결과로 잡음에 굉장히 민감한 것을 볼 수 있다. 이것은 잡음 또한 주변 색상이나 밝기 값과 구분되는 픽셀 값을 가지므로 동일하게 큰 그래디언트를 갖게 되어 에지로 검출되기 때문이다.

(a) 입력 영상 (b) 에지 검출 결과

(그림 6-5) 잡음이 있는 영상에 대한 소벨 에지 검출 결과

6.4 프르윗 에지 검출기(Prewitt Edge Detector)

프르윗 에지 검출기는 소벨 에지 검출기와 거의 비슷한 결과를 내며, 소벨 커널과 가운데 계수값만 다른 그림 6-6의 컨벌루션 커널을 사용한다. 소벨 보다 더 낮은 계수값을 사용하기 때문에 소벨 보다 에지가 덜 강조된다.

−1	0	+1
−1	0	+1
−1	0	+1

G_x

90도 회전 ⇨

+1	+1	+1
0	0	0
−1	−1	−1

G_y

(그림 6-6) 프르윗 컨벌루션 커널

OpenCV에서는 프르윗 에지 검출기 함수를 지원하지 않음으로, 로버트 크로스 에지검출기와 마찬가지로 filter2D() 함수를 이용하여 프리윗 에지를 검출하는 코드를 작성해보자.

연습 6-3) 프르윗 에지 검출기 구현하기

```
from google.colab.patches import cv2_imshow
import numpy as np
import cv2
import matplotlib.pyplot as plt
from google.colab import drive
drive.mount('/content/gdrive')
#영상 불러오기
img = cv2.imread('/content/gdrive/My Drive/Image_Processing/lena.jpg')
# color영상을 gray영상으로 만들기
gray_img = cv2.cvtColor(img, cv2.COLOR_BGR2GRAY)
# 프르윗 필터
gx = np.array([[-1,0,1],[-1,0,1],[-1,0,1]],dtype=int)
gy = np.array([[1,1,1],[0,0,0],[-1,-1,-1]],dtype=int)
# 프르윗 필터 컨벌루션
x = cv2.filter2D(gray_img, -1, gx)
y = cv2.filter2D(gray_img, -1, gy)
# uint8 타입(0~255)로 변경하고 영상 합하기
```

```
absX = cv2.convertScaleAbs(x)
absY = cv2.convertScaleAbs(y)
output_img = cv2.addWeighted(absX, 0.5, absY, 0.5, 0)

#그림을 화면에 출력
plt.figure(figsize=(20,20))# 영상의 크기를 키워주자
plt.subplot(1,2,1)
plt.title("Image1")
plt.imshow(gray_img, cmap='gray')
plt.axis("off")
plt.subplot(1,2,2)
plt.title("Prewitt Edge Detector")
plt.imshow(output_img, cmap='gray')
plt.axis("off")
plt.show()
```

그림 6-7은 가우시안 잡음이 있는 영상에 대한 프르윗 에지 검출 결과이다.

(a) 입력 영상 (b) 프르윗 에지 검출 결과

(그림 6-7) 잡음이 있는 영상에 대한 소벨 에지 검출 결과

6.5 캐니 에지 검출기(Canny Edge Detector)

캐니 에지 검출기는 앞에서 언급한 1차 미분 연산자인 로버트 크로스, 소벨, 프르윗 에지 검출기가 잡음에 민감하다는 단점을 극복하기 위한 검출기이다. 캐니 에지 검출 알고리즘은 다음의 3가지 과정을 통해 수행된다.

1) 가우시안 커널을 이용하여 잡음을 제거한다.

2) 에지 검출기(로버트 크로스, 소벨, 프르윗 등)를 이용하여 에지를 검출한다.

3) 2개의 임계값을 이용한 에지 트래킹을 통해 강한 에지만을 검출한다.

그림 6-8은 첫 번째 과정에서 사용되는 가우시안 컨벌루션 커널을 보여준다. 가우시안 커널은 σ값에 따라서 다르게 정의되며 잡음 제거 정도를 조절할 수 있다.

$\frac{1}{전체합}$

0.0029	0.0133	0.0219	0.0133	0.0029
0.0133	0.0595	0.09832	0.0596	0.0133
0.0219	0.0983	0.1621	0.0983	0.0219
0.0133	0.0595	0.09832	0.0596	0.0133
0.0029	0.0133	0.0219	0.0133	0.0029

(그림 6-8) 가우시안 컨벌루션 커널($\sigma = 1$)

가우시안 커널을 이용하여 영상의 잡음을 제거한 후 앞 절에서 언급한 에지를 검출하는 다양한 방법을 적용한다. 그 후에, 에지 검출기를 적용한 결과는 그래디언트(gradient) 영상이기 때문에 일반적으로 최종 에지 영상을 획득하기 위해서는 하나의 임계값을 적용하여 이진화 영상으로 만들게 된다. 그러나 캐니 에지 검출기는 두 개의 임계값을 이용한 에지 트래킹을 통해 강한 에지만을 검출한다. 높은 임계값을 $T1$, 낮은 임계값을 $T2$라 할 때, 에지 트래킹은 다음과 같은 방식으로 이루어지며 그림 6-9는 이를 그림으로 보여준다.

1) 에지 검출기를 적용한 결과인 그래디언트 영상에서 픽셀 밝기값이 $T1$보다 큰 픽셀을 찾고 한 점을 시작점으로 설정한다.

2) 시작점으로부터 양방향으로 $T2$보다 낮은 픽셀 밝기값을 갖는 픽셀이 나올때까지 트래킹하여 에지로 검출한다.

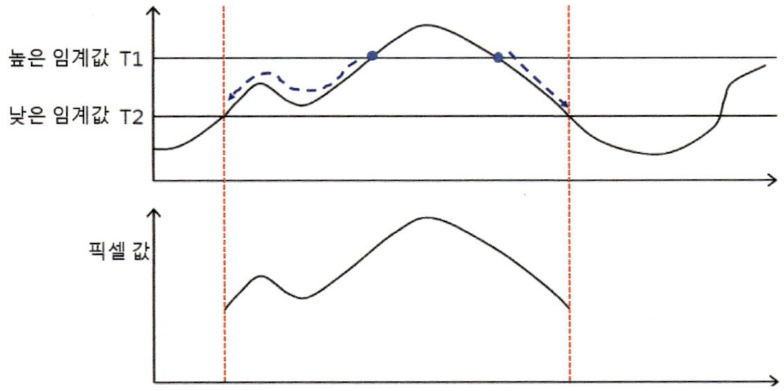

(그림 6-9) (위) 캐니 에지 검출 결과 픽셀의 밝기값, (아래) 에지 트래킹을 수행한 결과

캐니 에지 검출기에서 결정해야 할 파라미터는 다음의 3개이다.

1) 가우시안 커널의 너비

- 가우시안 커널의 너비가 증가할수록 잡음을 잘 제거하지만 영상이 스무딩 되면서 세부적인 윤곽선의 특성이 사라지며, 검출된 에지가 넓게 퍼져서 정확한 에지 영역을 찾지 못하면서 지역화(localization) 에러가 증가한다. 따라서 적절한 커널의 너비를 선택하는 것이 중요하다.

2) 높은 임계값($T1$)

- $T1$을 너무 낮게 잡을 경우 원하지 않은 에지 조각들이 포함되고, 너무 높게 잡을 경우 에지를 잘 검출하지 못한다. 원하지 않는 에지 조각을 포함하지 않으면서도 에지를 잘 검출할 수 있는 적절한 임계값을 결정해야 한다.

3) 낮은 임계값($T2$)

- $T2$를 너무 높게 잡을 경우 에지들이 서로 이어지지 않고 끊기게 되며, 너무 낮게 잡을 경우 원하지 않는 에지 조각들이 포함된다.

캐니에지 검출기를 직접 코딩하기 위해서는 많은 코드가 필요하다. 다행히도 OpenCV에서는 Canny() 함수를 제공하여 캐니 에지 검출을 쉽게 구현 할 수 있도록 해주고 있다.

연습 6-4를 통해 캐니 에지 검출 알고리즘을 구현해 보자.

연습 6-4) 캐니 에지 검출기 구현하기

```
from google.colab.patches import cv2_imshow
import numpy as np
import cv2
import matplotlib.pyplot as plt
from google.colab import drive
drive.mount('/content/gdrive')
#영상 불러오기
img = cv2.imread('/content/gdrive/My Drive/Image_Processing/lena.jpg')
# color영상을 gray영상으로 만들기
gray_img = cv2.cvtColor(img, cv2.COLOR_BGR2GRAY)
# 프르윗 필터
# 캐니 에지 컨벌루션 연산하기, T1=200, T2=100
output_img = cv2.Canny(gray_img,100,200)
#그림을 화면에 출력
plt.figure(figsize=(20,20))# 영상의 크기를 키워주자
plt.subplot(1,2,1)
plt.title("Image1")
plt.imshow(gray_img, cmap='gray')
plt.axis("off")
plt.subplot(1,2,2)
plt.title("Canny Edge Detection")
plt.imshow(output_img, cmap='gray')
plt.axis("off")
plt.show()
```

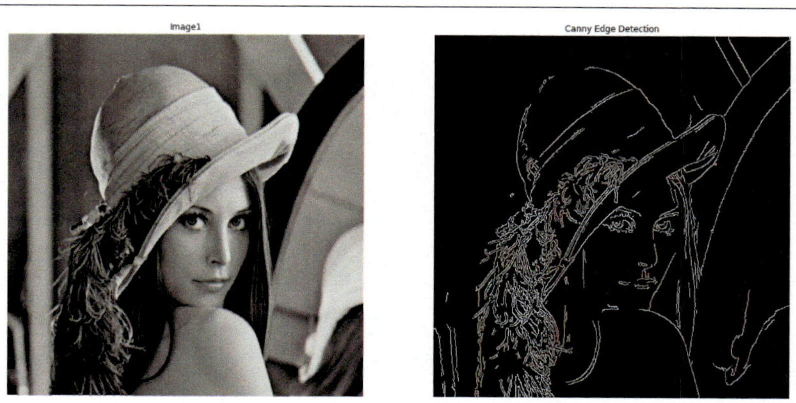

그림 6-10은 캐니 에지를 검출한 결과이다. 그림에서 볼 수 있듯이 프르윗, 소벨 에지검출기 같은 1차 미분 연산자에 비해 캐니 에지 검출기는 에지 트래킹 과정을 통해 강한 에지만을 검출하는 것을 볼 수 있다. 그림 6-10 (b)에서는 T2를 100으로 설정하여 에지들이 많이 검출되었지만, 6-10 (c)에서 T2를 높였을 경우 그래디언트 크기가 작은 에지들이 사라진 것을 알 수 있다.

(a) 입력 영상 (b) $T1$=250, $T2$=100 (c) σ=1.0, $T1$=250, $T2$=220

(그림 6-10) 캐니 에지 검출 결과

그림 6-11은 가우시안 잡음이 있는 영상에 대해 캐니 에지를 검출한 결과이다. 1차 미분 연산자가 잡음에 굉장히 민감했던 것과는 달리, 캐니 에지 검출기는 처음에 가우시안 스무딩을 통해 잡음을 제거하기 때문에 잡음이 없는 그림 6-10의 결과와 거의 유사한 결과를 나타내는 것을 볼 수 있다.

(a) 입력 영상 (b) $T1$=250, $T2$=100 (c) $T1$=250, $T2$=220

(그림 6-11) 잡음이 있는 영상에 대한 캐니 에지 검출 결과

6.6 라플라시안 에지 검출기(Laplacian Edge Detector)

라플라시안 에지 검출기는 2차 미분 연산을 이용하여 에지를 검출한다. 앞의 1차 미분 연산자에서 에지는 1차 미분 결과의 극점에서 검출되나, 라플라시안은 2차 미분 결과가 부호가 바뀌는 지점인 0의 위치에서 검출된다. 따라서 라플라시안을 0이 교차하는 지점에서 에지가 검출된다고 하여 영교차(zero crossing) 검출기라고도 한다. 그림 6-12는 1차와 2차 미분 연산을 통한 에지 검출의 원리를 간단하게 설명하고 있다.

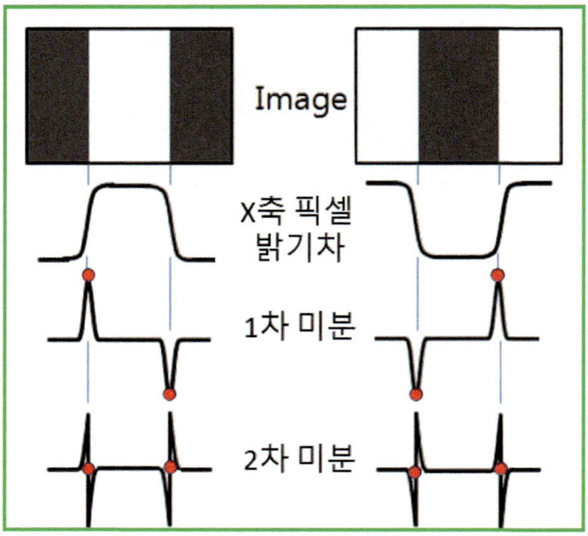

(그림 6-12) 미분 연산을 통한 에지 검출의 원리

입력 영상 I(x,y)에 대한 라플라시안 에지 검출기를 수식으로 표현하면 수식 6-3과 같은 2차 미분식으로 나타낼 수 있다.

$$\hat{I}(x,y) = \frac{\partial^2 I(x,y)}{\partial x^2} + \frac{\partial^2 I(x,y)}{\partial y^2} \quad (6\text{-}3)$$

라플라시안 에지 검출기 역시 2차 미분 역할을 하는 커널을 정의하여 컨벌루션 연산을 통해 수행될 수 있다. 1차 미분 연산자가 일정 임계값 이상을 모두 에지로 검출함으로써 너무 두꺼운 에지를 검출하는 데 반해, 2차 미분 연산자는 0인 부분만을 검출함으로써 지역적으로 최대인 에지만을 검출하는 특성이 있다. 그러나 잡음에 굉장히 민감하다는 단점이 존재한다.

그림 6-13은 라플라시안 컨벌루션 커널을 보여준다.

0	−1	0
−1	4	−1
0	−1	0

또는

−1	−1	−1
−1	8	−1
−1	−1	−1

(그림 6-13) 라플라시안 컨벌루션 커널

라플라시안 커널은 2차 미분 연산자를 사용함으로, 가로와 세로의 변화량을 측정하는 것이 목적임으로 아래와 같이 변형하여 사용하여도 유사할 결과를 얻을 수 있다.

0	1	0
1	−4	1
0	1	0

또는

1	1	1
1	−8	1
1	1	1

(그림 6-14) 라플라시안 컨벌루션 커널

라플라시안 에지 검출기를 적용하면 에지부분에서 부호가 바뀌게 되는데, 이 값을 그대로 사용할 수 도 있지만, 영교차가 발생되는 곳만을 찾아서 에지 픽셀값을 결정할 수도 있다.

OpenCV에서는 라플라시안 함수를 제공하고 있다.

```
Laplacian        (         InputArray         src,
OutputArray      dst,
int       ddepth,
int       ksize = 1,
double    scale = 1,
double    delta = 0,
int       borderType = BORDER_DEFAULT
)
src: 입력 영상
dst: 출력 영상
ddepth: 출력 영상의 원하는 깊이 (-1)
```

```
ksize: 커널 사이즈, 1=3x3
scale: 연산된 라플라이산 값의 선택적 스케일 인자
delta: dst에 저장하기 전에 결과에 추가되는 선택적 델타 값
borderType: 픽셀 외삽 방법
```

연습 6-5처럼 OpenCV의 Laplacian()를 이용한 에지 검출 코드를 작성해 보자.

연습 6-5) 라플라시안 에지 검출기 구현하기

```
from google.colab.patches import cv2_imshow
import numpy as np
import cv2
import matplotlib.pyplot as plt
from google.colab import drive
drive.mount('/content/gdrive')
#영상 불러오기
img = cv2.imread('/content/gdrive/My Drive/Image_Processing/lena.jpg')
# color영상을 gray영상으로 만들기
gray_img = cv2.cvtColor(img, cv2.COLOR_BGR2GRAY)
# 라플라시안 에지 컨벌루션 연산하기
laplacian = cv2.Laplacian(gray_img,-1,1)
output_img = laplacian/laplacian.max()

#그림을 화면에 출력
plt.figure(figsize=(20,20))# 영상의 크기를 키워주자
plt.subplot(1,2,1)
plt.title("Image1")
plt.imshow(gray_img, cmap='gray')
plt.axis("off")
plt.subplot(1,2,2)
plt.title("Laplacian Edge Detection")
plt.imshow(output_img, cmap='gray')
plt.axis("off")
plt.show()
```

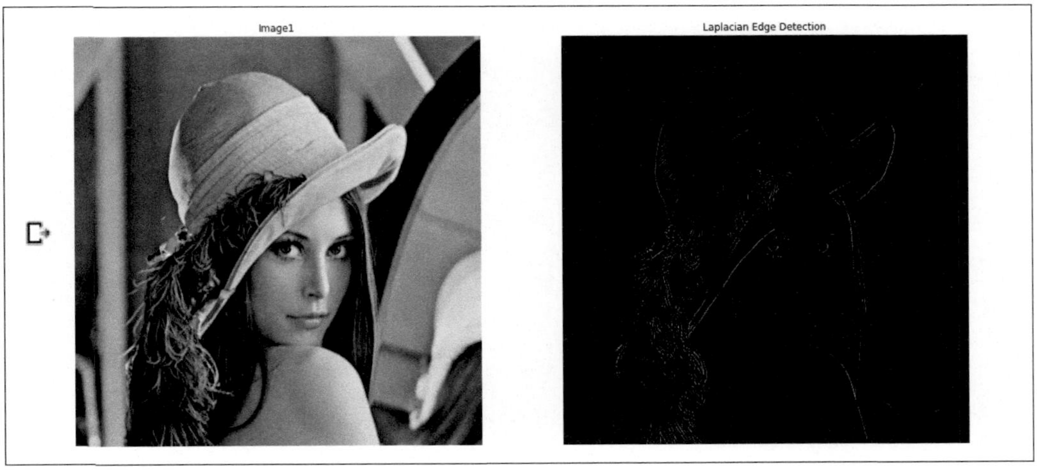

코드설명

cv2.Laplacian(gray_img,-1,1): 입력 영상은 gray_image, depth는 -1, ksize는 1 (3x3)
output_img = laplacian/laplacian.max(): 라플라시안 연산 최대값으로 정규화 시키기

라플라시안 검출기는 앞에서 설명한 것처럼 2차 미분을 통해 에지를 검출하기 때문에 결과 그림과 같이 에지가 많이 검출되었다. 그림 6-15는 잡음이 있는 영상에 대해서 에지를 검출한 결과이다. 결과에서 보듯이 라플라시안 검출기는 잡음에 굉장히 민감한 것을 알 수 있다.

(a) 입력 영상 (b) 라플라시안 검출 결과

(그림 6-15) 잡음이 있는 영상에 대한 2차 미분 에지 검출 결과

그림 6-15에서 볼 수 있듯이 라플라시안 커널을 이용한 에지 검출방법은 잡음에 매우 민감함으로 이러한 잡음 문제점을 해결하기 위해서 가우시안-라플라시안(LoG: Laplacian of Gaussian) 연산자가 개발되었다. LoG검출기는 라플라시안을 적용하기 전에 가우시안 필터링을 적용 시키는 방법으로 잡음을 사전에 제거함으로써, 잡음에 의한 과다한 에지생성을 줄일 수 있다. LoG연산자의 수식은 아래와 같으며 함수의 모양은 그림 6-16과 같다. 이를 커널로 표시하면 6-17와 같이 표현할 수 있고, 커널의 크기와 표준편차 값에 따라 커널 계수를 조정할 수 있다.

$$LoG(x,y) = -\frac{1}{\pi\sigma^4}\left[1-\frac{x^2+y^2}{2\sigma^2}\right]e^{\frac{-(x^2+y^2)}{2\sigma^2}} \qquad (6\text{-}4)$$

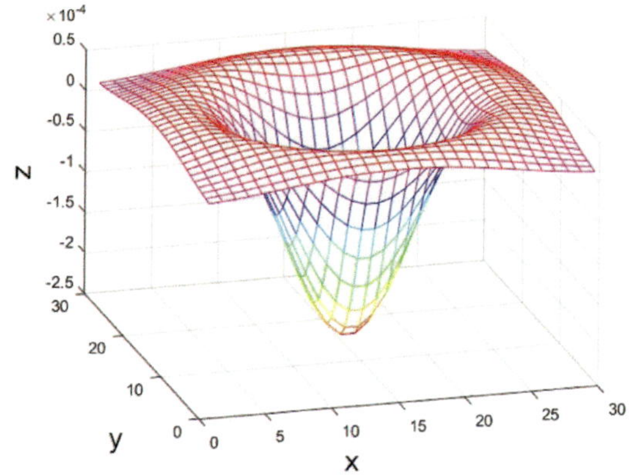

(그림 6-16) 2차원 가우시안-라플라시안 함수[16)]

0	0	3	2	2	2	3	0	0
0	2	3	5	5	5	3	2	0
3	3	5	3	0	3	5	3	3
2	5	3	-12	-23	-12	3	5	2
2	5	0	-23	-40	-23	0	5	2
2	5	3	-12	-23	-12	3	5	2
3	3	5	3	0	3	5	3	3
0	2	3	5	5	5	3	2	0
0	0	3	2	2	2	3	0	0

(그림 6-17) 가우시안-라플라시안 커널의 예($\sigma = 1.4$)

16) P. Sirigrivatanawong et al. Multiple Drosophila Tracking System with Heading Direction, Sensors 2017.

연습 6-6에서 가우시안-라플라시안 커널을 이용한 에지 검출 코드를 작성해 보자.[17)]

연습 6-6) 가우시안-라플라시안 에지 검출기 구현하기

```
from google.colab.patches import cv2_imshow
import numpy as np
import cv2
import matplotlib.pyplot as plt
from google.colab import drive
drive.mount('/content/gdrive')
#영상 불러오기
img = cv2.imread('/content/gdrive/My Drive/Image_Processing/Lena-Gaussian-noise
1.jpg')

# color영상을 gray영상으로 만들기
gray_img = cv2.cvtColor(img, cv2.COLOR_BGR2GRAY)
# Apply Gaussian Blur
blur = cv2.GaussianBlur(gray_img,(3,3),1)
# 라플라시안 에지 컨벌루션 연산하기
laplacian = cv2.Laplacian(blur,-1,1)
output_img = laplacian/laplacian.max()
#그림을 화면에 출력
plt.figure(figsize=(20,20))# 영상의 크기를 키워주자
plt.subplot(1,2,1)
plt.title("Image1")
plt.imshow(gray_img, cmap='gray')
plt.axis("off")
plt.subplot(1,2,2)
plt.title("Gaussian-Laplacian Edge Detection")
plt.imshow(output_img, cmap='gray')
plt.axis("off")
plt.show()
```

17) 라플라시안 에지 검출기를 적용하면 에지부분에서 부호가 바뀌게 되는데, 이 값을 그대로 사용할 수 도 있지만, 영교차가 발생되는 곳만을 찾아서 에지 픽셀값을 결정할 수도 있다. 이러한 방법을 영교차 기법(zero crossing)이라고 한다.

연습 6-6의 결과에서 보는 것처럼 라플라시안 커널만을 적용한 것보다는 가우시안 커널을 먼저 적용시켜 노이즈를 제거한 후에 라플라시안 커널을 적용했을 때 에지 검출 결과가 더 우수한 것을 알 수 있다.

6장 정리

1. 영상의 주요한 특징으로 사용되는 에지는 미분 연산을 통해 획득될 수 있으며, 미분 연산은 각 에지 검출기의 특성에 맞는 커널과의 컨벌루션 연산을 통해 수행된다.

2. 에지 검출기는 크게 1차 미분 연산자와 2차 미분 연산자로 나눠볼 수 있으며, 1차 미분 연산자로는 로버트 크로스, 소벨, 프르윗 등이 있으며, 2차 미분 연산자로는 라플라시안 등이 있다.

3. 로버트 크로스 에지 검출기는 45도 방향의 에지에 잘 반응하며, 커널의 크기가 작아서 계산이 빠르나 영상의 잡음에 굉장히 민감한 단점이 있다.

4. 소벨 에지 검출기는 수평과 수직 방향의 에지에 잘 반응하며, 로버트 크로스보다는 커널의 크기가 크기 때문에 계산이 좀 더 느리며 더 굵은 에지를 검출한다. 이 검출기 역시 잡음에 민감한 단점이 있다.

5. 프르윗 에지 검출기는 소벨 커널과 가운데 계수값만 다른 유사한 커널을 사용하기 때문에 소벨과 비슷한 결과를 낸다.

6. 캐니 에지 검출기는 1차 미분 연산자가 잡음에 민감한 단점을 극복하기 위한 방법으로, 먼저 가우시안 스무딩을 통해 잡음을 제거하고 미분 연산자를 적용하여 에지를 검출한 후에 에지 트래킹을 통해 확실한 에지만을 추출해 낸다.

7. 캐니 에지 검출기에서 조정해야 할 파라미터는 3개로, 가우시안 필터링 시 스무딩 정도를 결정하는 σ, 에지 트래킹 시 사용되는 높은 임계값, 낮은 임계값이 있다.

8. 라플라시안 에지 검출기는 1차 미분 연산자들이 너무 두꺼운 에지를 검출하는데 반해, 지역적으로 최대인 점만 검출함으로써 에지가 가늘게 검출된다. 2차 미분 연산으로 인해 잡음에 굉장히 민감한 단점이 존재한다.

9. 라플라시안 커널을 이용한 영교차 기법은 잡음에 매우 민감함으로 이러한 잡음 문제점을 해결하기 위해서 가우시안-라플라시안(LoG: Laplacian of Gaussian) 연산자가 개발되었다. LoG검출기는 라플라시안을 적용하기 전에 가우시안 필터링을 적용 시키는 방법으로 잡음을 사전에 제거함으로써, 잡음에 의한 과다한 에지를 줄일 수 있다.

연습문제

1. 컬러 영상에 대해 경계선 검출 알고리즘을 구현하고 다음의 결과를 비교/분석 하시오.
   1) RGB 각 색상 성분에 대해 각각 수행한 경우와, YCrCb로 변환하여 각 색상 성분에 대해서 수행한 경우의 차이점(색상 가중치는 동일하게 한 경우)
   2) YCbCr 각 색상 채널에 가중치 차이를 부여한 결과 영상의 차이(e.g. Y=0.5, I=0.25, Q=0.25)

2. 소벨에지 검출기는 가운데 부분의 가중치가 주변보다 큰 값을 갖는다. 소벨에지 커널의 계수를 변화시켜가면서 영상에 적용해 보고 가장 적합한 커널의 어떤 값인지 분석해 보자. 이렇게 검출된 계수가 잡음이 있는 영상에서도 유용한지 확인해보자.

3. LoG 연산자를 이용하여 에지를 검출하는 방법에서는 1단계로 가우시안 커널을 적용하였다. 가우시안 커널 대신 다른 잡음 제거 방법을 적용해 보고 결과의 차이를 분석해 보자.

4. 아래 코드는 Sobel에지 검출기 코드를 OpenCV를 활용하지 않고 C코드로 작성한 것이다. OpenCV의 sobel() 함수를 이용하지 말고 아래 코드를 python 함수로 정의하여 호출하도록 함수를 작성하고 동작시켜 OpenCV의 sobel()와 결과를 비교해보자.

```
int g1, g2, gradient;
g1 = g2 = gradient = 0;

// 소벨 Gx 커널 정의
int gx[3][3] = {-1, 0, 1,
                -2, 0, 2,
                -1, 0, 1};

// 소벨 Gy 커널 정의
int gy[3][3] = {1, 2, 1,
                0, 0, 0,
                -1, -2, -1};
```

```
// 커널 컨벌루션 연산
for(i=1;i<height-1;i++)
{
    for(j=1;j<width-1;j++)
     {
         for(m=-1;m<=1;m++)
         {
             for(n=-1;n<=1;n++)
             {
                 g1 += (int)image[i+m][j+n] * gx[m+1][n+1];
                 g2 += (int)image[i+m][j+n] * gy[m+1][n+1];
             }
        }

         // 그래디언트 크기 계산
         gradient = Saturation(abs(g1) + abs(g2));
         out_image[i][j] = (unsigned char)gradient;
         g1 = g2 = 0;
    }
}
```

5. 5장에서 배운 언샤프 필터링에서 에지 구현 부분을 6장에서 배운 다양한 에지 검출기로 대체하고 그 결과를 5장의 언샤프 필터링과 비교하여 보자. 어떤 에지 검출기를 적용할 경우가 원 영상에 비해 선명도가 가장 개선되었는지 알아보자.

참고문헌

[1] Robert Fisher, Simon Perkins, Ashley Walker and Erik Wolfart, "Hypermedia Image Processing Reference," John Wiley & Sons Ltd

[2] 고병철, "VISUAL C++기반의 의료영상처리 프로그래밍," 그린출판사, 2011.02.25.

[3] OpenCV-Python Tutorials, https://opencv-python-tutroals.readthedocs.io/en/latest/index.html

[4] P. Sirigrivatanawong et al. Multiple Drosophila Tracking System with Heading Direction, Sensors 2017.

제7장

영상의 기하학적 변환

(Geometry Transform)

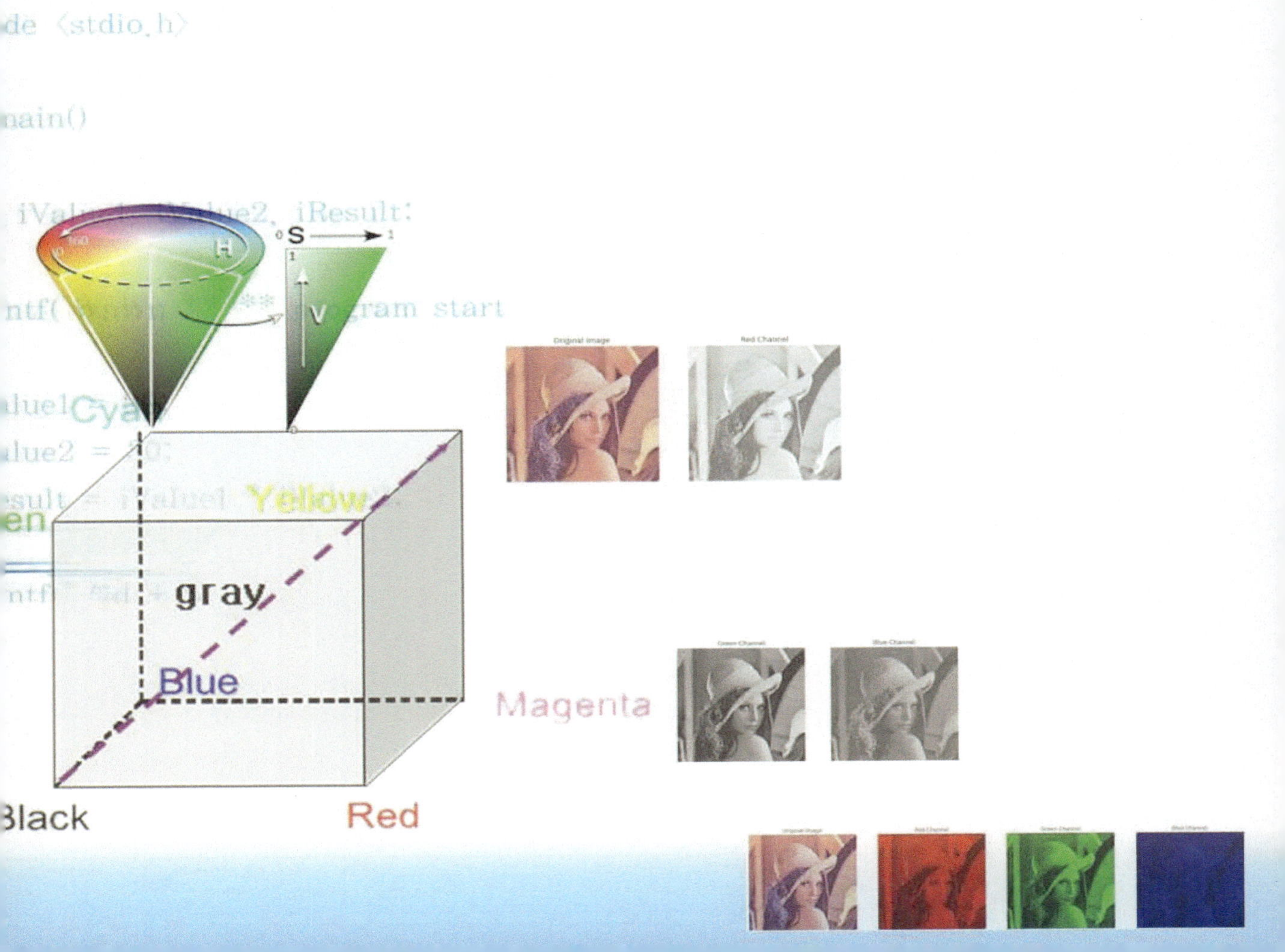

제 7 장 영상의 기하학적 변환 (Geometry Transform)

7장에서는 영상의 형태를 변형하기 위한 여러 가지 기하학적 변환(Geometry Transform) 방법을 배워보도록 한다.

영상의 기하학적 변환은 크기(Scaling), 회전(Rotation), 대칭(Flipping), 이동(Translation) 등의 여러 가지 변환들이 있으며, 픽셀 좌표들의 위치를 변경하여 공간을 재배치함으로써 영상의 해석을 쉽게 하기 위해 적용한다. 즉, 기하학적 변환을 통해 영상을 해석하기에 알맞은 기하학으로 바꿈으로써 영상의 의미를 더 잘 파악할 수 있다.

본 장에서 다루고자 하는 다양한 기하학적 변환 방법들은 다음과 같다.

- 기하학적 변환의 개요
- 크기 변환(Geometric Scaling)
- 회전 변환(Rotation)
- 대칭 변환(Flipping)
- 이동 변환(Translation)
- 어파인 변환(Affine Transformation)

7.1 기하학적 변환의 개요

영상의 기하학적 변환은 아래와 같이 입력 영상의 픽셀 좌표인 (x_1, y_1)을 행렬연산을 통해 결과 영상의 픽셀 좌표인 (x_2, y_2)로 매핑(mapping)하고, 결과 영상 좌표의 픽셀값을 원 영상 좌표에 복사함으로써 얻어진다.

$$\begin{vmatrix} x_2 \\ y_2 \end{vmatrix} = \begin{vmatrix} a_{11} & a_{12} \\ a_{21} & a_{22} \end{vmatrix} \times \begin{vmatrix} x_1 \\ y_1 \end{vmatrix} + \begin{vmatrix} t_x \\ t_y \end{vmatrix} \qquad (7\text{–}1)$$

$$X_2 = A \times X_1 + B$$

이 때, 벡터X_1에 곱해지는 행렬을 A라 하고 더해지는 벡터를 B라고 할 때, A와 B를 어떻게 정의하느냐에 따라 기하학적 변환 결과가 달라진다.

기하학적 변환 시, 입력 영상의 좌표에 따라 결과 영상의 좌표가 결정되기 때문에 이를 전방향(forward) 매핑이라고 한다. 그러나 전방향 매핑은 홀(hole)과 오버랩(overlap) 문제를 가진다. 홀 문제는 입력 영상의 매핑 결과 좌표가 결과 영상에 존재하지 않는 경우이고, 오버랩 문제는 입력 영상의 다른 두 개의 픽셀 좌표가 결과 영상의 같은 좌표로 매핑되는 경우이다. 따라서 전방향 매핑의 문제를 해결하기 위해, 결과 영상의 각 픽셀 좌표에 대응되는 입력 영상의 좌표를 역으로 구함으로써 결과 영상을 생성하는 역방향(backward) 매핑이 사용된다. 그림 7-1은 전방향 매핑과 역방향 매핑의 개념을 보여준다.

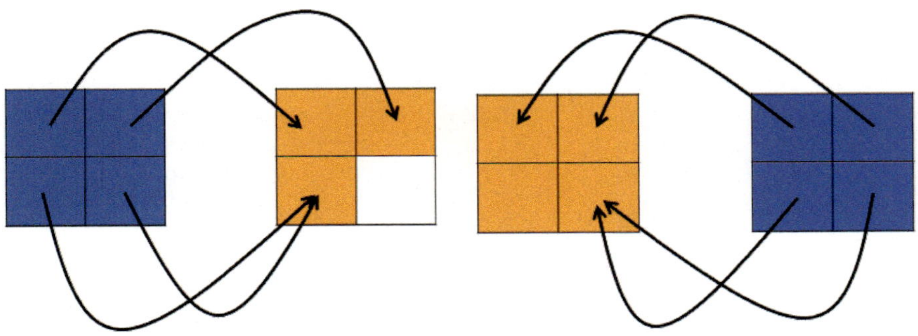

(그림 7-1) 전방향 매핑과 역방향 매핑의 개념

그림 7-1 (a)는 전방향 매핑으로써, 왼쪽 입력 영상의 각 픽셀마다 오른쪽 결과 영상으로 매핑을 하게 된다. 이 경우 앞서 설명한 것처럼 결과 영상에 매핑되는 픽셀이 없는 홀이 발생한다. 이러한 이유는 실수 연산결과를 정수연산(픽셀좌표는 정수임으로)으로 다시 변경하는 과정에서 발생한다. 하지만 (b)의 역방향 매핑에서는 결과 영상의 각 픽셀마다 입력 영상으로 역매핑 함으로써 전방향 매핑의 문제점을 해결하는 것을 볼 수 있다.

그러나 역방향 매핑 시 좌표값이 소수로 계산되는 경우가 발생하게 된다. 예를 들어, 영상의 크기를 2배로 확대하는 변환의 경우, 결과 영상의 (1, 1) 좌표는 입력 영상의 (0.5, 0.5) 좌표에 대응되게 된다. 이 경우 입력 영상의 (0, 0) 또는 (1, 1) 중 어느 좌표로 대응시켜야 할지 문제가 발생한다.

7.2 크기 변환(Scaling)

영상의 기하학적 크기 변환은 영상의 크기를 원 영상보다 축소하거나 확대하는 변환이다. 크기 변환 시 사용되는 행렬 연산은 다음과 같다.

$$\begin{vmatrix} x_2 \\ y_2 \end{vmatrix} = \begin{vmatrix} a & 0 \\ 0 & a \end{vmatrix} \times \begin{vmatrix} x_1 \\ y_1 \end{vmatrix} \tag{7-2}$$

a값에 따라 축소/확대 여부가 결정되는데, a값이 1보다 크면 확대 변환, 1이면 변화가 없으며, 1보다 작으면 축소 변환을 수행한다. a값의 크기에 따라 축소/확대 정도가 결정될 수 있다.

7.1장에서 발생하는 매핑 문제를 해결하기 위해 주변의 픽셀값들을 분석하여 대응되지 않은 픽셀에 대해 새로운 픽셀값을 생성하는 보간법(interpolation)이 사용된다. 대표적인 보간법으로 최근접 이웃 보간법(nearest neighbor interpolation)과 양선형 보간법(bilinear interpolation)이 있다.

최근접 이웃 보간법은 대응되지 않은 결과 영상의 픽셀에 대해, 그 픽셀과 가장 가까운 입력 영상의 픽셀값으로 복사해서 할당한다. 그림 7-2는 최근접 이웃 보간법의 예를 보여주고 있다.

2	7
2	7

입력 영상

2	2	7	7
2	2	7	7
2	2	7	7
2	2	7	7

결과 영상

(그림 7-2) 최근접 이웃 보간법

최근접 이웃 보간법은 단순히 이웃에 있는 픽셀값을 복사하는 방법으로 처리 속도가 빠르나, 영상확대 비율이 커지면 픽셀이 계단처럼 보이는 계단 현상(aliasing, 알리아싱)이 발생할 수 있는데, 그 이유는 이웃 블록 단위로 밝기값 차이가 급변하기 때문이다.

양선형 보간법은 새로운 픽셀값을 생성하기 위해 그림 7-3과 같이 가장 가까운 4개의 이웃(북서, 북동, 남서, 남동 방향) 픽셀값들의 가중치 합을 계산한다. 최근접 이웃 보간법에 비해 계단 현상 없이 자연스럽고 부드러운(smoothing) 결과를 보여 준다. 하지만 연산시간 측면에서는 주변 픽셀들과의 연산 과정이 필요하므로 최근접 이웃 보간법에 비해 많은 계산량이 요구된다. 그림 7-3에서 픽셀 P의 값은 주변 픽셀들의 위치와 픽셀 P의 상대적인 거리에 따라 아래 수식으로 계산된다.

$$P = (1-a)(1-b)A + a(1-b)B + (1-a)bC + abD \tag{7-3}$$

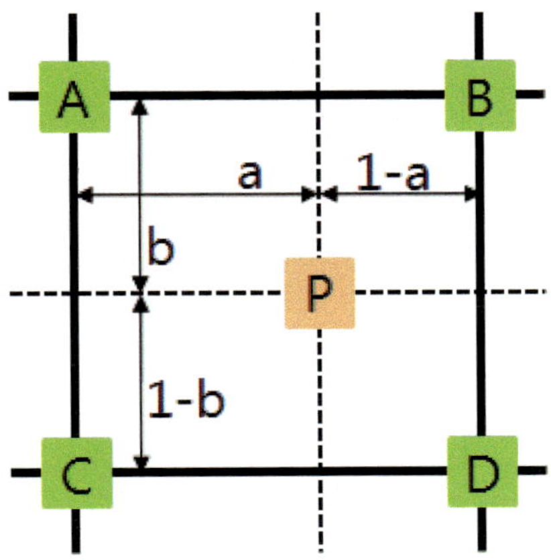

(그림 7-3) 양선형 보간법

보간법을 위해 OpenCV에서는 resize() 함수를 제공한다. 먼저 resize() 함수에 대해 알아보자.

```
void cv::resize  ( InputArray      src,
                   OutputArray     dst,
                   Size     dsize,
                   double   fx = 0,
                   double   fy = 0,
                   int      interpolation = INTER_LINEAR
)
src: 입력 영상
dst: 출력 영상
dsize: 출력영상크기, 만약 0과 같다면 크기는 아래 수식으로 자동 계산된다.
        dsize = Size(round(fx*src.cols), round(fy*src.rows))
fx: 가로축의 확대 비율. 만약 0과 같다면 아래 수식으로 자동 계산된다.
          (double)dsize.width/src.cols
```

fy: 세로축의 확대 비율. 만약 0과 같다면 아래 수식으로 자동 계산된다.

(double)dsize.height/src.rows

interpolation: 보간법의 종류

- INTER_NEAREST: 최근접 이웃 보간법(nearest neighbor interpolation)
- INTER_LINEAR: 양선형 보간법(bilinear interpolation)
- INTER_CUBIC: 양입방 보간법(bicubic interpolation)

먼저 연습 7-1을 통해 최근접 이웃 보간법을 이용하여 크기 변환을 수행하는 코드를 연습해보자.

연습 7-1) 최근접 이웃 보간법 구현하기

```
from google.colab.patches import cv2_imshow
import numpy as np
import cv2
import matplotlib.pyplot as plt
from google.colab import drive
drive.mount('/content/gdrive')
#영상 불러오기
img = cv2.imread('/content/gdrive/My Drive/Image_Processing/flower.bmp')
output_img = cv2.resize(img,None,fx=2, fy=2, interpolation = cv2.INTER_NE
AREST)
#그림을 화면에 출력 (원래 영상 크기대로 출력)
print("original image",img.shape[:2] )
cv2_imshow(img)
print("Nearest Neighbor Interpolation",output_img.shape[:2])
cv2_imshow(output_img)
```

코드설명

output_img = cv2.resize(img,None,fx=2, fy=2, interpolation = cv2.INTER_NEAREST): 가로, 세로 확대 비율을 2로 설정하고, 보간법은 최근접 이웃 보간법으로 설정한다.

print("original image",img.shape[:2]): 영상의 세로, 가로 크기 출력

cv2_imshow(img): 영상의 크기를 그대로 출력하기 위해 plt.imshow() 대신 cv2_imshow() 함수를 사용. cv_imshow() 함수의 경우 'COLOR_BGR' 타입으로 출력하기 때문에 'COLOR_RGB'로 변경할 필요가 없다.

위의 코드는 아래와 같이 변경 가능하다.

height, width = img.shape[:2] : 가로세로의 크기를 얻고

output_img = cv2.resize(img,(2*width, 2*height), interpolation = cv2.INTER_NEAREST): 비율 대신 목표 영상의 크기를 입력한다.

이제 연습 7-2를 통해 양선형 보간법을 이용하여 크기 변환을 수행하는 코드를 연습해 보고 최근접 이웃 보간법과의 차이점을 확인해 보자.

연습 7-2) 양선형 보간법 구현하기

```
#영상 불러오기
img = cv2.imread('/content/gdrive/My Drive/Image_Processing/flower.bmp')
output_img = cv2.resize(img,None,fx=2, fy=2, interpolation = cv2.INTER_LINEAR)
#그림을 화면에 출력 (원래 영상 크기대로 출력)
print("original image",img.shape[:2] )
cv2_imshow(img)
print("Bilinear
 Interpolation",output_img.shape[:2])
cv2_imshow(output_img)
```

original image (210, 320)

Bilinear Interpolation (420, 640)

그림 7-4는 축소변환을, 그림 7-5는 확대변환을 각각 2가지 보간법으로 수행한 결과이다. 그림 7-4의 축소변환에서는 두 방법의 차이를 크게 느낄 수 없다. 하지만 그림 7-5의 결과를 보면 두 방법의 차이가 확연히 드러난다. 그림 7-5 (b)의 최근접 이웃 픽셀 보간법은 확대 결과에 계단 현상을 보이는 것에 비해, (c)의 양선형 보간법은 영상 확대 결과에서 계단이 부드럽고 자연스러워진 것을 알 수 있다.

(a) 입력 영상 (b) 최근접 이웃 픽셀 보간법 (c) 양선형 보간법

(그림 7-4) 기하학적 축소 변환 결과 (1/2 크기 축소, fx=0.5, fy=0.5)

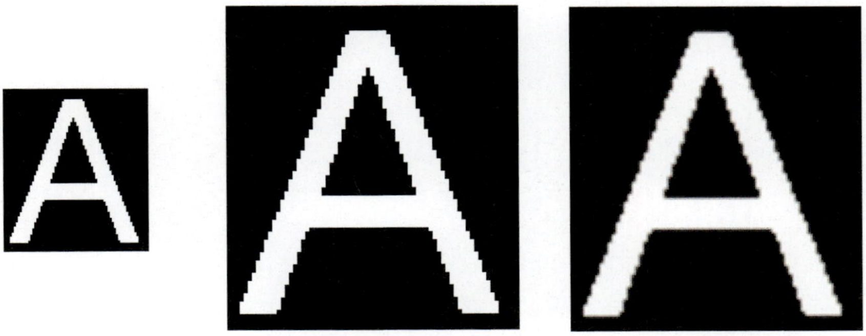

(a) 입력 영상 (b) 최근접 이웃 픽셀 보간법 (c) 양선형 보간법

(그림 7-5) 기하학적 확대 변환 결과 (2배 크기 확대, fx=2, fy=2)

7.3 회전 변환(Rotation)

회전 변환은 일정 각도로 영상을 회전시키는 변환으로써, 기울어진 영상을 보기 좋게 바꾸거나 영상처리의 전처리로 많이 사용되는 변환이다. 회전 변환을 수행하기 위한 유도 과정을 그림 7-6에 나타내었다. 그림에서 보듯이 회전 변환은 (1) 입력 영상을 원점 좌표로 이동시키고 (2) 원점 좌표를 중심으로 θ 각도만큼 회전한 뒤 (3) 다시 원래 좌표로 이동 시키는 과정을 포함한다.

$$\begin{vmatrix} x_{1'} \\ y_{1'} \end{vmatrix} = \begin{vmatrix} x_1 \\ y_1 \end{vmatrix} - \begin{vmatrix} x_0 \\ y_0 \end{vmatrix}$$

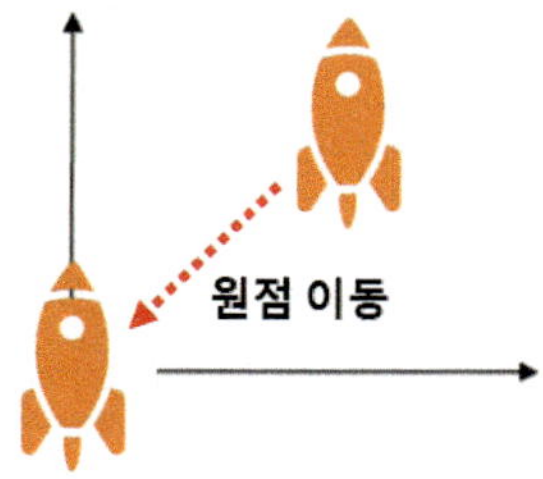

(1) 원점 O좌표로 이동

$$\begin{vmatrix} x_2 \\ y_2 \end{vmatrix} = \begin{vmatrix} \cos\theta & -\sin\theta \\ \sin\theta & \cos\theta \end{vmatrix} \times \begin{vmatrix} x_{1'} \\ y_{1'} \end{vmatrix}$$

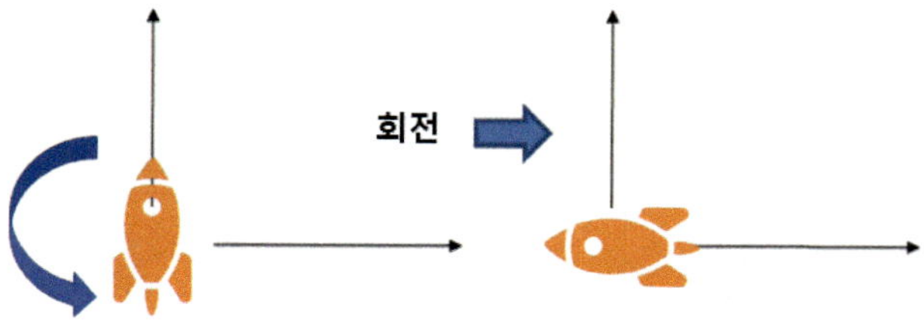

(2) O좌표를 중심으로 θ만큼 회전

$$\begin{vmatrix} x_{2'} \\ y_{2'} \end{vmatrix} = \begin{vmatrix} x_2 \\ y_2 \end{vmatrix} + \begin{vmatrix} x_0 \\ y_0 \end{vmatrix}$$

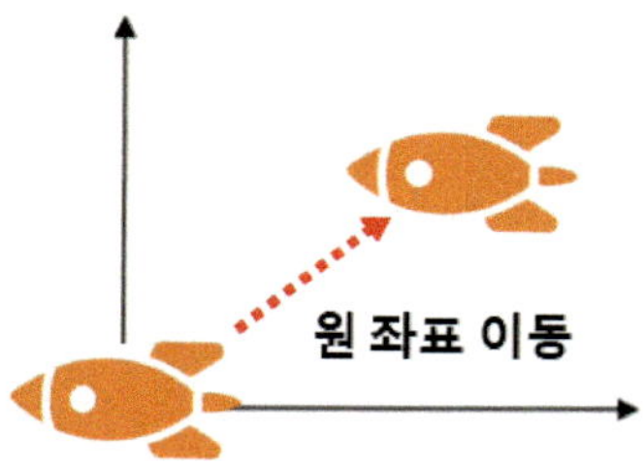

(3) 원 좌표로 이동

(그림 7-6) 회전 변환의 유도과정

위 그림에서, (x_0, y_0)는 회전 중심의 좌표이고, (x_1, y_1)은 입력 영상의 좌표이며, (x_2, y_2)는 결과 영상의 좌표이다. θ는 회전 각도이다.

그림 7-6의 3단계 과정을 정리하면 회전 변환을 위한 연산식을 다음과 같이 쓸 수 있다.

$$\begin{aligned} x_2' &= \cos(\theta) \times (x_1 - x_0) - \sin(\theta) \times (y_1 - y_0) + x_0 \\ y_2' &= \sin(\theta) \times (x_1 - x_0) + \cos(\theta) \times (y_1 - y_0) + y_0 \end{aligned} \quad (7\text{-}4)$$

OpenCV에서는 회전변환을 위해 getRotationMatrix2D() 함수를 제공한다.

```
Mat cv::getRotationMatrix2D         (
Point2f  center,
double   angle,
double   scale
)
center:  소스 영상의 회전 중심
angle :  회전 각도. 양수 값은 시계 반대 방향 회전을 의미 (좌표 원점은 왼쪽 상단 모서리로
간주 됨).
scale: 등방성 (Isotropic) 스케일 계수, 영상의 크기를 변화시키면서 회전시킬 때 사용
```

getRotationMatrix2D() 함수는 그림 7-6의 설명과 다르게 회전원점이 영상의 중심점이 아니라 좌측 모서리를 원점으로 한다. 따라서 먼저 회전원점을 영상의 중심점으로 변경하고 나서 변환 행렬(M)을 계산한다. 따라서 변환 행렬은 회전각도에 따라 아래와 같이 간단하게 사용할 수 있다.

$$M=\begin{vmatrix}\cos\theta & -\sin\theta \\ \sin\theta & \cos\theta\end{vmatrix}$$

이렇게 계산된 변환행렬은 입력영상의 각 픽셀에 곱혀져야 한다. 이때 사용하는 함수가 warpAffine()이다.

```
void cv::warpAffine        (
InputArray        src,
OutputArray       dst,
InputArray        M,
Size      dsize,
int       flags = INTER_LINEAR,
int       borderMode = BORDER_CONSTANT,
const Scalar &    borderValue = Scalar()
)
src: 입력영상
dst: 출력영상
M: 변환행렬
dsize: 출력영상의 크기
flags: 보간법
borderMode: 픽셀 외삽방법
borderValue: 디폴트 0
```

회전 변환 역시 대응되지 않는 픽셀 좌표가 생성되는 것이 가능하다. 따라서 적절한 보간법을 선택하여 회전 변환 시 생기는 홀들을 채워야 한다. warpAffine() 함수에서 flags 인자를 이용하여 보간법을 적용할 수 있다. 연습 7-3을 이용하여 회전변환을 수행하는 코드를 작성해보자.

연습 7-3) 회전변환 구현하기

```
from google.colab.patches import cv2_imshow
import numpy as np
import cv2
import matplotlib.pyplot as plt
from google.colab import drive
drive.mount('/content/gdrive')
#영상 불러오기
img = cv2.imread('/content/gdrive/My Drive/Image_Processing/airplane.bmp')
height,width = img.shape[:2]
# 회전점을 영상 모서리 -> 영상의 중심으로 변경
M = cv2.getRotationMatrix2D(((width-1)/2.0,(height-1)/2.0),90,1)
output_img = cv2.warpAffine(img,M,(width*1,height*1),flags = cv2.INTER_LINEAR)
#그림을 화면에 출력 (원래 영상 크기대로 출력)
print("original image",img.shape[:2] )
cv2_imshow(img)
print("Rotation Transformation",output_img.shape[:2])
cv2_imshow(output_img)
```

```
original image (210, 320)
```

```
Rotation Transformation (210, 320)
```

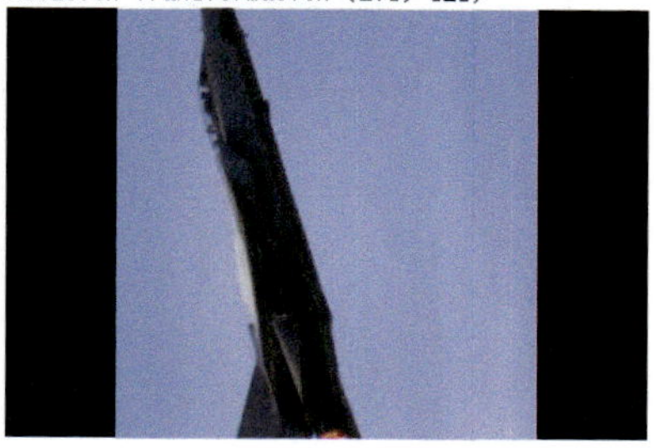

코드설명

`M = cv2.getRotationMatrix2D(((cols-1)/2.0,(rows-1)/2.0),90,1)`: 회전변환의 회전 축을 영상의 중심점으로 변경, 회전각도 90도, 크기변환은 없다. 1보다 큰 값일 경우 영상의 크기는 커지고 1보자 작은 경우 영상의 크기는 작아진다.

`output_img = cv2.warpAffine(img,M,(cols*1,rows*1),flags = cv2.INTER_LINEAR)`: 입력 영상 img를 회전변환 행렬 M에 곱 연산하여 변화시키고, 출력 영상의 크기는 동일하게 설정한다. 회전변환 후에 양선형보간법 적용한다.

그림 7-7은 연습 7-3 코드의 파라미터를 조절하여 회전 변환을 수행한 결과이다.

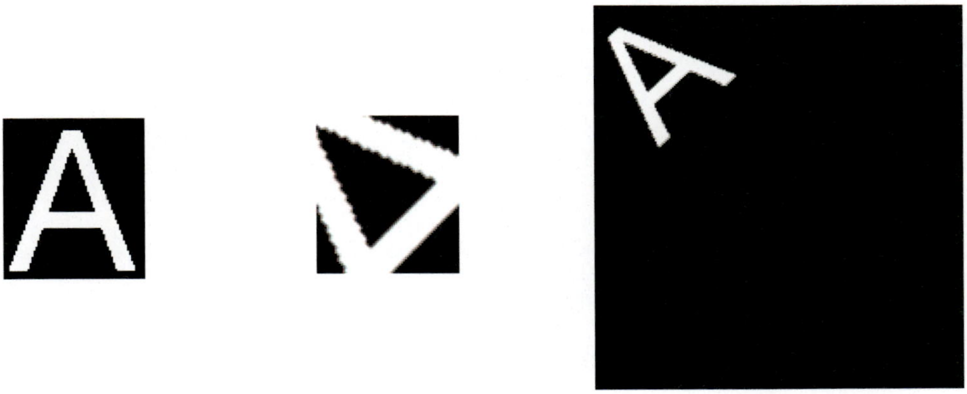

(a) 입력 영상

(b) 회전각도를 45도로 하고 영상의 스케일을 2배 크게 한 뒤 동일 크기 영상 (cols*1, rows*1)에서 출력하게 한 경우

(c) 회전각도를 45도로하고, 출력 영상의 크기를 3배 크게 (cols*3, rows*3) 확대한 경우

(그림 7-7) 기하학적 회전 변환 결과

7.4 대칭 변환(Flipping Transform)

대칭 변환은 영상을 특정 축이나 점에 대해 대칭 시키는 변환으로, 다른 기하학적 변환과 마찬가지로 영상의 전처리에 많이 사용된다. 수직 축 $x = x_0$에 대한 대칭 변환을 수행한 결과 좌표는 다음의 식 $x_2 = -x_1 + (2 \times x_0)$, $y_2 = y_1$을 통해 구할 수 있으며, 수평 축 $y = y_0$에 대한 대칭 변환은 식 $x_2 = x_1$, $y_2 = -y_1 + (2 \times y_0)$을 통해 구할 수 있다. 점

(x_0, y_0)에 대한 대칭 변환은 식 $x_2 = -x_1 + (2 \times x_0)$, $y_2 = -y_1 + (2 \times y_0)$을 통해 구한다.

OpenCV에서는 대칭 변환을 위해 flip() 함수를 제공하고 있다.

```
void cv::flip     (
InputArray        src,
OutputArray       dst,
int       flipCode
)
src: 입력영상
dst: 출력영상
flipCode: 배열을 어떻게 뒤집을 것인가에 대한 플래그. 0은 가로축을 기준으로 대칭 이동을 의미, 양수 값 (예 : 1)은 세로축을 기준으로 대칭 이동을 의미. 음수 값 (예 : -1)은 두 축을 중심으로 대칭 이동을 의미.
```

특정 축(x, y축)에 대한 뒤집기 변환을 수행하는 코드는 연습 7-4에 나타내었다. 특정 점에 대한 뒤집기 변환은 축에 대한 뒤집기 변환에서 x 또는 y좌표를 결합하면 되므로 생략한다.

연습 7-4) 대칭변환 구현하기

```python
from google.colab.patches import cv2_imshow
import numpy as np
import cv2
import matplotlib.pyplot as plt
from google.colab import drive
drive.mount('/content/gdrive')
#영상 불러오기
img = cv2.imread('/content/gdrive/My Drive/Image_Processing/airplane.bmp')
# BGR영상을 RGB영상으로 변환
img = cv2.cvtColor(img, cv2.COLOR_BGR2RGB)
flipVertical = cv2.flip(img, 0)
flipHorizontal = cv2.flip(img, 1)
flipBoth = cv2.flip(img, -1)

#그림을 화면에 출력
plt.figure(figsize=(20,20))# 영상의 크기를 키워주자
plt.subplot(1,4,1)
plt.title("Original image")
```

```
plt.imshow(img)
plt.axis("off")
plt.subplot(1,4,2)
plt.title("Flipped vertical image")
plt.imshow(flipVertical)
plt.axis("off")
plt.subplot(1,4,3)
plt.title("Flipped horizontal image")
plt.imshow(flipHorizontal)
plt.axis("off")
plt.subplot(1,4,4)
plt.title("Flipped both image")
plt.imshow(flipBoth)
plt.axis("off")
plt.show()
```

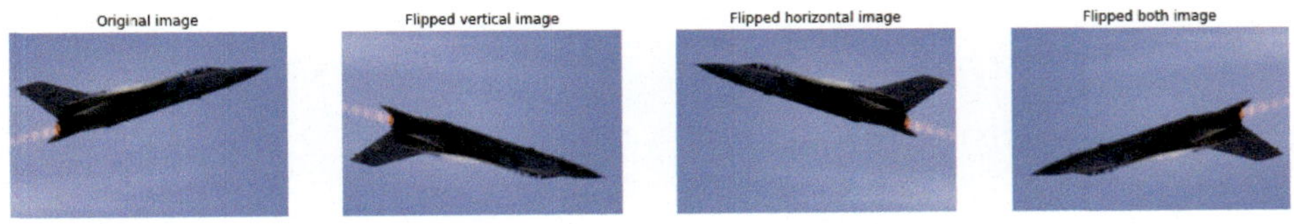

7.5 이동 변환(Translation)

이동 변환은 입력 영상의 각 요소들을 결과 영상의 새로운 위치로 매핑시키는 변환이다. 이동 변환을 수행하는 행렬 연산은 다음과 같다.

$$\begin{vmatrix} x_2 \\ y_2 \end{vmatrix} = \begin{vmatrix} 1 & 0 \\ 0 & 1 \end{vmatrix} \times \begin{vmatrix} x_1 \\ y_1 \end{vmatrix} + \begin{vmatrix} t_x \\ t_y \end{vmatrix} \quad (7\text{–}5)$$

위 식에서 t_x는 x축 방향으로의 이동 정도를, t_y는 y축 방향으로의 이동 정도를 나타내는 파라미터다.

이동 변환을 통한 새로운 좌표값이 결과 영상의 바깥에 존재할 경우 일반적으로 무시하지만, 보이는 영역으로 좌표값을 변환하는 wrap방식을 사용하기도 한다. 또한 다른 좌표로 이동된 픽셀은 더 이상 원 위치에 존재하지 않으므로 대부분 원 위치의 픽셀값은 검은색으로 채운다.

이동 변환을 위한 OpenCV함수는 따로 정의되어 있지 않지만 warpAffine() 함수를 이용해서 구현할 수 있다. 먼저 변환 행렬 M을 아래와 같이 정의하고 이 행렬을 warpAffine() 함수의 파라미터로 넣어주자.

$$M = \begin{bmatrix} 1 & 0 & t_x \\ 0 & 1 & t_y \end{bmatrix}$$

이렇게 계산된 변환행렬은 입력영상의 각 픽셀에 곱해져야 한다.

연습 7-5를 통해 이동 변환을 구현해 보자.

연습 7-5) 이동변환 구현하기

```
from google.colab.patches import cv2_imshow
#영상 불러오기
# BGR영상을 RGB영상으로 변환
img = cv2.cvtColor(img, cv2.COLOR_BGR2RGB)
height,width = img.shape[:2]
M = np.float32([[1,0,100],[0,1,50]])
out1 = cv2.warpAffine(img,M,(width,height))
M = np.float32([[1,0,-50],[0,1,-50]])
out2 = cv2.warpAffine(img,M,(widht,height))
#그림을 화면에 출력
plt.figure(figsize=(20,20))# 영상의 크기를 키워주자
plt.subplot(1,3,1)
plt.title("Original image")
plt.imshow(img)
plt.axis("off")
plt.subplot(1,3,2)
plt.title("Translation (x:100, y:50) image")
plt.imshow(out)
plt.axis("off")
plt.subplot(1,3,3)
plt.title("Translation (x:-50, y:-50) image")
plt.imshow(out2)
plt.axis("off")
plt.show()
```

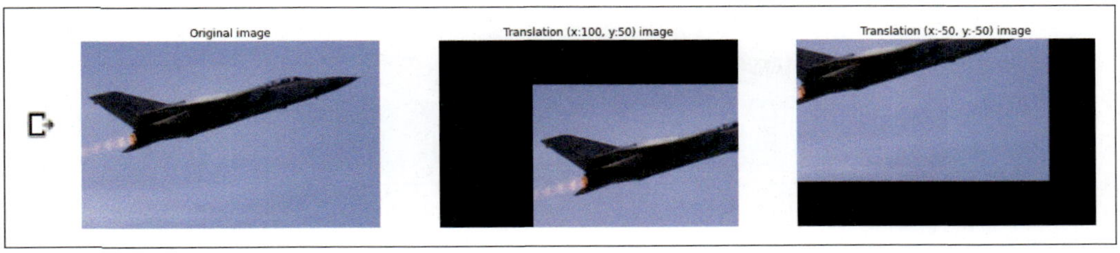

코드설명

`height,width = img.shape[:2]`: 입력영상의 높이 x 너비 알아낸다.

`M = np.float32([[1,0,100],[0,1,50]])`: 가로 100 픽셀, 세로 50픽셀 만큼 영상 이동. 영상의 (0,0) 위치는 맨 왼쪽 모서리이다.

`out1 = cv2.warpAffine(img,M,(width,height))`: 변환행렬을 이용하여 영상 이동한다.

7.6 어파인 변환(Affine Transformation)

어파인 변환은 선형의 2차원 변환을 통해 영상을 변환시키는 방법으로, 앞 절에서 다룬 크기 변환, 회전, 반사, 이동과 같은 변환들의 선형 결합 연산을 통해 새로운 좌표로 매핑시키는 변환이다. 따라서, 하나의 변환만 포함할 수도 있고, 여러 개의 변환을 한꺼번에 포함할 수도 있다. 어파인 변환 역시 앞 절에서 언급한 변환 행렬 연산을 통하여 획득될 수 있으며, 포함된 변환에 따라 행렬과 벡터들의 곱셈 및 덧셈 연산을 수행한다.

그림 7-8의 어파인 변환의 예를 살펴보자. 그림 7-8의 어파인 변환에는 3개의 기하학적 변환을 포함하고 있다. 먼저 1/2의 크기 축소 변환, −15도 회전 변환, , (+30, +20)만큼 이동 변환을 한다. 이러한 여러 기하학적 변환들이 선형 결합을 통해 새로운 기하학의 영상을 만들어낼 수 있다.

(a) 원 영상 (b) 크기변환(1/2) (c) 회전변환 (−15) (d) 이동 변환 (30,20)

(그림 7-8) 어파인 변환의 예

연습 7-6을 통해 어파인 변환을 프로그램 해보도록 하자.

연습 7-6) 어파인 변환 구현하기

```
from google.colab.patches import cv2_imshow
import numpy as np
import cv2
import matplotlib.pyplot as plt
from google.colab import drive
drive.mount('/content/gdrive')
#영상 불러오기
img = cv2.imread('/content/gdrive/My Drive/Image_Processing/airplane.bmp')
# 영상크기변환
resize = cv2.resize(img,None,fx=0.5, fy=0.5, interpolation = cv2.INTER_LINEAR)
height,width = resize.shape[:2]
# 회전점을 영상 모서리 -> 영상의 중심으로 변경
M = cv2.getRotationMatrix2D(((width-1)/2.0,(height-1)/2.0),-15,1)
rotate = cv2.warpAffine(resize,M,(width,height))
# 영상이동변환
M = np.float32([[1,0,30],[0,1,+20]])
translate = cv2.warpAffine(rotate,M,(width,height))
#그림을 화면에 출력
print("Original image")
cv2_imshow(img)
print("Scaling image")
cv2_imshow(resize)
print("Rotation (45 degree) image")
cv2_imshow(rotate)
print("Translation (x:+30, y:+20) image")
cv2_imshow(translate)
```

```
Mounted at /content/gdrive
Original image
```

```
Scaling image
```

```
Rotation (45 degree) image
```

```
Translation (x:+30, y:+20) image
```

코드설명

plt.imshow(): cv2_imshow () 함수는 BGR형식으로 영상을 출력함으로 변환이 필요 없다.

7장 정리

1. 영상의 기하학적 변환은 픽셀 좌표들의 위치를 변경하여 영상의 구조를 재배치하는 방법으로써, 영상의 전처리에 많이 사용되며, 영상의 해석을 쉽게 할 수 있다.

2. 기하학적 변환에는 크기 변화, 회전, 반사, 이동 등의 여러 가지 변환들이 있으며, 이들의 선형 결합인 어파인 변환이 있다.

3. 기하학적 변환 시 입력 영상의 좌표에 대응되는 결과 영상의 좌표를 구하는 전방향 매핑이 있으나, 이는 홀 문제와 오버랩 문제를 가진다.

4. 전방향 매핑의 문제점을 보완하기 위해 결과 영상의 좌표에 대응되는 입력 영상의 좌표를 역으로 구하여 변환을 하는 역방향 매핑이 있다.

5. 역방향 매핑 시, 좌표값이 소수로 계산되어 어느 좌표로 매핑 시켜야 하는지 모르는 경우가 발생하는데, 이를 위해 새로운 픽셀값을 생성해주는 보간법을 이용한다.

6. 보간법에는 크게 최근접 이웃 픽셀 보간법과 양선형 보간법이 있으며, 최근접 이웃 픽셀 보간법은 대응되지 않은 픽셀에 대해 그 픽셀과 가장 가까운 입력 영상의 픽셀값으로 복사해서 할당하고, 양선형 보간법은 가장 가까운 4개의 이웃 픽셀값들의 가중치 합을 통해 픽셀값을 생성한다.

7. 크기 변환은 영상의 크기를 변경시키는 변환으로써 축소와 확대 변환이 있으며, 원 좌표값에 변환할 크기만큼 곱함으로써 결과 영상의 좌표를 계산한다.

8. 회전 변환은 중심 좌표와 일정 각도를 가지고 영상을 회전시키는 변환으로써, 사인(sine) 함수와 코사인(cosine) 함수를 이용하여 좌표를 변환한다.

9. 반사 변환은 특정 축이나 점에 대해 반사를 시키는 변환으로써, 영상의 대칭성을 확인하는 데 응용될 수 있다.

10. 이동 변환은 영상의 요소를 이동시키는 변환으로써, 원 좌표값에 이동량을 더하거나 빼줌으로써 결과 영상의 좌표를 계산할 수 있다.

11. 어파인 변환은 여러 기하학적 변환들의 선형 결합을 통해 영상을 변환시키는 방법으로, 크기, 회전, 반사, 이동과 같은 변환들의 선형 결합 연산을 통해 새로운 좌표값을 계산한다.

연습문제

1. 영상확대를 위한 OpenCV함수인 resize()의 파라미터 중에서 interpolation의 보간법 종류를 더 알아보고 각 보간법을 적용하여 영상 확대시 화질 손상이 가장 적은 방법이 무엇인지 알아보자.

2. 아래 왼쪽의 원 영상을 -15도 회전하였더니 오른쪽 영상과 같이 회전하였다. 연습 7-3과 다르게 회전된 이유를 알아보자. 이 영상이 7-3과 같이 회전되도록 프로그램해 보자.

3. 어파인 변환은 여러 기하학적 변환들의 선형 결합을 통한 변환 방법이라고 하였다. 어파인 변환에 포함된 기하학적 변환들의 순서에 따라 결과가 달라지는지 확인해보자. (예를 들어, 이동 변환을 한 후에 회전 변환을 적용하는 경우와 회전 변환을 먼저 한 후 이동 변환을 적용하는 경우의 결과를 비교하자.)

4. 6장에서 배운 소벨 에지 검출기의 Gx 커널만을 이용하여 전체 에지를 구하기 위해 영상을 방향별로 회전시켜가면서 소벨에지를 검출하고 이것을 결합하여 에지를 구해보도록 하자. 그 결과를 소벨 에지 커널 Gx, Gy를 적용하여 나온 에지를 결합한 경우와 비교해 보자.

5. 연습문제 7-4를 참고하여 회전축을 영상의 중심점(cx, cy)로 설정한 대칭변환 코드를 구현해 보자.

참고문헌

[1] Robert Fisher, Simon Perkins, Ashley Walker and Erik Wolfart, "Hypermedia Image Processing Reference," John Wiley & Sons Ltd

[2] Open Source Computer Vision, https://docs.opencv.org/

[3] 고병철, "VISUAL C++기반의 의료영상처리 프로그래밍," 그린출판사, 2011.02.25.

[4] OpenCV-Python Tutorials, https://opencv-python-tutroals.readthedocs.io/en/latest/index.html

```
include <stdio.h>

oid main()

  int iValue1, iValue2, iResult;

  printf("WnWn ***** program start

  iValue1 = 20;
  iValue2 = 30;
  iResult = iValue1 * iValue2;

  printf(" %d + %
```

제8장

영상의 모폴로지(Morphology) 기법

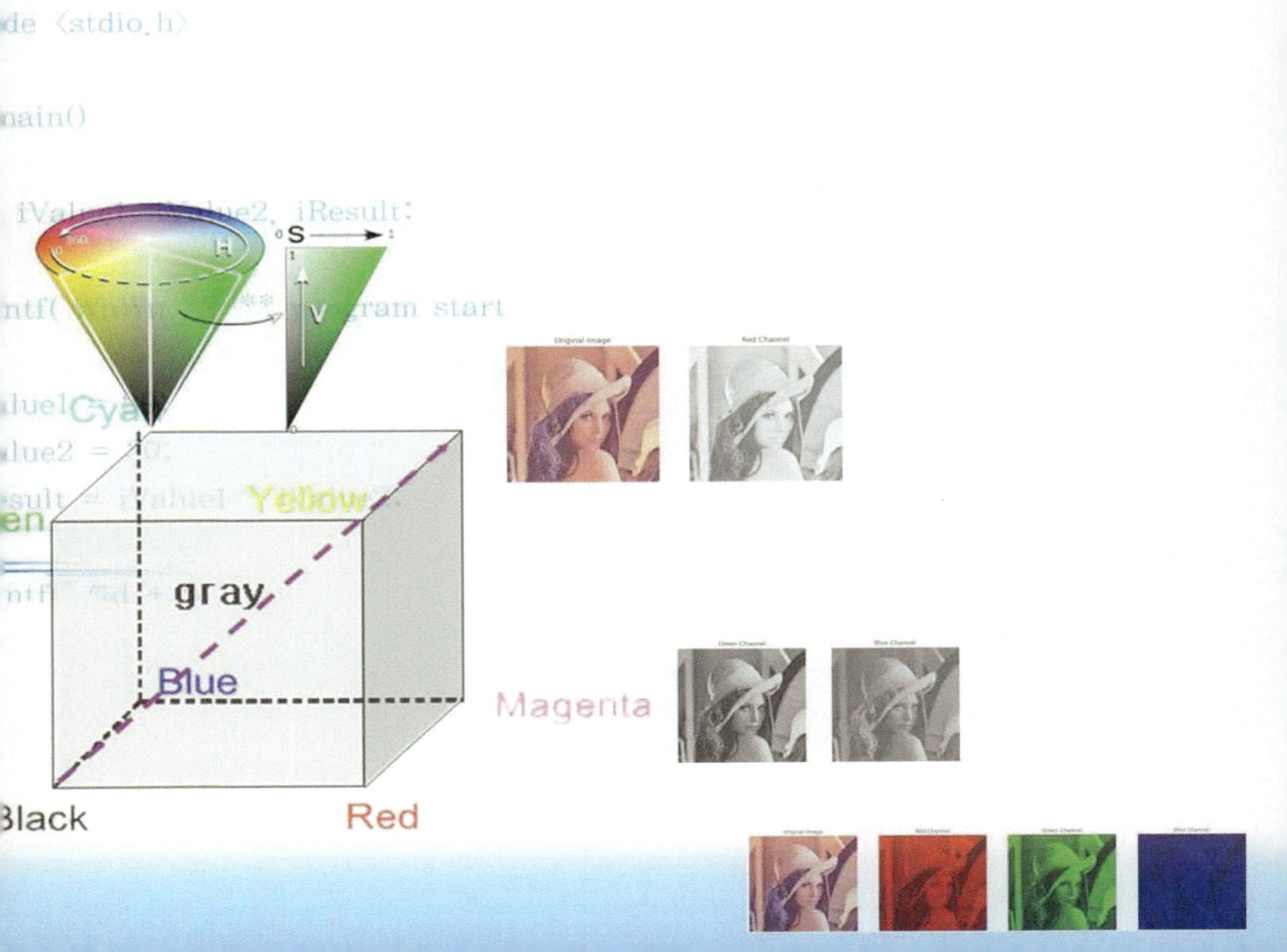

제 8 장 영상의 모폴로지(Morphology) 기법

8장에서는 모폴로지(형태학) 연산을 이용한 영상처리 기법들을 배워보도록 한다. 먼저 모폴로지 연산의 기초가 되는 모폴로지 연산자(morphological operators)와 구조 요소(structuring element)를 살펴본 후에 이를 이용한 팽창(dilation)과 침식(erosion), 열림(opening)과 닫힘(closing) 연산을 살펴보도록 한다. 본 장의 구성은 다음과 같다.

- 모폴로지 연산자(morphological operators)
- 구조 요소(structuring element)
- 팽창 연산(dilation)
- 침식 연산(erosion)
- 열림 연산(opening)
- 닫힘 연산(closing)

Python용 OpenCV에서는 모폴로지 연산에 해당하는 팽창, 침식, 열림, 닫힘 연산 함수를 아래와 같이 제공하고 있다.

- 팽창 : cv2.dilate(src, kernel, iteration = N)
- 침식 : cv2.erode(src, kernel, iteration = N)
- 열림 : cv2.morphologyEx(src, cv2.MORPH_OPEN, kernel)
- 닫힘 : cv2.morphologyEx(src, cv2.MORPH_CLOSE, kernel)

※ src : 입력 영상, kernel : 팽창, 침식, 열림, 닫힘에 사용되는 커널 (또는 마스크), iteration : 연산의 반복횟수이며, N번 반복

8.1 모폴로지 연산자(Morphological Operator)

모폴로지 연산자란 이진(혹은 그레이)영상과 구조 요소(structuring element)를 입력으로 받고 연산 집합(교집합, 합집합, 포함, 여집합)을 이용하여 둘을 결합하는 방법을 말한

다. 연산의 대상이 되는 영상은 일반적으로는 이진 영상이지만 칼라 또는 그레이 스케일 영상으로 확장되어 사용될 수 있다.

모폴로지 연산은 입력 영상의 종류에 따라 사용 목적이나 결과에 차이를 가진다. 이진 영상에서의 모폴로지 연산은 전경의 형태적 처리에 이용되지만 그레이 영상에서는 잡음의 제거나 영상의 밝기를 변화시키는데 사용된다.

모폴로지 연산자는 크게 기본 연산자(basic operator)와 정교 연산자(sophisticated operator)로 나눌 수 있는데, 이것은 연산에 사용되는 구조 요소의 특성에 따라 결정된다. 기본적 연산자의 경우에는 구조 요소의 값이 전경(foreground : 1로 표시되는 영역)과 고려 안함(don't care : 아무것도 표시되지 않은 영역)으로 이루어진다. 정교 연산자는 전경과 고려 안함뿐만 아니라 배경(background : 0으로 표시되는 영역)을 포함하고 있다. 구조 요소에 대한 자세한 내용은 8.2절에서 보기로 한다.

8.2 구조 요소(Structuring Element)

구조 요소(structuring element)는 종종 커널(kernel)이라고도 불린다. 그러나 본 장에서는 컨벌루션(convolution)에서 사용되는 커널의 개념과의 혼동을 피하기 위해서 구조 요소라는 용어를 사용하기로 한다. 구조 요소는 그림 8-1과 같이 특정 구조를 지닌 마스크 형태로써 각 요소는 '1'과 '고려안함', 또는 '0'으로 이루어진다. 원으로 표시된 좌표는 각 구조 요소의 원점(origin)을 나타내고 있다. 모양이 같은 구조 요소라 할지라도 원점의 위치가 다르면 결과 또한 다르게 된다.

		1		
	1	0	1	
1	1	1	1	1
	1	0	1	
		1		

빈칸: 고려 안함(don't care)

(그림 8-1) 구조 요소의 예

8.3 팽창 연산(Dilation)

8.1절과 8.2절에서는 모폴로지 연산의 기본이 되는 모폴로지 연산자와 구조 요소를 살펴보았다. 이번 절부터는 모폴로지 연산자와 구조 요소를 사용하여 영상의 형태를 변형시키면서 영상을 다루는 기법들과 각각의 특성들을 살펴보도록 하겠다.

팽창 연산(dilation)은 수학적 모폴로지(mathematical morphology)에 쓰이는 대표적인 기본적 연산 중 하나이다. 팽창연산을 수행한 결과는 영상 내부 객체의 영역은 증가하는 반면 배경의 영역은 감소함을 보여준다. 이진 영상에서 팽창 연산은 그림 8-2와 같이 전경영역을 테두리의 외각 방향으로 확장시킨다.

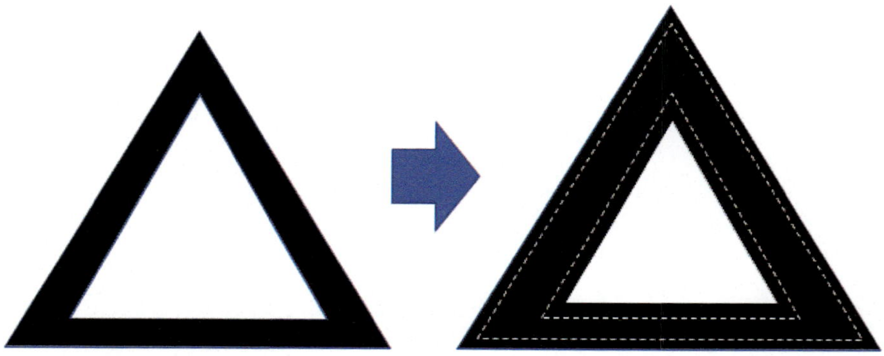

(그림 8-2) 이진 팽창 연산

이를 수학적으로 표현하면 다음과 같다.

$$X \oplus S = \{x | S_x \cap X \neq \varnothing\} \quad (8\text{–}1)$$

X는 입력되는 영상에 해당하는 2차원 영상 픽셀 좌표들을 표시하며, S는 구조 요소의 좌표 집합을 표시하고 있다. S_x는 구조 요소의 원점의 좌표가 x가 되도록 이동(translation)시킨 S를 뜻한다. 팽창 연산의 결과는 S를 이동시켰을 때 X의 전경 영역과 겹치는 부분, 즉 S와 이에 겹쳐진 입력영상의 픽셀값이 한 개라도 1로 일치한다면 식이 성립한다.

그림 8-3을 통해 간단한 예를 들어보자. 입력 영상 (a)에 간단한 3×3 구조 요소 (c)를 적용하면 (b)와 같이 전경이 모든 방향으로 한 픽셀씩 증가하는 것을 확인할 수 있다. 즉,

3×3의 구조요소를 입력영상의 3×3에 해당하는 영역과 비교하여 한 개 이상의 일치하는 1이 존재할 경우 구조요소 원점에 대응되는 입력영상 좌표값을 1로 교체함으로서 객체의 영역이 확장되는 결과를 도출한다. 이 같은 결과는 구성 요소의 크기나 각 좌표에서의 값, 원점 등이 바뀌면 다른 결과가 나오게 된다.

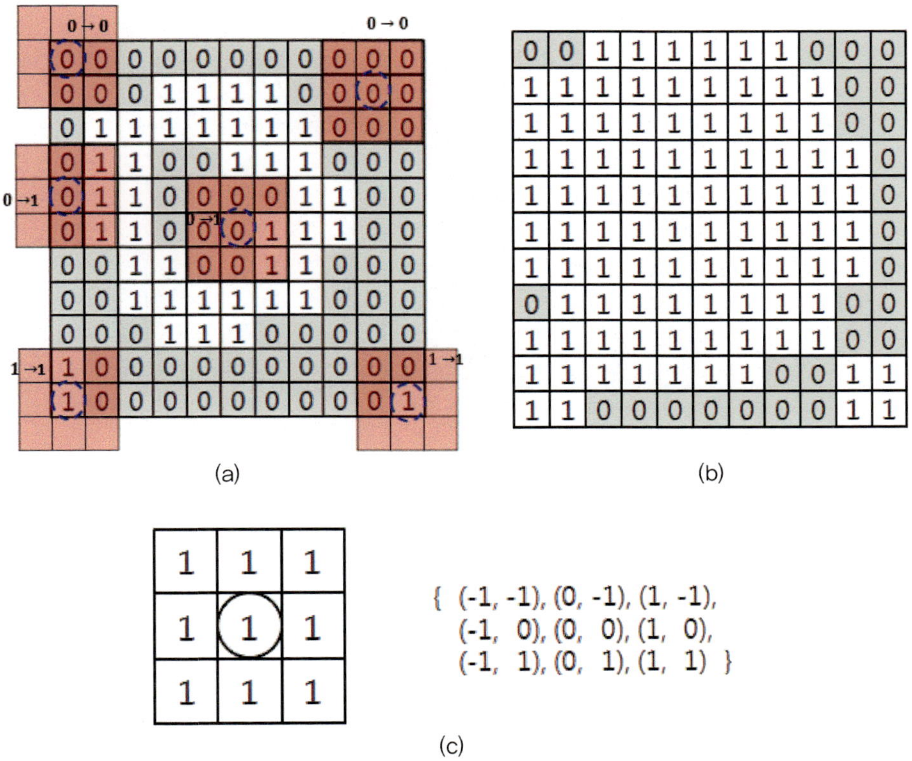

(그림 8-3) 팽창 연산의 예. (a) 원 영상 (b) 구조 요소를 적용한 팽창연산 결과 영상 (c) 구조 요소

그림 8-4는 실제 영상을 이용한 팽창 연산 결과를 나타내고 있다. 팽창 연산은 그림 8-4 (b), (c)의 결과와 같이 반복적으로 적용할 수 있는데 반복됨에 따라 전경의 크기가 확장됨을 확인할 수 있다. 이 때 주의해서 볼 점은 구조 요소의 모양이 정사각형이므로 팽창 연산이 반복될수록 전경에 있는 객체(픽셀값이 1인 영역) 영역이 점차 확장되면서 그 형태도 변화되어간다는 것이다. 따라서 전경 객체의 모양을 유지하기 위해서는 각 객체의 특성에 맞는 구조 요소를 설계하는 것이 중요하다. 또한, 그림 8-4의 (d)와 같이 구조요소의 크기에 따라서도 전경 크기의 확장 정도가 달라지는 것을 알 수 있다.

(a) 원 영상　　　(b) 팽창 연산 1회 수행

(c) 팽창연산 3회 반복 수행 결과　　　(c) 팽창연산 1회, 5x5 구조요소 적용 결과

(그림 8-4) 이진 팽창 연산 적용의 예

지금까지는 팽창 연산을 전경의 영역을 구조 요소의 특성에 따라 확장하는 형태로서 설명하였다. 이번에는 전경의 테두리를 검출하기 위해 팽창 연산을 이용하는 방법을 살펴보겠다. 그림 8-5와 같이 입력 영상 (a)에 대해 팽창 연산을 적용한 영상 (b)의 차를 구하면 (c)와 같은 결과를 얻게 된다. 팽창 연산에 적용한 구조 요소가 모든 방향으로 확장했기 때문에 원영상과의 차를 구하면 새롭게 팽창되었던 부분들만이 남게 된다. 따라서 연산 결과, 전경의 테두리가 정확히 검출된 것을 확인할 수 있다.

(a) 원영상　　　(b) 팽창 연산 결과 영상　　　(c) (a)-(b)를 수행한 결과

(그림 8-5) 이진 팽창을 이용한 에지 검출의 예

지금까지 배운 내용을 토대로 연습 8-1과 같이 이진영상을 입력받아 팽창 연산 프로그램을 구현하고 그 결과를 확인해 보자.

연습 8-1) 영상의 팽창연산 구현하기

```
from google.colab.patches import cv2_imshow
import numpy as np
import cv2
import matplotlib.pyplot as plt
#영상 불러오기
img = cv2.imread('/content/gdrive/My Drive/Image_Processing/char.bmp')
kernel = np.ones((3,3),np.uint8)
dilation = cv2.dilate(img,kernel,iterations = 1)
print("Original image")
cv2_imshow(img)
print("Dilated image")
cv2_imshow(dilation)
print("Edge image")
cv2_imshow(dilation-img)
# 영상을 저장하고 싶을 경우
#cv2.imwrite('/content/gdrive/MyDrive/Colab Notebooks/book_image/dilation3.bmp',
 dilation)
```

코드설명

kernel = np.ones((3,3),np.uint8): np.ones(3, 3)는 1로 가득찬 3x3 array를 생성한다. 여기서 np.uint8은 부호 없는 정수형(unsigned integers)로 생성한다는 의미이다.
dilation = cv2.dilate(img,kernel,iterations = 1): dilate(img, kernel, iterations = 1)에서 img는 dilate 함수를 수행할 영상, kernel은 dilate를 수행하기 위한 커널 크기, iterations는 반복할 횟수를 의미. dilate함수가 수행된 결과가 dilation 변수에 저장된다.

이번에는 팽창 연산을 그레이 영상에 적용해보도록 하자. 그레이 영상에서의 팽창을 수식으로 표현하면 다음과 같다.

$$(f \oplus S)(i,j) = \max\{f(i-x, j-y) + S(x,y) | (i-x),(j-y) \in D_f; (x,y) \in D_S\} \quad (8\text{–}2)$$

$f(i,j)$는 (i,j)좌표에서의 픽셀 값을 뜻하며 $S(x,y)$는 구조 요소를 뜻한다. D_f는 입력 영상의 좌표 범위이며 D_S는 구조 요소의 좌표 범위이다. 해당 범위 내에서 입력 영상과 구조요소의 합을 구한 후에 최대값을 구하고 그 값을 중심값(i, j)로 설정하기 때문에 영상이 전체적으로 밝아지는 결과가 나오게 된다. 다시 말하면 어두운 영역들로 둘러싸인 밝은 영역은 어두운 영역을 향해 확장됨으로 크기가 더 커지고, 밝은 영역들에 의해 둘러싸인 어두운 영역은 축소됨으로 크기가 줄어들게 된다.

그림 8-6은 1차원 좌표 상에서 그레이 팽창 연산의 예를 보여준다. 임의의 영상에서 x축 방향의 픽셀 값만 예를 들어보자. 팽창 연산의 결과 값은 그림 8-6과 같이 나오게 되어 전체적으로 픽셀 밝기값이 상승하는 것을 볼 수 있다. 실선으로 표시된 그래프의 수평 방향 증가 폭은 구성 요소의 크기와 같다.

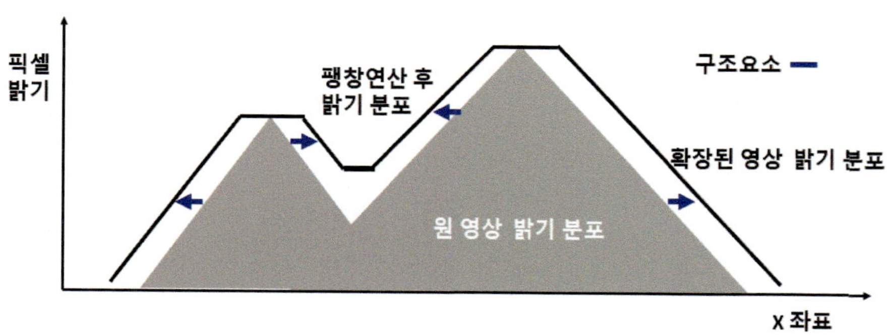

(그림 8-6) 그레이 영상에 대한 팽창 연산의 개념

그레이 영상에서의 팽창의 연산 과정을 살펴보자. 예를 들어 그림 8-7(a)와 같은 구조 요소를 사용하여 그림 8-7(b)와 같은 입력 영상에 적용하여 합을 구하면 그림 8-7(c)와 같은 값들이 나온다. 여기서 최대값인 7을 찾아서 8-7 (d)와 같이 원래 영상의 중심점인(i, j)를 이 값으로 대체한다.

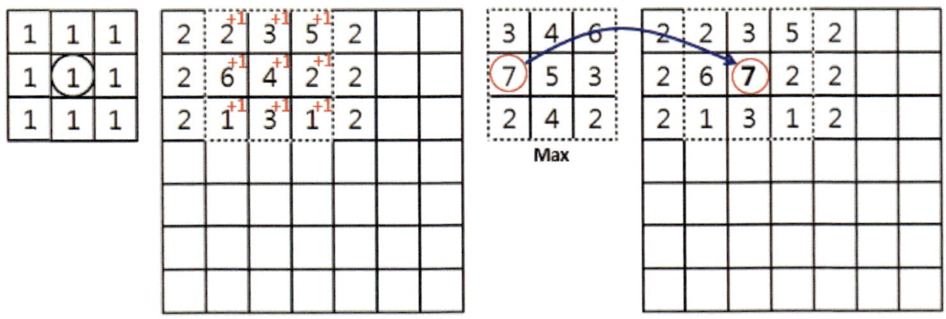

(a) (b) (c) (d)

(그림 8-7) 그레이 영상에 대한 팽창 연산의 예

실제 그레이 영상을 이용해서 팽창 연산이 적용된 결과를 살펴보자. 그림 8-8은 그레이 영상에서 팽창 연산의 결과와 팽창 연산을 반복적으로 적용될 때 나타나는 결과 영상을 함께 보여주고 있다. 그림 8-8(b)는 그림 8-8(a)의 입력 그레이 영상에 대해서 팽창 연산을 1 번 적용한 결과이고 (c)는 동일한 팽창 연산을 3번 적용한 결과이다. 결과와 같이 반복 횟수가 증가함에 따라 영상의 밝은 부분(픽셀값이 1인 부분)은 영역의 넓이가 증가하는 반면 어두운 부분(픽셀값이 0인 부분)은 점차 축소됨을 확인할 수 있다.

(a) 원 영상 (b) 팽창연산 1회 수행 결과 (c) 팽창연산 3회 반복 수행 결과

(그림 8-8) 그레이 영상에 대한 팽창 연산 결과

그레이 영상에 대한 팽창 연산은 영상의 잡음 제거에도 사용될 수 있다. 그림 8-9는 3 × 3의 균일한 구조 요소를 이용해 그레이 영상에서 잡음을 제거한 결과를 보여준다. 그러나 전체적으로는 영상의 밝은 영역들이 확장되기 때문에 화질이 저하된 모습을 보인다. 이 때 주의할 점은 그레이 영상에 대한 팽창 연산은 pepper 잡음처럼 주변 영상보다 급격히 낮은 밝기값을 갖는 잡음에만 효과적이고 salt 잡음 등과 같이 잡음의 밝기가 영상의 밝기보다 높은 경우는 잡음이 더 강조될 수 있으므로 오히려 영상의 화질을 떨어뜨릴 수 있다.

(a) 원 영상 (b) 잡음 추가 영상 (b) 팽창연산을 사용한 잡음제거

(그림 8-9) 팽창연산을 이용한 그레이 영상에서의 잡음 제거 효과

지금까지 배운 내용을 토대로 아래와 같이 그레이 영상에서의 팽창 프로그램을 코딩하고 그 결과를 확인해 보자. OpenCV에서는 이진 영상에 대한 팽창과 동일한 함수를 이용해 그레이 영상의 팽창도 적용할 수 있다. 연습 8-2의 코드를 프로그램 해보자.

연습 8-2) 그레이 영상의 팽창연산 구현하기

```
from google.colab.patches import cv2_imshow
import numpy as np
import cv2
import matplotlib.pyplot as plt

# 영상 불러오기
img = cv2.imread('/content/gdrive/My Drive/Image_Processing/rice.bmp',0)
# 첫 번째 방법 : cv2.dilate함수 사용하기
kernel = np.ones((3,3),np.uint8)
dilation = cv2.dilate(img,kernel,iterations = 1)
dilation3 = cv2.dilate(dilation,kernel,iterations = 3)
print("Original image")
```

```
cv2_imshow(img)
print("Gray dialtion 1")
cv2_imshow(dilation)
print("Gray dialtion 3")
cv2_imshow(dilation3)



# 두번째 방법 그레이영상 팽창 공식 이용하기 (그림 8-6참고)
img = cv2.imread('/content/gdrive/My Drive/Image_Processing/rice.bmp',0)
gray = img
#gray = cv2.cvtColor(img, cv2.COLOR_BGR2GRAY)
height, width = gray.shape

out = np.zeros((height+2, width+2),dtype=np.uint8)
out[1:height+1, 1:width+1] = gray.copy()
erosion = np.zeros_like(gray)
dilation =  np.zeros_like(gray)

for i in range(height):
  for j in range(width):
    temp = out[i:i+3, j:j+3]
    #erosion[i][j]=np.min(temp)
    dilation[i][j] = np.max(temp)

cv2_imshow(gray)
#cv2_imshow(erosion)
cv2_imshow(dilation)
```

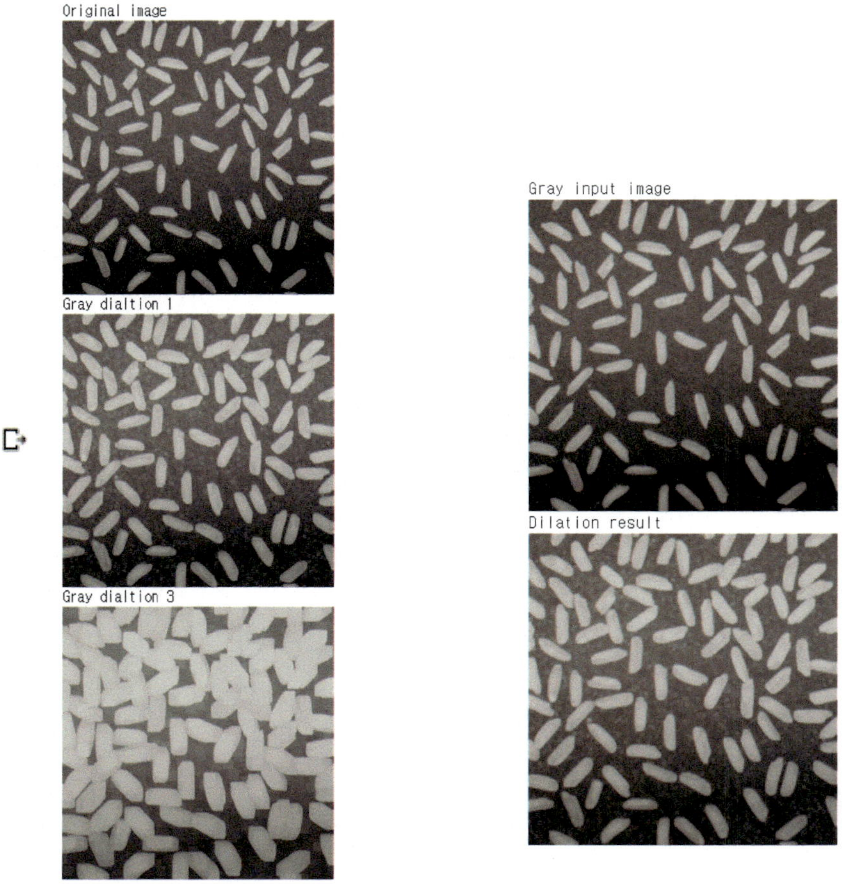

코드설명

img = cv2.imread('/content/gdrive/My Drive/Image_Processing/rice.bmp',0): 두 번째 파라미터 '0'은 그레이 영상으로 불러온다는 의미이며, 1로 설정할 경우 영상 원본으로 불러온다는 의미이다.

dilation[i][j] = np.max(temp) : 식 8-2와 그림 8-7에서 제시한 수식을 기반으로 최대값을 중심점의 값으로 대체하는 과정

연습 8-2에서는 3x3 정사각형 모양의 구조요소를 사용하였다.
OpenCV의 getStructuringElement() 함수에서는 아래와 구조요소의 형태와 크기를 조절할 수 있도록 지원하고 있다.

```
getStructuringElement()
Mat cv::getStructuringElement ( int          shape,
Size     ksize,
Point    anchor = Point(-1,-1)
)
shape: 구조요소의 모양
· Rectangular box: cv2.MORPH_RECT -> np.ones((3,3),np.uint8)과 동일
· Cross: cv2.MORPH_CROSS
· Ellipse: cv2.MORPH_ELLIPSE
ksize: 구조요소의 크기
anchor: 구조요서에서 중심위치, 디폴트는 (-1, -1)으로 구조요소의 중심
```

연습 8-2에서 구조요소의 모양을

```
kernel = cv2.getStructuringElement(cv2.MORPH_RECT,(5,5))
kernel = cv2.getStructuringElement(cv2.MORPH_ELLIPSE,(5,5))
kernel = cv2.getStructuringElement(cv2.MORPH_CROSS,(5,5))
```

로 각각 변형해서 다시 실행해 보자. 그림 8-10과 같이 구조요소 모양에 따라 결과 영상의 형태(물방울)가 조금씩 다르게 나오는 것을 확인할 수 있다.

(a) MORPH_RECT,(5,5), 반복 2회 (b) MORPH_ELLIPSE,(5,5), 반복 2회 (b) MORPH_CROSS,(5,5), 반복 2회

(그림 8-10) 구조요소 모양에 따른 그레이 이진 팽창의 결과

8.4 침식 연산(Erosion)

침식 연산(erosion)은 팽창 연산과 더불어 수학적 모폴로지(mathematical morphology)에 쓰이는 두 가지 기본적 연산 중 하나이다. 이진 영상에서 침식 연산은 그림 8-11과 같이 전경 영역을 테두리에서부터 내부 방향으로 침식 시키는 역할을 한다.

(그림 8-11) 침식 연산

침식 연산을 수식으로 표현하면 다음과 같다.

$$X \ominus S = \{x | S_x \subseteq X\} \quad (8\text{-}3)$$

X는 입력된 이진 영상의 좌표 집합을 뜻하며 S는 구조 요소의 좌표 집합을 뜻한다. S_x는 S의 원점을 x로 이동시킨 좌표 집합이다. 따라서 침식 연산의 결과는 S_x의 모든 좌표가 X에 포함되도록 이동시킨 x들의 집합이 된다.

침식 연산에 대한 간단한 예가 그림 8-12에 나타나 있다. 침식연산에서는 그림 8-12(c)와 같은 구조요소를 입력영상의 부분영역과 비교하였을 때, 전경(1의 값)값이 모두 일치할 경우 1을 출력한다. 그림 8-12의 (c)와 같은 구조 요소를 사용하여 침식 연산을 한 결과 팽창 연산과는 반대로 전경 영역이 모든 방향에 대하여 한 픽셀씩 줄어든 것을 확인할 수 있다. 다시 말해서 침식연산은 영상의 전경영역을 축소시키고 배경영역을 확장시키는 효과를 가져온다.

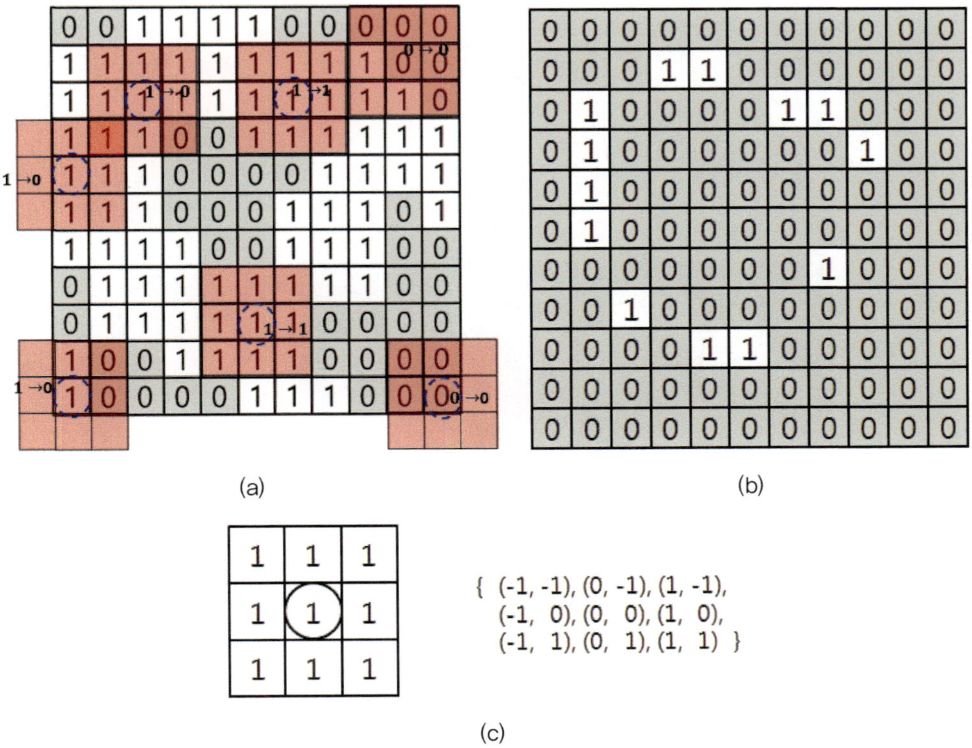

(그림 8-12) 침식 연산의 수행결과. (a) 원 영상 (b) 구조 요소를 적용한 결과 영상 (c) 구조 요소

이것을 실제 이진 영상에 적용해보면 그림 8-13과 같은 결과를 얻는다. 그림 8-13 (b)는 임계값 적용 후 이진 영상에 대해서 침식 연산을 1회 적용한 결과이고, 그림 8-13(c)는 침식 연산을 3회 적용한 영상이다. 결과 그림에서 보듯이 그림 8-13(c) 결과에서는 글자의 외부 영역이 줄어듦과 동시에 내부에 있는 구멍의 크기도 증가하는 것을 확인할 수 있다.

(a) 원 영상 (b) 침식연산 1회 수행 결과 (c) 침식연산 3회 반복수행 결과

(그림 8-13) 이진 침식연산 적용 결과

침식 연산은 여러 물체가 접해있는 경우, 각각의 물체들을 분리하는데 유용하게 사용될 수 있다. 그림 8-14(a)와 같이 원형의 물체들이 서로 접해있을 경우, 전경 영역에 침식 연산을 수행하면 그림 8-14(b)와 같이 분리할 수 있다. 이 때 침식 연산의 구조 요소의 크기에 따라 전경 물체의 형태에 왜곡이 발생할 수 있음을 주의해야 한다.

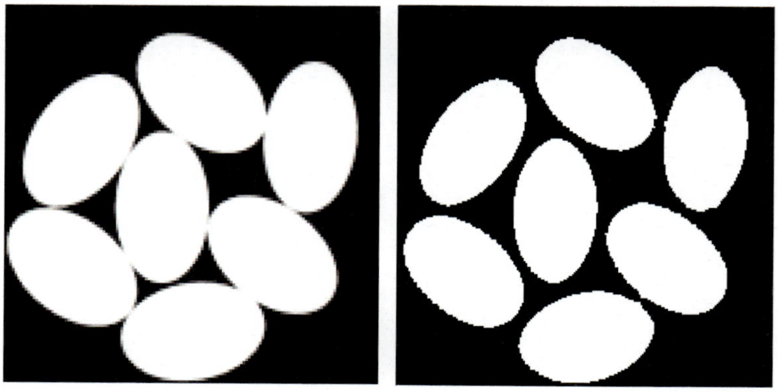

(a) 원 영상 (b) 이진 침식연산 수행 결과

(그림 8-14) 침식연산을 수행 후 타원형 물체들이 분리

침식 연산을 프로그램 코드(연습 8-3)로 구현하여 그 결과를 확인해보자.

연습 8-3) 영상의 침식연산 구현하기

```
from google.colab.patches import cv2_imshow
import numpy as np
import cv2
import matplotlib.pyplot as plt
from google.colab import drive
drive.mount('/content/gdrive')
#영상 불러오기
img = cv2.imread('/content/gdrive/My Drive/Image_Processing/char.bmp')
kernel = np.ones((3,3),np.uint8)
erosion1 = cv2.erode(img,kernel,iterations = 1)
print("Original image")
cv2_imshow(img)
print("Erosion 1 image")
cv2_imshow(erosion1)
```

코드설명

kernel = np.ones((3,3),np.uint8): 1로 채워진 3x3 구조요소 array를 생성. 여기서 np.uint8은 부호 없는 정수형(unsigned integers)을 의미한다.

침식 연산 또한 그레이 영상에 적용이 가능하다. 그레이 영상에서 침식 연산은 다음과 같이 표현할 수 있다.

$$(f \ominus b)(i,j) = \min\{f(i-x, j-y) - S(x,y) | (i-x),(j-y) \in D_f; (x,y) \in D_S\} \quad (8\text{-}4)$$

$f(i,j)$는 좌표 (i,j)에서의 영상값을 뜻하며 $S(x,y)$는 구조 요소를 뜻한다. D_f는 입력 영상의 좌표 범위이며 D_S는 구조 요소의 범위이다. 수식 8-4에서와 같이 해당 범위 내에서 입력 영상과 구조 요소에 대해 차를 구한 후에 최소값을 새로운 중심(i, j)의 값으로 연산하기 때문에 영상이 전체적으로 어두워진 결과가 나오게 된다.

그림 8-15는 침식 연산의 결과에 대한 직관적인 예를 보여준다. 그림에서처럼 그레이 영상에서 침식 연산은 영상의 밝기를 어둡게 한다. 즉, 어두운 영역에 둘러싸인 밝은 영역은 크기가 감소하며 밝은 영역들로 둘러싸인 어두운 영역은 크기가 증가하게 된다. 점선으로 표시된 그래프의 수평적인 이동은 구성 요소의 크기와 같다.

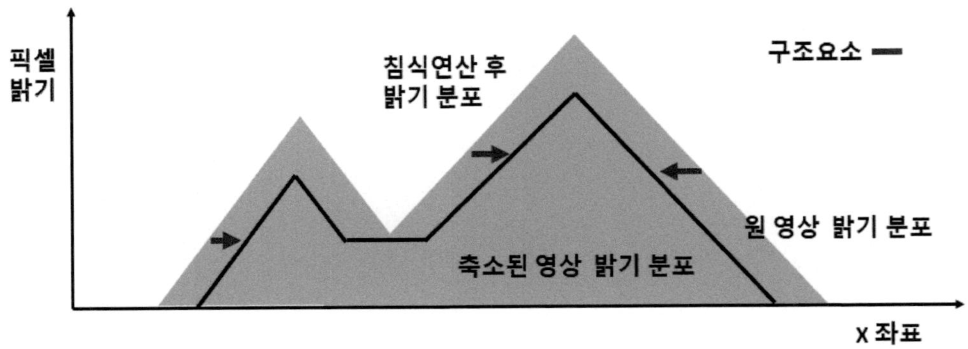

(그림 8-15) 그레이 영상에 대한 침식 연산

실제 픽셀값을 사용하여 그림 8-16와 같이 그레이 영상에서의 침식의 연산 과정을 살펴보자. 그림 8-16(a)와 같은 구성 요소를 그림 8-16(b)의 영상에 적용하여 해당 영역에서 차를 구하면 그림 8-16(c)와 같은 결과가 나온다. 이때 그림 8-16(c)에서 최솟값 0을 찾고 이 최솟값 0을 새로운 출력 영상의 중심 좌표에 설정 한다. 따라서 그림 8-16(d)에서 볼 수 있듯이 새로운 출력 영상의 중심 픽셀값은 4에서 0으로 대체된다.

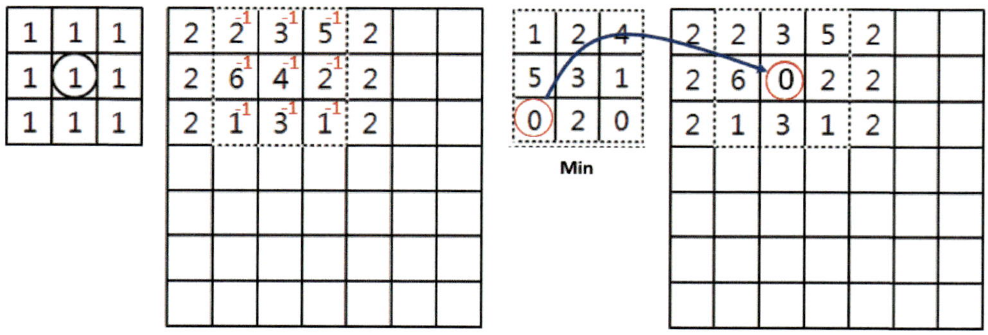

(a) (b) (c) (d)

(그림 8-16) 그레이 영상에 대한 침식 연산의 예

연습 8-4를 통해 그레이 영상에 대한 침식연산을 프로그램 해보자.

연습 8-4) 그레이 영상의 침식연산 구현하기

```
from google.colab.patches import cv2_imshow
import numpy as np
import cv2
import matplotlib.pyplot as plt
# 영상 불러오기
img = cv2.imread('/content/gdrive/My Drive/Image_Processing/rice.bmp')
kernel = np.ones((3,3),np.uint8)
erode1 = cv2.erode(img,kernel,iterations = 1)
erode3 = cv2.erode(img,kernel,iterations = 3)
print("Original image")
cv2_imshow(img)
print("Erosion 1 image")
cv2_imshow(erode1)
print("Erosion 3 image")
cv2_imshow(erode3)


#cv2.erode 함수 이용할 경우
img = cv2.imread('/content/gdrive/My Drive/Image_Processing/rice.bmp')
```

```
kernel = np.ones((3,3),np.uint8)
erode1 = cv2.erode(img,kernel,iterations = 1)
erode3 = cv2.erode(img,kernel,iterations = 3)
print("Original image")
cv2_imshow(img)
print("Erosion 1 image")
cv2_imshow(erode1)
print("Erosion 3 image")
cv2_imshow(erode3)

# 침식 공식 이용할 경우
img = cv2.imread('/content/gdrive/My Drive/Image_Processing/rice.bmp',0)
gray = img
#gray = cv2.cvtColor(img, cv2.COLOR_BGR2GRAY)
height, width = gray.shape

out = np.zeros((height+2, width+2),dtype=np.uint8)
out[1:height+1, 1:width+1] = gray.copy()
erosion = np.zeros_like(gray)
dilation =  np.zeros_like(gray)

for i in range(height):
  for j in range(width):
    temp = out[i:i+3, j:j+3]
    erosion[i][j]=np.min(temp)

print("Gray input image")
cv2_imshow(gray)
print("Erosion result")
cv2_imshow(erosion)
```

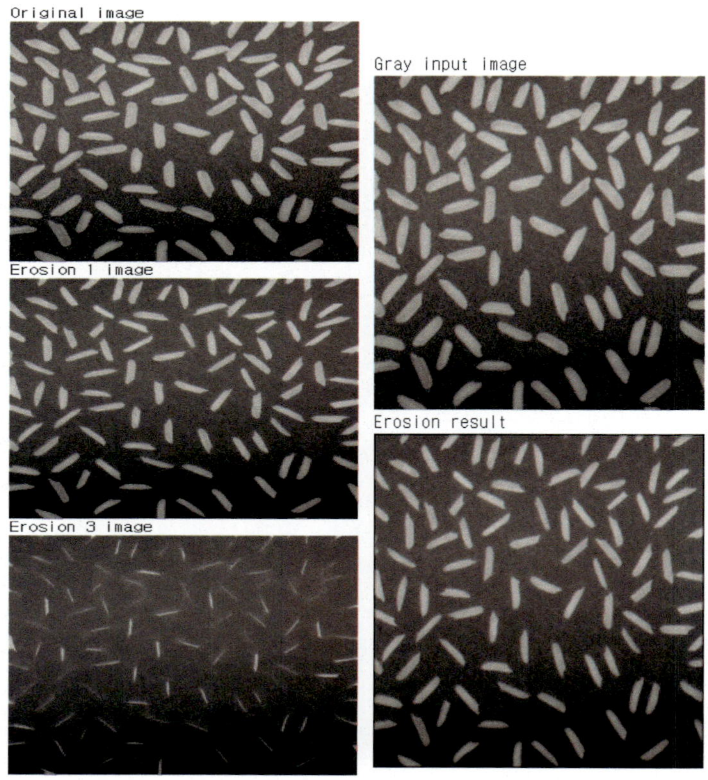

코드설명

`img = cv2.imread('/content/gdrive/MyDrive/rice.bmp', 0)`: 두 번째 파라미터 0은 그레이 영상으로 불러온다는 의미, 1로 설정할 경우 영상 원본으로 불러온다는 의미이다.

`erosion[i][j]=np.min(temp)` : 식 8-4에 제시한 수식을 이용하여 구조요소와 그에 대응하는 픽셀값과의 차의 최소값을 중심점의 값으로 대체하는 과정

연습 8-4에서 그레이 영상을 3×3의 구조요소를 적용하였을 때의 침식 연산의 결과를 확인할 수 있다. 연습 8-4의 예처럼, 침식 연산은 적용 횟수가 늘어날수록 영상의 밝은 영역들은 사라지거나 감소하는 반면 어두운 영역들이 확장되는 것을 확인할 수 있다.

침식 또한 영상의 잡음 제거에 사용될 수 있다. 그림 8-17처럼 salt 잡음의 경우 침식 연산으로 효과적으로 제거 되었지만 영상이 전체적으로 어두워지고 영상의 화질이 저하되는 결과를 가져온다. pepper 잡음의 경우는 구조 요소 안에서 가장 낮은 값을 가질 확률이 높으므로 침식 연산을 통해서는 제대로 제거되지 못하는 특성을 갖는다.

(a) 원 영상 (b) 잡음 추가한 영상 (c) 침식연산 활용 잡음제거 결과

(그림 8-17) 침식연산을 활용한 그레이 영상에서의 잡음 제거 효과

침식연산도 영상의 경계(edge)를 추출하는데 사용할 수 있다. 침식연산을 한 결과와 입력영상의 차이를 활용하면 경계부를 추출할 수 있다(그림 8-18).

(a) 원 영상 (b) 침식연산 결과 (c) (a)-(b) 수행 결과

(그림 8-18) 침식연산을 활용한 경계추출 결과

8.5 열림 연산(Opening)

열림 연산(opening)은 기본적으로 침식연산과 팽창연산의 조합으로 표현되는 형태학적 연산이다. 그러나 단순히 깎아내는 침식 연산과는 다르게 구조 요소와 유사한 형태의 전경을 선택적으로 보존하면서 나머지 부분을 깎아내는데 사용된다.

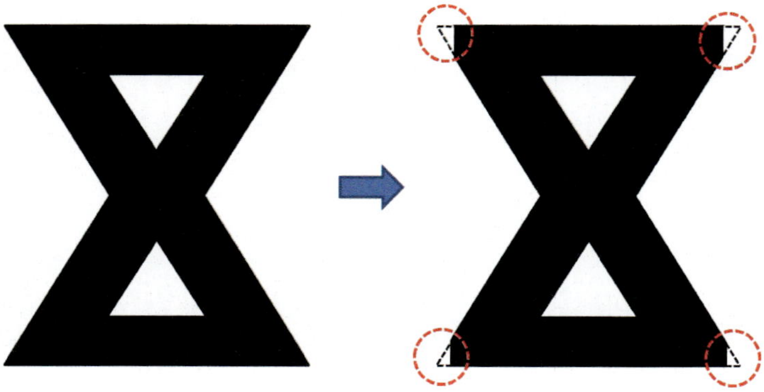

(그림 8-19) 열림 연산의 수행 결과

열림 연산은 수학적으로 다음과 같이 표현할 수 있다.

$$X \circ S = (X \ominus S) \oplus S \qquad (8\text{–}5)$$

수식에서 볼 수 있듯이 열림 연산은 순서적으로 침식 연산($\ominus$) 이후에 팽창 연산($\oplus$)으로 진행된다.

그림 8-20의 간단한 예를 통해 열림 연산의 결과를 확인해보자. 열림 연산의 결과 전경의 테두리가 구조 요소의 특징에 따라 변화되었다. 이 경우 특별한 성질을 확인할 수 있는데 열림 연산의 결과로 새롭게 얻어진 전경의 테두리는 열림 연산을 반복적으로 적용하여도 변하지 않는 것을 확인할 수 있다. 이러한 성질을 멱등성(idempotent)이라고 한다.

0	0	1	1	1	1	0	0	0	0	0
1	1	1	1	1	1	1	1	1	0	0
1	1	1	1	1	1	1	1	1	1	0
1	1	1	0	0	1	1	1	1	1	1
1	1	1	0	0	0	0	1	1	1	1
1	1	1	0	0	0	1	1	1	0	1
1	1	1	1	0	0	1	1	1	0	0
0	1	1	1	1	1	1	1	1	0	0
0	1	1	1	1	1	1	0	0	0	0
1	0	0	1	1	1	1	0	0	0	0
1	0	0	0	0	1	1	1	0	0	0

(a)

0	0	1	1	1	1	0	0	0	0	0
1	1	1	1	1	1	1	1	1	0	0
1	1	1	1	1	1	1	1	1	1	0
1	1	1	0	0	1	1	1	1	1	0
1	1	1	0	0	0	0	1	1	1	0
1	1	1	0	0	0	1	1	1	0	0
1	1	1	1	0	0	1	1	1	0	0
0	1	1	1	1	1	1	1	1	0	0
0	1	1	1	1	1	1	0	0	0	0
0	0	0	1	1	1	1	0	0	0	0
0	0	0	0	0	0	0	0	0	0	0

(b)

(그림 8-20) 이진 영상에 대한 열림 연산의 예

그림 8-21은 실제 이진 영상에 대해서 3x3 크기의 구조요소를 이용하여 열림 연산을 적용한 예이다. 아래 그림에서 별의 끝 모양은 침식이 되었지만, 나머지 형태는 그대로 유지된 것을 알 수 있다. 또한, 열림 연산을 여러 번 적용하더라도 첫 번째 열림 연산의 결과와 동일한 결과가 유지된다.

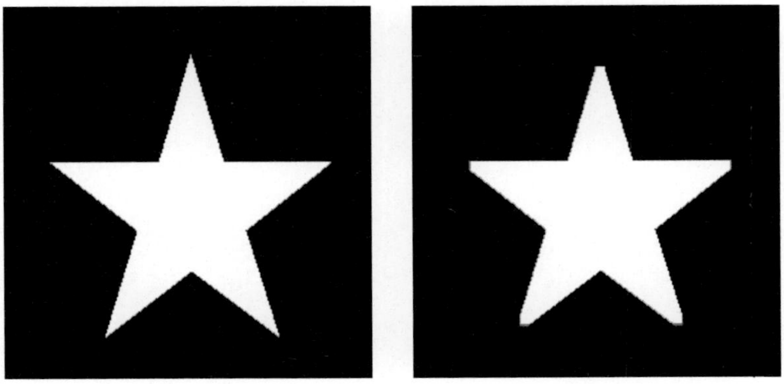

(a) 원 영상　　　　(b) 열림 연산 결과

(그림 8-21) 이진 영상에 대해 3x3 구조 요소를 적용시킨 열림 연산 결과

다음으로 그레이 영상에서 열림 연산의 결과를 살펴보자. 열림 연산은 영상의 밝은 패턴들을 선택적으로 유지하면서 나머지 밝은 특징들을 감소시킬 수 있다. 그림 8-22는 5 × 5의 구조 요소를 이용하여 그레이 영상에 대해 열림 연산을 적용시킨 결과를 보여주고 있다. 연산 결과, 구조 요소보다 크기가 작은 밝은 특징들은 밝기가 감소되었지만 상대적으로 크기가 큰 부분들의 밝은 특징들은 보존되거나 변화가 적음을 확인 할 수 있다.

(a) 원 영상　　　　(b) 열림 연산 수행 결과

(그림 8-22) 그레이 영상 (a)에 대한 5x5 크기의 구조 요소를 이용한 열림연산 수행결과

열림 연산의 구현은 단순히 침식 연산과 팽창 연산을 순차적으로 수행함으로 얻어진다. OpenCV에서는 모폴로지 열림 연산을 위한 함수를 아래와 같이 제공하고 있다.

cv2.morphologyEx(src, op, kernel[, dst[, anchor[, iterations[, borderType[, borderValue]]]]]) → dst
src: 원본 영상
op: 모폴로지 연산자
- MORPH_OPEN – 열림 연산
- MORPH_CLOSE – 닫힘 연산
- MORPH_GRADIENT – a morphological gradient. Dilation과 erosion의 차이
- MORPH_TOPHAT – "top hat". Opeining과 원본 영상의 차이
- MORPH_BLACKHAT – "black hat". Closing과 원본 영상의 차이

kernel: 구조요소
anchor: 구조요소의 중심, 디폴트(-1, -1) 중심점
itertion: 반복회수
borderType: 테두리에 값을 채우는 방법
borderValue: 테두리에 상수값을 넣을 경우 테두리 값

연습 8-5를 통해 이진 영상과 그레이스케일 영상의 열림 연산을 구현해 보자.

연습 8-5) 영상의 열림연산 구현하기

```
from google.colab.patches import cv2_imshow
import numpy as np
import cv2
from google.colab import drive
drive.mount('/content/gdrive')

#영상 불러오기
img1 = cv2.imread('/content/gdrive/My Drive/Image_Processing/Picture4.png')
img2 = cv2.imread('/content/gdrive/My Drive/Image_Processing/rice.bmp')
#5행 5열의 구성요소 생성
kernel = np.ones((5,5),np.uint8)
# 열림연산을 수행하기 위해 cv2.morphologyEx 실행
opening1 = cv2.morphologyEx(img1, cv2.MORPH_OPEN, kernel)
opening2 = cv2.morphologyEx(img2, cv2.MORPH_OPEN, kernel)
print("Original image")
```

```
    cv2_imshow(img1)
    print("Binary opening")
    cv2_imshow(opening1)
    print("Original image")
    cv2_imshow(img2)
    print("Gray opening")
    cv2_imshow(opening2)
```

코드설명

kernel = np.ones((5,5),np.uint8): 1로 채워진 5x5 array를 생성. 여기서 np.uint8은 부호 없는 정수형(unsigned integers)로 생성한다는 의미한다.

opening1 = cv2.morphologyEx(img,cv2.MORPH_OPEN,kernel): morphologyEx(img,cv2.MORPH_OPEN,kernel)에서 img는 morphologyEx 함수를 수행할 영상, kernel은 morphologyEx를 수행하기 위한 커널 크기, cv2.MORPH_OPEN는 열림 연산을 의미. morphologyEx 함수가 수행된 결과가 opening 변수에 저장된다.

8.6 닫힘 연산(Closing)

열림 연산과 마찬가지로 닫힘 연산(closing)은 수학적 모폴로지의 가장 중요한 연산자 중의 하나이다. 닫힘 연산은 팽창 연산과 같이 전경 영역을 확장하는 결과를 가져오지만 모든 전경의 경계 영역을 확장하는 것이 아니라 구조 요소의 특징에 따라 확장되는 영역에 변화가 생길 수 있다. 아래 그림에서 보는 것과 같이 닫힘 연산을 적용 한 후에 영역의 외부에는 변화가 없지만 내부 영역은 구조 요소에 따라 채워진 결과를 볼 수 있다.

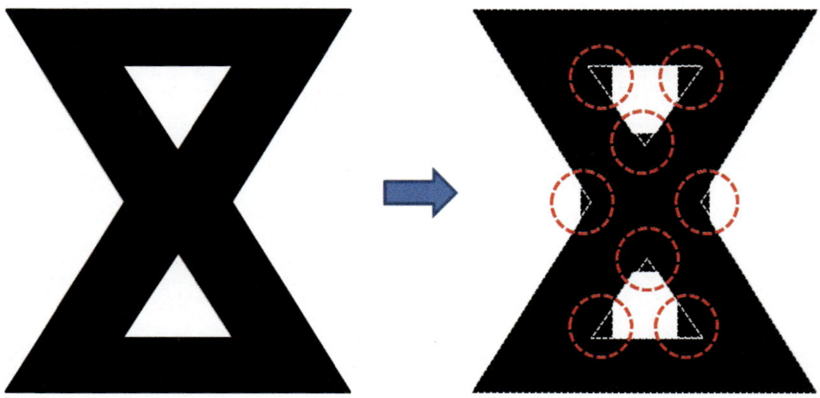

(그림 8-23) 닫힘 연산

닫힘 연산을 수식적으로 표현하면 다음과 같다.

$$X \bullet S = (X \oplus S) \ominus S \tag{8-6}$$

닫힘 연산은 열림 연산과는 반대로 순서적으로 팽창 연산(⊕) 이후에 침식 연산(⊖)을 진행한다. 닫힘 연산과 열림 연산과의 관계를 살펴보면 전경에 대한 열림 연산의 결과는 배경에 대한 닫힘 연산 결과와 동일한 데, 이것을 열림 연산과 닫힘 연산의 쌍대성(duality)라고 한다.

그림 8-24는 이진 영상에서 닫힘 연산의 간단한 예를 보여준다.

0	0	0	0	0	0	0	0	0	0	0
0	0	0	1	1	1	1	0	0	0	0
0	1	1	1	1	1	1	1	0	0	0
0	1	1	0	0	1	1	1	0	0	0
0	1	1	0	0	0	0	1	1	0	0
0	1	1	0	0	0	1	1	1	0	0
0	0	1	1	0	0	1	1	0	0	0
0	0	1	1	1	1	1	1	0	0	0
0	0	0	1	1	1	0	0	0	0	0
1	0	0	0	0	0	0	0	0	0	0
1	0	0	0	0	0	0	0	0	0	1

(a)

0	0	0	0	0	0	0	0	0	0	0
0	0	0	1	1	1	1	0	0	0	0
0	1	1	1	1	1	1	1	0	0	0
0	1	1	1	1	1	1	1	0	0	0
0	1	1	1	1	1	1	1	1	0	0
0	1	1	1	1	1	1	1	1	0	0
0	0	1	1	1	1	1	1	0	0	0
0	0	1	1	1	1	1	1	0	0	0
0	0	1	1	1	1	0	0	0	0	0
0	0	0	0	0	0	0	0	0	0	0
0	0	0	0	0	0	0	0	0	0	0

(b)

(그림 8-24) 이진 영상에 대한 닫힘 연산의 예

닫힘 연산은 이진 영상에서 작은 구멍을 채우고자 하는 경우에 효과적으로 사용될 수 있다. 그림 8-25(b)는 이진 영상에 대해서 닫힘 연산을 적용한 결과로, 그림에서처럼 전경에서 상대적으로 작은 구멍들이 메워진 것을 확인 할 수 있다. 이때 사용되는 구성 요소의 크기는 메우고자 하는 전경의 구멍 크기보다 크고 보존하고자 하는 구멍의 크기보다 작아야 한다.

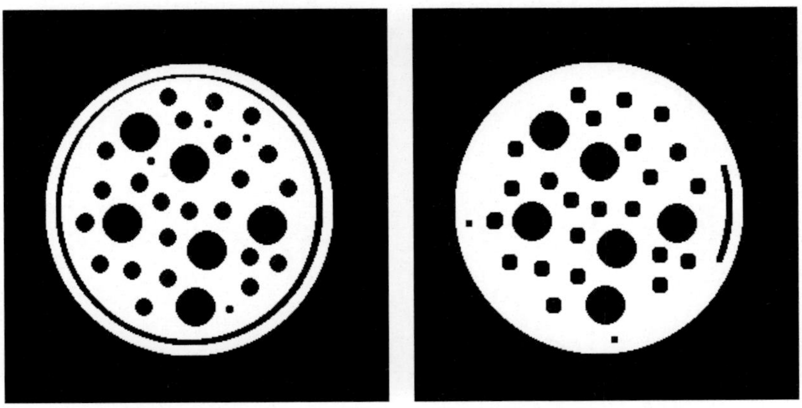

(a) 원 영상　　(b) 닫힘 연산 수행 결과

(그림 8-25) 이진 영상에 대한 5x5크기의 구조 요소에 대한 닫힘 연산의 결과

이번에는 그레이 영상에서 닫힘 연산의 결과를 살펴보자. 닫힘 연산은 영상의 어두운 패턴들을 선택적으로 유지하면서 나머지 어두운 특징들을 감소시킬 수 있다. 그림 8-26은 5×5의 구조 요소를 이용한 닫힘 연산의 결과를 나타내고 있다. 연산 결과, 구조 요소보다

크기가 작은 어두운 특징들은 밝기가 증가되었지만 구성 요소보다 크기가 큰 어두운 특징들은 보존되거나 변화가 적음을 확인 할 수 있다.

(a) 원 영상

(b) 닫힘 연산 수행 결과

(그림 8-26) 그레이 영상에 대한 5x5크기의 구조 요소를 이용한 닫힘 연산의 결과

닫힘 연산의 구현은 단순히 팽창 연산과 침식 연산을 순차적으로 수행함으로 얻어진다. 연습 8-6은 이진영상과 그레이영상의 닫힘 연산을 수행하는 코드를 보여준다.

연습 8-6) 그레이 영상의 닫힘 연산 구현하기

```
from google.colab.patches import cv2_imshow
import numpy as np
import cv2
from google.colab import drive
drive.mount('/content/gdrive')

import numpy as np
from google.colab.patches import cv2_imshow
import cv2

#영상 불러오기
img = cv2.imread('/content/gdrive/My Drive/Image_Processing/aero2.bmp')
kernel = np.ones((5,5),np.uint8)
#모폴로지 닫힘 연산
```

```
closing = cv2.morphologyEx(img, cv2.MORPH_CLOSE, kernel)
print("Original image")
cv2_imshow(img)
print("Closing gray image")
cv2_imshow(closing)
```

Original image

Closing gray image

코드설명

kernel = np.ones((5,5),np.uint8): 1로 채워진 5x5 구조요소 array를 생성. 여기서 np.uint8은 부호 없는 정수형(unsigned integers) 의미한다.

closing = cv2.morphologyEx(img,cv2.MORPH_CLOSE,kernel): morphologyEx(img,cv2.MORPH_CLOSE,kernel)에서 img는 morphologyEx 함수를 수행할 영상, kernel은 morphologyEx를 수행하기 위한 커널 크기, cv2.MORPH_CLOSE는 닫힘 연산을 의미. morphologyEx 함수가 수행된 결과가 closing 변수에 저장된다.

8장 정리

1. 모폴로지 연산자란 이진(혹은 그레이)영상과 구조 요소(structuring element)를 입력으로 받고 연산 집합(교집합, 합집합, 포함, 여집합)을 이용하여 둘을 결합하는 방법을 말한다.

2. 팽창 연산(dilation)은 이진 영상에서 전경 영역을 테두리의 외각 방향으로 확장시키고, 그레이 영상에서는 어두운 영역들로 둘러싸인 밝은 영역은 어두운 영역을 향해 확장되므로 크기가 더 커지고, 밝은 영역들에 의해 둘러싸인 어두운 영역은 축소되므로 크기가 줄어들게 되는 효과를 보인다.

3. 침식 연산(erosion)은 이진 영상에서 전경 영역을 테두리에서부터 내부 방향으로 침식 시키는 역할을 한다. 그레이 영상에서 침식 연산은 어두운 영역에 둘러싸인 밝은 영역은 크기가 감소하며 밝은 영역들로 둘러싸인 어두운 영역은 크기가 증가하게 되는 효과를 나타낸다.

4. 열림 연산(opening)은 순서적으로 침식 연산 이후에 팽창 연산으로 진행된다. 열림 연산은 침식 연산과 같이 전경 영역을 깎아내기 위하여 사용한다. 그러나 단순히 깎아내는 침식 연산과는 다르게 구조 요소와 유사한 형태의 전경을 선택적으로 보존하면서 나머지 부분을 깎아내는데 사용된다.

5. 닫힘 연산(closing)은 순서적으로 팽창 연산 이후에 열림 연산으로 진행된다. 팽창 연산과 같이 전경 영역을 확장하는 결과를 가져오지만 모든 전경의 경계 영역을 확장하는 것이 아니라 구조 요소의 특징에 따라 확장되는 영역에 변화가 생길 수 있다.

연습문제

1. 주어진 영상에 대해서 모폴로지 그레이 연산을 이용하여 에지를 구하는 프로그램을 작성하시오.

2. 다음 영상에 대해 열림(opening) 연산을 적용해 보고 그 결과를 비교해 보시오.

1) 영상을 이진화 시키고 이진 영상에 대해 각기 다른 크기의 구조 요소를 적용하여 전경 영역의 변화를 분석하시오.

2) 그레이 영상에 대해 각기 다른 크기의 구조 요소를 적용하고 전경 영역의 변화를 분석하시오.

3. 닫힘(opening) 연산을 위한 침식(erosion)과 팽창(dilation)의 구조 요소 중심점의 위치를 바꿔가며, 중심점 위치의 변화가 닫힘 연산 결과에 어떠한 영향을 미치는지 분석하여 보시오.

4. 아래 그림과 같이 Salt & Pepper 잡음이 첨가된 영상에 대해서 닫힘(closing)과 열림(opening)연산을 결합하여 잡음이 제거된 영상을 만드시오.

5. 영상에 대한 그레이 팽창과 그레이 침식을 OpenCV 함수를 사용하지 말고 직접 함수로 구현하여 동작 시켜보고 그 결과가 OpenCV 함수 결과와 같은지를 확인해 보자.

참고문헌

[1] Anil K. Jain, “Fundamentals of Digital Image Processing”, Prentice Hall, 1988
[2] Robert Fisher, Simon Perkins, Ashley Walker and Erik Wolfart, “Hypermedia Image Processing Reference,” John Wiley & Sons Ltd
[3] 고병철, “VISUAL C++기반의 의료영상처리 프로그래밍,” 그린출판사, 2011.02.25.
[4] OpenCV-Python Tutorials, https://opencv-python-tutroals.readthedocs.io/en/latest/index.html

제9장

영상 분석 기법(Image Analysis)

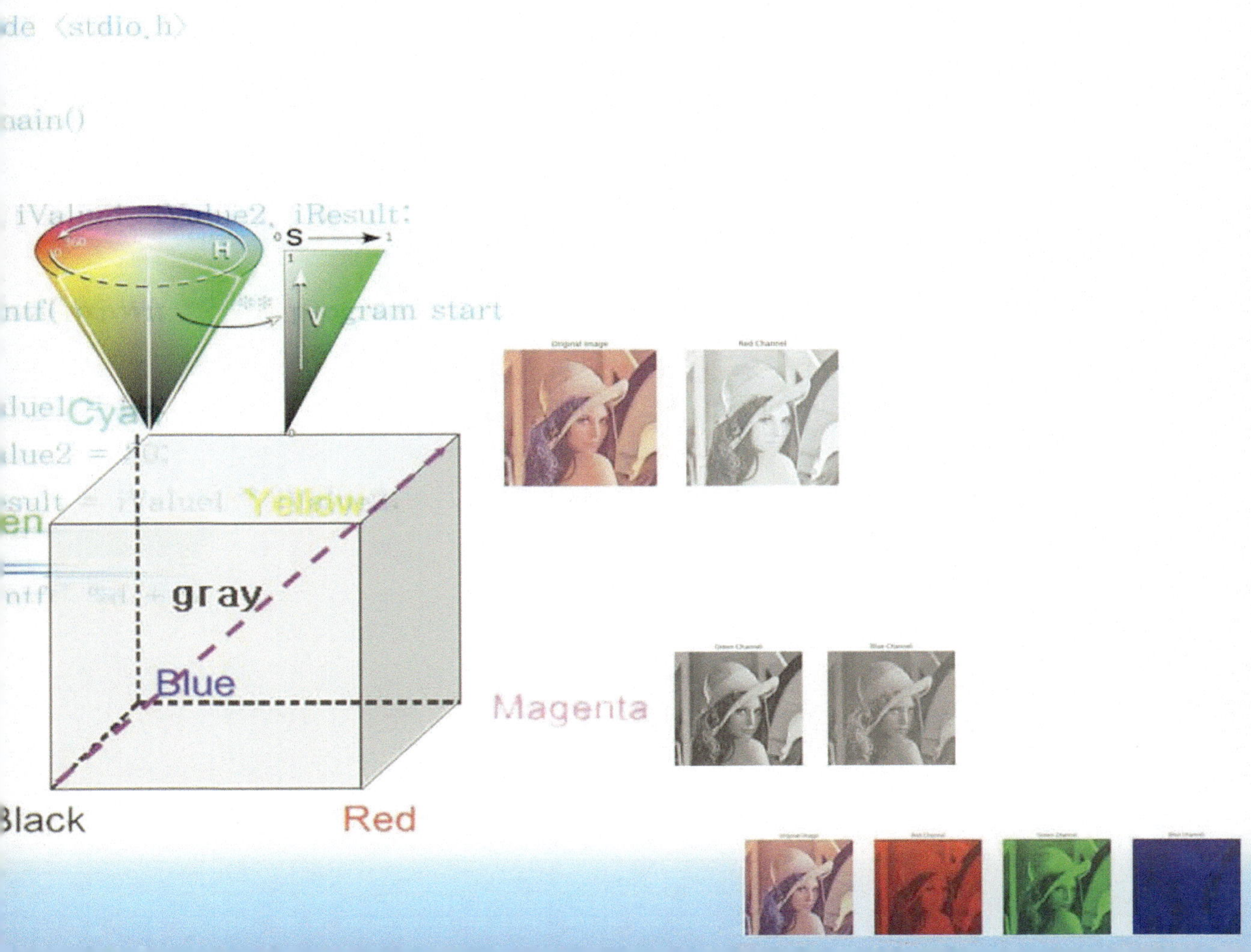

제 9 장 영상 분석 기법 (Image Analysis)

8장에서는 영상의 다양한 수치적인 특성들을 분석하고 영상 내에 포함되어 있는 픽셀들을 특성에 맞게 군집화(clustering) 시키는 알고리즘과 군집된 영역들을 독립된 객체로 레이블링(labeling) 시킬 수 있는 알고리즘을 배워 보도록 한다. 추가적으로 군집된 영역의 외곽선을 추출하는 방법을 학습하도록 한다. 영역의 레이블링이나 외곽선 추출은 10장에서 배울 모양 기술자를 활용한 객체의 유사성을 파악할 때 아주 유용하게 사용되는 영상 분석 기법이다.

이번 8장에서 다루고자 하는 영상분석 방법들은 다음과 같다.

- k-mean 군집화(K-mean clustering) 기법
- 영역 레이블링(Region labeling) 기법
- 외곽선 추적(Contour tracing) 기법

9.1 K-mean 군집화 기법(K-mean Clustering)

패턴인식 문제는 분류(classification)와 군집화(clustering)로 대표될 수 있다. 일반적인 패턴인식 문제는 입력 대상이 학습에 따라 A클래스로 분류될 것인지, B클래스로 분류될 것인지에 초점이 맞추어져 있지만 학습이 이루어지지 않은 상태에서 입력대상들을 비슷한 부류로 군집화 하는 알고리즘 또한 패턴인식과 머신러닝에서 중요한 연구 분야이다.

분류는 일반적으로 교사 학습(supervised learning)으로 불리며 아래와 같이 정의 할 수 있다.

- 미리 학습 데이터를 클래스 별로 분류 시켜 놓고 분류 함수를 계산하여 새로운 데이터를 분류 함수에 따라 특정 클래스로 분류하는 방법이다. 대부분의 패턴인식 및 머신러닝 문제는 학습데이터를 이용하여 분류함수를 미리 계산하여 인식에 활용하는 교사학

습에 기반을 두고 있으며, 대표적인 방법으로 베이즈 추론(Bayesian inference), 최대 우도(Maximum likelihood) 최대 사후(Maximum A Posterior), 퍼지로직(Fuzzy logic), 결정트리(Decision tree), 인공 신경망(Artificial Neural Networks) 등의 방법이 있다.

군집화는 비 교사 학습(unsupervised learning)으로 불리며, 아래와 같이 정의 할 수 있다.

- 미리 학습 데이터의 클래스를 분류시켜 놓지 않고 입력된 학습 데이터의 특성을 분석하여 특성이 비슷한 K개의 군집(클러스터, cluster)으로 분류한다. 학습이 끝난 뒤에 새롭게 입력되는 테스트 데이터를 K개의 군집 중 하나로 분류한다(그림 9-1).

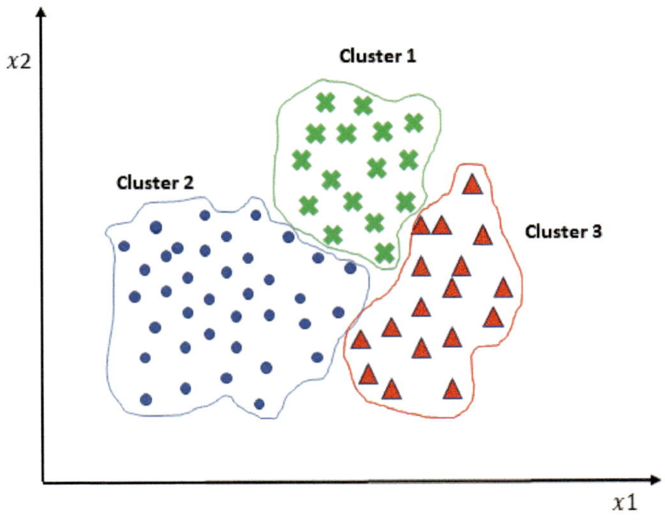

(그림 9-1) 비교사 학습인 클러스터링

본 장에서 설명하고자 하는 K-mean 군집화 기법도 비 교사 분류의 하나이다. 영상에서는 K-mean 군집화 기법을 이용하여 영상을 K개의 색상 영역으로 분할(segmentation)할 수 있다.

K-mean 군집화 방법은 사전에 주어진 K개의 군집을 데이터의 특성에 맞도록 결정해 주는 방법으로 본 장에서는 영상의 픽셀 정보를 이용하여 영상을 색상별로 K개의 영역으로 분할하는 방법을 배워보도록 한다.

K-mean 군집화 기법을 이용하여 영상의 픽셀을 K개의 군집으로 분류하는 알고리즘은 다음과 같다.

1. 기본가정: 군집의 개수인 K는 사전에 알려져 있음

S_j : j번째 군집집합

t: 반복 회수

$c_i(t)$: t번째 반복회수에서 i번째 군집의 중심 값

2. 단계

2-1) 초기화 과정

- 군집 개수 K를 설정
- 각 K개의 군집에서 각 군집의 초기 중심 값을 설정
  초기 중심 값은 랜덤하게 설정
  $\{c_1(t), c_2(t), \dots, c_k(t)\},\ i = 1 \sim K, i \neq j$

2-2) 데이터 분배 단계

- 모든 데이터 x^p를 각 군집의 중심 값과의 차이값을 이용하여 분해 함.
- 만약 한 데이터 x^p에 대해 하나의 군집 j와 다른 모든 군집 $i(i = 1 \sim K, i \neq j)$에 대해 차이 값을 구하고 군집 j가 더 작다면 데이터 x^p는 군집 j의 집합 S_j의 원소가 됨

$$\text{if} \quad |x^p - c_j(t)| < |x^p - c_i(t)|, (i = 1, 2, \dots, K, i \neq j) \qquad (9\text{-}1)$$
$$\text{then} \quad x^p \in S_j(t)$$

- 단계 2-2)를 모든 데이터에 적용

2-3) 새로운 군집의 중심 구하기

- 새롭게 구성된 각 군집 집합을 이용하여 새로운 군집의 중심 값을 구함

$$c_j(t+1) = \frac{1}{N_j} \sum_{x^p \in S_j(t)} x^p \qquad (9\text{-}2)$$

2-4) 수렴 여부 조사하기

- 새로운 군집의 중심이 구해진 후, 이전 군집의 중심과의 변화를 측정
- 각 군집마다 차이 값을 더한 후 변화가 없으면 더 이상 수렴하지 않음으로 분류가 끝났다고 판별하고 종료
- 차이 값이 미리 설정해 놓은 임계값 보다 클 경우 다시 단계 2-2)로 돌아가서 조건 2-4)를 만족할 때까지 단계 2-2), 2-3)을 반복

이 과정을 그림으로 설명하면 다음과 같다. 우선 그림 9-2 (b)와 같이 K=2로 선정하고 각 군집의 초기 중심값을 무작위로 설정한다.

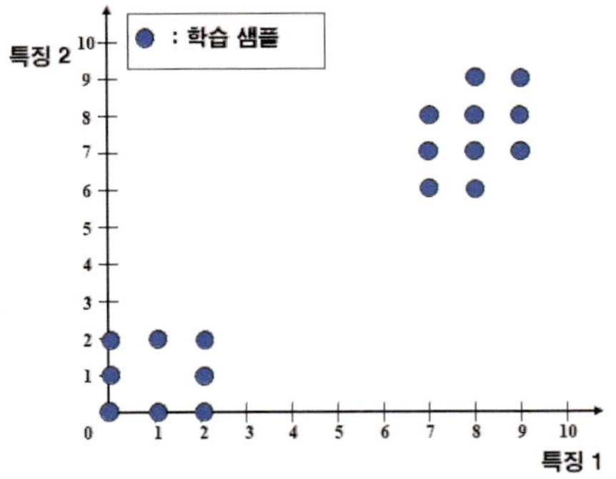

(a) 2차원 특징 벡터 공간에 주어진 학습 샘플

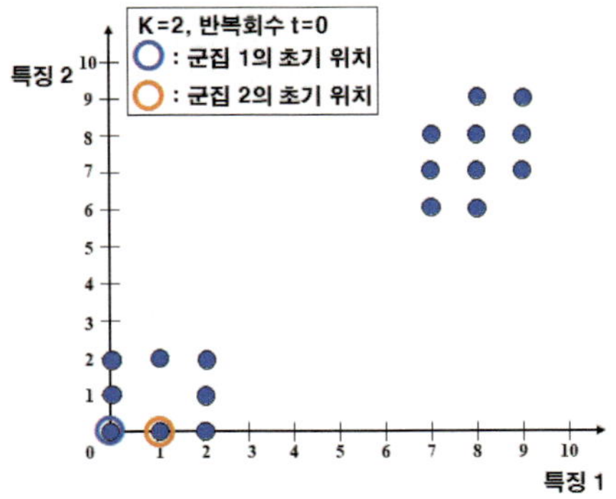

(b) 초기 군집 선정하기, K=2로 설정되었음으로 2개 군집에 대한 초기 중심점이 랜덤하게 설정됨, 군집 1의 중심점(0,0), 군집 2의 중심점(0,1)

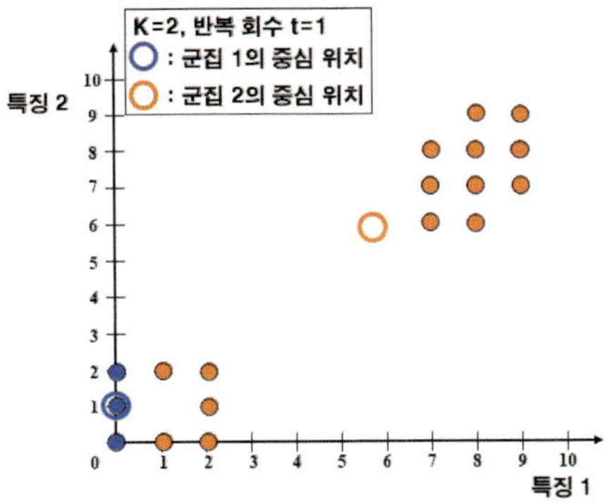

(b) 새로운 군집의 중심 구하기, 군집 1의 중심점(0, 1), 군집 2의 중심점(6, 6)

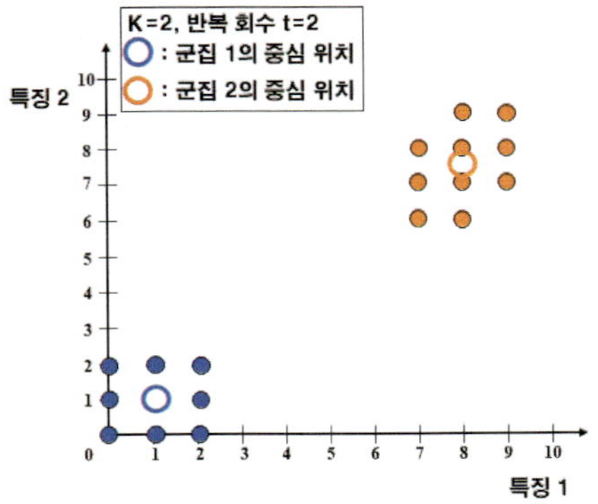

(c) 수렴여부 조사 후 만족하지 않으면 새로운 군집의 중심 구하기, 군집 1의 중심점(1,1), 군집 2의 중심점 (8, 7.5)

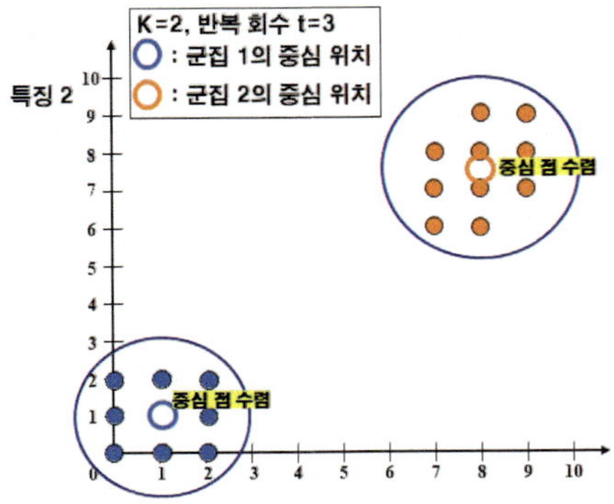

(d) 새로운 군집의 중심을 구하고 수렴여부를 조사. 수렴 조건을 만족하는 경우 반복을 멈추고 군집 확정하기, 최종 군집 1의 중심점(1, 1), 군집 2의 중심점(8, 7.5)

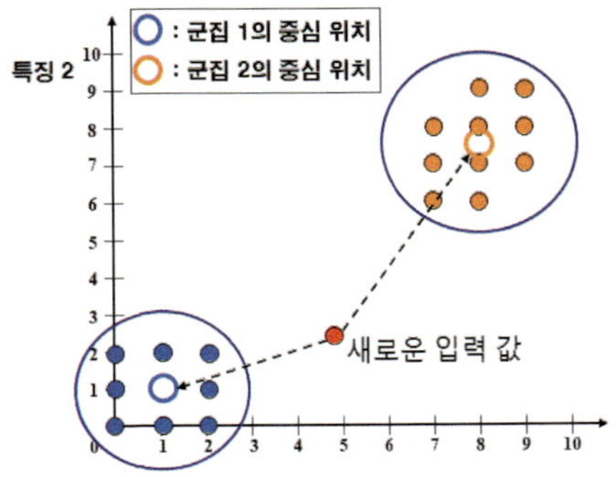

(e) 새로운 입력 값이 들어올 경우 학습과정에서 결정된 각 군집과의 거리를 구해 가까운 군집에 포함시킴

(그림 9-2) K-mean 군집화 단계의 예

OpenCV에서는 K-mean군집화를 위한 함수를 제공하고 있다. K-mean 군집화에 필요한 파라미터와 이에 대한 설명은 아래와 같다.

```
double cv::kmeans        (
InputArray        data,
int      K,
InputOutputArray         bestLabels,
TermCriteria      criteria,
int      attempts,
int      flags,
OutputArray      centers = noArray()
)
```

- data: 클러스터링을 위한 데이터. np.float32 데이터 유형이어야 하며 각 특징은 single 열 벡터(column vector) 형식이어야 한다.

K: 클러스터의 개수

bestLabels: 모든 샘플에 대한 군집 인덱스를 저장하는 입력 / 출력 정수 배열

criteria: 반복 종료 기준. 이 기준이 충족되면 알고리즘 반복이 중지된다. 실제로 3 개의 매개 변수 튜플(type, max_iter, epsilon)이 필요하다.

- 종료 기준 유형(type): 아래와 같이 3 개의 플래그가 있다.
  ① cv2.TERM_CRITERIA_EPS: 지정된 정확도 인 엡실론에 도달하면 알고리즘 반복을 중지
  ② cv2.TERM_CRITERIA_MAX_ITER: 지정된 반복 횟수 max_iter 후에 알고리즘을 중지
  ③ cv2.TERM_CRITERIA_EPS + cv2.TERM_CRITERIA_MAX_ITER: 위의 조건 중 하나라도 충족되면 반복을 중지
  - max_iter: 최대 반복 횟수를 지정하는 정수
  - epsilon: 원하는 정확도

- attempts: 다른 초기 레이블을 사용하여 알고리즘이 실행되는 횟수를 지정하는 플래그

flags :이 플래그는 초기 센터를 취하는 방법을 지정하는 데 사용된다. 일반적으로 cv2.KMEANS_PP_CENTERS 및 cv2.KMEANS_RANDOM_CENTERS의 두 플래그가 사용된다. PP_CENTERS는 Arthur and Vassilvitskii [Arthur2007]에 의해 제안된 논문 방법에 따른 초기값 설정 방법이다.

centers: 군집 중심의 출력 행렬, 각 군집 중심 당 한 행의 군집 중심값을 갖는다.

Python에서의 출력 파라미터

retval, bestLabels, centers = cv.kmeans(data, K, bestLabels, criteria, attempts, flags[, centers])
- retval: 각 지점에서 해당 중심까지의 거리 제곱의 합.
- labels : 각 요소가'0','1'로 표시된 레이블 배열
- centers : 클러스터 중심의 배열(K=3이면 3개의 요소).

먼저 그림 9-2와 같이 2차원 특징벡터 공간에서 랜덤으로 학습 데이터를 설정한 후 2개의 그룹으로 군집화하는 프로그램을 연습해보자.

연습 9-1) K-mean 군집화 구현하기 - 1

```
from google.colab.patches import cv2_imshow
import numpy as np
import cv2
import matplotlib.pyplot as plt
from google.colab import drive
#25 X 2 크기의 배열 생성하고 범위안의 랜덤 정수 생성
X = np.random.randint(25,50,(25,2))
Y = np.random.randint(60,85,(25,2))
# 두 배열을 연결
Z = np.vstack((X,Y))
# 배열의 값을 정수에서 실수로 변경
Z = np.float32(Z)
# 기준을 정의하고 kmeans() 함수에 적용
criteria = (cv2.TERM_CRITERIA_EPS + cv2.TERM_CRITERIA_MAX_ITER, 10, 1.0)
ret,label,center=cv2.kmeans(Z,2,None,criteria,10,cv2.KMEANS_RANDOM_CENTERS)
# 군집을 나누기, 군집 레이블이 0인 데이터만 A 배열에 넣기
A = Z[label.ravel()==0]
# 군집을 나누기, 군집 레이블이 1인 데이터만 B 배열에 넣기
B = Z[label.ravel()==1]
# 군집 화면에 표시하기
plt.scatter(A[:,0],A[:,1], c='b')
plt.scatter(B[:,0],B[:,1],c = 'r')
plt.scatter(center[:,0],center[:,1],s = 200,c = 'y', marker = '*')
plt.xlabel('Height'),plt.ylabel('Weight')
plt.show()
```

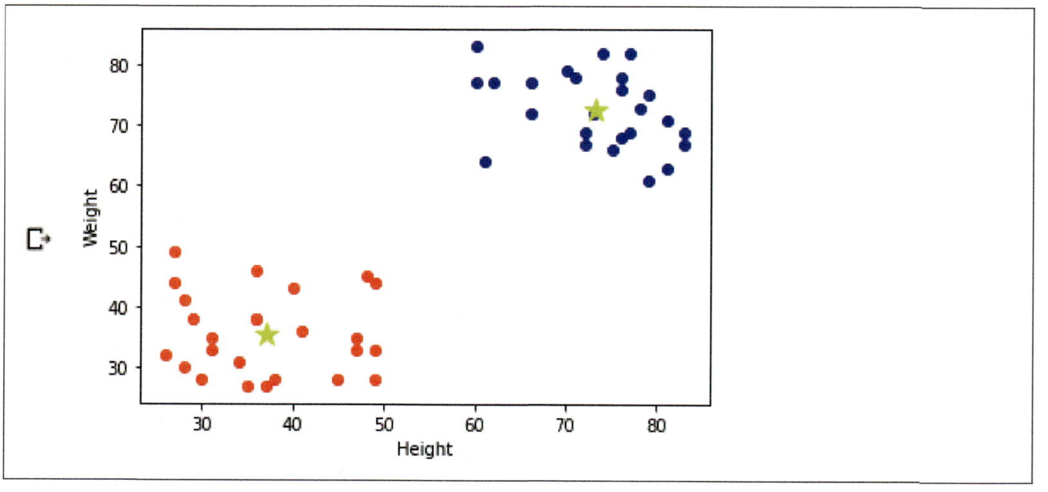

코드설명

X = np.random.randint(25,50,(25,2)): random.randint() 함수는 25에서부터 49 사이의 정수를 반환. (25,2)는 Size에 대한 파라미터로 25행, 2열짜리 배열로 값을 리턴한다. 0이거나 명시하지 않을 경우 한 개의 값만 리턴한다.

X = np.random.randint(25,50,(25,2))의 결과는 아래와 같은 형식이다.

```
[[46 48]
 [32 25]
 [38 49]
 ....중간 생략
 [46 42]
 [48 34]
 [34 42]]
```

Y = np.random.randint(60,85,(25,2))는 아래와 같은 형식의 값을 갖는다.

```
[[67 72]
 [83 66]
 [66 67]
 ...중간생략
 [64 62]
 [67 79]
 [68 71]]
```

numpy.vstack(tup): 배열을 세로로 (행 방향) 순서대로 쌓는다. tub에 입력되는 배열은 모두 동일한 모양이어야 하며, 1 차원 배열은 길이가 같아야 한다. 출력은 주어진 배열을 쌓아서 형성된 배열이며 최소한 2D가 된다.

따라서 Z = np.vstack((X,Y))는 아래와 같은 형식의 값을 갖는다.
[[46 48]
 [32 25]
 [38 49]
 ...중간생략
 [67 72]
 [83 66]
 [66 67]
 ...중간생략
 [64 62]
 [67 79]
 [68 71]]
criteria = (cv2.TERM_CRITERIA_EPS + cv2.TERM_CRITERIA_MAX_ITER, 10, 1.0): 지정된 정확도 인 엡실론에 도달하면 알고리즘 반복을 중지하거나 지정된 반복 횟수 max_iter 후에 알고리즘을 중지, max_iter= 10회, epsilon=1.0으로 설정한다.
ret,label,center=cv2.kmeans(Z,2,None,criteria,10,cv2.KMEANS_RANDOM_CENTERS): 특징 배열(벡터)
군집 개수=2,
bestLabels=None, attempts: 다른 초기 레이블을 사용하여 알고리즘이 실행되는 횟수를 지정하는 플래그,
cv2.KMEANS_RANDOM_CENTERS: 군집의 초기 위치를 랜덤하게 설정한다.
retval: 각 지점에서 해당 중심까지의 거리 제곱의 합.
labels : 각 요소가'0','1'로 표시된 레이블 배열
centers : 클러스터 중심의 배열(K=2이면 2개의 요소).
A = Z[label.ravel()==0]: 군집 레이블이 0인 데이터만 A 배열에 넣기
plt.scatter(A[:,0],A[:,1], c='b'): 배열 A의 첫 번째, 두 번째 열값을 도표에 blue색상으로 표시한다.
plt.scatter(center[:,0],center[:,1],s = 200,c = 'y', marker = '*'): 군집 중심값을 마커 *로 표시. 마커의 크기는 200이고 색상은 yellow

이번에는 K-mean 군집화 기법을 이용하여 실제 영상을 영역별로 분리하는 프로그램을 작성해 보자.

연습 9-2) K-mean 군집화 구현하기 - 2

```
from google.colab.patches import cv2_imshow
import numpy as np
import cv2
import matplotlib.pyplot as plt
from google.colab import drive
drive.mount('/content/gdrive')
#영상 불러오기
img = cv2.imread('/content/gdrive/My Drive/Image_Processing/home3.jpg')
#영상의 구조 변경하기
Z = img.reshape((-1,3))
print(Z.shape)
# 배열의 값을 정수에서 실수로 변경
Z = np.float32(Z)
# 기준을 정의하고 kmeans() 함수에 적용
criteria = (cv2.TERM_CRITERIA_EPS + cv2.TERM_CRITERIA_MAX_ITER, 10, 1.0)
K = 5 # 군집 개수
ret,label,center=cv2.kmeans(Z,K,None,criteria,10,cv2.KMEANS_RANDOM_CENTERS)
# center 배열의 값을 uint8 형식으로 되돌리기 (픽셀로 표현해야 함으로)
center = np.uint8(center)
# label배열을 행 벡터(row vector)로 재조정하고 레이블에 해당하는 R,G,B중심값을 res에
리턴
res = center[label.flatten()]
#3채널로 다시 조정
res2 = res.reshape((img.shape))
cv2_imshow(res2)
```

```
(480000, 3)
```

코드설명

Z = img.reshape((-1,3)): image의 배열 형식을 재조정한다. -1은 형식을 지정하지 않겠다는 의미이고 3은 열의 개수이다. 따라서 600(행) x 800(열)의 영상이 입력된 경우 아래와 같이 480000개의 벡터를 3개 갖는 (480000, 3(색상수)) 배열로 재조정된다.

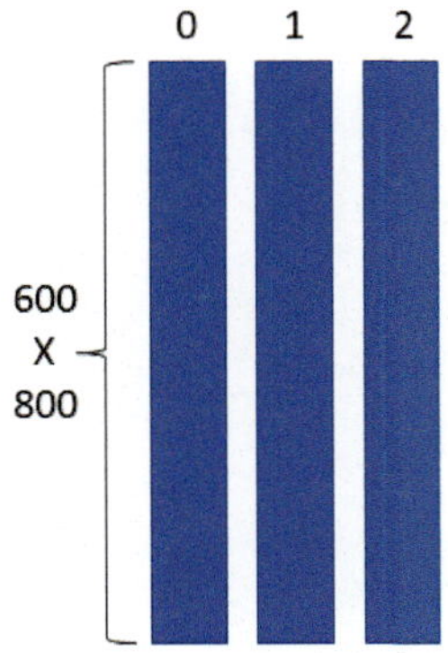

numpy라이브러리의 reshape()도 유사한 기능을 한다.

```
array([[0, 1],
       [2, 3],
       [4, 5]])
>>np.reshape(a, (2, 3)) # 3x2 배열을 2x3배열로 재조정한다.
array([[0, 1, 2],
       [3, 4, 5]])
>>np.reshape(a, (3,-1)) #-1의 경우 형식을 지정하지 않는다.
array([[0, 1],
       [2, 3],
       [4, 5]]) #행의 개수에 맞춰 열의 개수가 조정된다.
```

res = center[label.flatten()]:

```
 [2]
 [2]
 ...
 [3]
 [3]
```

[3]] 와 같이 저장된 label배열을 fatten(평평하게)하여[2 2 2 ... 3 3 3]와 같이 만든다.
center 배열에는 군집에 따른 색상 채널별 중심값(평균값)이 저장되어 있다.
center배열의 크기는 군집 개수 (5) x 색상 채널 (3)

```
[[ 63  64  73]
 [104 161 138]
 [ 93 104 162]
```

```
[ 85 109 106]
[219 197 161]]
```

res = center[label.flatten()]: 각 픽셀별로 군집 레이블(label배열)에 해당하는 픽셀(중심)값으로 대체하여 res배열에 입력. res의 shape은 (480000, 3)

res2 = res.reshape((img.shape)): 영상으로 출력하기 위해 (600, 800, 3) shape으로 재 조정한다.

그림 9-3 (b)와 (c)는 K값에 따른 군집화 결과의 차이를 보여준다. 그림에서 보는 것처럼 군집의 개수가 많을수록 분할되는 영역의 개수 또한 많다는 것을 알 수 있다.

(a) 입력 영상

(b) K=2인 경우의 군집화 결과

(c) K=10인 경우의 군집화 결과

(그림 9-3) K값의 변화에 따른 군집화 결과

K-mean 군집화는 초기 군집의 랜덤 중심값에도 영향을 받는다. 초기에 잘못된 중심값이 설정되면 수렴 속도가 늦어지거나 지역적 국소에 빠져서 오히려 군집 결과가 나빠질 수도 있다. 또한, 수렴조건 T를 이용하여 반복 횟수를 조절할 수도 있다. 수렴조건 T가 큰 경

우 수렴은 빨리 이루어지는 반면 군집 결과는 상대적으로 나빠질 수 있으며, 반대로 T가 작거나 0일 경우 수렴 속도는 매우 느려지지만 군집 결과는 상대적으로 좋아 질 수 있다.

그림 9-3에서 보듯이 군집화 개수를 나타내는 K는 영상 안에 포함된 실제 영역의 개수가 아닌 것을 알 수 있다. K는 색상 군집화의 개수 일뿐, 실제 영상에 포함된 영역의 개수와 다름으로 영역의 개수를 셀 수 있는 알고리즘이 필요하다. 따라서 8.2 장에서는 영상에 포함된 영역의 개수를 셀 수 있는 영역 레이블링(region labeling) 방법에 대해 알아보기로 한다.

9.2 영역 레이블링(Region Labeling)

우리는 지금까지 잡음이 섞여 있는 영상을 개선시키고 영상에서 전경과 배경을 이진화하거나 K-mean 군집화를 통해 영상을 영역 단위로 분할(segmentation)하는 방법을 배웠다. 영역(혹은, connected component)이란 각 픽셀들이 서로 다른 픽셀들과 연결되어 있는 픽셀들의 집합을 의미하는 것으로, 영상을 스캔하여 픽셀 간의 연결성을 살펴보고 연결되어 있는 픽셀들을 같은 영역으로 그룹화 한 것이다. 이렇게 그룹화 된 영역의 수를 세어 영상 안에 포함된 영역의 개수를 알 수 있다. 그림 9-4에서 보는 것과 같이 영역(혹은 Connected component) 레이블링 알고리즘은 픽셀들의 연결성을 체크하여 모든 연결된 영역을 찾고, 같은 영역에 해당하는 모든 픽셀에 각각 다른 레이블 값을 설정하는 방법이다.

0	1	1	0	2
0	1	0	0	2
0	0	0	2	2
3	0	2	2	2

(그림 9-4) 입력 영상과 (좌) 레이블링 결과 (우)

영상을 레이블링 하는 알고리즘은 반복적 알고리즘과 순차적 알고리즘, 2가지로 나뉜다. 먼저 반복적 알고리즘에 대해 살펴보자.

1) 반복적 알고리즘(Recursive Algorithm)

영상 안에 포함된 영역들은 1의 픽셀 값을 갖고 배경에 해당하는 영역들은 0의 값을 갖는다고 가정하자(반대로 생각해도 됨).

- 단계 1: 영상을 위에서 아래로, 좌에서 우로 스캔하면서 레이블 되지 않은 (1의 값을 가지고 있는) 픽셀을 찾으면 새로운 레이블 값 L을 할당한다.

- 단계 2: 반복적으로 픽셀 1의 이웃 픽셀들을 따라 다니며 L로 레이블 한다. 한번 검사한 픽셀은 0으로 변화 시켜 다시 체크하지 않도록 한다.

- 단계 3: 연결되어 있는 모든 픽셀들을 레이블 했으면 (더 이상 연결되어 1인 있는 픽셀이 없다면) 멈춘다.

- 단계 4: 단계 1로 이동하여 새로운 영역에 대해 레이블링 한다.

- 단계 5: 더 이상 1인 픽셀이 영상 안에 존재하지 않으면 레이블링을 모두 끝낸다.

반복적 알고리즘은 한번 영역에 해당하는 픽셀을 찾게 되면, 한 영역이 끝날 때까지 모든 연결 픽셀을 추적하여 레이블링하는 방법으로, 주로 재귀 호출 함수를 통해 구현이 가능하다. 이 방법의 경우 영상이 커질 경우 빈번한 재귀호출로 인해 stack overflow가 발생할 수 있다.

2) 순차적 알고리즘(Sequential Algorithm)

순차적 알고리즘은 전체 영상에 대해 두 단계의 과정을 요구한다. 반복적 알고리즘과는 다르게 영상에서 한 번에 두 개의 행(row)을 이용하여 레이블링을 진행한다. 순차적 알고리즘에서는 그림 9-5와 같이 현재 픽셀을 기준으로 4개의 이웃(four-neighbors)하는 점의 레이블을 고려하여 현재 자신의 레이블 값을 결정한다. 하지만 실제로 현재 픽셀의 레이블을 결정하기 위해 참고하는 픽셀은 좌측(i) 픽셀과 위쪽 (ii) 픽셀이다.

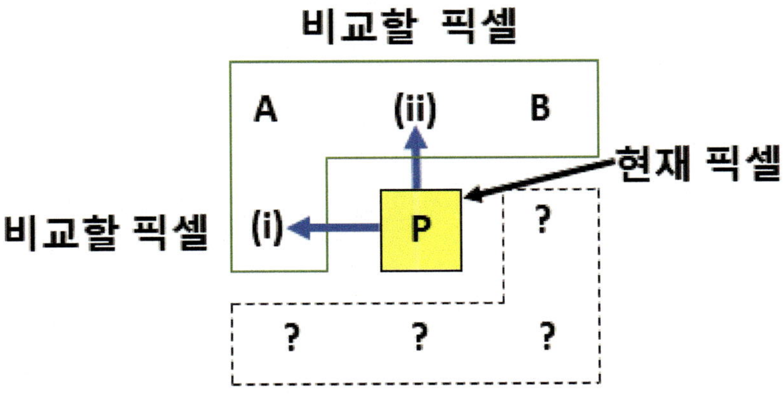

(그림 9-5) 4-이웃을 이용한 순차적 레이블링 알고리즘

순차적 레이블링 알고리즘의 구현 순서는 다음과 같다.

- 단계 1: 영상을 좌측에서 우측으로, 위에서 아래로 스캔한다.

- 단계 2: 만약 현재 픽셀이 0이 아니면
  - 2-1: 현재 픽셀의 위 또는 왼쪽 이웃 픽셀 중 하나만 레이블을 가졌다면 현재 픽셀은 레이블을 가진 픽셀과 같은 값으로 설정한다.
  - 2-2: 만약 두 픽셀 모두 같은 레이블을 가졌다면 해당 레이블로 설정한다.
  - 2-3: 만약 두 픽셀 모두 다른 레이블을 가졌다면,
    - ① 두 레이블 중에서 작은 번호의 레이블을 지정하고
    - ② 두 레이블 중에서 큰 번호의 레이블이 작은 번호의 레이블을 가리키도록 등가 테이블(Equivalence Table)을 조정한다. (그림 9-6, (b)~(g))

- 단계 3: 등가 테이블의 번호와 레이블이 일치하지 않을 경우 등가 테이블을 수정한다 (그림 9-6, (h)).

-단계 4: 수정된 등가 테이블에 따라 레이블 영상을 수정한다 (그림 9-6, (i)).

-단계 5: 등가 테이블을 레이블이 순차적으로 증가하도록 재정렬 한다 (그림 9-6, (j)).

-단계 6: 정렬된 최종 등가 테이블에 맞게 레이블 영상을 최종 수정한다 (그림 9-6, (k)).

입력 영상

0	1	1	0	1
0	1	0	0	1
0	0	0	1	1
1	0	1	1	1

(a)

0	1	1	0	?
0	*	0	0	*
0	0	0	*	*
*	0	*	*	*

등가 테이블

1	1

(b)

0	1	1	0	2
0	1	0	0	2
0	0	0	?	*
*	0	*	*	*

등가 테이블

1	1
2	2

(c)

0	1	1	0	2
0	1	0	0	2
0	0	0	3	?
*	0	*	*	*

등가 테이블

1	1
2	2
3	3

(d)

0	1	1	0	2
0	1	0	0	2
0	0	0	3	2
*	0	*	*	*

등가 테이블

1	1
2	2
3	2

(e)

0	1	1	0	2
0	1	0	0	2
0	0	0	3	2
4	0	5	?	*

등가 테이블

1	1
2	2
3	2
4	4
5	5

(f)

0	1	1	0	2
0	1	0	0	2
0	0	0	3	2
4	0	5	3	2

등가 테이블

1	1
2	2
3	2
4	4
5	3

(g)

등가 테이블 재조정(1)

1	1
2	2
3	2
4	4
5	2

(h)

0	1	1	0	2
0	1	0	0	2
0	0	0	2	2
4	0	2	2	2

새로운 등가 테이블로 레이블 번호 재 설정

(i)

등가 테이블 재조정(2)

1	1
2	2
3	2
4	3
5	2

(j)

0	1	1	0	2
0	1	0	0	2
0	0	0	2	2
3	0	2	2	2

최종 등가 테이블로 레이블 번호 재 설정

최종 등가 테이블

1	1
2	2
3	2
4	3
5	2

(k)

(그림 9-6) 순차적 레이블링 알고리즘 단계

OpenCV에서는 영역 레이블링을 위해 connectedComponents() 함수를 제공하고 있다. 먼저 connectedComponents()에 대해 살펴보도록 하자.

```
int cv::connectedComponents      (      InputArray      image,
OutputArray      labels,
int      connectivity,
int      ltype,
int      ccltype
)
Python:
retval, labels = cv.connectedComponents( image[, labels[, connectivity[, ltype]]] )
image: 입력 영상
lables: 픽셀별로 레이블링 된 영상
retval: 영상의 레이블 된 영역 개수(배경인 0도 포함, 실제 영역에는 1부터 레이블 됨, 예
를 들어 영역의 개수가 10이라면 실제 영역은 9개)
connectivity: 4방향 혹은 8방향 연결성 테스트(4 or 8)
```

ltype: 출력 이미지 레이블 타입, CV_32S과 CV_16U이 지원됨
ccltype: connected components 알고리즘 타입(현재는 Grana(BBDT)와 Wu's(SAUF) 알고리즘이 제공됨)

위 connectedCoponents() 함수를 이용하여 순차적 레이블링 알고리즘을 구현해 보자.

연습 9-3) 영역 레이블링 구현하기

```
from google.colab.patches import cv2_imshow
import numpy as np
import cv2
import matplotlib.pyplot as plt
from google.colab import drive
drive.mount('/content/gdrive')
#영상 불러오기
img = cv2.imread('/content/gdrive/My Drive/Image_Processing/abcdef.bmp')
# color영상을 gray영상으로 만들기
gray_img = cv2.cvtColor(img, cv2.COLOR_BGR2GRAY)
# 여기에 이진화 (thresholding)코드가 입력될 수 있음
# 입력 영상에서 흰색 (255) 픽셀 영역을 레이블링 (4 이웃 연산방법을 사용)
num_labels, labels = cv2.connectedComponents(gray_img,4)
print('number of labels:', num_labels)

# 각 영역마다 다른 색(레이블)을 갖도록 조정하는 코드
label_H = np.uint8(179*labels/np.max(labels))
blank = 255*np.ones_like(label_H)
labeled_img = cv2.merge([label_H, blank, blank])
# RGB
labeled_img = cv2.cvtColor(labeled_img, cv2.COLOR_HSV2RGB)
# 배경 레이블(0)은 검은색으로
labeled_img[label_H==0] = 0

# Showing Original Image
plt.imshow(cv2.cvtColor(img, cv2.COLOR_BGR2RGB))
plt.axis("off")
plt.title("Orginal Image")
plt.show()
```

```
# 컴포넌트 레이블링된 영상 표현하기
plt.imshow(labeled_img)
plt.axis('off')
plt.title("Component Labeling")
plt.show()
```

```
number of labels: 7
```

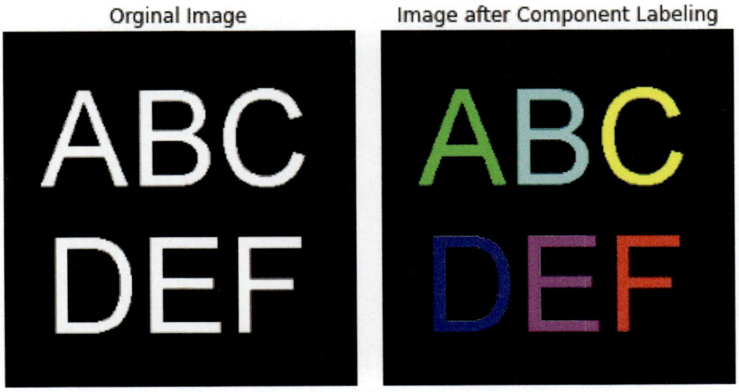

코드설명

num_labels, labels = cv2.connectedComponents(gray_img,4): 이진화 된 입력영상에서 4-이웃을 이용한 순차적 레이블링을 진행, 레이블링 개수를 num_labels에 넣고, 픽셀별 레이블 번호를 labels (shape (256, 256))에 넣는다.

label_H = np.uint8(179*labels/np.max(labels)): 영역을 서로 다른 컬러 값으로 채우기 위해 Hue색상을 이용한다.

blank = 255*np.ones_like(label_H): 다른 색상은 모두 동일한 shape을 갖는 배열이고 1로 채워짐. np.ones_like함수는 label_H와 동일한 배열 shape을 유지하면서 모든 원소를 1로 만드는 함수이다.

labeled_img = cv2.merge([label_H, blank, blank]): hue값만 영역 레이블에 따라 서로 다른 색상을 넣고 S와 V에는 모두 1값을 넣어 새로운 영상 labeled_img (shape (256,256,3))을 만든다.

labeled_img = cv2.cvtColor(labeled_img, cv2.COLOR_HSV2RGB): labeled_img의 색상 형식을 RGB로 변환한다.

labeled_img[label_H==0] = 0: 배경 레이블(0)은 검은색으로 만든다.

9.3 외곽선 추적(Contour Tracing) 기법

영상이 영역별로 레이블링 된 후에 각 영역에 대한 외곽선(region contour, boundary)을 추출할 수 있다. 이렇게 추출된 영역의 외곽선은 추후에 영역의 모양을 판단하거나 분석할 때 유용하게 사용될 수 있다. 영역의 외곽선을 추출하기 위해 우선은 대상이 되는 외곽선들이 영역 S의 픽셀들이어야 한다. 다음으로 외곽선 추적(Contour tracing) 기법을 통해 레이블 된 영역의 경계선을 따라 이동하게 된다.

외곽선을 추적하기 위해 보통 그림 9-7과 같이 8방향 연결성을 고려한 외곽선 추적 진행 방향을 설정한다.

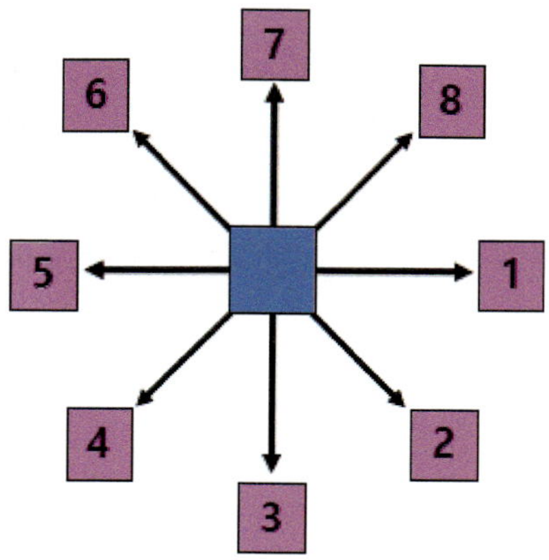

(그림 9-7) 8방향 연결성을 고려한 외곽선 추적 방향

8방향 연결성을 이용하여 영역의 외곽선을 추적하는 알고리즘은 그림 9-8 및 아래와 같다.

1) 영상을 위에서 아래로, 좌에서 우측으로 스캔하면서 특정 레이블 값 A를 갖는 픽셀을 찾는다. A 레이블 픽셀을 찾으면 이 좌표를 시작점 s와 현재 픽셀 c를 s = c로 설정하고, 초기 외곽선 추적 진행 방향은 b = 1로 설정한다.

2) 픽셀 c를 기준으로 b의 방향부터 시작하여 시계방향으로 8 방향의 이웃 픽셀들을 검사한다.
   - 이웃픽셀에서 s 값을 갖는 픽셀이 존재하면 해당 픽셀을 다시 c로 설정하고, $b=b-2$로 설정한다.
   - 모든 방향에 대하여 객체 픽셀이 존재하지 않으면 1 픽셀짜리 영역이므로, 외곽선 추적을 종료한다.

3) s=c && b=1인 종료 조건을 만족할 때까지 2)를 반복한다.

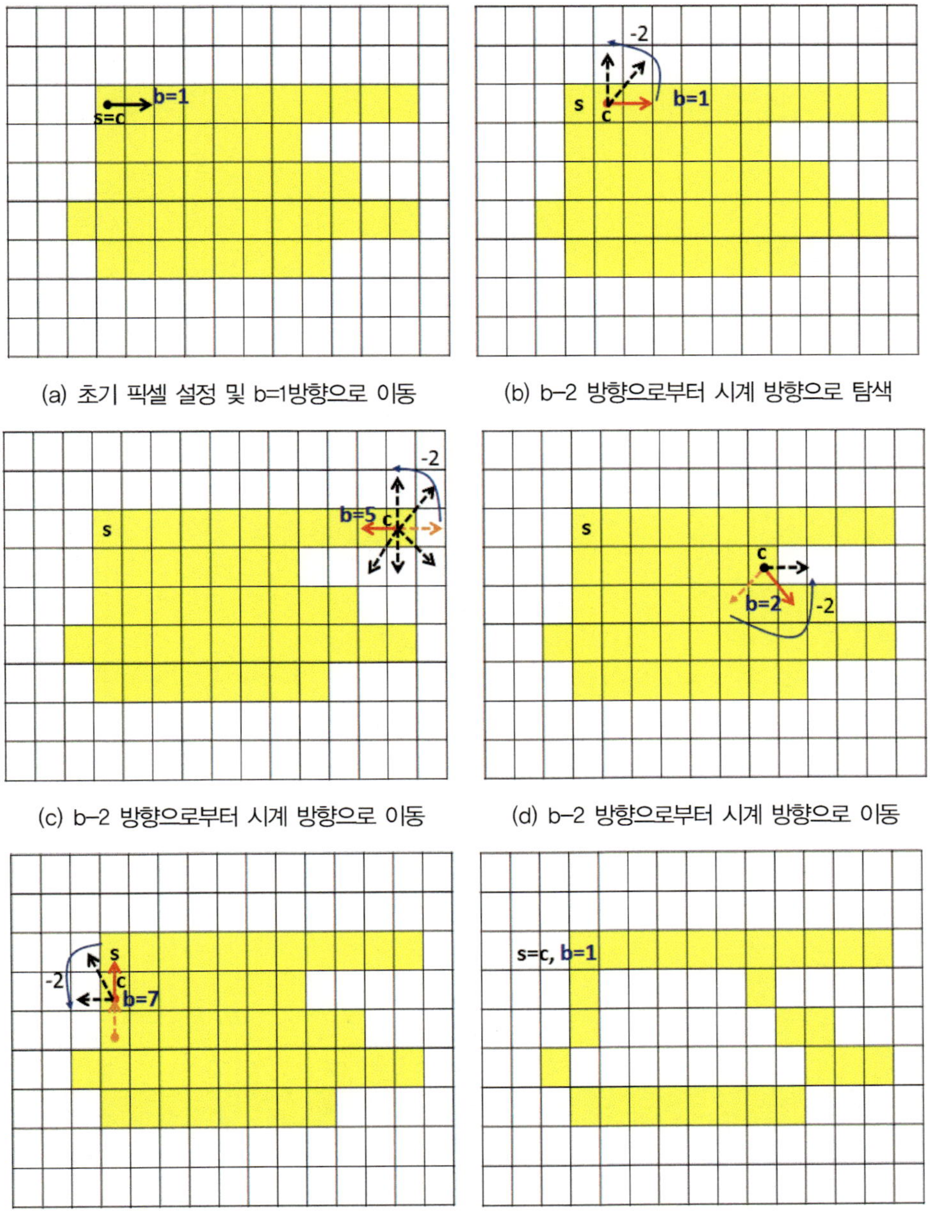

(a) 초기 픽셀 설정 및 b=1방향으로 이동 (b) b–2 방향으로부터 시계 방향으로 탐색

(c) b–2 방향으로부터 시계 방향으로 이동 (d) b–2 방향으로부터 시계 방향으로 이동

(e) 초기 시작위치 s를 만나고 방향이 1이면 종료 (f) 최종 검출된 외곽선

(그림 9–8) 8방향 연결성을 고려한 외곽선 추적 과정
(분홍색 실선: 이전 방향, 검은색 점선: b–2 방향, 빨간색 실선: 새롭게 결정된 방향)

OpenCV에서는 외곽선 추적을 위해 findContours() 함수를 제공하고 있다. 먼저 findContours()에 대해 살펴보도록 하자.

```
void cv::findContours (
InputArray image,
OutputArrayOfArrays contours,
OutputArray hierarchy,
int mode,
int method,
Point offset = Point()
)
Python:
contours, hierarchy = cv.findContours(image, mode, method[, contours[,
hierarchy[, offset]]])
```

image: 8비트의 싱글 채널 이진(binary)영상. 고정 임계값 적용이나, 적응적 임계값 적용을 통해 그레이 또는 컬러 영상을 이진영상으로 만들어 넣는다.

contours: 검출된 외곽선. 검출된 외곽선은 포인트의 벡터로 저장된다 (예, (e.g. std::vector<std::vector<cv::Point> >)

hierarchy: 영상 토폴로지에 대한 정보를 포함하는 선택적 출력 벡터 (예 : std :: vector <cv :: Vec4i>).

mode: 외곽선 검색 모드, eg. cv2.RETR_EXTERNAL : 외곽선 중 가장 바깥쪽 Line만 찾음.

method: 외곽선을 근사 방식, e.g. cv.CHAIN_APPROX_NONE: 모든 점을 저장

offset: 모든 외곽점이 이동되는 선택적 오프셋

OpenCV의 findContours() 함수를 이용하여 외곽선 추적 알고리즘을 구현해 보자.

연습 9-4) 외곽선 추적 알고리즘 구현하기

```python
from google.colab.patches import cv2_imshow
import numpy as np
import cv2
import matplotlib.pyplot as plt
from google.colab import drive
drive.mount('/content/gdrive')
#영상 불러오기
img = cv2.imread('/content/gdrive/My Drive/Image_Processing/milkdrop.bmp')
# color영상을 gray영상으로 만들기
gray_img = cv2.cvtColor(img, cv2.COLOR_BGR2GRAY)
```

```
#threshold를 이용하여 binary image로 변환
ret, thresh = cv2.threshold(gray_img,127,255,0)
#contours는 point의 list형태.
#hierachy는 contours line의 계층 구조
contours, hierarchy = cv2.findContours(thresh, cv2.RETR_EXTERNAL,cv2.CHAIN_APP
ROX_NONE)
#영상에 외곽선 그리기
image = cv2.drawContours(img,contours, -1, (0,0,255), 1)
print("Segmented image")
cv2_imshow(thresh)
print("Contiur image")
cv2_imshow(image)
```

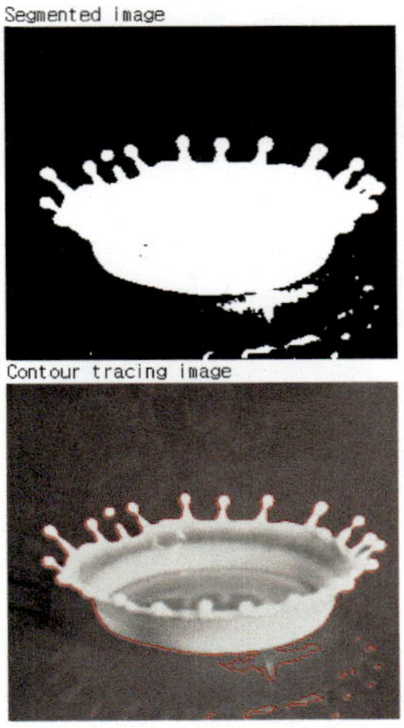

코드설명

ret, thresh = cv2.threshold(gray_img,127,255,0): 그레이 영상에 대해 임계값 127을 설정하고 임계값보다 크면 픽셀값을 255로 변경, 그렇지 않다면 0으로 변경한다.

contours, hierarchy = cv2.findContours(thresh, cv2.RETR_EXTERNAL,cv2.CHAIN_APPROX_NONE): 이진화 영상에 외곽선 점들을 추출하고 contour point list에 입력한다.

image = cv2.drawContours(img,contours, -1, (0,0,255), 1): 원 영상에 외곽선 그려넣기, 세 번째 파라미터는 contourIdx에 대한 파라미터로 -1일 경우 전체 외곽선을 그린다. (B=0,G=0,R=255) 색상 설정, 마지막 파라미터 1은 외곽선의 굵기

9장 정리

1. 교사 분류(supervised classification) 방법은 미리 학습 데이터를 클래스 별로 분류 시켜 놓고 분류 함수를 계산하여 새로운 데이터를 분류 함수에 따라 특정 클래스로 분류하는 방법이다.

2. 비 교사 분류((unsupervised classification) 방법은 미리 클래스를 분류 시켜놓지 않고 입력된 학습 데이터의 특성을 분석하여 특성이 비슷한 K개의 클래스로 분류하고, 새롭게 입력되는 테스트 데이터를 K개의 클래스 중에 하나로 분류하는 방법으로 군집화(clustering)라고도 부른다.

3. K-mean 군집화 방법은 사전에 주어진 K개의 군집을 데이터의 특성에 맞도록 결정해 주는 방법이다.

4. 영역(region)이란 각 픽셀들이 서로 다른 픽셀들과 연결되어 있는 픽셀들의 집합을 의미하는 것으로 영상을 스캔하여 픽셀 간의 연결성을 살펴보고 연결되어 있는 픽셀들을 영역으로 그룹화 한 것이다.

5. 영상이 영역별로 레이블링 된 후에 각 영역에 대한 외곽선(region contour, boundary) 을 추출할 수 있다. 이렇게 추출된 영역의 외곽선은 추후에 영역의 모양을 판단하거나 분석할 때 유용하게 사용될 수 있다.

6. 외곽선 추적(Contour tracing) 기법을 통해 레이블 된 영역의 경계선을 따라 이동하는데, 외곽선을 추적하기 위해 보통 8방향 연결성을 고려한 외곽선 추적 알고리즘을 사용한다.

연습문제

1. K-mean 군집화 알고리즘을 R, G, B의 3채널을 동시에 이용하여 구현한 경우, HSV, YCrCb, Gray 색상만을 이용했을 경우의 성능을 비교해 보자

2. 영상에 대해 전역 임계값 기법으로 영역을 분할하고 영역 레이블링으로 분할된 영역을 카운트하는 프로그램을 작성해 보시오.

3. K-mean 군집화로 영역을 분할하고 영역 레이블링으로 영역의 개수를 카운트하여 영상 안에 실제 영역의 개수가 30개 이하로 병합될 수 있도록 프로그램 하시오. (힌트, K-mean 클러스터링을 진행한 후 영역의 개수가 30개 이상일 경우 K-mean 클러스터링을 위한 임계값 T를 조정하여 영역을 병합한 후 레이블링을 반복한다.)

4. 영상에 대해 10% 랜덤 잡음을 넣고 다음과 같은 연산이 동시에 일어나는 프로그램을 작성해 보자.

   1) 잡음제거, 2) 전역 임계값 적용, 3) 영상 1/2 축소, 4) 영역 레이블링

   레이블링의 결과가 잡음에 의해 영향을 받는지 살펴보자. 그리고 잡음에 의한 영향을 최소화할 수 있도록 프로그램을 수정해 보자.

5. 영역 레이블링을 반복적 알고리즘(Recursive Algorithm)을 이용하여 영역 레이블링을 구현해 보자.

참고문헌

[1] 이대호, 박영태, “영상처리를 위한 C++ 프로그래밍,” 도서출판 인터비젼

[2] 황선규, “영상처리 프로그래밍 by Visual C++," 한빛미디어

[3] Open Source Computer Vision, https://docs.opencv.org/

[4] Robert Fisher, Simon Perkins, Ashley Walker and Erik Wolfart, “Hypermedia Image Processing Reference,” John Wiley & Sons Ltd

[5] 고병철, "VISUAL C++기반의 의료영상처리 프로그래밍," 그린출판사, 2011.02.25.

[6] OpenCV-Python Tutorials, https://opencv-python-tutroals.readthedocs.io/en/latest/index.html

제10장

영상 분할 (Image Segmentation)

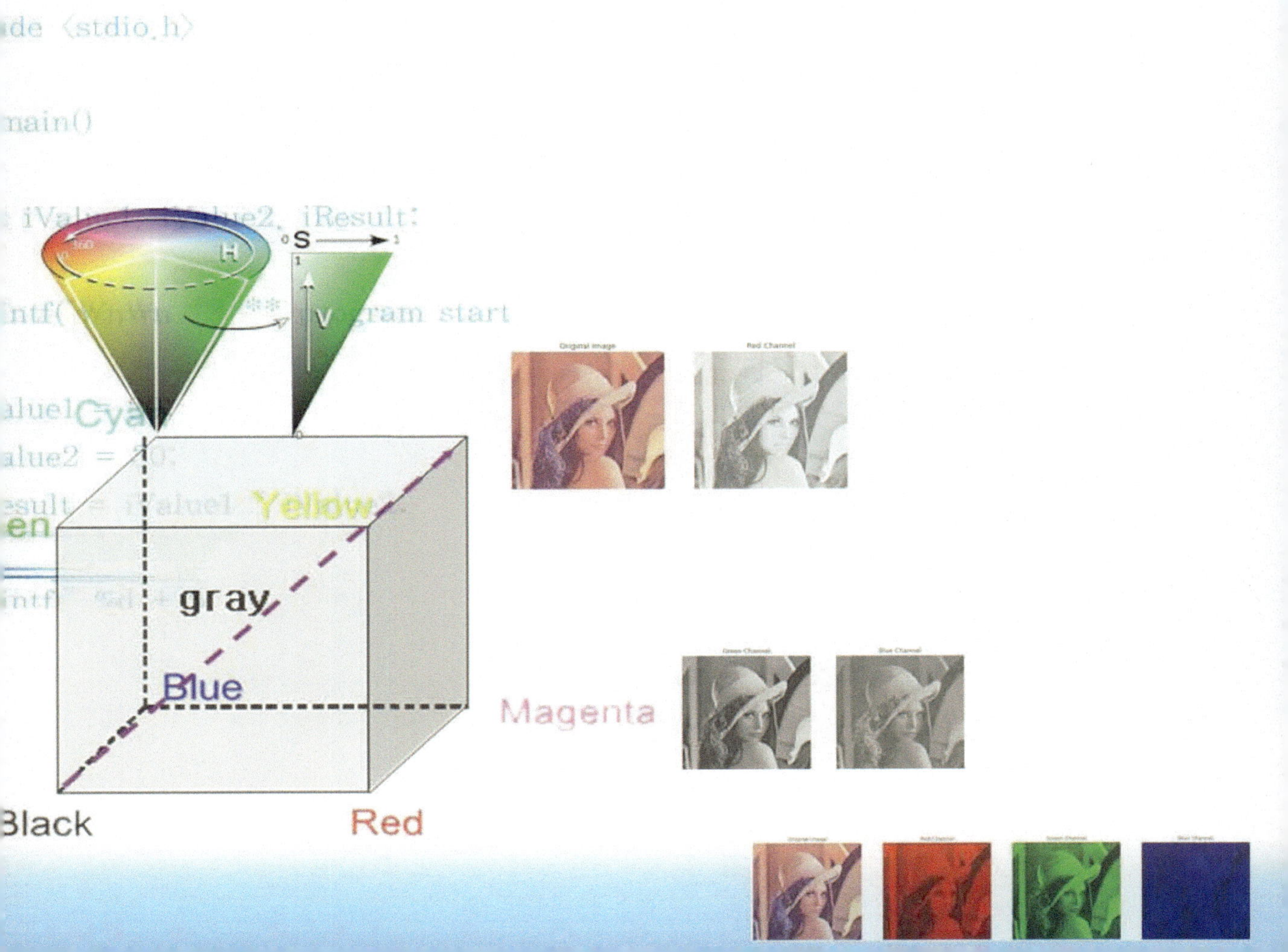

제 10 장 영상 분할 (Image Segmentation)

4장에서 우리는 임계값 기반 방법을 통해 영상을 전경과 배경으로 분할하는 방법을 익혔고, 9장에서는 K-mean 군집화 기법을 활용하여 영상을 유사한 색상을 가진 영역으로 나누는 기술을 학습했다. 이처럼 영역 단위로 분할된 영상은 영역 레이블링과 같은 다양한 영상 분석 기법에 활용되어 여러 응용 분야(예, 영역 매칭, 검색)에서 중요한 역할을 수행한다. 10장에서는 4장과 9장에서 다룬 영상 분할 알고리즘에 대해 더욱 심층적으로 공부해 보기로 한다.

영상분할(Image segmentation)은 디지털 영상에서 픽셀 또는 영상 영역을 그룹화하는 과정이다. 이를 통해 영상을 이해하기 쉬운 구조로 변환하여 분석 및 처리를 용이하게 한다. 다양한 기술과 알고리즘이 영상 분할에 사용되며, 주요 목표는 영상의 픽셀을 의미 있는 영역으로 그룹화하여 영상을 보다 의미 있는 단위로 분할하는 것이다. 그림 10-1에서 보듯 사람, 자동차, 오토바이 등은 우리에게 의미 있는 객체이다. 우리는 이러한 객체들을 인지하기 위해 영상을 영역 단위로 분할하고, 과거 학습을 통해 이미 알고 있는 물체 모델과 매칭한다. 이처럼 영상 분할은 주어진 영상을 의미 있는 영역으로 나누는 작업이다. 이는 영역 분할(region segmentation)이라고도 불린다.

(그림 10-1) 영상 분할 알고리즘을 적용한 결과, (좌) 원본영상, (우) 영역으로 분할된 영상

영상 분할의 주요 유형은 다음과 같다.

1) 지역 기반 분할(Region-based Segmentation): 영상에서 유사한 속성을 가진 픽셀을 결합하여 영역을 형성하는 방법이다. 이 방법은 일반적으로 픽셀의 색상, 밝기, 질감 등의 특징을 고려한다. 대표적인 알고리즘으로는 K-mean 클러스터링, Mean Shift, 그리드 기반 분할 등이 있다.

2) 윤곽선 기반 분할(Contour-based Segmentation): 영상에서 픽셀 간의 경계를 식별하여 분할하는 방법이다. 이 방법은 일반적으로 에지 검출(Edge Detection)을 기반으로 하며, Canny 에지 검출 및 9장의 외곽선 추출 알고리즘이 이에 해당한다.

3) 픽셀 기반 분할(Pixel-based Segmentation): 각 픽셀을 개별적으로 분류하여 영상을 분할하는 방법이다. 이 방법은 주로 픽셀 강도, 색상 또는 텍스처를 기준으로 한다. 대표적으로는 슈퍼-픽셀(super-pixel) 분할 방법이 있다.

4) 대화식 분할(Interactive Segmentation): 사용자가 초기 곡선을 지정하여 원하는 영역을 분할하는 방법이다. 대표적인 능동 외곽선(active contour) 알고리즘, 그래프 컷(GrabCut) 알고리즘이 있다.

본 장에서는 다양한 영상 분할 알고리즘 중에서 일반적인 응용분야에서 많이 사용되는 슈퍼 픽셀 분할 방법과 영역 인접 그래프, 정규화 절단, 그래프 컷 알고리즘을 학습하고 프로그램을 구현해 보도록 한다. 이번 장에서 배울 내용을 정리하면 다음과 같다.

- 슈퍼 픽셀 분할(Super-pixel segmentation)
- 영역 인접 그래프(Region Adjacency Graph (RAG))
- 그래프 컷(GrabCut)

10.1 슈퍼 픽셀 분할(Super-Pixel Segmentation)

슈퍼 픽셀 분할은 영상을 특징이 비슷한 작은 균일한 영역으로 나누고 이를 기본 단위로 하여 영상을 처리하는 방법이다. 슈퍼 픽셀은 픽셀보다 더 많은 정보를 제공하며, 주어진 슈퍼 픽셀에 속하는 픽셀은 유사한 시각 특징을 공유하기 때문에 인지적 의미를 갖는다. 여러 슈퍼 픽셀 분할 알고리즘 중에서 '단순 선형 반복 클러스터링'(Simple Linear Iterative Clustering, 줄여서 SLIC라고 부르기로 함) 알고리즘이 처리과정이 단순하고 성능이 좋아 많이 사용된다. 이 알고리즘은 영상에서 픽셀을 색상 유사성과 근접성에 따라 클러스터링(군집화) 하여 슈퍼 픽셀을 생성한다. 이 과정은 학습한 K-mean 군집화와 유사하다. SLIC를 이용하여 슈퍼 픽셀을 생성하는 알고리즘은 다음과 같다.

1) 그림 10-2와 같이 입력 영상에서 영상을 등간격으로 구분하여 K개의 블록을 만들고 각 블록의 중심을 군집의 중심으로 선택한다.

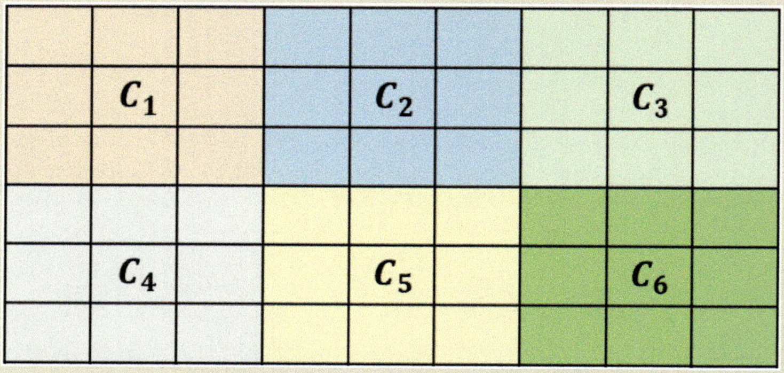

(그림 10-2) K를 6으로 설정 후 등간격으로 생성한 6개의 블록들과 초기 중심점

K-mean 군집화에서는 랜덤으로 초기 군집의 중심을 선택했지만 슈퍼 픽셀은 등간격 블록에서 군집의 중심을 선택함으로써 슈퍼 픽셀 생성의 속도와 정확성을 높일 수 있다.

2) 슈퍼 픽셀의 군집 중심을 $C_k = [r_k, g_k, b_k, x_k, y_k]$로 하자. r, g, b는 군집 중심 픽셀의 색상을 나타내고, x, y는 픽셀의 좌표를 나타낸다. 중심 픽셀로부터 3×3 이웃에서 가장 낮은 기울기 위치에 해당하는 시드 위치로 이동한다.

3) 반복 (Repeat)

- For 모든 군집 중심 C_k do
  - 주위 4개 군집 중심과 자신까지의 거리를 계산해서 가장 유사한 군집 중심에 할당한다. 거리는 '픽셀 색상거리 + 위치거리'를 결합하여 사용한다.
- End For

4) 픽셀 할당이 끝나면 각 군집 중심은 자신에게 할당된 픽셀들을 평균해 군집 중심을 갱신한다. (K-mean 군집화와 유사)
5) 모든 군집 중심의 이동량의 평균 (각 군집별 이전 중심점과 새로운 중심점간의 거리)을 구하고 평균이 임계값 보다 작으면 수렴했다고 판단하고 알고리즘을 멈춘다.

SLIC알고리즘은 OpenCv에서 제공하고 있지 않기 때문에 직접 구현을 하거나 skimage 라이브러리[18]를 사용하여 쉽게 구현이 가능하다. 이번장에서 우리는 복잡한 영상 분할 알고리즘을 직접 구현하지 않고 skimage라이브러리를 사용하여 SLIC알고리즘을 구현해보도록 한다. skimage라이브러리는 사전에 아래 명령어로 설치를 해 놓아야 한다.

```
!pip install scikit-image
scikit-image in /usr/local/lib/python3.10/dist-packages (0.23.2)
numpy>=1.23 in /usr/local/lib/python3.10/dist-packages (from scikit-image) (1.26.4)
scipy>=1.9 in /usr/local/lib/python3.10/dist-packages (from scikit-image) (1.13.1)
networkx>=2.8 in /usr/local/lib/python3.10/dist-packages (from scikit-image) (3.3)
pillow>=9.1 in /usr/local/lib/python3.10/dist-packages (from scikit-image) (9.4.0)
imageio>=2.33 in /usr/local/lib/python3.10/dist-packages (from scikit-image) (2.34.2)
tifffile>=2022.8.12 in /usr/local/lib/python3.10/dist-packages (from scikit-image) (2024.7.24)
packaging>=21 in /usr/local/lib/python3.10/dist-packages (from scikit-image) (24.1)
lazy-loader>=0.4 in /usr/local/lib/python3.10/dist-packages (from scikit-image) (0.4)
```

이제 OpenCV와 skimage 라이브러리의 여러 함수를 이용하여 SLIC 알고리즘을 구현해 보자.

연습 10-1) SLIC를 이용한 슈퍼 픽셀 알고리즘 구현하기

```
import matplotlib.pyplot as plt
import numpy as np
from google.colab import drive
import cv2
drive.mount('/content/gdrive')
#영상 불러오기
img = cv2.imread('/content/gdrive/My Drive/Image_Processing/MOT16-1.png')
from skimage.segmentation import slic
from skimage.segmentation import mark_boundaries
```

18) skimage라이브러리 중 영상 분할과 관련된 내용은 다음 사이트를 참조하기 바란다.
https://scikit-image.org/docs/stable/auto_examples/segmentation/

```
#BGR채널 순서를 RGB채널로 변경
img=cv2.cvtColor(img, cv2.COLOR_BGR2RGB)
#SLIC알고리즘 적용
segments_slic = slic(img, n_segments=250, compactness=30, sigma=1, start_label=1)
#그룹 수를 화면에 표시하기
print(f'SLIC number of segments: {len(np.unique(segments_slic))}')
#결과 영상 출력
plt.figure(figsize=(20, 20))
plt.subplot(1, 2, 1)
plt.title("input image")
plt.imshow(img)
plt.axis("off")
plt.subplot(1, 2, 2)
plt.title("SLIC")
plt.imshow(mark_boundaries(img, segments_slic))
plt.axis("off")
plt.show()
```

코드설명

```
segments_slic = slic(img, n_segments=250, compactness=10, sigma=1, start_label=1)
```

- **slic()** 함수의 리턴값은 픽셀별 군집 레이블 번호
- **imge:** 2D 또는 3D, 그레이 또는 다중 채널일 수 있는 입력 이미지
- **n_segments:** 분할된 출력 영상의 대략적인 군집 레이블 수를 나타낸다.
- **compactness:** 색상 근접성과 공간 근접성의 균형을 유지한다. 값이 높을수록 공간 근접성에 더 많은 가중치를 부여하여 슈퍼픽셀 모양이 더 정사각형/입방체로 만들어 진다.
- **sigma:** 영상의 각 차원에 대한 사전 처리를 위한 가우스 평활화 커널의 너비이다. 스칼라 값의 경우 각 차원에 동일한 시그마가 적용된다. 0은 스무딩이 없음을 의미한다.
- **start_label:** 군집 레이블 색인이 시작으로 0 또는 1이어야 한다.
- **np.unique():** 넘파이 배열에서 중복된 값을 제거하기 위해서는 **unique()** 함수를 사용한다. 이 함수는 넘파이 배열에서 중복된 값들을 제거한 배열을 반환해준다.

구현된 코드에서 n_segments 파라미터의 수를 조절하면서 결과를 확인해보자. 동일한 코드에서 군집의 개수를 150개로 줄인 결과 그림 10-3 (a)와 같이 군집의 개수가 줄어들고 군집의 크기가 커진 것을 알 수 있다. 이것은 작은 군집들이 이웃 군집에 병합되었기 때문이다. 이번에는 250개의 원래 군집에서 compactness만을 30으로 변경해보자. 그림 10-3 (b)와 같이 군집의 개수는 변화가 없지만, 인접 군집과 병합되는 형태가 조금 다른 것을 확인할 수 있다. 이 밖에도 sigma 값을 조절해서 결과의 차이를 확인해보도록 하자.

SLIC

(a) n_segments=150, compactness=10

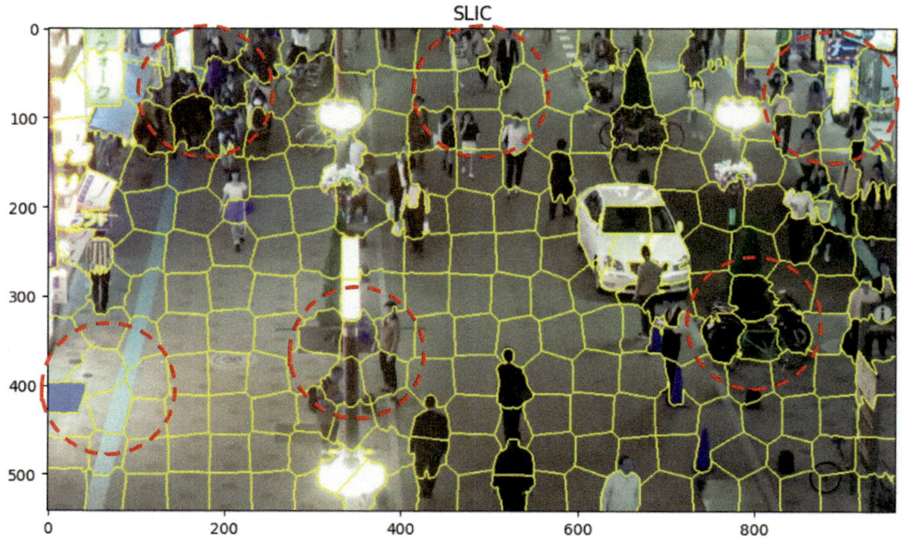

(a) n_segments=250, compactness=30

(그림 10-3) SLIC함수의 파라미터 변화에 따른 슈퍼픽셀 결과 차이

10.2 인접영역 그래프(Region Adjacency Graph, RAG)

우리는 10.1에서 SLIC 알고리즘을 이용해서 슈퍼 픽셀을 만들어 보았다. 결과에서 보듯이 슈퍼 픽셀 방법은 n_segment와 compactness 파라미터를 조절해 봐도 영상 분할 결과에는 한계가 있다. 따라서 슈퍼 픽셀은 가능한 한 작게 생성하고, 추가로 특징이 가까운 두 슈퍼 픽셀 그룹을 병합하는 방법이 효과적일 수 있다. 이를 위해 슈퍼 픽셀을 노드로 취급하여 그래프를 구성하고 그래프들의 병합을 통해 영역의 개수를 줄여가는 방법인 지역 인접 그래프(Region Adjacency Graph, RAG)[19]가 제안되었다. 이 방법은 그래프를 통해 지역의 인접성을 나타낸다. 영상의 각 슈퍼 픽셀(영역)은 그래프의 노드가 된다. 인접한 영역(슈퍼 픽셀)의 모든 쌍 사이에는 에지(edge)가 있다. 그림 10-4는 지역 영역들을 무방향성 인접 그래프로 구성한 예이다.

19) A. Tremeau, P. Colantoni, Regions Adjacency Graph Applied To Color Image Segmentation. IEEE Trans. Image Process. 2000, 9, 735-744.

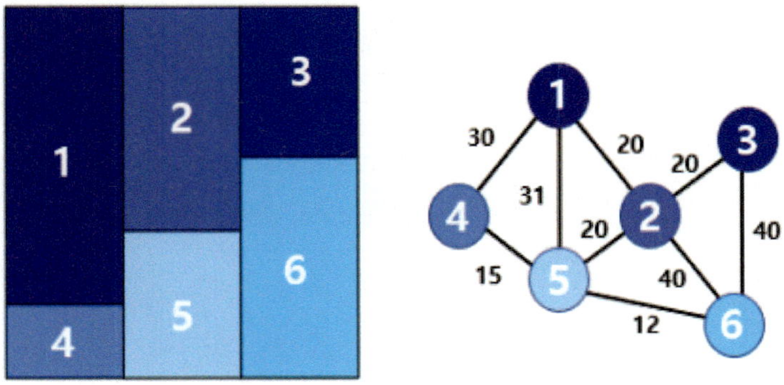

(그림 10-4) 영역을 노드로, 노드간의 색상차를 가중치로 하는 RAG 생성

두 노드 사이의 가중치는 슈퍼 픽셀과 마찬가지로 색상과 위치로 계산할 수 있다. 우리는 두 노드 (영역) 간의 평균 색상 차이만을 이용해서 에지 가중치로 사용하기로 한다. 즉 노드 (영역)이 유사할수록 노드 간 가중치는 낮아진다. 전체 RAG과정에 대한 알고리즘은 다음과 같다.

1) 슈퍼 픽셀로 분할된 영상을 이용하여 영역은 노드로, 노드간의 연결은 에지로 표현되는 RAG를 구성한다. 에지의 초기 가중치는 노드간 평균 색상차로 정의한다. (그림 10-5 (a))
2) 가장 작은 가중치 에지를 선택하고 두 개의 병합된 영역의 모든 이웃에 대한 새 영역의 인접성을 유지하면서 연결된 영역을 새로운 영역으로 결합한다(새 연결의 가중치도 그에 따라 업데이트된다). (그림 10-5 (b))
3) 반복 (Repeat)
   - 그래프의 최소 에지 가중치가 지정된 임계값보다 클 때까지 계속해서 영역을 병합한다. (그림 10-5 (c))
4) 최종 그래프 병합이 끝나면 각 군집별 평균 색상을 계산하고 알고리즘을 종료한다.

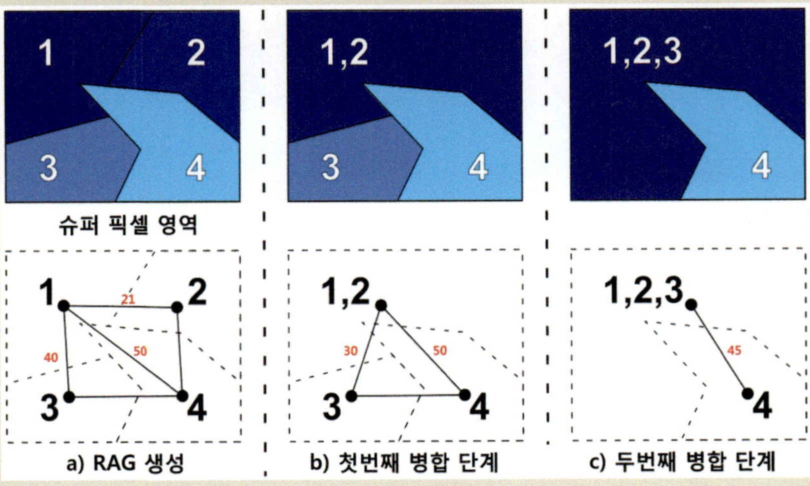

(그림 10-5) RAG 알고리즘 동작 순서[20)]

이제 OpenCV와 skimage 라이브러리의 여러 함수를 이용하여 RAG 알고리즘을 구현해 보자.

연습 10-2) RAG를 이용한 슈퍼 픽셀 병합 알고리즘 구현하기

```
from skimage import data, segmentation, color
from skimage.future import graph
from matplotlib import pyplot as plt
from google.colab import drive
import cv2
drive.mount('/content/gdrive')
#영상 불러오기
img = cv2.imread('/content/gdrive/My Drive/Image_Processing/peppers.jpg')
#BGR채널 순서를 RGB채널로 변경
img=cv2.cvtColor(img, cv2.COLOR_BGR2RGB)
#SLIC 알고리즘을 사용하여 이미지를 분할. SLIC 알고리즘은 각 영역에 고유한 레이블을 할당.
#각 픽셀의 레이블은 레이블 배열에 저장
labels1 = slic(img, n_segments=400, compactness=30, sigma=1,start_label=1)
#label2rgb 함수는 한 영역(동일한 레이블을 가짐)에 속하는 모든 픽셀에 특정 색상을 할당
# 이 경우 각 픽셀은 해당 영역의 평균 RGB 색상으로 대체
out1 = color.label2rgb(labels1, img, kind='avg')
#동일 레이블을 갖는 영역들에 대해 경계선 표시
label_rgb1 = mark_boundaries(out1, labels1)
#RAG 적용 (영역간의 색상만으로 그래프 병합)
g = graph.rag_mean_color(img, labels1)
#각 영역별 색상 가중치가 임계값(29) 이하이면 병합
labels2 = graph.cut_threshold(labels1, g, 29)
#RAG이후 동일 레이블에 해당하는 픽셀들의 평균값으로 채워주기
out2 = color.label2rgb(labels2, img, kind='avg', bg_label=0)
#동일 레이블을 갖는 영역들에 대해 경계선 표시
label_rgb2 = mark_boundaries(out2, labels2)
plt.figure(figsize=(20, 20))
plt.subplot(1, 3, 1)
plt.title("SLIC")
plt.imshow(out1)
plt.axis("off")
plt.subplot(1, 3, 2)
```

20) J. Jaworek-Korjakowska and P. Kleczek, Region Adjacency Graph Approach for Acral Melanocytic Lesion Segmentation, Appl. Sci. 2018, 8(9)의 그림을 재구성함

```
plt.title("Boundary_SLIC")
plt.imshow(label_rgb1)
plt.axis("off")
plt.subplot(1, 3, 3)
plt.title("Boundary_RAG")
plt.imshow(label_rgb2)
plt.axis("off")
plt.show()
```

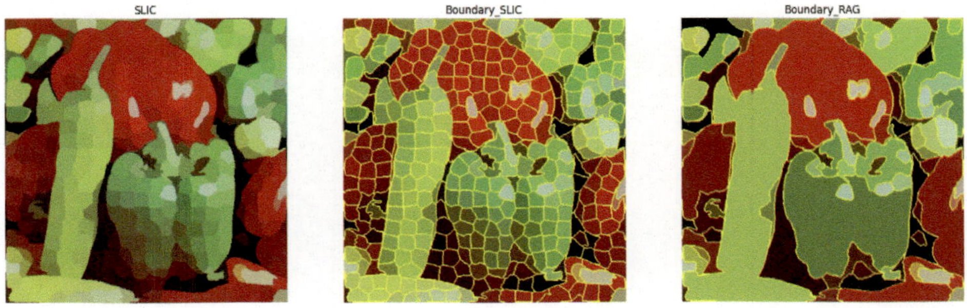

코드설명

out1=color.label2rgb(labels1, img, kind='avg'): 한 영역(동일한 레이블을 가짐)에 속하는 모든 픽셀에 평균 색상을 할당한다. 파라미터 중 kind='avg'에 의해 픽셀은 해당 영역의 평균 RGB 색상으로 대체하고 그 결과를 out1에 리턴한다.

label_rgb1 = mark_boundaries(out1, labels1): 영역별 평균색상과 레이블 정보를 이용해서 경계선을 디폴트 색상으로 표시한다.

g = graph.rag_mean_color(img, labels1):입력 이미지와 레이블 정보를 바탕으로 RAG를 수행한다. 여기에는 원본영상이 입력되거나 슈퍼 픽셀 영상이 입력될 수 있다. 원본영상이 입력되면 레이블 정보에 따라 슈퍼 픽셀로 다시 변경된다.

labels2 = graph.cut_threshold(labels1, g, 29): 레이블별 색상 가중치 임계값을 설정하고 이 이하일 경우 병합한다.

out2 = color.label2rgb(labels2, img, kind='avg', bg_label=0): 한 영역(동일한 레이블을 가짐)에 속하는 모든 픽셀에 평균 색상을 할당한다. 배경의 레이블은 0으로 설정한다.

label_rgb2 = mark_boundaries(out2, labels2): RAG적용 영상에 대해서도 경계선을 디폴트 색상으로 표시한다.

결과에서 보듯이 슈퍼 픽셀의 경우 많은 영역으로 구분되어 있지만, RAG결과는 의미 있는 객체 단위로 영역이 분할될 것을 알 수 있다. 슈퍼 픽셀과 같이 영상이 불필요하게 많은 영역으로 분할 되는 현상을 과잉분할(over segmentation)이라고 한다. 반대로 영역이 불필요하게 주변 영역과 병합되는 현상을 과소분할(under segmentation)이라고 한다. 코드에서 색상 가중치 임계값을 높여 과소분할을 테스트해 보자. 그림 10-6은 임계값을 70으로 올린 결과 영상으로 영상의 영역들이 과하게 병합된 것을 알 수 있다.

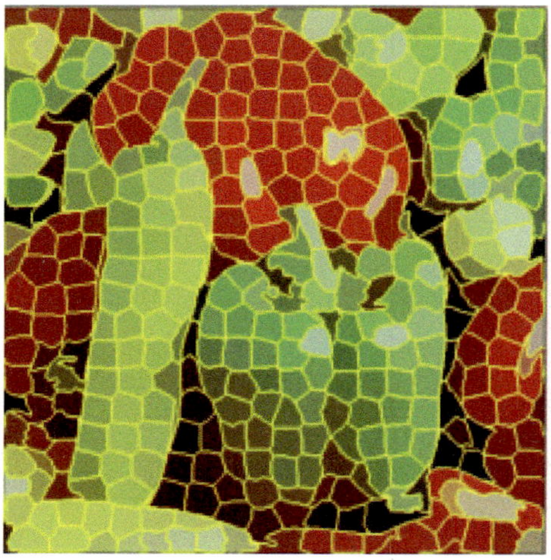

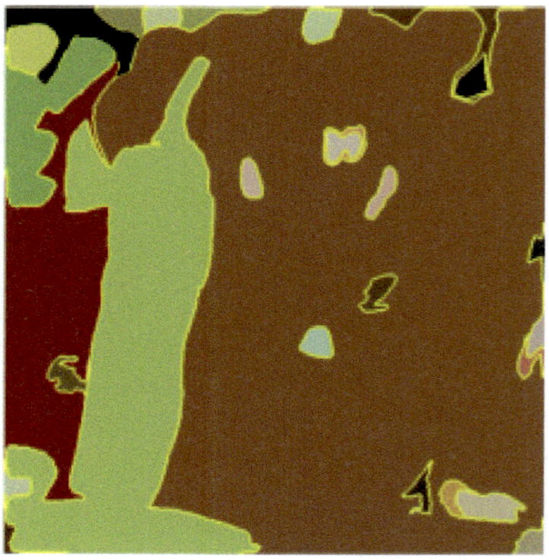

(그림 10-6) SLIC의 슈퍼픽셀 결과 (좌)와 RAG의 색상 가중치 임계값을 '70'으로 설정했을 경우의 과소분할 결과

10.3 그래프 컷(Graph Cut, GrabCut)

우리는 10.2장에서 그래프를 이용해서 영상을 큰 영역으로 병합하는 RAG 알고리즘을 학습하였다. GrabCut[21] 또한 그래프기반 영역 분할 알고리즘이다. 슈퍼픽셀이나 RAG분할 방법은 자동으로 영상 전체를 여러 영역으로 나누었다. 하지만 GrabCut 알고리즘은 분할하고자 하는 영역에 대한 초기정보를 입력해 주면 이 정보를 가지고 반자동(또는 대화식)으로 영상을 분할하는 방법이다. (그림 10-7)은 GrabCut의 결과를 보여준다. 영상이 입력되면 전경으로 사용할 영역과 배경으로 사용할 영역을 사용자가 지정해 주면 각 영역의 색상 특성을 이용해 그래프를 구성하고 그래프의 절단(컷)을 이용해서 전경/배경영역을 분할 할 수 있다.

21) Carsten Rother et al. "GrabCut": interactive foreground extraction using iterated graph cuts, ACM Transactions on Graphics, Volume 23, Issue 3, pp. 309-314, 2004.

(a) (b)

(그림 10-7) GrabCut을 이용한 영상분할 결과 (b)입력영상에 대해 전경과 배경을 나눌 수 있는 박스 설정, (b) 박스 안쪽을 전경, 바깥쪽을 배경영역으로 설정하여 영상을 분할한 결과

우리는 10.2장에서 그래프를 이용해서 영상을 큰 영역으로 병합하는 RAG 알고리즘을 학습하였다. GraphCut 또한 그래프 기반 영역 분할 알고리즘이다. 슈퍼픽셀이나 RAG분할 방법은 자동으로 영상 전체를 여러 영역으로 나누었다. 하지만 GrabCut 알고리즘은 분할하고자 하는 영역에 대한 초기정보를 입력해 주면 이 정보를 가지고 반자동으로 영상을 분할하는 대화식 분할 방법이다. 그림 10-7은 GrabCut의 결과를 보여준다. 영상이 입력되면 전경으로 사용할 영역과 배경으로 사용할 영역을 사용자가 지정해 주면 각 영역의 색상 특성을 이용해 그래프를 구성하고 그래프의 절단(컷)을 이용해서 전경영역과 배경영역을 분할 할 수 있다.

GrabCut을 공부하기 전에 먼저 알고리즘에서 사용되는 최소 컷(minimum cut 또는 min cut)을 알아보자.

최소 컷(Minimum Cut): 그래프 구조에서 노드 에지의 가중치가 최소화되는 지점을 찾아 절단(컷)하여 그래프를 분리시키는 방법이다.

그림 10-8 (a)와 같이 그래프는 5개의 노드(픽셀)과 노드를 연결하는 에지들로 구성되어 있다. 에지들은 가중치 값을 가지고 있는데 이 가중치는 픽셀간의 색상차로 정할 수 있다. 가중치가 높다는 것은 픽셀들간의 유사성이 높다는 것을 의미한다. 그림 10-8 (b)와 같이 그래프를 2개의 서브 그래프로 절단하기 위해 우리는 각 에지들별로 컷을 설정하고 비용이 가장 작은 컷을 찾는다. 비용이 작다는 것은 그만큼 노드(픽셀)들 간의 유사성이 적다는 것이다. 그림에서는 빨간색 실선이 가장 작은 비용을 가짐으로 이 선을 최소 컷으로 선택하고 1개의 그래프를 2개의 서브 그래프로 나누게 된다.

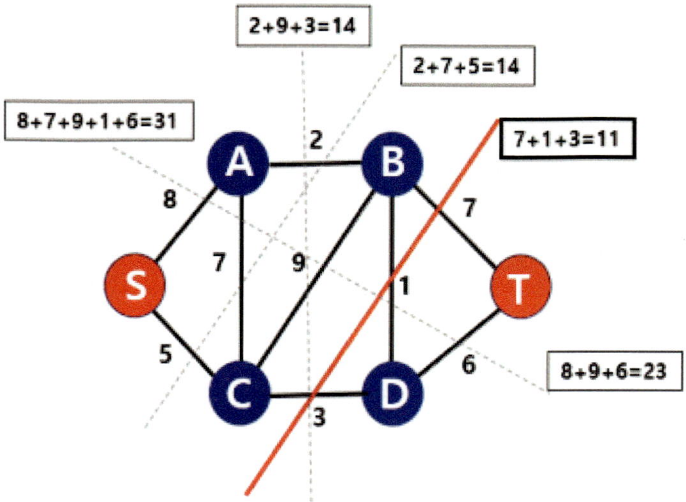

(그림 10-8) 최소 컷 알고리즘을 이용한 그래프 분리의 예

이제 GrabCut 알고리즘을 이용한 영상 분할 알고리즘에 대해 살펴보도록 하자.

1) 그림 10-7의 (a)와 같이 입력 영상에 배경을 구분할 수 있는 사각형을 만든다. 입력된 사각형 외부의 모든 항목은 배경으로, 사각형 내부에 대해서는 전경으로 간주하고 픽셀에 대해 초기 레이블링을 수행한다.
2) 전경 영역과 배경영역에 대해 각각 색상 확률모델을 만든다.[22)]
3) 각 픽셀의 색상을 두 그룹의 확률모델(정규분포 확률모델)에 적용하여 확률값을 계산한다. 한 픽셀이 전경에 속할 확률이 0.7이고, 배경에 속할 확률이 0.3이라면 해당 픽셀을 전경으로 레이블링한다. 이러한 과정을 거쳐 픽셀들은 'GC_BGD: 확실한 배경(0), GC_FGD: 확실한 전경(1), GC_PR_BGD: 아마도 배경(2), GC_PR_FGD: 아마도 전경(3)' 레이블로 갱신된다.
4) 이 픽셀 분포로부터 그래프가 작성되고, 픽셀은 그래프의 노드가 된다. '소스 노드 (S)'와 '싱크 노드 (T)'라는 두 개의 노드가 부가적으로 추가된다 (그림 10-8). 모든 전경 픽셀은 소스 노드 S에 연결되고 모든 배경 픽셀은 싱크 노드 T에 연결된다.
5) 픽셀 간의 가중치는 엣지 정보 또는 픽셀 유사도로 정의된다. 픽셀 색상의 차이가 크면 픽셀 사이의 에지가 낮은 가중치를 갖게 된다.
6) 최소 컷 알고리즘을 사용하여 그래프를 분할한다. 이는 최소비용 함수(minimum cost function)를 사용하여 그래프를 두 개의 분리된 소스 노드와 싱크 노드로 자른다. 비용 함수는 그림 10-8과 같이 절단된 에지의 모든 가중치의 합이다. 절단 후 소스 노드에 연결된 모든 픽셀은 전경이 되고 싱크 노드에 연결된 픽셀은 배경이 된다.
7) (2)~6)의 과정을 반복하다가 영역에 변화가 거의 없으면 수렴으로 간주하고 멈춘다.

이제 OpenCV 함수를 이용하여 GrabCut 알고리즘을 구현해 보자.

연습 10-3) GrabCut을 이용한 영상 분할 알고리즘 구현하기

```
from matplotlib import pyplot as plt
from google.colab import drive
import numpy as np
import cv2
drive.mount('/content/gdrive')
#영상 불러오기
img = cv2.imread('/content/gdrive/My Drive/Image_Processing/flower.bmp')
#BGR채널 순서를 RGB채널로 변경
img=cv2.cvtColor(img, cv2.COLOR_BGR2RGB)
#영상크기(height, width)를 받아오고 영상 크기 만큼의 리스트를 모두 0으로 초기화한 마
스크를 생성
#마스크 - 배경, 전경 또는 가능한 배경/전경 등의 영역을 지정(레이블)하는 이미지
mask = np.zeros(img.shape[:2],np.uint8)
#배경 및 전경 모델
#크기가 (1,65)인 두 개의 np.float64 유형 0 배열을 만듦
bgdModel = np.zeros((1,65),np.float64)
fgdModel = np.zeros((1,65),np.float64)
#전경과 배경을 나눌 사각형 영역 설정
rec = (50,20,210,180)
#GrabCut적용, 반복회수 5회
cv2.grabCut
(img,mask,rec,bgdModel,fgdModel,5,cv2.GC_INIT_WITH_RECT)
# 마스크 수정
mask2 = np.where((mask==2)|(mask==0),0,1).astype('uint8')
#마스크의 차원을 늘려 입력 영상과 곱(마스킹) 적용
imgout = img*mask2[:,:,np.newaxis]
#사각형 박스와 그랩컷 영상 출력
cv2.rectangle(img, (50,20), (260,200), (255,0,0))
plt.figure(figsize=(20, 20))
plt.subplot(1, 2, 1)
plt.title("Input")
plt.imshow(img)
plt.axis("off")
```

22) 정확히는 가우시안 혼합모델(Gaussian Mixture Model, GMM)을 만든다. 하지만 GMM은 이 책의 범위를 넘어남으로 자세한 사항을 알고 싶다면 저자의 논문을 참조하기 바란다.

```
plt.subplot(1, 2, 2)
plt.title("GrabCut")
plt.imshow(imgout)
plt.axis("off")
plt.show()
```

코드설명

cv2.grabCut(img, mask, rect, bgdModel, fgdModel, iterCount, mode=None)

- **img:** 입력 영상
- **mask:** 입력 영상과 크기가 같은 1 채널 배열, 배경과 전경을 구분하는 값을 저장 (cv2.GC_BGD: 확실한 배경(0), cv2.GC_FGD: 확실한 전경(1), cv2.GC_PR_BGD: 아마도 배경(2), cv2.GC_PR_FGD: 아마도 전경(3))
- **rect:** 전경이 있을 것으로 추측되는 영역의 사각형 좌표, 튜플 (x1, y1, x2, y2)
- **bgdModel, fgdModel:** 함수 내에서 사용할 임시 배열 버퍼 (재사용할 경우 수정하지 말 것)
- **iterCount:** 반복 횟수
- **mode(optional):** 동작 방법을 설정한다.
  - cv2.GC_INIT_WITH_RECT: rect에 지정한 좌표를 기준으로 그랩컷 수행
  - cv2.GC_INIT_WITH_MASK: mask에 지정한 값을 기준으로 그랩컷 수행
  - cv2.GC_EVAL: 재시도

mask = np.zeros(img.shape[:2],np.uint8): **img.shape[:2]**으로 영상크기(height, width)를 받아오고 영상 크기만큼의 리스트를 모두 0으로 초기화한 마스크를 생성한다.

```
[[0 0 0 ... 0 0 0]
 [0 0 0 ... 0 0 0]
 [0 0 0 ... 0 0 0]
 ...
```

```
...
[0 0 0 ... 0 0 0]
[0 0 0 ... 0 0 0]
[0 0 0 ... 0 0 0]]
```

mask2 = np.where((mask==2)|(mask==0),0,1).astype('uint8'): 마스크 를 수정. 새 마스크에서 픽셀은 위에 지정된 대로 배경/전경을 나타내는 4개의 플래그(cv2.GC_BGD: 확실한 배경(0), cv2.GC_FGD: 확실한 전경(1), cv2.GC_PR_BGD: 아마도 배경(2), cv2.GC_PR_FGD: 아마도 전경(3))로 표시한다. 따라서 우리는 모든 0픽셀과 2픽셀이 0(즉, 배경)에 배치되고 모든 1픽셀과 3픽셀이 1(즉, 전경 픽셀)에 배치되도록 마스크를 수정한다.

imgout = img*mask2[:,:,np.newaxis]: 마스크의 shape을 (height, width,1)로 늘려주고 입력 영상에 대해 마스킹 처리를 한다.

연습 10-3에서는 사전에 박스로 영상내의 배경과 전경을 지정 영상 분할을 시행했다. 연습 10-4에서는 대화식(interactive)으로 사용자가 펜으로 물체와 배경을 초기 지정하는 방법을 사용해보자. 대화식 방법에서는 파란색 펜으로 전경 영역을 지정하고 빨간색 펜으로 배경영역을 지정하도록 프로그램한다. 초기 설정된 영역으로부터 색상 확률모델을 만들고 나머지 픽셀들은 두 확률모델과 유사성을 따져 전경일 확률과 배경일 확률을 추정하고 전경 영역과 배경영역을 갱신한다. 새로 갱신된 영역으로 전경/배경 색상 확률모델을 다시 만들고 전경/배경영역을 갱신하는 작업을 반복한다. 마찬가지로 영역의 변화가 없으면 수렴한 것으로 판단하고 작업을 멈춘다. 연습 10-4에서는 영상을 새 창으로 띄우고 펜을 이용해서 초기 전경/배경영역을 설정해주어야 하므로 '새창 띄우기'나 '마우스 이벤트' 처리를 할 수 없는 코랩 환경에서는 프로그램을할 수 없다. 따라서 PC의 로컬 환경에서 쥬피터 노트북(Jupyter Notebook) 또는 그 밖의 개발도구를 사용하여 프로그램하고 결과를 확인해 보기를 권한다.

이제 OpenCV 함수를 이용하여 대화식 GrabCut 알고리즘을 구현해 보자.

연습 10-4) 대화식 GrabCut을 이용한 영상 분할 구현하기

```
#Jupyter Notebook에서 실행해야함.
import cv2
import numpy as np
#영상 불러오기
```

```
img = cv2.imread('D:/flower.bmp')
img_show=np.copy(img)
#영상크기(height, width)를 받아오고 영상 크기 만큼의 리스트를 모두 0으로 초기화한 마
스크를 생성
mask = np.zeros(img.shape[:2],np.uint8)
mask[:,:]=cv2.GC_PR_BGD
bgdModel = np.zeros((1, 65), np.float64) # 배경 모델 무조건 1행 65열, float64
fgdModel = np.zeros((1, 65), np.float64) # 전경 모델 무조건 1행 65열, float64
BrushSize=9
LColor,RColor=(255,0,0),(0,0,255)
# 마우스 이벤트 처리 함수 등록
def on_mouse(event, x, y, flags, param):
    if event == cv2.EVENT_LBUTTONDOWN: # 왼쪽 버튼은 전경
cv2.circle(img_show, (x, y), BrushSize, LColor, -1) # 파랑색 색칠
cv2.circle(mask, (x, y), BrushSize, cv2.GC_FGD, -1) # 마스크에 전경 강제 지정

    elif event == cv2.EVENT_RBUTTONDOWN: # 오른쪽 버튼은 배경
cv2.circle(img_show, (x, y), BrushSize, RColor, -1) # 빨강색 원
cv2.circle(mask, (x, y), BrushSize, cv2.GC_BGD, -1) # 마스크에 배경 강제 지정

    elif event == cv2.EVENT_MOUSEMOVE: # 마우스 움직임
        if flags & cv2.EVENT_FLAG_LBUTTON: # 왼쪽 누르고 움직이면 전경
cv2.circle(img_show, (x, y),BrushSize, LColor, -1)
cv2.circle(mask, (x, y), BrushSize, cv2.GC_FGD, -1)
        elif flags & cv2.EVENT_FLAG_RBUTTON: # 오른쪽 누르고 움직이면 배경
cv2.circle(img_show, (x, y),BrushSize, RColor, -1)
cv2.circle(mask, (x, y),BrushSize, cv2.GC_BGD, -1)

cv2.imshow('Painting', img_show)
cv2.namedWindow('Painting')
cv2.setMouseCallback('Painting', on_mouse)

while True:
key = cv2.waitKey()
    if key == 13: #return
cv2.grabCut(img, mask,None, bgdModel, fgdModel, 5, cv2.GC_INIT_WITH_MASK) # 마
스크 초기화
mask2 = np.where((mask == 2) | (mask == 0), 0, 1).astype('uint8')
dst = img * mask2[:, :, np.newaxis]
cv2.imshow('GrabCut image',dst)
```

```
        elif key == 27: #esc
            break
    cv2.waitKey()
    cv2.destroyAllWindows()
```

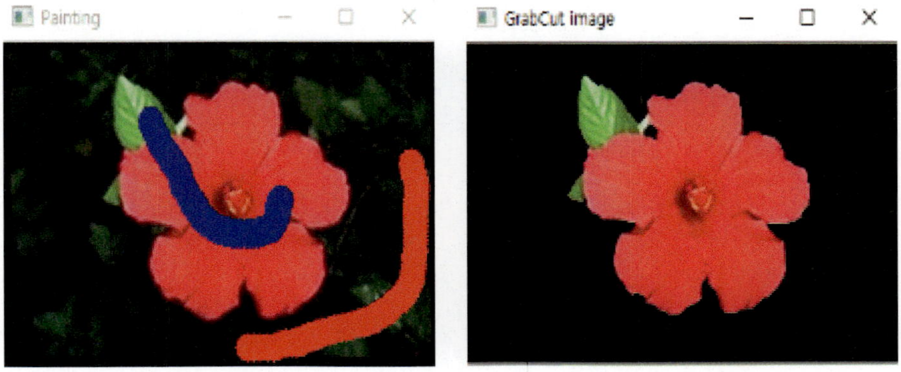

코드설명

BrushSize=9: 펜의 굵기

LColor,RColor=(255,0,0),(0,0,255): 전경 펜 색상(B(255),G(0), R(0),파란색), 배경 펜 색상(B(0),G(0),R(255)–빨간색)

def on_mouse(event, x, y, flags, param): 마우스 이벤트 처리를 위한 함수

cv2.circle(img_show, (x, y), BrushSize, LColor, –1): 이미지에 파란색 원형 펜으로 그리기

cv2.circle(mask, (x, y), BrushSize, cv2.GC_FGD, –1): 마스크에 '확실한 전경 (1)'으로 표시

ccv2.circle(img_show, (x, y),BrushSize, RColor, –1): 이미지에 빨간색 원형 펜으로 그리기

cv2.circle(mask, (x, y),BrushSize, cv2.GC_BGD, –1): 마스크에 '확실한 배경 (0)'으로 표시

cv2.namedWindow('Painting'): 새창 띄우기

cv2.setMouseCallback('Painting', on_mouse): 콜백함수 호출하기

key = cv2.waitKey(): 키보드 입력 대기

mask2 = np.where((mask==2)|(mask==0),0,1).astype('uint8'): 마스크 를 수정.

imgout = img*mask2[:,:,np.newaxis]: 마스크의 shape을 (height, width,1)로 늘려주고 입력 영상에 대해 마스킹 처리를 한다.

cv2.destroyAllWindows(): 창 종료

추가적으로 복잡한 배경 영상에 대해서도 실험해 보자. 그림 10-9와 같이 배경과 전경을 펜으로 칠한 경우 전경에 배경에 해당하는 나무가 포함되어 있더라도 배경과 잘 구분되는 것을 알 수 있다. 더 정밀하게 배경영역을 선택한다면 일부 남은 나무 영역도 배경으로 병합이 가능할 것이다. 다양한 영상들에 대해 대화식 GrabCut을 이용하여 테스트 해보도록 하자.

(그림 10-9) 복잡한 영상을 대상으로 대화식 GrabCut을 적용한 전경/배경 분할 결과

10장 정리

1. 영상분할(Image segmentation)은 디지털 영상에서 픽셀 또는 영상 영역을 그룹화하는 과정이다. 이를 통해 영상을 이해하기 쉬운 구조로 변환하여 분석 및 처리를 용이하게 한다.

2. 지역 기반 분할(Region-based Segmentation)은 영상에서 유사한 속성을 가진 픽셀을 결합하여 영역을 형성하는 방법이다. 이 방법은 일반적으로 픽셀의 색상, 밝기, 질감 등의 특징을 고려한다. 대표적인 알고리즘으로는 K-mean 클러스터링, Mean Shift, 그리드 기반 분할 등이 있다.

3. 윤곽선 기반 분할(Contour-based Segmentation)은 영상에서 픽셀 간의 경계를 식별하여 분할하는 방법이다. 이 방법은 일반적으로 에지 검출(Edge Detection)을 기반으로 하며, Canny 에지 검출 및외곽선 추출 알고리즘이 이에 해당한다.

4. 픽셀 기반 분할(Pixel-based Segmentation)은각 픽셀을 개별적으로 분류하여 영상을 분할하는 방법이다. 이 방법은 주로 픽셀 강도, 색상 또는 텍스처를 기준으로 한다. 대표적으로는 슈퍼-픽셀(super-pixel) 분할 방법이 있다.

5. 대화식 분할(Interactive Segmentation)은 사용자가 초기 곡선을 지정하여 원하는 영역을 분할해내는 방법이다. 대표적인 능동 외곽선(active contour) 알고리즘, 그래프 컷(GrabCut) 알고리즘이 있다.

6. 슈퍼 픽셀 분할은 영상을 특징이 비슷한 작은 균일한 영역으로 나누고 이를 기본 단위로 하여 영상을 처리하는 방법이다.

7. 여러 슈퍼 픽셀 분할 알고리즘 중에서 '단순 선형 반복 클러스터링'(Simple Linear Iterative Clustering, SLIC) 알고리즘이 처리 과정이 단순하고 성능이 좋아 많이 사용된다.

8. 슈퍼 픽셀을 노드로 취급하여 그래프를 구성하고 그래프들의 병합을 통해 영역의 개수를 줄여가는 방법을 지역 인접 그래프(Region Adjacency Graph, RAG)라고 한다.

9. 슈퍼 픽셀과 같이 영상이 불필요하게 많은 영역으로 분할 되는 현상을 과잉분할(over segmentation)이라고 한다. 반대로 영역이 불필요하게 주변 영역과 병합되는 현상을 과소분할(under segmentation)이라고 한다.

10. GrabCut 알고리즘은 분할하고자 하는 영역에 대한 초기정보를 입력해 주면 이 정보를 가지고 반자동(또는 대화식)으로 영상을 분할하는 방법이다. 여기서 최소 컷(Minimum Cut)은 그래프 구조에서 노드 에지의 가중치가 최소화 되는 지점을 찾아 절단(컷)하여 그래프를 분리하는 방법이다.

연습문제

1. 연습 10-1의 슈퍼 픽셀 분할에서 n_segments와 compactness, sigma 파라미터를 조절해 가면서 슈퍼 픽셀 분할을 시도해 보자. 각 파라미터에 따른 영상 분할 결과를 제시하고 그 결과를 분석해보자.

2. 연습 10-2의 RAG 코드에서는 그래프를 구성할 때 노드(영역) 간의 평균 색상 차이만을 이용해서 에지 가중치로 사용하였다. 코드를 변경하여 ① 노드 사이의 가중치를 평균 색상 차이만으로 계산한 경우, ② 노드 사이의 가중치를 평균 거리 차이만으로 계산한 경우, ③ 노드 사이의 가중치를 평균 색상 및 거리 차이로 계산한 경우에 대한 병합 결과를 비교 분석해보자.

3. 연습 10-3, 4의 GrabCut함수에서 반복회수가 결과에 어떤 영향을 미치는지 테스트 해보고 그 결과를 비교해 보자.

4. 연습 10-4의 대화식 GrabCut에서 배경이 복잡한 영상에 대해 전경과 배경을 나누어 테스트 해보자. 아래와 같이 배경이 복잡한 영상의 경우 잘 분할되지 못하는 이유를 설명해 보자.

(a) 전경(파란색)과 배경(빨간색) 지정

(b) 지정된 전경/배경에 따른 GrabCut 영상 분할 결과

참고문헌

[1] skimage라이브러리, https://scikit-image.org/docs/stable/auto_examples/segmentation/

[2] A. Tremeau, P. Colantoni, Regions Adjacency Graph Applied To Color Image Segmentation. IEEE Trans. Image Process. 2000, 9, 735-744.

[3] J. Jaworek-Korjakowska and P. Kleczek, Region Adjacency Graph Approach for Acral Melanocytic Lesion Segmentation, Appl. Sci. 2018, 8(9)

[4] Carsten Rother et al. "GrabCut": interactive foreground extraction using iterated graph cuts, ACM Transactions on Graphics, Volume 23, Issue 3, pp. 309-314, 2004.

```
include <stdio.h>

oid main()

  int iValue1, iValue2, iResult;

  printf("\n\n ***** program start

  iValue1 = 20;
  iValue2 = 30;
  iResult = iValue1 * iValue2;

  printf(" %d + %
```

제11장

영상의 모양 기술자
(Shape Descriptor)

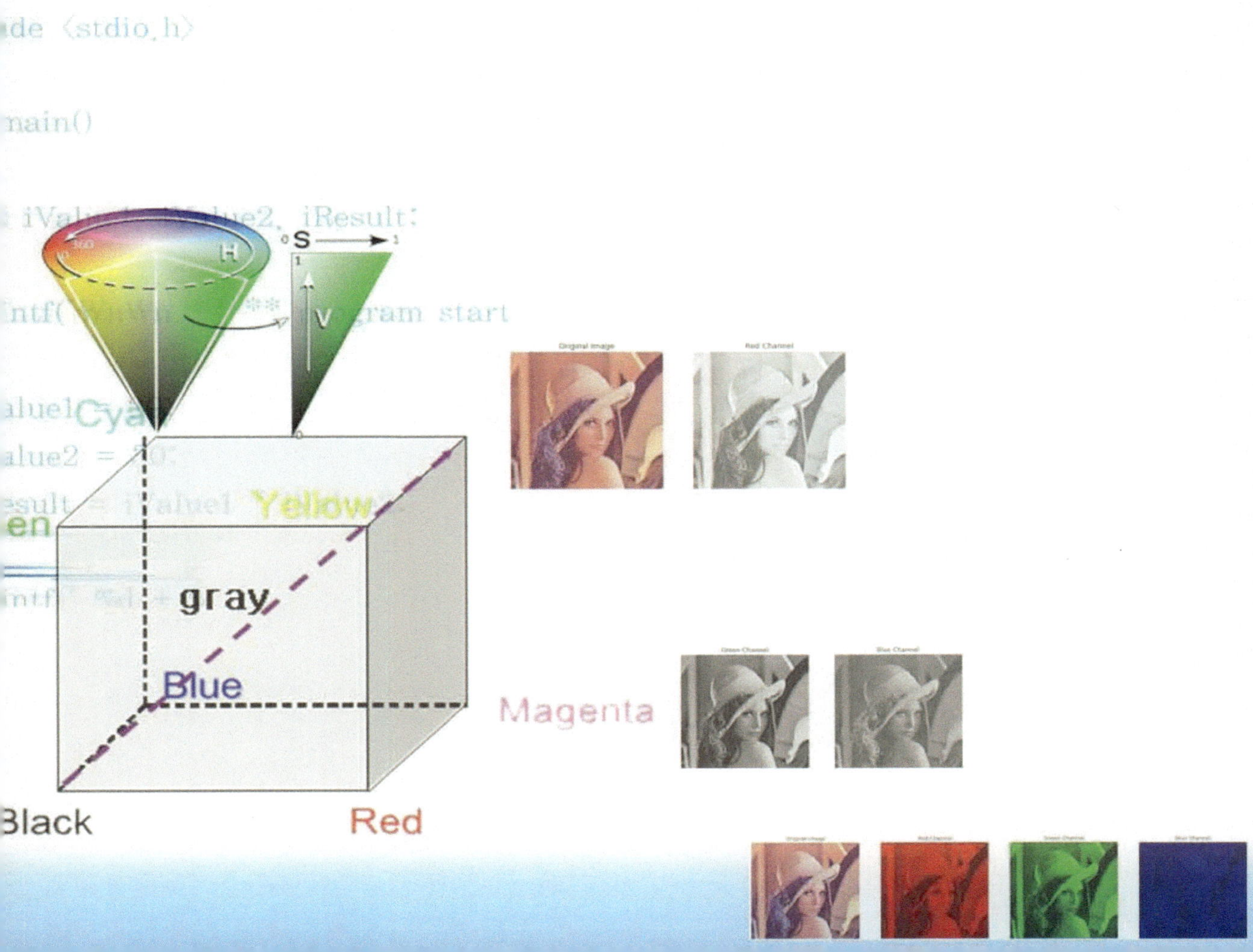

제 11 장 영상의 모양 기술자 (Shape Descriptor)

지금까지는 영상 자체에 대해 노이즈를 제거하고 에지를 검출, 영상을 분할하는 알고리즘에 초점을 맞췄다면, 11장에서는 이전의 모든 단계가 끝난 상태에서 영상에 포함된 물체의 모양을 인식하는 방법에 대해 배워보도록 한다. 물체의 모양을 인식하는 방법은 알고리즘에 따라 물체의 외곽선을 추출하여 계산 할 수도 있고, 물체 분할 후에 물체 내에 존재하는 모든 픽셀 자체를 이용할 수도 있다. 물체의 모양을 인식하기 위해, 물체로부터 고유한 정보를 수치로 표현하는데 이것을 모양 기술자(shape descriptor)라고 부른다.

바람직한 모양 기술자는 반드시 다음과 같은 조건을 만족해야 한다.

모양 기술자는 물체의 이동, 회전 및 크기 변화에 불변해야 한다.
모양 기술자의 특징 벡터 차원은 최소화해야 한다.
모양 기술자는 물체의 전역적 정보뿐만 아니라 지역적 정보도 같이 제공할 수 있어야 한다.
모양 기술자를 위한 유사도 측정 방법은 빠르고 정확해야 한다.

11장에서는 위와 같은 모양 기술자의 조건을 고려하여, 영상처리에서 주로 사용되고 있는 모양 기술자에 대해 알아보고 알고리즘을 구현해 보도록 한다.

본 11장에서 다루고자 하는 모양 기술자는 다음과 같다.

- 전역 모양 기술자
- 불변 모멘트(invariant moment) 기법

11.1 전역 모양 기술자(Global Shape Descriptor)

전역 모양 기술자는 물체의 전역적 특성을 나타내는 기술자로 대표적인 알고리즘은 다음과 같다.

1) 둘레 길이(Perimeter)

둘레 길이는 물체의 경계 길이를 의미하는 것으로 아래 수식과 같이 적분을 통해 구할 수 있다.

$$P = \int \sqrt{x^2(t) + y^2(t)dt} \quad (11\text{–}1)$$

물체는 하나하나의 픽셀로 구성되므로 위 수식은 아래와 같이 다시 수정 가능하다.

$$P = \sum_{i=1}^{Width} \sum_{j=1}^{Height} 1 \cdot (x_i, y_i) \quad (11\text{–}2)$$

위 수식에서 1 • ( )은 함수 내부의 값이 경계에 해당할 경우 1, 그렇지 않을 경우 0을 나타낸다. 이진화 후에 에지 검출 등을 통해 물체의 경계를 구하고 같은 레이블을 갖는 물체에 대해 4방향 연결성이나 8방향 연결성을 이용, 둘레(외곽선)의 길이를 측정(픽셀 개수의 카운트) 하여 그 값을 둘레 길이로 사용할 수 있다.

OpenCV Python에서는 아래 함수를 이용해서 둘레길이를 계산할 수 있다.

```
arcLength()
double cv::arcLength    (
InputArray      curve,
bool    closed
)
Python:
cv.arcLength(   curve, closed     ) ->     retval
curve: 2D 포인트 입력 벡터
closed: curve가 닫힌 커브인지 아닌지 여부를 나타냄
```

2) 영역 크기(Area)

영역 크기란 물체 안에 포함된 픽셀의 수를 의미한다. 우리는 이미 8장에서 연습문제에서 영역 레이블링 기법에서 영역의 크기를 픽셀수로 카운트하여 임계값 이하인 영역은 제거하는 방법을 사용하였다. 물체에 대한 둘레길이와 영역 크기 계산의 예는 그림 11-1과 같다.

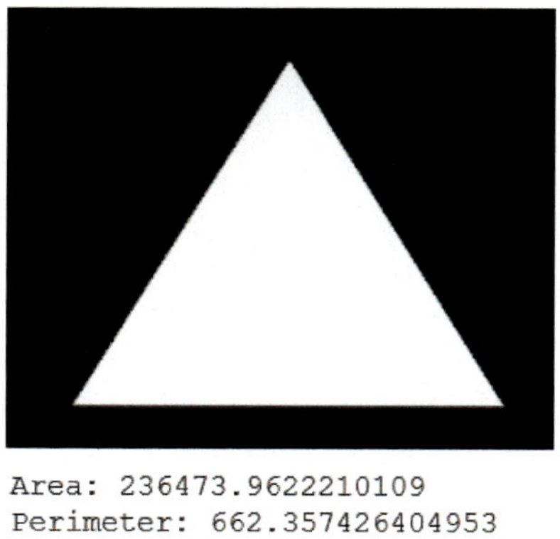

(그림 11-1) 영역 크기와 둘레길이 계산의 예

OpenCV Python에서는 아래 함수를 이용해서 영역크기를 계산할 수 있다.

```
double cv::contourArea (
InputArray contour,
bool oriented = false
)
Python:
cv.contourArea( contour[, oriented] ) -> retval
contour: 외곽선 2D 포인트
oriented: 부호가 있거나(true) 또는 부호 없는 값 리턴(false, default)
retval: 외곽선에 포함된 0이 아닌 픽셀 개수
```

3) 원형율(Roundness)

원형율은 물체가 어느 정도 둥근 모양을 갖는가를 나타내는 모양 기술자로서, 물체가 완전한 원형이면 1의 값을, 완벽한 원형에서 멀어질수록 1보다 작은 값을 갖고 반대로 물체의 형상이 배우 복잡할 경우 둘레 길이의 값이 커지므로 1보다 큰 값을 갖게 된다.

원형율은 다음과 같은 수식을 이용하여 계산 가능하다.

$$C = \frac{P^2}{4\pi A} \tag{11-3}$$

수식에서 P는 둘레길이를 의미하고, A는 영역크기를 의미한다.

그림 11-2에서 보듯이 원형에 가까운 물체는 1에 근사한 값을 갖는 반면 복잡한 모양을 갖는 물체에서는 1보다 큰 값을 갖는 것을 알 수 있다.

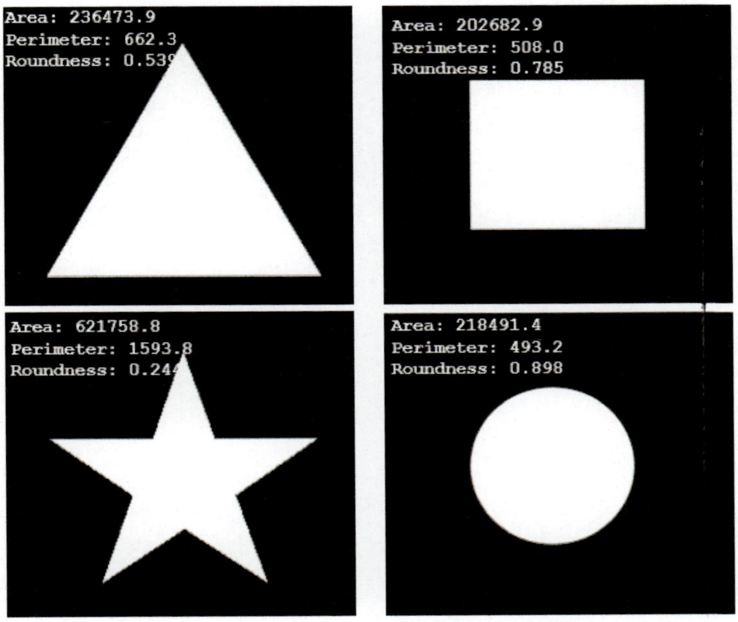

(그림 11-2) 다양한 물체의 원형율 계산 예

OpenCV의 여러 함수를 이용하여 물체의 크기, 둘레, 원형율 계산 알고리즘의 프로그램을 작성해보자.

연습 11-1) 원형율 계산 알고리즘 구현하기

```
import cv2, sys, os
from google.colab.patches import cv2_imshow
import numpy as np
```

```
import math

img = '/content/gdrive/My Drive/Image_Processing/milkdrop.bmp'
gray_img = cv2.imread(img, 0)

print("Input image")
cv2_imshow(gray_img)
#threshold를 이용하여 binary image로 변환
_, im = cv2.threshold(gray_img, 128, 255, 0)

def compute_roundness(im):
  #이진 영상의 외곽선 찾기
  contours, hierarchy = cv2.findContours(np.array(im, dtype = np.uint8), cv2.R
ETR_TREE, cv2.CHAIN_APPROX_SIMPLE)
  #영역의 계수를 계산하여 분모 계산
  a = cv2.contourArea(contours[0])*4*math.pi
  #영역의 둘레를 계산하여 분자 계산
  b = math.pow(cv2.arcLength(contours[0], True), 2)
  print("Area:", a)
  print("Perimeter: ", cv2.arcLength(contours[0], True))
  #원형율 계산
  if b==0:
   return 0
  return a / b
print("Roundness", compute_roundness(im))
```

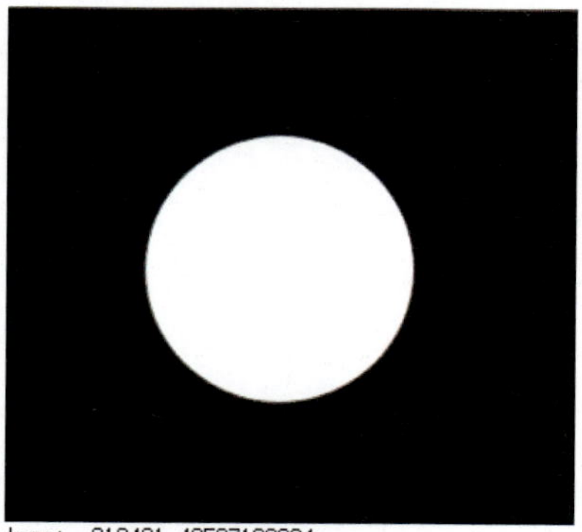

```
Area:  218491.48587186294
Perimeter:  493.2447278499603
Roundness: 0.8980688115972061
```

코드설명

`contours, hierarchy = cv2.findContours(np.array(im, dtype=np.uint8), cv2.RETR_TREE, cv2.CHAIN_APPROX_SIMPLE)`: 이진화된 im영상에 대해 외곽선 찾기. 영역의 번호가 레이블 된 영상이라면 label_image를 넣어 각각 외곽선을 구하고 영역의 크기를 구하도록 하면 된다.

`a = cv2.contourArea(contours[0]) * 4 * math.pi`: 외곽선 영역에 포함된 영영의 크기를 계산한다.

`cv2.arcLength(contours[0], True)`: closed (True)된 영역의 둘레 길이 계산한다.

4) 신장율(Elongation)

신장율은 물체를 포함하는 최소 사각형을 만들고, 사각형 최소 경계선의 가로-세로 비(aspect ratio)를 측정하는 방법이다.

신장율을 구하기 위해서는 그림 11-3와 같이 물체에 대한 최소 사각형을 만들어야 한다. 이를 위해서는 물체의 중심점과, 물체의 기울기를 통해 장축과 단축을 구하고, 이 값을 이용하여 사각형 박스를 그린다. 이후 사각형 박스의 가로-세로 비율을 이용하여 신장율을 계산 할 수 있다.

우선 물체의 좌표 값 x_i, y_i와 아래의 수식을 이용하여 무게 중심 $C_{x,y}$를 구한다.

$$C_{x,y} = (\frac{1}{n}\sum_{i=0}^{N-1} x_i, \frac{1}{n}\sum_{i=0}^{N-1} y_i) \quad (11\text{–}4)$$

다음으로 물체 내(R)의 무게 중심값과 물체의 기울어진 각도(θ)를 아래의 수식을 이용하여 구한다.

$$\theta = \frac{1}{2}tan^{-1}\left[\frac{2C_{m1,1}}{C_{m2,0} - C_{m0,2}}\right] \quad (11\text{–}5)$$

$$C_{mp,q} = \sum_x^R \sum_y^R (x - C_x)^p (y - C_y)^q \quad (11\text{–}6)$$

이렇게 구해진 기울기 값으로부터 a와 b의 값을 물체의 각 픽셀마다 구하고, a와 b값을 정렬하여 최대값과 최소값을 구한다.

$$a = x\cos\theta + y\sin\theta \quad (11\text{–}7)$$
$$b = -x\sin\theta + y\cos\theta$$

구해진 α값에서 최대값을 α_{max}, 최소값을 α_{min}이라 하고, β값에서도 최대값을 β_{max}, 최소값을 β_{min}이라고 할 때, $Height = \alpha_{max} - \alpha_{min}$, $Width = \beta_{max} - \beta_{min}$라 설정하고 아래 수식을 이용하여 신장율을 계산한다.

$$E = \frac{|Width - Height|}{Height} \quad (11\text{–}8)$$

위 수식으로 신장율을 계산하면 정사각형이나 원의 경우 가로 세로의 비가 같으므로 0의 값을 갖게 되고, 직사각형이나 타원의 경우 한쪽 길이가 커지므로 0보다 큰 값을 갖게 된다.

이제 OpenCV에서 제공하는 python 관련 함수를 알아보자.

① 영역의 위-좌측 위치와 너비, 높이를 제공한다. 영역의 회전은 고려하지 않는다.

```
Rect cv::boundingRect    (
InputArray        array    )
Python:
cv.boundingRect( array   ) ->      retval
```

array: 이진 또는 그레이 영상

② 영역의 회전을 고려하여 위-좌측 위치와 너비, 높이를 제공한다.

```
RotatedRect cv::minAreaRect        (        InputArray        points    )
Python:
cv.minAreaRect( points    ) ->      retval
```

③ 영역을 포함하는 최소 원을 만들어준다.

```
void cv::minEnclosingCircle        (        InputArray        points,
Point2f &         center,
float &           radius
)
Python:
cv.minEnclosingCircle(    points    ) ->      center, radius
```

points: 입력 영역의 2D 포인트

center: 원의 중심

④ 영역의 회전을 고려하여 영역을 포함하는 최소 타원을 만들어준다.

RotatedRect cv::fitEllipse(InputArray points)

Python:

cv.fitEllipse(points) -> retval

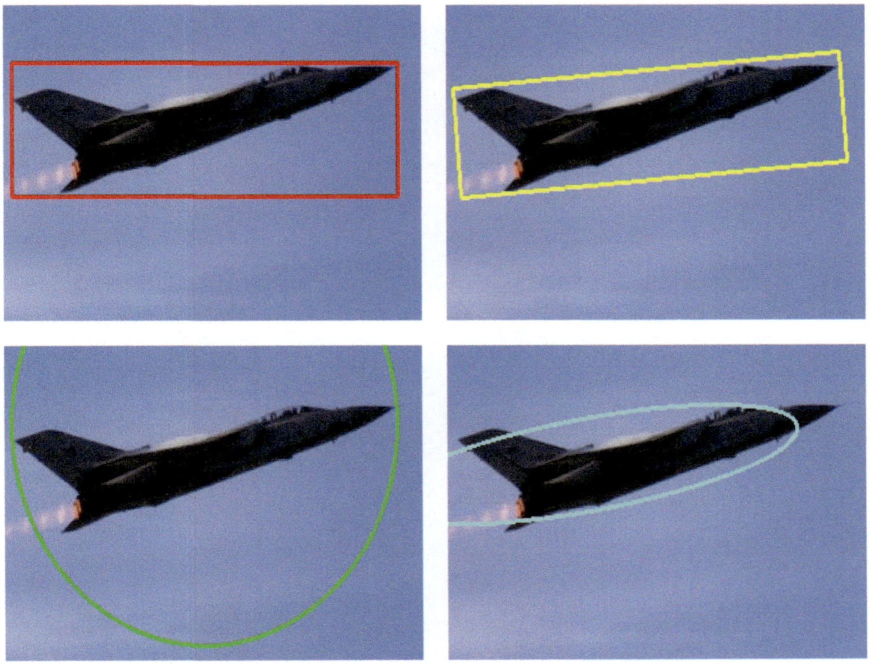

(그림 11-3) 영역에 대한 바운딩 박스, 회전을 고려한 바운딩 박스, 영역을 포함하는 원, 회전을 고려한 타원의 예

이제 그림 11-3과 같이 영역에 대한 바운딩 박스 및 원과 타원을 그리고 신장율을 계산할 수 있는 프로그램을 작성해 보자.

연습 11-2) 신장율 알고리즘 구현하기

```
img_color = '/content/gdrive/My Drive/Image_Processing/airplane.bmp'
img_color = cv2.imread(img_color, 1)
gray_img = cv2.cvtColor(img_color, cv2.COLOR_BGR2GRAY)
print("Input image")
cv2_imshow(gray_img)
#threshold를 이용하여 binary image로 변환
_, img = cv2.threshold(gray_img, 128, 255, cv2.THRESH_BINARY_INV)
```

```
print("Binary image")
cv2_imshow(img)
print("Morphology Dilation->noise removal")
kernel = np.ones((5,5), np.uint8)
mor_img = cv2.dilate(img, kernel)
cv2_imshow(mor_img)

contours, hierarchy = cv2.findContours(np.array(mor_img, dtype=np.uint8), cv2.R
ETR_TREE, cv2.CHAIN_APPROX_SIMPLE)
cnt = contours[0]
#회전(기울어짐) 고려하지 않는 바운딩 박스
x, y, w, h = cv2.boundingRect(cnt)

#회전(기울어짐) 고려하는 바운딩 박스
rect = cv2.minAreaRect(cnt)
box = cv2.boxPoints(rect)
box = np.int0(box)
cv2.drawContours(img_color, [box], 0, (0, 255, 255), 2)

#회전(기울어짐) 고려하는 타원
(x, y), radius = cv2.minEnclosingCircle(cnt)
center = (int(x), int(y))
radius = int(radius)
cv2.circle(img_color, center, radius, (0, 255, 0), 2)

#회전(기울어짐) 고려하는 타원
ellipse = cv2.fitEllipse(cnt)
cv2.ellipse(img_color, ellipse, (255, 255, 0), 2)

#신장율 구하기
E = np.fabs(w-h)/h
print("Bounding Box and Circles")
cv2_imshow(img_color)
print("Elongation : ", E)
```

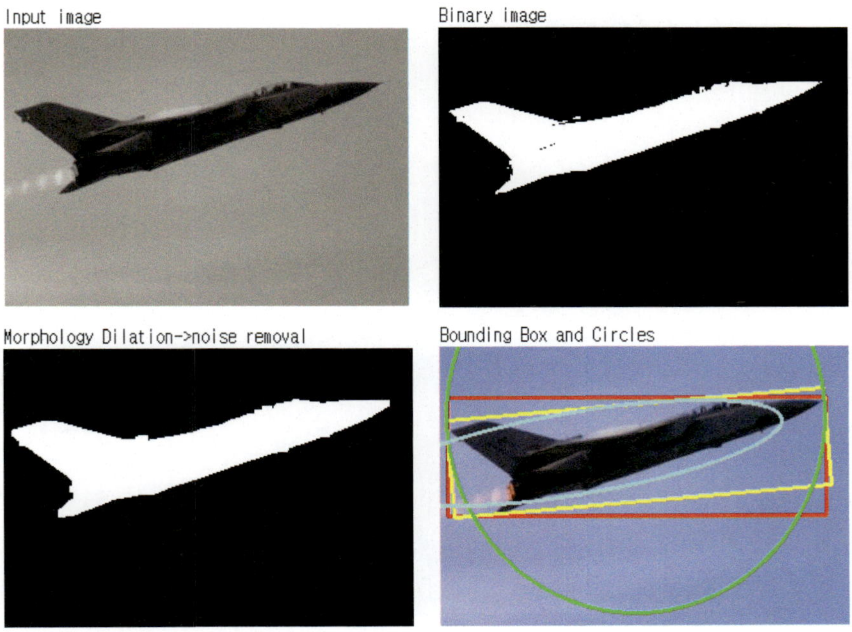

Elongation : 2.3258426966292136

코드설명

cv2.rectangle(img_color,(x,y),(x+w,y+h),(0,0,255),2):

img - 그림을 그릴 이미지

start - 시작 좌표(ex; (0,0))

end - 종료 좌표(ex; (500. 500))

color - BGR형태의 Color(ex; (255, 0, 0) -> Blue)

thickness (int) - 선의 두께. pixel

cv2.circle(img_color,center,radius,(0,255,0),2):

img - 그림을 그릴 이미지

center - 원의 중심 좌표(x, y)

radian - 반지름

color - BGR형태의 Color

thickness - 선의 두께, -1 이면 원 안쪽을 채움

cv2.ellipse(img_color,ellipse,(255,255,0),2):

img - image

center - 타원의 중심

axes - 중심에서 가장 큰 거리와 작은 거리

angle - 타원의 기울기 각

startAngle - 타원의 시작 각도
endAngle - 타원이 끝나는 각도
color - 타원의 색
thickness - 선 두께 -1이면 안쪽을 채움

11.2 불변 모멘트(Invariant Moment)

영상에서 모멘트란 영상 픽셀 강도의 가중치 평균을 나타낸다. 영상에서 모멘트는 영역 분할 후에 물체를 표현하는데 아주 유용하게 사용될 수 있으며, 객체의 움직임(이동, 회전, 크기 변화)에 따른 변화에 불변한 특징 정보를 제공할 수 있다.

2차원의 연속적인 함수 $f(x,y)$가 있다고 할 때, 이 함수에 대한 기하학적 모멘트는 다음과 같이 구할 수 있다.

$$m_{pq} = \int_{-\infty}^{\infty}\int_{-\infty}^{\infty} x^p y^q f(x,y)dxdy \quad (11-9)$$

수식에서 p, q는 모멘트의 차수를 나타낸다. 하지만 영상의 픽셀은 이산(discrete)적이며 입력 함수 f는 영상과 같으므로 영상의 한 픽셀을 나타내는 I(x,y)로 바뀔 수 있으므로, 위 수식은 다시 아래와 같이 변환 할 수 있다.

$$m_{pq} = \sum_x \sum_y x^p y^q I(x,y) \quad (11-10)$$

이산 모멘트 수식으로부터 전역 모양 기술자도 계산이 가능하다.

영역의 크기: m_{00}

무게 중심: $\bar{x}= \frac{m_{10}}{m_{00}}, \ \bar{y}= \frac{m_{01}}{m_{00}}$

기하학적 모멘트일 경우 영상이 이동할 때 값이 변하므로, 위 모멘트 수식을 변형하여 영상의 중심점을 고려한 중심 모멘트(μ_{pq}, central moment) 방법을 정의할 수 있다.

$$u_{pq} = \sum_{x=0}^{N-1}\sum_{y=0}^{N-1}(x-\overline{x})^p(y-\overline{y})^q I(x,y) \tag{11-11}$$

실제 계산에서는 이진 영상을 사용하고 값이 255인 영역에 대해서만 모멘트를 측정함으로 m_{pq}와 μ_{pq}에서 픽셀값 I(x,y)는 계산 시 1로 변환하여 계산하면 속도를 향상 시킬 수 있다.

이렇게 정의된 중심 모멘트는 고차원 모멘트로 확장 될 수 있다. 고차원 모멘트는 중심 모멘트를 이용하여 바로 구할 수도 있지만 기하학적 모멘트를 이용하여 아래와 같이 구할 수도 있다 (본 교재의 예제 프로그램에서는 기하학적 모멘트를 사용하지 않고 바로 중심모멘트를 이용하여 구하도록 하였다.)

$$\begin{aligned}
\mu_{00} &= m_{00} \\
\mu_{01} &= \sum_x\sum_y (y-\overline{y})^1 I(x,y) \\
\mu_{10} &= \sum_x\sum_y (x-\overline{x})^1 I(x,y) \\
\mu_{11} &= m_{11} - \overline{x}m_{01} = m_{11} - \overline{y}m_{10} \\
\mu_{20} &= m_{20} - \overline{x}m_{10} \\
\mu_{02} &= m_{02} - \overline{y}m_{01} \\
\mu_{21} &= m_{21} - 2\overline{x}m_{11} - \overline{y}m_{20} + 2\overline{x}^2 m_{01} \\
\mu_{12} &= m_{12} - 2\overline{y}m_{11} - \overline{x}m_{02} + 2\overline{y}^2 m_{10} \\
\mu_{30} &= m_{30} - 3\overline{x}m_{20} + 2\overline{x}^2 m_{10} \\
\mu_{03} &= m_{03} - 3\overline{y}m_{02} + 2\overline{y}^2 m_{01}
\end{aligned} \tag{11-12}$$

중심 모멘트는 영상 안에 포함된 물체의 이동에는 강건하지만, 크기 변화와 회전에는 민감한 특성을 갖는다. 따라서 물체의 이동, 크기 변화, 회전에 모두 강건하도록 중심 모멘트를 아래 수식과 같이 정규화 할 수 있다.

$$\eta_{pq} = \frac{\mu_{pq}}{\mu_{00}^{\left(1+\frac{p+q}{2}\right)}} \tag{11-13}$$

M.K. Hu[23]는 정규화 모멘트를 이용하여 7개의 불변 모멘트를 정의하였다. 아래 수식은 2차, 3차 중심 모멘트로부터 정의된 불변 모멘트들이다.

$$\begin{aligned}
\phi_1 &= \eta_{20} + \eta_{02} \\
\phi_2 &= (\eta_{20} - \eta_{02})^2 + 4\eta_{11}^2 \\
\phi_3 &= (\eta_{30} - 3\eta_{12})^2 + (3\eta_{21} - \eta_{03})^2 \\
\phi_4 &= (\eta_{30} + \eta_{12})^2 + (\eta_{21} - \eta_{03})^2 \\
\phi_5 &= (\eta_{30} - 3\eta_{12})(\eta_{30} + \eta_{12})[(\eta_{30} + \eta_{12})^2 - 3(\eta_{21} + \eta_{03})^2] + \\
&\quad (3\eta_{21} - \eta_{03})(\eta_{21} + \eta_{03})[3(\eta_{30} + \eta_{12})^2 - (\eta_{21} + \eta_{03})^2] \\
\phi_6 &= (\eta_{20} - \eta_{02})[(\eta_{30} + \eta_{12})^2 - (\eta_{21} + \eta_{03})^2] + \\
&\quad 4\eta_{11}(\eta_{30} + \eta_{12})(\eta_{21} + \eta_{03}) \\
\phi_7 &= (3\eta_{21} - \eta_{03})(\eta_{30} - \eta_{12})[(\eta_{30} + \eta_{12})^2 - 3(\eta_{21} + \eta_{03})^2] - \\
&\quad (\eta_{30} - 3\eta_{12})(\eta_{21} + \eta_{03})[3(\eta_{30} + \eta_{12})^2 - (\eta_{21} + \eta_{03})^2]
\end{aligned} \tag{11-14}$$

지금까지 배워본 불변 모멘트 알고리즘을 이용하여 불변 모멘트 값을 계산하는 프로그램을 작성해 보자.

연습 11-3) 불변 모멘트 값 계산 프로그램 구현하기

```
from math import copysign, log10
from google.colab.patches import cv2_imshow
import numpy as np
import cv2
from google.colab import drive
# 모멘트 값을 로그를 취해서 변형된 값으로 출력할지 여부
showLogTransformedHuMoments = True
drive.mount('/content/gdrive')
#영상 불러오기
img = cv2.imread('/content/gdrive/My Drive/Image_Processing/milkdrop.bmp')
# color영상을 gray영상으로 만들기
gray_img = cv2.cvtColor(img, cv2.COLOR_BGR2GRAY)
cv2_imshow(gray_img)
#threshold를 이용하여 binary image로 변환
```

23) M. K. Hu, "Visual Pattern Recognition by Moment Invariants", IRE Trans. Info. Theory, vol. IT-8, pp.179-187, 1962

```
_,im = cv2.threshold(gray_img,128,255,0)
print("Segmented image")
cv2_imshow(im)
#cv2.moment 함수를 사용하여 모멘트 계산
moment = cv2.moments(im)
# cv2.HuMoments함수를 이용하여 Hu 모멘트 계산
huMoments = cv2.HuMoments(moment)
# 7개의 불변 모멘트 출력
print("Moment")
for i in range(0,7):
  if showLogTransformedHuMoments:
    print("Phi",i+1,":{:.5f}".format(-1*copysign(1.0,huMoments[i])*log10(abs(
huMoments[i]))),end=', ')
  else:
    print("Phi",i+1,huMoments[i],end=' ')
print()
```

Segmented image

Moment
Phi 1 :3.10033, Phi 2 :6.89421, Phi 3 :10.26521, Phi 4 :12.60768, Phi 5 :-24.35316, Phi 6 :-16.48663, Phi 7 :-24.10400,

코드설명

_,im = cv2.threshold(im, 128, 255,cv2.THRESH_BINARY): im은 입력할 이미지, 128은 임계값(threshold), 255는 임계값을 넘었을 때 적용할 값, cv2.THRESH_BINARY는 임계값 유형을 의미한다.

moment = cv2.moments(im): cv2.moments() 함수는 이미지 모멘트를 계산하고 이를 사전형 자료에 담아 리턴한다.

huMoments = cv2.HuMoments(moment): cv2.Humoments() 함수는 이미지 Humoment를 계산하고 이를 리턴한다.

print("{:.5f}".format(-1*copysign(1.0,huMoments[i])*log10(abs(huMoments[i]))), end=' '): 결과를 출력한다.

그림 11-4는 불변 모멘트를 위해 사용할 영상을 보여준다. (a) ~ (c)는 동일한 영상에 대해 크기 축소, 회전을 적용한 영상이고 (d)영상은 유사한 모양을 가지는 다른 영상이다.

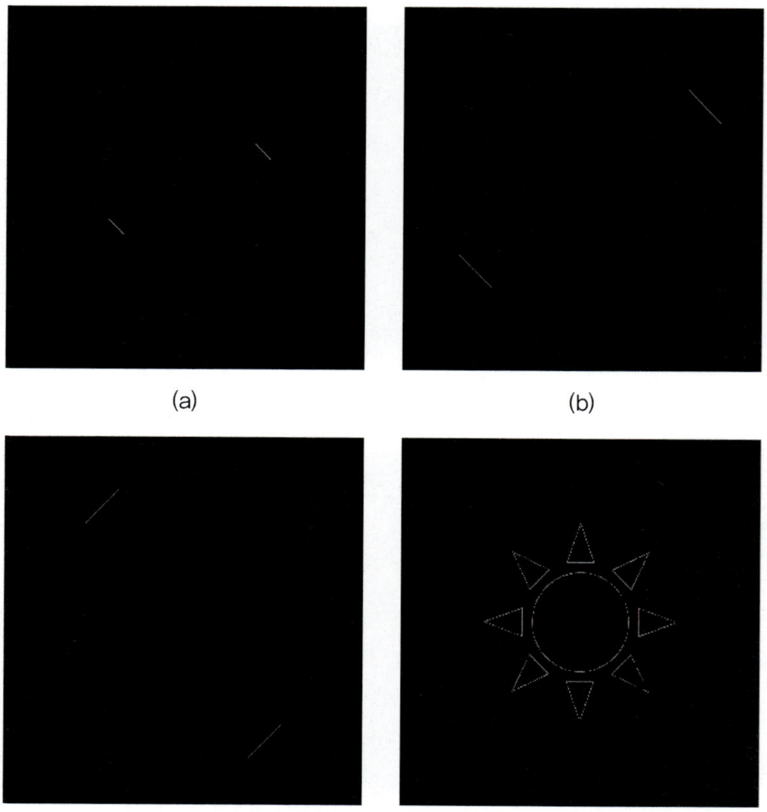

(a) (b) (c) (d)

그림 11-3. 불변 모멘트 측정을 위한 영상

표 11-1에서 보듯이 (a) - (c)영상은 불변 모멘트 값이 유사한 값을 갖지만 (d)는 확연히 다른 값을 갖는 것을 알 수 있다. 실제 유사성 측정에서는 8개의 모멘트를 모두 사용하지 않고 1-3차원의 모멘트를 주로 사용한다.

표 11-1. 각 영상에 대한 7가지 불변 모멘트 수치

불변 모멘트	(a)	(b)	(c)	(d)
ϕ_1	3.04929	2.89492	2.85552	3.04976
ϕ_2	8.96266	8.74193	8.87394	9.43533
ϕ_3	14.69829	13.06154	13.86474	17.65855
ϕ_4	12.45086	12.07161	12.04345	13.27414
ϕ_5	26.12749	25.66934	25.98020	28.65440
ϕ_6	16.97611	15.99448	15.01521	17.50539
ϕ_7	-26.23843	-25.07517	-22.52244	27.74373

11장 정리

1. 모양 기술자(shape descriptor)는 물체의 모양을 인식하기 위해 물체로부터 고유한 정보를 수치로 표현한 것이다.

2. 전역 모양 기술자는 물체의 전역적 특성을 나타내는 기술자로 대표적인 알고리즘은 둘레 길이, 영역 크기, 원형율, 신장율을 구하는 알고리즘이 있다.

3. 영상에서 모멘트(moment)란 영상 픽셀 강도의 가중치 평균을 나타낸다. 영상에서 모멘트는 영역 분할 후에 물체를 표현하는데 아주 유용하게 사용될 수 있으며, 객체의 움직임(이동, 회전, 크기 변화)에 따른 변화에 불변한 특징 정보를 제공할 수 있다.

연습문제

1. 아래 오른쪽 그림과 같이 동물 영상 대해서 전역 임계값이나 k-mean 군집화 등의 방법으로 영역을 분할 한 뒤에, 레이블링 하여 각 레이블 영역에 대한 둘레 길이(perimeter)와 영역 크기(area), 원형율, 신장율을 측정해 보자. 또한 왼쪽 질의 영상과의 거리값 측정을 통해 가장 유사한 영역부터 가장 덜 유사한 영역순으로 출력해 보자.

질의영상

2. 1번의 결과에 대해 이번에는 불변 모멘트를 동일하게 적용하고 가장 유사한 영역부터 가장 덜 유사한 영역 순으로 결과를 출력해 보자.

3. 1번과 2번 방법의 장단점을 분석해 보자. 두 가지 방법의 장점을 최대한 활용하고 단점을 개선할 수 있는 방법은 무엇이 있을지 고민해보자. 두 방법을 순차적 또는 계단식(hierarchy)으로 적용하는 방법에 대해 고민해보자.

참고문헌

[1] M. K. Hu, "Visual Pattern Recognition by Moment Invariants", IRE Trans. Info. Theory, vol. IT-8, pp.179-187, 1962

[2] Anil K. Jain, "Fundamentals of Digital Image Processing", Prentice Hall, 1988

[3] 고병철, "영상처리 기반의 인공지능 입문(Image Processing Based Artificial Intelligence)," 그린출판사, 2018.

[4] 고병철, "VISUAL C++기반의 의료영상처리 프로그래밍", 그린출판사, 2011.02

```
include <stdio.h>

oid main()

 int iValue1, iValue2, iResult;

 printf("₩n₩n ***** program start

 iValue1 = 20;
 iValue2 = 30;
 iResult = iValue1 * iValue2;

 printf(" %d + %
```

제12장

직선 검출 (Line Detection)

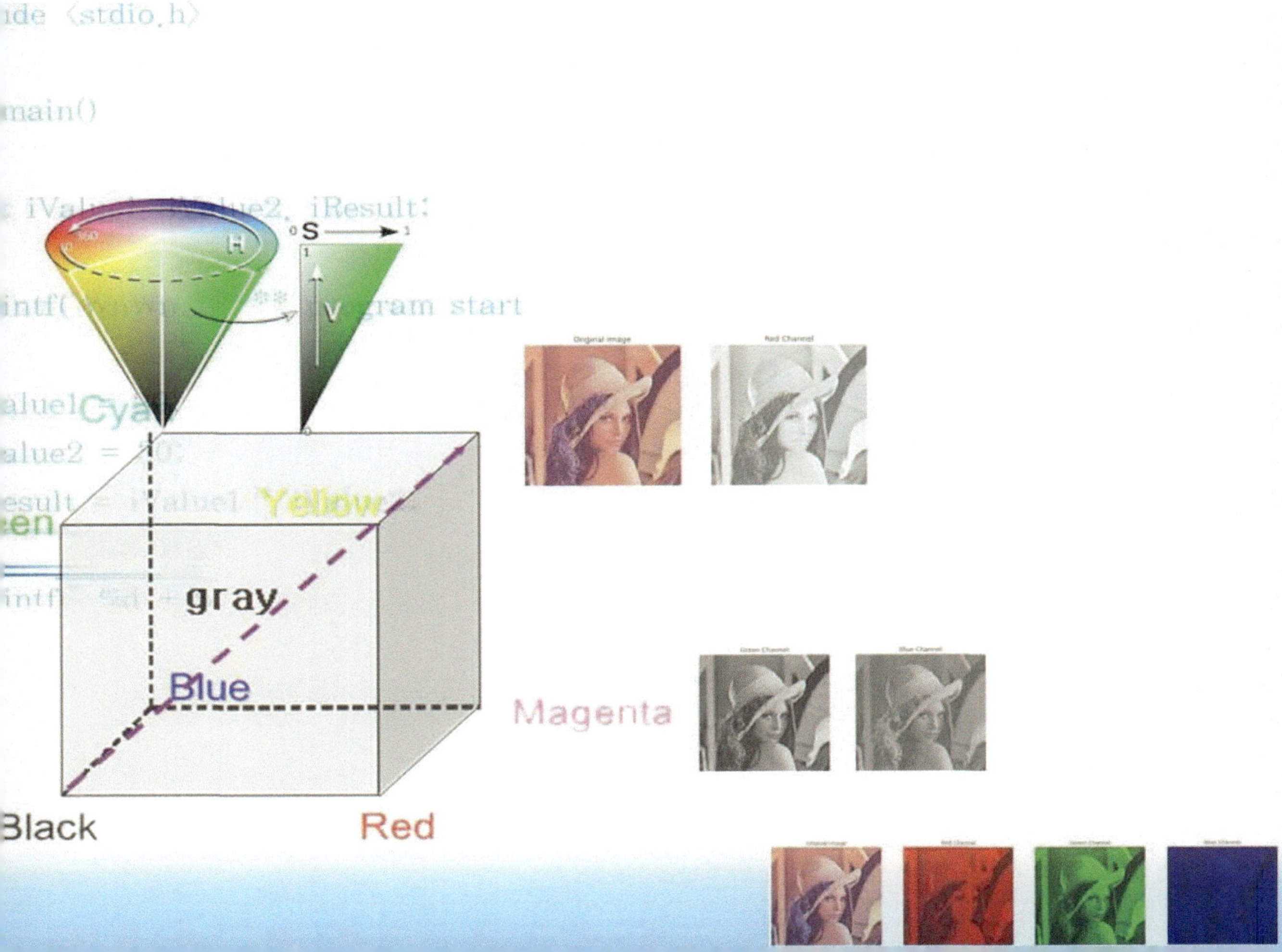

제 12 장 직선 검출 (Line Detection)

우리는 6장에서 다양한 영상의 에지 검출 기법을 배웠다. 우리 눈에는 에지가 이어진 선분으로 보이지만 실제는 점들의 표현이다. 건물, 도로, 차량, 사람 등 다양한 객체는 직선으로 구성되어 있으며, 따라서 정확한 객체를 인식하기 위해서는 객체를 점들로 인식하는 대신 직선으로 인식할 필요가 있다. 영상처리나 컴퓨터 비전에서 직선 검출이 필요한 이유는 다음과 같다.

- 객체 윤곽선 추출: 객체의 윤곽선은 대부분 직선으로 이루어져 있다. 따라서 직선 검출을 통해 객체의 윤곽선을 추출할 수 있으며, 이는 객체 인식의 첫 단계이다.
- 객체 구성 요소 분석: 객체는 여러 개의 직선으로 구성되어 있다. 예를 들어, 건물은 벽, 지붕, 창문 등의 직선으로 구성되어 있으며, 비행기는 옆 날개, 꼬리 날개, 엔진 등의 직선으로 구성되어 있다. 따라서 직선 검출을 통해 객체의 구성요소를 분석하고, 객체를 더욱 정확하게 인식할 수 있다.
- 객체 크기 및 방향 추정: 직선의 길이와 방향을 통해 객체의 크기와 방향을 추정할 수 있다. 사람이 도로에 서 있는 영상의 경우 직선 검출을 통해 카메라와 사람 간의 거리 및 사람의 이동 방향을 추정할 수 있다. 또한, 객체 인식뿐만 아니라 객체 추적, 로봇 제어 등에도 활용될 수 있다.
- 객체 간의 관계 파악: 서로 연결된 직선을 통해 객체 간의 관계를 파악할 수 있다. 예를 들어, 도로 차선과 차량, 건물과 사람 등의 관계를 파악할 수 있으며, 이는 자율 주행, 영상 감시 등에 활용될 수 있다.

영상처리에서 직선 검출은 다양한 알고리즘을 사용하여 수행된다. 우선 6장에서 배운 에지 검출기를 이용할 수도 있지만 에지 검출기는 커널을 이용하여 그래디언트가 큰 픽셀들을 찾아내는 것으로 검출된 에지가 연속적이지 않다는 문제점이 있다. 대표적인 직선 검출 알고리즘으로는 허프 변환(Hough transform), RANSAC[24](Random Sample Consensus)등이 있다. 허프 변환은 모든 가능한 직선에 대한 후보선을 투표하는 방식으로 작동한다. 반대로

24) RANSAC 알고리즘은 사용되는 회귀 방정식에 따라 직선 및 곡선을 모두 구할 수 있다. 이번 장에서는 허브 변환과 마찬가지로 직선 검출을 위한 RANSAC을 공부해 보도록 한다.

RANSAC 알고리즘은 랜덤 샘플링(random sampling)과 재귀적 피팅(recursive fitting)을 사용하여 직선을 검출한다.

이번 장에서는 허프 변환과 RANSAC 알고리즘을 이용해서 영상으로부터 직선을 검출하는 방법을 공부해 보고 이를 활용한 응용 연구에 대해 알아보자. 이번 장에서 배울 내용을 정리하면 다음과 같다.

- 허프 변환(Hough transform)
- RANSAC(Random Sample Consensus)
- 직선검출의 응용(차선 인식)

12.1 허프 변환(Hough Transform)

허프 변환은 에지 검출 후에 끊어진 에지들을 모아 직선 또는 원 등을 검출하는 방법이다. 허프 변환은 알고리즘의 변환을 통해 직선과 원, 타원을 모두 검출할 수 있다. 이 교재에서는 허프 변환 중 직선 검출에 대한 내용만을 다룰 것이다. 직선 검출을 위한 허프 변환의 보다 구체적인 명칭은 허프 직선 변환(Hough line transform)이지만 허프 변환으로 통일해서 부르도록 하자. 허프 변환에 대해 알아보기 전에 우선 허프 변환의 기본 아이디어를 알아보도록 하자.

우선 아래 그림 12-1과 같이 좌표 공간상에 한 점 (x,y)가 있다고 가정해 보자. (x,y)를 지나는 직선은 $y=mx+b$로 표현할 수 있다. 여기서 m은 직선의 기울기이고 b는 y 절편을 나타낸다. 만약 (x,y)가 빨간색 점인 (1, 4)라고 가정해 보자. 이점을 직선에 적용하면 $4=1m+b$로 나타낼 수 있다. 이것을 m과 b에 대한 식으로 표현해 보면 $b=-m+4$가 된다. 이 식을 x축이 m이고 y축이 b인 새로운 $m-b$ 좌표 공간상에 그려보도록 하자. 그림 12-1 (b)와 같이 빨간색 직선으로 표현될 것이다. 이번에는 $x-y$ 좌표 공간상에서 파란색의 새로운 점 (4, 1)을 지나는 직선을 만들어 보자. 이 점을 직선의 방정식에 적용하면 직선은 $1=4m+b$로 변경되고 다시 $m-b$ 좌표 공간으로 변경하면 $b=-4m+1$이 된다. 두 직선은 $m-b$ 좌표 공간 (−1, 5) 지점에서 서로 만나게 된다. 두 직선이 만난다는 것은 곧 $x-y$ 좌표 공간에서 직선 $y=mx+b$가 두 점 (1,4)와 (4,1)을 지나는 직선이고 (−1, 5)는 이 직선의 기울기와 y절편이 된다는 의미이다. 따라서 $x-y$ 좌표 공간상에서 어떤 점들이 하나의 직선에 포함된 점인지를 알고 싶다면 모든 점을 $m-b$ 좌표 공간으로 표현하고 겹쳐지는 직선의 수를 누적하면 $x-y$ 좌표 공간상에서 어떤 점들이 하나의 직선에 포함될지를 알 수 있게 된다.

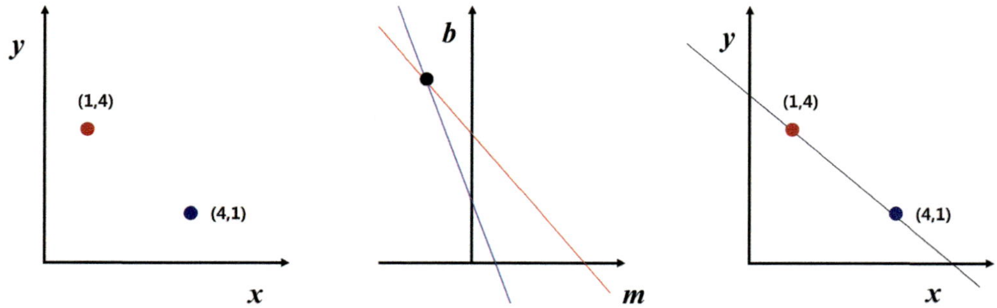

a) x-y 좌표 공간상의 두 점 **b)** m-b 좌표 공간상의 직선표현 **c)** x-y 좌표 공간상에서 두 점을 지나는 직선

(그림 12-1) 허프 변환에서 검출된 점들에 대한 직선 선택 과정

허프 변환 과정에서 교점 누적값은 누적 배열(accumulation array)을 이용하여 계산한다. 그림 12-2 (a)와 같이 3개의 점이 있을 때 3개의 점을 지나는 직선을 $m-b$ 좌표 공간에 표현해 본다. 직선은 누적 배열에서 자신이 지나는 칸에 1만큼씩 투표하고 다수 표를 얻을 점을 지역 최대점으로 결정한다. 3개의 직선을 구할 수 있고 3개점이 사실은 모두 같은 직선에 포함된 점들이기 때문에 그림 12-2 (b)와 같이 3의 누적값을 갖게 된다. 최종적으로 $m-b$ 좌표 공간에서 최대점을 지나는 직선에 대응되는 $x-y$ 좌표 공간상의 점을 찾아 그림 12-2 (c)와 같이 연결해준다.

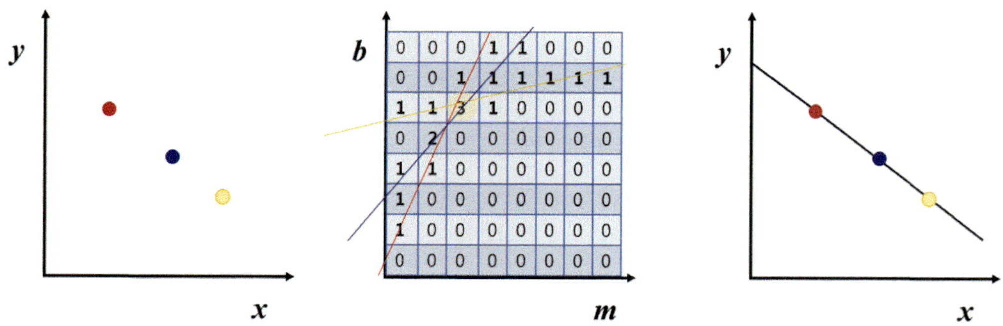

a) x-y 좌표 공간상의 세 점 b) m-b 좌표 공간상의 누적배열 표현 **c)** x-y 좌표 공간상에서 세 점을 지나는 직선

(그림 12-2) 누적배열을 이용해 3개 점을 지나는 직선 찾기

하지만 $x-y$ 좌표 공간에서 직선의 방정식을 이용한 방식은 몇 가지 문제점을 가지고 있다. 첫 번째로 y축과 평행한 수직선은 기울기가 무한대이기 때문에 이를 표현하지 못하고, 두 번째로 실 세계에서는 세 점이 완벽하게 동일한 직선위에 놓여 있지 못하다 (오차로 인해 약간씩 변형된 좌표점을 가질 수 있다). 따라서 이러한 문제점을 해결하기 위해 허프 변환은 $x-y$ 좌표 공간을 $m-b$ 좌표 공간 대신 $\rho-\theta$의 극좌표 공간으로 변환하여 직선에 대한 누적 배열을 계산하도록 알고리즘을 개선한다. 이 과정을 자세히 서술하면 다음과 같다.

① 직선의 기울가 C이고 x절편이 a, y절편이 b인 직선의 방정식을 표현해 보자. 그림에서 우리는 $y=-\frac{b}{a}x+b$인 직선의 방정식을 구할 수 있다.

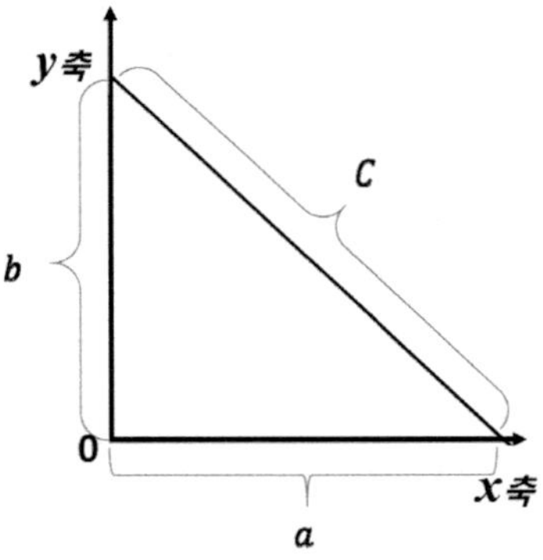

② 이제 원점으로부터 직선과 직교하는 선분을 긋는다. 그리고 x축과 이루는 각을 θ라 하고 원점으로부터 직선까지의 거리 ρ라고 표기하자 (아래 그림에서 θ와 θ'은 동치이지만 구분을 위해 다르게 표기하였다).

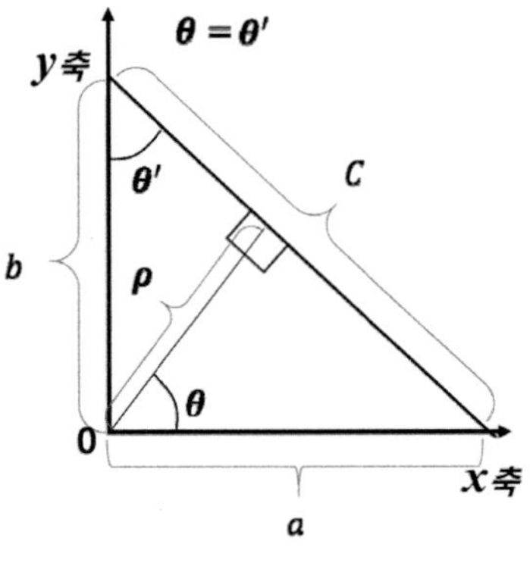

③ 우리의 목표는 $x-y$ 좌표 공간의 직선 $y=-\frac{b}{a}x+b$를 $\rho-\theta$ 극좌표 공간으로 표현하기 위해 직선을 θ과 ρ로 변환하는 것이다. 이를 위해 기울기와 θ, y절편과 ρ의 관계를 이용하자.

④ θ'를 기준으로 큰 삼각형에서 $\sin\theta' = \frac{a}{C}$, $\cos\theta' = \frac{b}{C}$이다. 기울기를 구하기 위해 이것을 a, b로 치환하면 $-\frac{b}{a}=-\frac{\cos\theta' - C}{\sin\theta' - C}=-\frac{\cos\theta}{\sin\theta}$ 가 된다.

⑤ θ'를 기준으로 작은 삼각형에서 $\sin\theta' = \frac{\rho}{b} \Rightarrow b = \frac{\rho}{\sin\theta}$가 된다. 따라서 θ와 ρ로 표현된 최종 직선의 방정식은

$$\text{기울기} = -\frac{\cos\theta}{\sin\theta} \tag{12-1}$$

$$\text{y절편} = \frac{\rho}{\sin\theta} \tag{12-2}$$

$$y=-\frac{\cos\theta}{\sin\theta}x+\frac{\rho}{\sin\theta} \tag{12-3}$$

이 되고 항을 정리하면

$$\rho = x\cos\theta + y\sin\theta \tag{12-4}$$

이 된다.

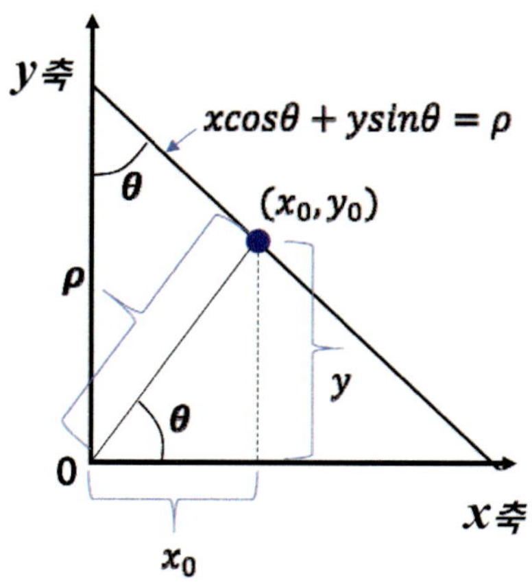

(그림 12-3) $x-y$ 좌표 공간에서 θ와 ρ 계산

③ 이제 그림 12-2 (a)의 세 점은 수식 (12-4)에 입력하여 $\rho-\theta$ 극좌표 공간에서 사인과 코사인 함수의 조합으로 그림 12-4 (b)와 같이 표현할 수 있다.

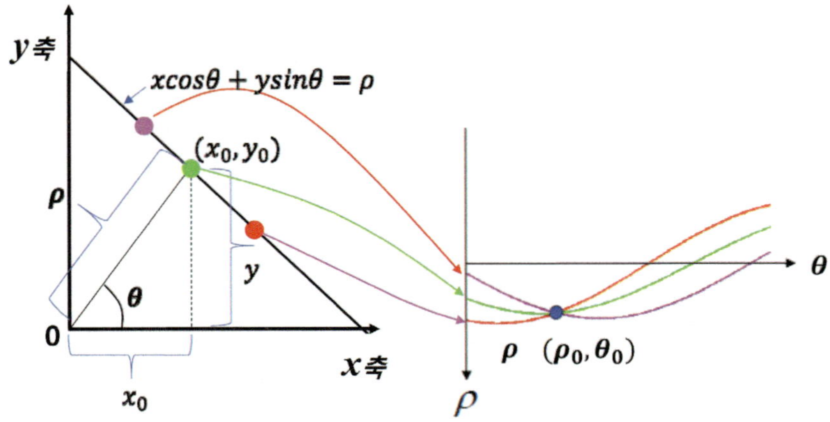

(a) (b)

(그림 12-4) 세 점을 $\rho-\theta$ 극좌표 공간에서 세 개의 곡선으로 표현한 결과 예. 세 곡선은 (ρ_0, θ_0)에서 교차한다.

만약 그림 12-4 (a)에서 한 점이 $(x=9, y=6)$이라면 $9\sin\theta+6\cos\theta=\rho$라는 함수를 구할 수 있고 이것을 $\rho-\theta$극좌표 공간에 그리면 12-4 (b)와 같이 표현된다. 그림의 세 점은 모두 같은 직선의 점이기 때문에 극좌표 공간으로 표현하면 모두 같은 한 점 (ρ_0, θ_0)을 지나는 것을 알 수 있다.

입력 영상으로부터 에지를 검출하고 검출된 에지에 대해 $\rho-\theta$ 극좌표 공간으로 변환한 영상은 그림 12-5와 같다.

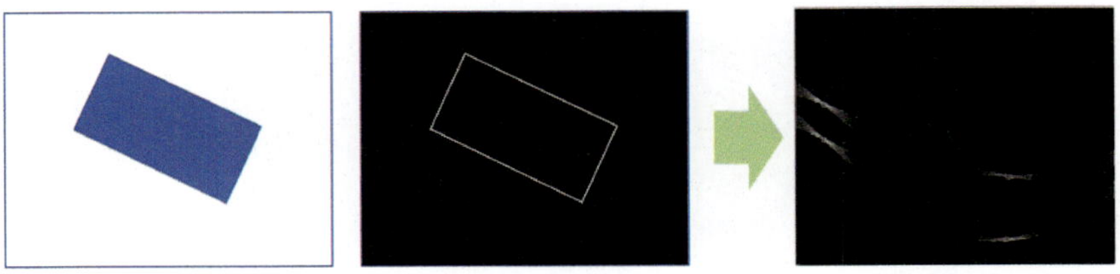

(그림 12-5) $x-y$ 좌표 공간의 픽셀들을 $\rho-\theta$ 극좌표 공간으로 변환한 결과

$\rho-\theta$ 극좌표 공간에서도 누적 배열을 이용하여 교차 회수가 많은 점을 찾고 해당 점을 지나는 $\rho-\theta$ 극좌표 상의 교점의 누적값을 검사해 그 누적값이 임계값 이상일 경우 그 곡선을 지나는 점으로부터 $x-y$좌표에서의 직선의 방정식을 구할 수 있다. 누적 배열을 계산할 때 double연산을 하게 되면 값이 너무 작아져 누적 연산이 어려울 수 있다. 따라서 ρ와 θ가 가질 수 있는 범위를 적당한 구간으로 양자화 하여 누적 연산을 수행한다.

$\rho-\theta$ 극좌표 공간에서 공통으로 지나는 점(ρ_0, θ_0)을 구했으면 이것을 영상에 표현해 보자. 먼저 그림 12-3의 원점에서 직선에 수선을 내렸을 때 만나는 좌표 (x_0, y_0)를 구해보자. $\cos\theta = \dfrac{x_0}{\rho} \Rightarrow x_0 = \rho\cos\theta$ 이고, $\sin\theta = \dfrac{y_0}{\rho} \Rightarrow y_0 = \rho\sin\theta$임으로 좌표 (x_0, y_0)를 구할 수 있다. 실제 프로그램 코드에서는 이렇게 구한 $x_0 \pm \alpha, y_0 \pm \alpha$를 적용해서 직선이 영상 안에서 길게 표현될 수 있도록 한다.

지금까지 배운 허프 변환 알고리즘을 이용하여 직선을 구하는 프로그램을 작성해 보자. 프로그램에서는 영상으로부터 먼저 에지를 검출하고 에지의 점들을 허프 변환 함수에 적용한다.

연습 12-1) 허프 변환을 이용한 직선 검출 프로그램 구현하기

```
#연습 12-1) Hough 변환을 이용한 직선구하기
importmatplotlib.pyplot asplt
importnumpy asnp
fromgoogle.colab importdrive
importcv2
drive.mount('/content/gdrive')
#영상 불러오기
img=cv2.imread('/content/gdrive/My Drive/Image_Processing/Sudoku.jpg')
#원본 영상을 복사
img2 = img.copy()
#영상을 그레이 영상으로 변환
gray = cv2.cvtColor(img, cv2.COLOR_BGR2GRAY)
#Canny 에지 검출기를 이용해 에지 검출 (임계값 2개)
edges = cv2.Canny(gray, 130, 230)
#Hough 변환을 이용해 직선 검출, 직선으로 판단할 최소의 점은 150으로 지정
lines = cv2.HoughLines(edges, 1, np.pi/180, 150)
#직선을 원본 영상에 표현
for line in lines:
    #직선의 방정식 파라미터의 rho와 theta를 하나씩 대입
rho, theta = line[0]
    # 원점에서 직선에 수선을 내렸을 때 만나는 좌표 (x0, y0) 구하기
a = np.cos(theta)
b = np.sin(theta)
x0 = a * rho
```

```
y0 = b * rho
# 직선 방정식으로 그리기 위한 시작점, 끝점 계산
x1,y1 = int(x0 + 1000*(-b)), int(y0 + 1000*(a))
x2,y2 = int(x0 - 1000*(-b)), int(y0 - 1000*(a))
#원본 영상에 녹색선으로 표시
cv2.line(img2, (x1, y1), (x2, y2), (0, 255, 0), 1)
RGB_img = cv2.cvtColor(img2,cv2.COLOR_BGR2RGB)
#Canny 에지 검출 / 허프 직선 검출 영상 출력
plt.figure(figsize=(20, 20))
plt.subplot(1, 2, 1)
plt.title('Canny')
plt.imshow(edges)
plt.axis("off")
plt.subplot(1, 2, 2)
plt.title('HoughLines')
plt.imshow(RGB_img)
plt.axis("off")
plt.show()
```

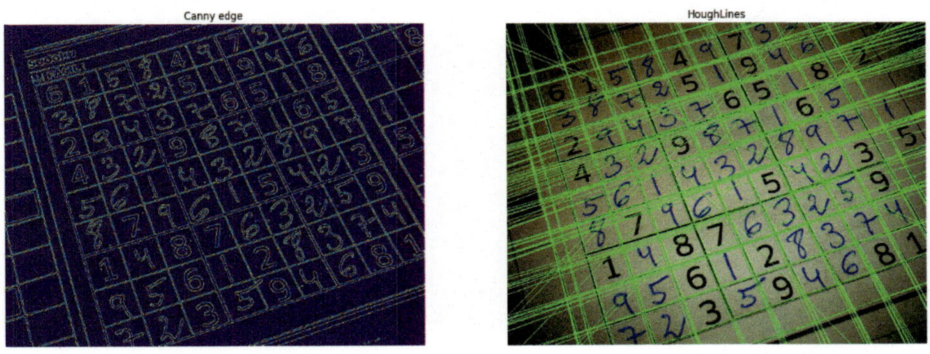

코드설명

edges =cv2.Canny(gray, 130, 230): Canny 에지 검출기의 낮은 임계값 T1=130, 높은 임계값 T2=230으로 지정하여 에지를 검출한다.

lines = cv2.HoughLines(edges, 1, np.pi/180, 150): 입력 영상은 에지(바이너리), 거리 ρ=1 (값의 범위:0 ~ 1 실수), theta θ는 라디안 단위로 계산(값의 범위:0 ~ 180 정수), 직선으로 판단할 최소의 점은 150으로 지정

허프 변환을 이용한 직선 검출은 모든 점에 대해 수많은 선을 그어서 직선을 찾기 때문에 연산량이 무척 많다. 이를 개선하기 위한 방법이 확률적 허프 직선 검출방법이다. 이 방법은 모든 점을 고려하지 않고 무작위로 선정한 픽셀에 대해 허프 변환을 수행하고 점차 그 수를 증가시키는 방법이다. 다음의 함수로 확률적 허프 직선 검출을 수행할 수 있다.

lines = cv2.HoughLinesP(img, rho, theta, threshold, lines, minLineLength, maxLineGap)
minLineLength(optional): 선으로 인정할 최소 길이
maxLineGap(optional): 선으로 판단할 최대 간격
lines: 검출된 선 좌표, N x 1 x 4 배열 (x1, y1, x2, y2)
이외의 파라미터는 cv2.HoughLines()와 동일

cv2.HoughLines()의 검출 결과는 ρ와 θ이지만 cv2.HoughLinesP()의 검출 결과는 선의 시작과 끝 좌표이다. 이는 확률적으로 선을 검출하므로 당연히 cv2.HoughLines()보다 선 검출이 적다. 따라서 에지를 강하게 하고 threshold를 낮게 지정해주어야 한다.

연습 12-2) 확률적 허프 변환을 이용한 직선 검출 프로그램 구현하기

```
#연습 12-2)확률적 허프 직선 검출
import matplotlib.pyplot as plt
import numpy as np
from google.colab import drive
import cv2
drive.mount('/content/gdrive')
#영상 불러오기
img = cv2.imread('/content/gdrive/My Drive/Image_Processing/Sudoku.jpg')
#원본 영상을 복사
img2 = img.copy()
#영상을 그레이 영상으로 변환
gray = cv2.cvtColor(img, cv2.COLOR_BGR2GRAY)
#Canny 에지 검출기를 이용해 에지 검출 (임계값 2개)
edges = cv2.Canny(gray, 130 , 230 )
#확률적 Hough 변환을 이용해 직선 검출
lines = cv2.HoughLinesP(edges, 1 , np.pi/180 , 10 , None , 20 , 2 )
#직선을 원본 영상에 표현
for line in lines:
    # 검출된 선 그리기
    x1, y1, x2, y2 = line[0 ]
```

```
    #원본 영상에 녹색선으로 표시
    cv2.line(img2, (x1, y1), (x2, y2), (0 , 255 , 0 ), 1 )
RGB_img = cv2.cvtColor(img2,cv2.COLOR_BGR2RGB)
#Canny 에지 검출 / 허프 직선 검출 영상 출력
plt.figure(figsize=(20 , 20 ))
plt.subplot(1 , 2 , 1 )
plt.title('Canny edge')
plt.imshow(edges)
plt.axis("off")
plt.subplot(1 , 2 , 2 )
plt.title('HoughLines')
plt.imshow(RGB_img)
plt.axis("off")
plt.show()
```

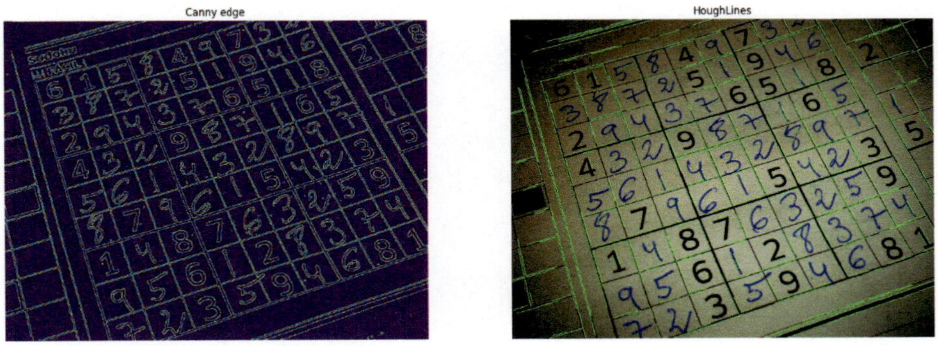

결과에서 보듯이 cv2.HoughLines 함수 보다는 직선 검출 성능이 조금 떨어지는 것을 알 수 있다. 하지만 범위를 정해 두었기 때문에 검출 속도가 빠르고 HoughLinesP() 함수의 리턴값이 직선의 시작과 끝 좌표값이기 때문에 프로그램하기가 편하다는 장점이 있다.

허프 변환은 직선뿐만 아니라 영상에 포함된 원이나 타원도 검출이 가능하다. 예를 들어 원을 검출하려면 원의 방정식을 적용해 (a, b, r)에 대한 3차원 누적 배열을 사용하면 된다.

$$(x-a)^2+(y-b)^2=r^2 \tag{12-5}$$

원과 타원에 대한 허프 변환에 대한 설명은 이 교재에서는 다루지 않기로 한다.

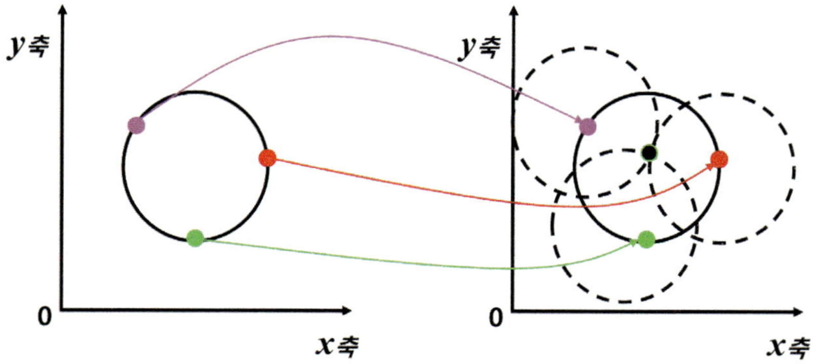

(그림 12-6) 허프변환을 이용한 원 검출: 공간상에서 원을 누적시켜서 그리면 가장 많이 누적되는 값이 실제 원의 중심값이 된다.

12.2 RANSAC(RANdom SAmple Consensus)

Fischler 과 Bolles 에 의해서 제안된 RANSAC("RANdom SAmple Consensus")[25] 알고리즘은 측정 노이즈가 심한 원본 데이터로부터 모델 파라미터를 예측하는 방법이다. RANSAC 은 전체 원본 데이터 중에서 모델 파라미터를 결정하는데 필요한 최소의 데이터를 랜덤하게 샘플링하면서 반복적으로 해를 계산함으로써 최적의 해를 찾는다. 이 방법은 전통적인 통계적 방법과는 반대의 개념을 가진다. 즉, 대부분의 방법들이 초기의 해를 획득하기 위해서 가능한 많은 데이터를 사용하고 그 결과로부터 유효하지 않은 데이터를 제거한다. 반면에 이 방법은 가능한 적은 양의 초기 데이터를 사용해서 일관된 데이터의 집합(consensus set)을 확장시켜가는 방식을 사용한다.

한 가지 간단한 예로, 영상에서 검출된 에지 점들에 맞춰 직선을 그리는 것을 생각해 볼 수 있다. 이 에지 영상에는 대략 직선에 맞춰지는 점 (인라이어, inlier)과 선에 맞추기 어려운 멀리 떨어진 점 (아웃라이어, outlier) 둘 다 포함되어 있다고 가정하자. 만약 단순 최소 제곱 방법(least square method)을 이용하여 선을 그린다면, 일반적으로 모든 점(inlier와 outlier 포함) 에 대한 적합도가 좋지 않은 선을 만들어낼 것이다. 그 이유는 이 방법이 아웃라이어를 포함한 모든 점에 최적화되게 맞추어지기 때문이다. 반면에 RANSAC 알고리즘은 아웃라이어를 제외하고 인라이어만을 이용하여 선형 모델을 찾으려고 시도한다. 아래 그림과 같이 모든 점들을 사용하는 것이라 아니라 우선 일부 점들을 랜덤하게 추

25) M. A. Fischler, R. C. Bolles. Random Sample Consensus: A Paradigm for Model Fitting with Applications to Image Analysis and Automated Cartography. Comm. of the ACM, Vol 24, pp 381-395, 1981.

출하여 이 점들만으로 직선을 생성한 후, 다른 점들에서 인라이어를 구하고 적합도가 가장 좋은 모델을 반환하는 방식으로 이루어진다.

이제 그림을 보면서 알고리즘을 하나씩 설명하도록 한다. 먼저 우리는 직선을 구하는 것이 목적이기 때문에 그림 12-7 (a)와 같이 먼저 전체점들 중에서 랜덤하게 2개의 점만 추출하고 이 점들을 가지고 직선의 방정식, 즉 기울기와 절편을 계산한다. 그리고 나머지 점들에 대해 직선과의 거리 (적합도)가 임계값 이하라면 인라이어 점들로 가정한다. 이러한 과정을 여러번 반복한다. 반복 과정에서 인라이어 개수가 충분히 크고 인라이어들에 대한 적합도 점수가 가장 좋다면 이 직선을 최선의 직선으로 선택한다 (그림 12-(d)).

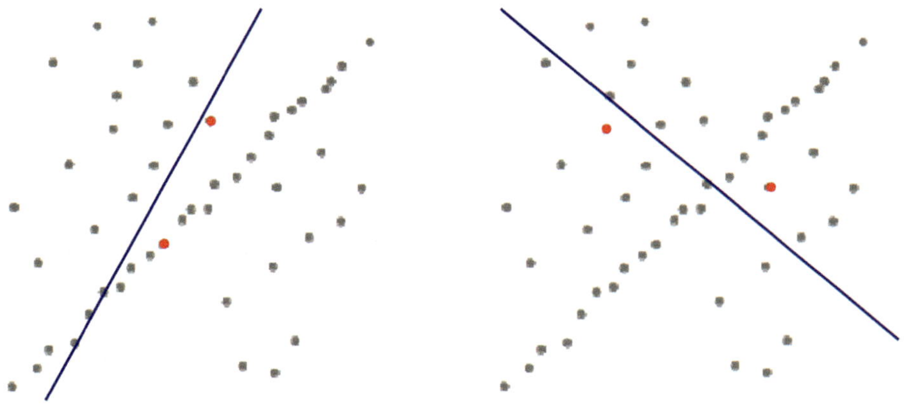

(a) (b)

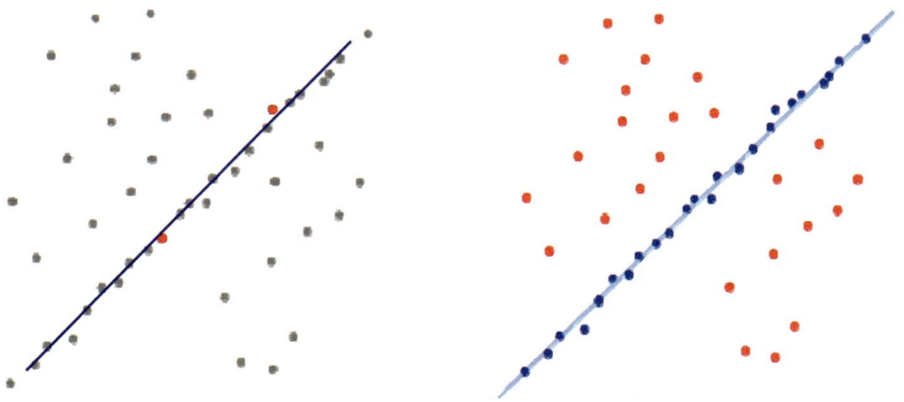

(c) (d)

(그림 12-7) RANSAC알고리즘 예시, (a) ~ (c): 랜덤 하게 추출된 2 점으로부터 얻어진 직선, (d): 인라이어들에 대한 적합도가 가장 높은 직선을 최종 직선으로 선택

이제 RANSAC알고리즘을 슈도 코드로 표현해보자.

```
주어진 변수:
• data: 관측된 데이터 점들의 집합
• model: 데이터 점에 맞출 수 (fit) 있는 모델 (예, 직선의 방정식)
• m: 모델을 맞추기(fit) 위해 필요한 최소 데이터 개수
• N: 알고리즘에서 허용되는 최대 반복 횟수
• t: 데이터 점이 모델에 얼마나 잘 맞는지 판단하는 기준값 (오차 허용치)
• d: 모델이 데이터에 잘 맞는다고 판단하기 위해 필요한 가까운 데이터 개수
반환 값:
• bestfit: 데이터에 가장 잘 맞는 모델 매개 변수 (적합한 모델을 찾지 못했을 경우 nil)
알고리즘:
iterations = 0
bestfit = nil
besterr = 매우 큰 값

while iterations < N {
    maybeinliers = data에서 무작위로 선택된 m개의 값 (직선이면 2개)
    maybemodel = maybeinliers에 맞춘(fit) 모델 파라미터(직선이면 기울기, y절편)
    alsoinliers = 빈 집합

    for maybeinliers에 포함되지 않은 모든 data의 점 {
        if 해당 점이 maybemodel에 맞고, 오차가 t보다 작다면
            점을 alsoinliers에 추가
    }

    if alsoinliers의 요소 수가 d보다 크다면 {
        #이는 좋은 모델을 찾았을 가능성이 있음을 의미함
        # 이제 얼마나 좋은지 테스트해봄
        bettermodel = maybeinliers와 alsoinliers의 모든 점에 맞춘 모델 파라미터
        thiserr = 모델이 이러한 점들에 얼마나 잘 맞는지를 측정한 값

        if thiserr < besterr {
            bestfit = bettermodel
            besterr = thiserr
        }
```

```
        }
        iterations를 1 증가시킴
    }
    return bestfit
```

RANSAC 알고리즘은 이해하고 구현하기 쉬우며, 다양한 문제에 적용할 수 있다, 특히 이미지 처리, 컴퓨터 비전 등 여러 분야에서 효과적으로 사용될 수 있으며, 많은 경우, 차선 인식 등의 실제 데이터에 대해 좋은 결과를 제공하고 있다. 하지만 RANSAC알고리즘에서도 다음과 같은 단점이 존재한다.

- 많은 파라미터 조정 필요: 알고리즘의 성능을 최적화하기 위해 여러 파라미터를 세밀하게 조정해야 한다.
- 모델 초기화가 항상 잘 되지 않을 수 있음: 최소 샘플 수를 기반으로 모델을 초기화하는 과정이 항상 성공적이지 않을 수 있다.
- 반복 횟수가 많아질 수 있음: 좋은 모델을 찾기 위해 너무 많은 반복이 필요할 수 있다.
- 극히 낮은 인라이어 비율로 인한 모델링 실패: 데이터에 포함된 인라이어 비율이 매우 낮을 경우 알고리즘이 실패할 수 있다.
- 무작위성으로 인해 결과가 매번 달라질 수 있음: 알고리즘의 무작위성 때문에 실행할 때마다 다른 결과가 나올 수 있다.

이제 RANSAC알고리즘을 실제로 프로그램해 보도록 하자. OpenCV에서는 RANSAC함수를 따로 지원하지 않고 cv2.findHomography(pts1, pts2, cv2.RANSAC)라는 함수의 옵션 파라미터로만 지원을 한다. 따라서 RANSAC함수 또는 클래스를 직접 구현하거나 별도로 만들어진 것을 import 해서 사용해야 한다. 본 교재에서는 미리 클래스로 만들어져 github[26]에 공개된 RANSAC클래스를 다운받아 사용할 것이다.

① 먼저 사이트에 접속해서 'custom_ransac.py'코드를 다운 받아 구를 코랩의 '/MyDrive/Image_Processing/ㅍㅡㄹㅗㄱㅡㄹㅐㅁㅋㅗㄷㅡ/'에 업로드 하자. 업로드된 코드의 py 확장자는 ipynb로 변환될 것이다. 아래 코드는 'custom_ransac.ipynb'에 정의된 RANSAC 클래스 일부를 보여주고 있다.

26) 원본 소스코드는 'https://github.com/fertlopus/customRansac'에 공개되어 있다.

```
importnumpy asnp
importwarnings
warnings.filterwarnings("ignore")

class RANSAC(object):
    """
Class that implements the functionality of RANSAC algorithm.
"""
    def __init__(self):
        pass
    @classmethod
    def random_sample(cls, row_coords, col_coords, n):
        """
Method that chooses a random n number of points
and calculates a random sample consensus based on
chosen coordinates (x and y).
:param row_coords: x coordinates (row coordinates)
:param col_coords: y coordinates (column coordinates)
:param n: number of points to choose
:return: x and y random points of the image
"""
```

② 우리는 이제 custom_ransac.ipynb 파일을 import 해서 사용해야 한다. 그럴 때마다 일일이 파이썬 파일로 다시 변경 후 load 해야 하는데 다음과 같은 방법으로 ipynb모듈을 설치하면 파이썬 파일로 변경할 필요가 없다.

```
!pip install import_ipynb
```

```
Collecting import_ipynb Downloading import_ipynb-0.1.4-py3-none-any.whl (4.1 kB)Requirement already satisfied: IPython in /usr/local/lib/python3.10/dist-packages (from import_ipynb) (7.34.0)Requirement already satisfied: nbformat in /usr/local/lib/python3.10/dist-packages (from import_ipynb) (5.10.4)Requirement already satisfied: setuptools>=18.5 in /usr/local/lib/python3.10/dist-packages (from IPython->import_ipynb) (67.7.2)Collecting jedi>=0.16 (from IPython->import_ipynb) Downloading jedi-0.19.1-py2.py3-none-any.whl (1.6 MB)
────────────────────────────────────────
1.6/1.6 MB 15.6 MB/seta 0:00:00
```

③ 다음 단계로 custom_ransac.ipynb 파일과 연습에 사용할 이미지가 있는 디렉토리를 명시적으로 지정해주어야 한다. import로 해당 클래스를 가져와 사용하는 경우 코랩에서 명시적으로 코드가 있는 드라이브 경로를 지정해 주시 않을 경우 에러가

발생한다.

```
%cd /content/drive/MyDrive/Image_Processing/프로그램코드
/content/drive/MyDrive/Image_Processing/프로그램코드
```

이제 복잡한 준비가 다 끝났다. 연습 12-3과 같이 RANSAC클래스를 import해서 이전에 직선찾기 코드를 조금 변경하여 프로그램을 완성해 보자.

연습 12-3) RANSAC을 이용한 직선 검출 프로그램 구현하기

```
#연습 12-3) RANSAC을 이용한 직선 검출
import matplotlib.pyplot asplt
import numpy asnp
import import_ipynb
from custom_ransac importRANSAC
from google.colab importdrive
import cv2
drive.mount('/content/gdrive')
#영상불러오기 (여기서는 프로그램 코드와 동일한 경로에 이미지를 넣어 두었다.)
img = cv2.imread('/content/gdrive/MyDrive/Image_Processing/프로그램코드/road.png')
#영상을 그레이 영상으로 변환
gray = cv2.cvtColor(img, cv2.COLOR_BGR2GRAY)
# 블러를 통해 노이즈 제거
edges = cv2.Canny(gray, 130, 230)
# image: array of edged image.
# sigma: closing distance to the line (e.g. closer will be narrower line)
# epochs: number of iterations to find the best line (default 100)
best_a, best_b = RANSAC.fit_RANSAC(edges, epochs=200, sigma=2)
# best_a: a matrix coordinates for best fitted line.
# best_b: b matrix coordinates for best fitted line
# edges.shape[0]: image height
# edges.shape[1]: image width
starting_point, ending_point = RANSAC.generate_extends(best_a, best_b,
edges.shape[0], edges.shape[1])
cv2.line(img, starting_point,ending_point, (0, 0, 255), 2)
print(starting_point,ending_point)
RGB_img = cv2.cvtColor(img,cv2.COLOR_BGR2RGB)
#Canny 에지 검출 / RANSAC 직선 검출 영상 출력
plt.figure(figsize=(20, 20))
```

```
plt.subplot(1, 2, 1)
plt.title('input')
plt.imshow(edges)
plt.axis("off")
plt.subplot(1, 2, 2)
plt.title('RANSAC')
plt.imshow(RGB_img)
plt.axis("off")
plt.show()
```

결과에서 보듯이 한쪽 차선이 정확하게 검출된 것을 알 수 있다. RANSAC알고리즘은 여러개의 직선들 중에서

한 개의 best fit라인만을 찾아주기 때문에 여러개의 차선을 나누어 검출하려면 관심영역(ROI, Region-of-interest)을 설정하여 부분적으로 RANSAC알고리즘을 적용하면 된다. 연습문제에서 여러 차선을 검출하는 문제의 해결책을 고민해 보고 프로그램으로 구현해 보도록 하자.

12장 정리

1. 정확한 객체를 인식하기 위해서는 객체를 점들로 인식하는 대신 직선으로 인식할 필요가 있다. 영상처리나 컴퓨터 비전에서 직선 검출이 필요한 이유는, 객체 윤곽선 추출, 객체 구성 요소 분석, 객체 크기 및 방향 추정, 객체 간의 관계 파악등에 적용할 수 있다. 대표적인 직선 검출 알고리즘으로는 허프 변환 (Hough transform), RANSAC ((Random Sample Consensus)등이 있다.

2. 허프 변환은 이미지에서 직선을 찾는 가장 보편적인 알고리즘이다. 이미지에서 선과 같은 단순한 형태를 빠르게 검출할 수 있으며, 직선을 찾아 이미지나 영상을 보정하거나 복원한다. 허프 선 변환은 이미지 내의 어떤 점이라도 선 집합의 일부일 수 있다는 가정하에 직선의 방정식을 이용해 직선을 검출한다.

3. 허프 변환을 이용한 직선 검출은 모든 점에 대해 수많은 선을 그어서 직선을 찾기 때문에 연산량이 무척 많다. 이를 개선하기 위한 방법이 확률적 허프 직선 검출방법이다. 이 방법은 모든 점을 고려하지 않고 무작위로 선정한 픽셀에 대해 허프 변환을 수행하고 점차 그 수를 증가시키는 방법이다.

4. RANSAC은 전체 원본 데이터 중에서 모델 파라미터를 결정하는데 필요한 최소의 데이터를 랜덤하게 샘플링하면서 반복적으로 해를 계산함으로써 최적의 해를 찾는다.

5. RANSAC 알고리즘은 아웃라이어를 제외하고 인라이어만을 이용하여 선형 모델을 찾으려고 시도한다. 모든 점들을 사용하는 것이라 아니라 우선 일부 점들을 랜덤하게 추출하여 이 점들만으로 직선을 생성한 후, 다른 점들에서 인라이어를 구하고 적합도가 가장 좋은 모델을 반환하는 방식으로 이루어진다.

6. RANSAC 알고리즘은 이해하고 구현하기 쉬우며, 다양한 문제에 적용할 수 있다, 특히 이미지 처리, 컴퓨터 비전 등 여러 분야에서 효과적으로 사용될 수 있으며, 많은 경우, 차선 인식 등의 실제 데이터에 대해 좋은 결과를 제공하고 있다.

연습문제

1. 허프 변환을 위해서는 직선을 먼저 검출해야 한다. 우리는 노이즈에 강건하면서도 정확한 에지 검출이 가능한 Canny 에지 검출기를 사용하여 프로그램을 연습해 보았다. Canny 에지 검출기 이외에 다른 에지 검출기들을 적용해 보고 그 결과를 Canny 에지 검출기와 비교해 보도록 하자.

2. 허프 변환을 이용한 원 검출을 위해서는 아래의 HoughCircles 함수를 이용하면 된다. 이 함수를 이용해서 다음과 같이 원 영역이 검출 될 수 있도록 프로그램해 보자.

```
cv2.HoughCircles(image, method, dp, minDist, circles=None, param1=None,
param2=None, minRadius=None, maxRadius=None)
```

- image : 입력 영상 (에지 영상이 아닌 일반 영상)
- method : cv2.HOUGH_GRADIENT, cv2.HOUGH_GRADIENT_ALT 지정 가능
- dp : 입력 영상과 축적 배열의 크기 비율. 1이면 동일 크기. 2이면 축적 배열의 가로, 세로 크기가 입력 영상의 반.
- minDist : 검출된 원 중심점들의 최소 거리
- circles : (cx, cy, r) 정보를 담은 numpy.ndarray.shape=(1, N, 3), dtype=np.float32
- param1 : Canny 에지 검출기의 높은 임계값
- 낮은 임계값은 param1의 1/2배로 자동으로 설정된다.
- param2 : 축적 배열에서 원 검출을 위한 임계값
- minRadius, maxRadius : 검출할 원의 최소, 최대 반지름
- return 값: 원 검출 결과, Nx1x3 부동 소수점 배열 (x, y, 반지름)

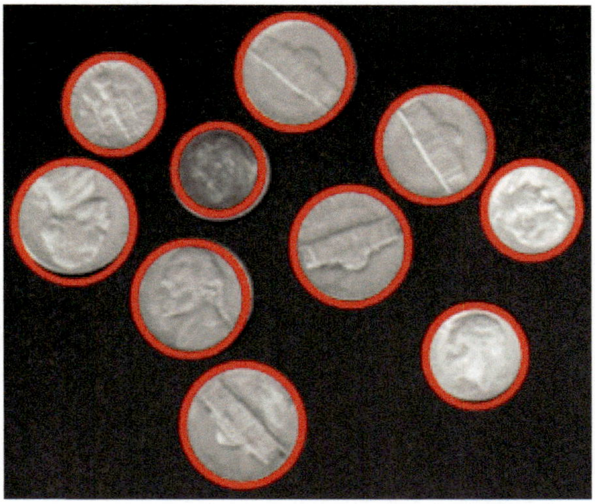

3. 도로 영상에서 도로 위 영상을 마스킹하고 도로 영역 (ROI) 에서만 에지 영역을 찾은 뒤 영상을 반으로 나누어 왼쪽에서 1개의 RANSAC직선, 오른쪽에서 1개의 RANSAC직선을 찾아 그림과 같이 표시해 보자.

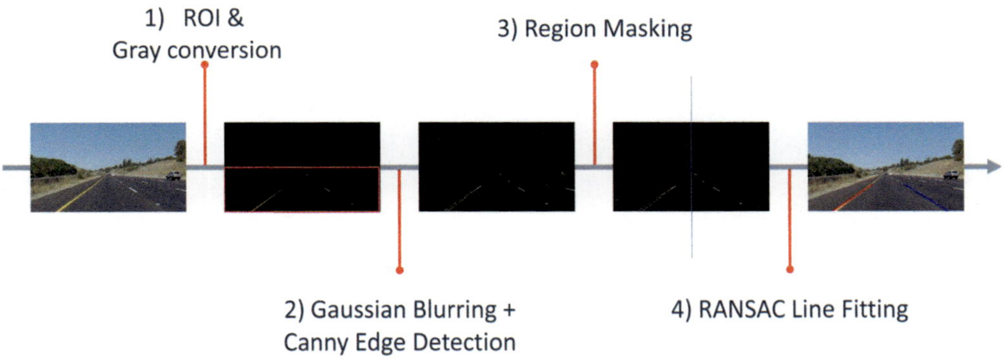

참고문헌

[1] OpenCV – 23. 허프 변환(Hough Transformation), https://bkshin.tistory.com/entry/OpenCV-23-허프-변환-Hough-Transformation

[3] 고병철, "영상처리 기반의 인공지능 입문(Image Processing Based Artificial Intelligence)," 그린출판사, 2018.

[4] 고병철, "VISUAL C++기반의 의료영상처리 프로그래밍", 그린출판사, 2011.02

```
nclude <stdio.h>

oid main()

 int iValue1, iValue2, iResult;

 printf("\n\n ***** program start

 iValue1 = 20;
 iValue2 = 30;
 iResult = iValue1 * iValue2;

 printf(" %d + %
```

제13장

영상의 주파수영역으로의 변환

(Transformation to Frequency Domain)

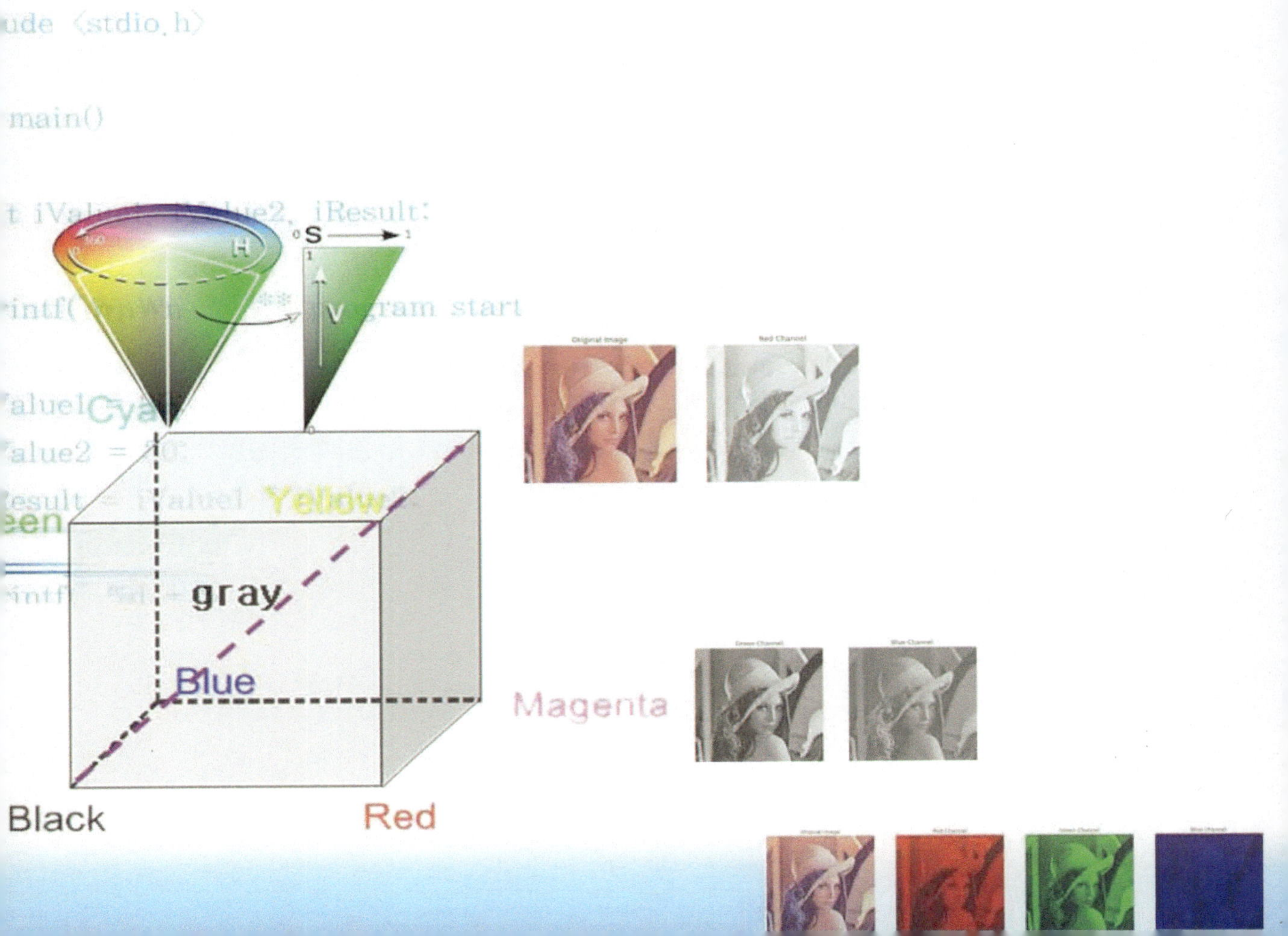

제 13 장 영상의 주파수영역으로의 변환 (Transformation to Frequency Domain)

영상을 표현하고 해석하기 위해 사용하는 영역은 주로 두 가지이다. 한 가지는 지금까지 배워온 것처럼 픽셀 단위의 공간영역(spatial domain)에서 표현하는 방식이고, 다른 하나는 공간영역에서 표현된 영상을 주파수 영역(frequency domain)으로 변환하는 것이다. 후자의 경우에는 영상정보를 다른 영역으로 변환하여 표현하되 서로 직교하는 기저를 사용하여 표현해야 영상이 가진 고유의 정보를 잃지 않고 표현할 수 있다. 대표적인 변환으로는 푸리에 변환(Fourier Transform)) (이산 및 고속 푸리에를 포함), 이산 코사인 변환(Discrete Cosine Transform), 웨이블릿 변환(Wavelet Transform) 등이 있다. 그 중 영상처리 분야에서 가장 많이 사용되어 온 변환은 푸리에 변환이며 영상 뿐 아니라 다양한 형태의 신호처리에서 많이 사용되고 있다. 그러므로 본 장에서는 영상을 주파수 영역(frequency domain)에서 표현하고 해석할 수 있도록 변환하는 방법인 푸리에 변환에 대해서 살펴보도록 할 것이다. 푸리에 변환은 영상 필터링, 영상 분석, 영상 압축과 같은 여러 가지 응용 알고리즘에 적용되어 오고 있다.

본 장에서는 푸리에 변환에 대해 살펴보고 픽셀 공간에서 푸리에 변환을 이용한 주파수 공간으로의 변환 알고리즘을 구현해 보도록 한다. 이번 장에서 배울 내용을 정리하면 다음과 같다.

- 이산 푸리에 변환(Discrete Fourier Transform)
- 고속 푸리에 변환(Fast Fourier Transform)
- 주파수 공간에서의 필터링 - 저주파대역 통과 필터링(Filters in Frequency Domain - Low-Pass Filtering)
- 주파수 공간에서의 필터링 - 고주파대역 통과 필터링(Filters in Frequency Domain - High-Pass Filtering)

13.1 이산 푸리에 변환(Discrete Fourier Transform)

푸리에 변환은 1800년대 초반에 프랑스의 수학자이자인 조제프 푸리에(Jean-Baptiste Joseph Fourier)에 의해 발표되었다. 그가 발표한 푸리에 해석 및 변환에 대한 내용의 핵심은 임의의 어떤 함수는 주파수가 서로 다른 무한개의 조화함수(harmonics)의 합으로 표현될 수 있다는 것이다. 이 내용을 바탕으로 푸리에 변환은 시간 또는 공간에서 정의된 신호를 시간(temporal) 또는 공간(spatial) 주파수 성분으로 분해하는 변환이다. 푸리에 급수와 푸리에 변환은 시간 또는 공간 신호의 주파수 성분을 해석한다는 점에서 비슷하지만, 푸리에 급수는 주로 주기성이 있는 신호를 무한개의 삼각함수의 합으로 표현하기 위해 사용되는데 반해, 푸리에 변환은 비주기성 신호의 주파수 성분을 파악하기 위해 사용된다. 이렇게 변환된 공간을 주파수 공간 또는 푸리에 공간이라고 하며, 푸리에 공간에서 신호를 해석할 때, 푸리에 급수를 사용하며 여기서는 원래의 신호를 서로 직교하는 기저함수인 사인(sin) 또는 코사인(cosine) 함수를 사용한다.

푸리에 변환에서는 시간 영역에서 정의된 신호 $f(x)$가 가진 주파수 성분과 주파수 성분에 해당하는 신호의 세기(진폭), 위상차 등을 쉽게 파악할 수 있는 장점이 있다. 일반적으로 유한한 주기를 가지는 신호의 주파수 성분을 확인하기 위해 푸리에 급수를 사용하고, 비주기 신호의 주파수 성분을 분석하기 위해 푸리에 변환을 사용한다. 그림 13-1은 시간영역에서 정의된 주기 신호의 푸리에 급수(Fourier Series) 표현을 나타내고 있다.

임의의 주기 신호 $x(t)$를 정현파 신호의 조합인 푸리에 급수로 표현한 수식은 아래와 같다.

$$x(t) = \sum_{k=-\infty}^{+\infty} a_k \cos(2\pi k f_0 t) + j a_k \sin(2\pi k f_0 t) \tag{13-1}$$

임의의 신호 $x(t)$는 기본주파수 f_0의 정수 k배의 주파수를 가지는 정현파들의 합으로 표현될 수 있다. 일반적으로 k가 커질수록 원래 신호인 $x(t)$에 가까워진다. 그림 13-1에서는 k값이 5와 30일 때, 정현파 신호의 조합인 푸리에 급수를 수행한 결과가 얼마나 원신호에 가까워지는지를 보여주고 있다.

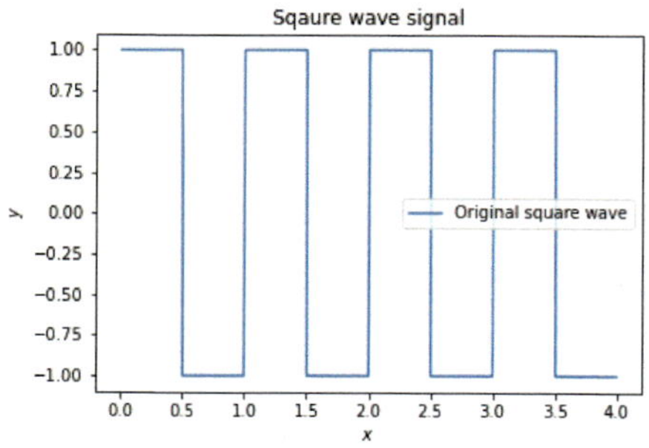

(a) 시간영역 원신호

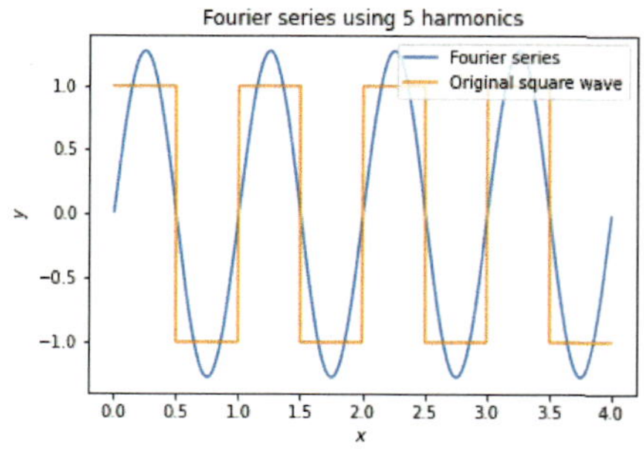

(b) 5개의 주파수 하모닉을 사용한 결과

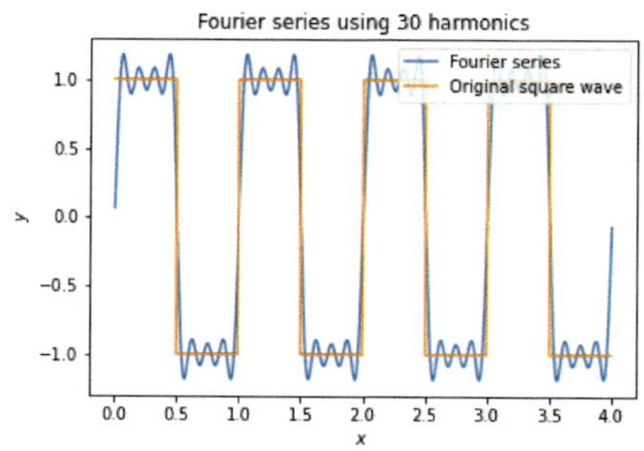

(c) 30개의 주파수 하모닉을 사용한 결과

(그림 13-1) 시간영역의 신호를 푸리에 급수로 표현한 결과

그림 13-2는 신호의 푸리에 변환의 예시를 보여준다. 시간영역에서 구형파 신호가 주파수 영역에서는 싱크(sinc) 함수의 형태를 가지고 있음을 알 수 있다.

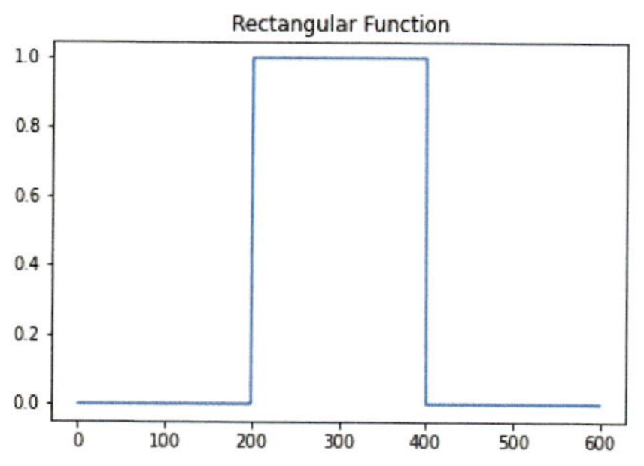

(a) 시간영역 원신호

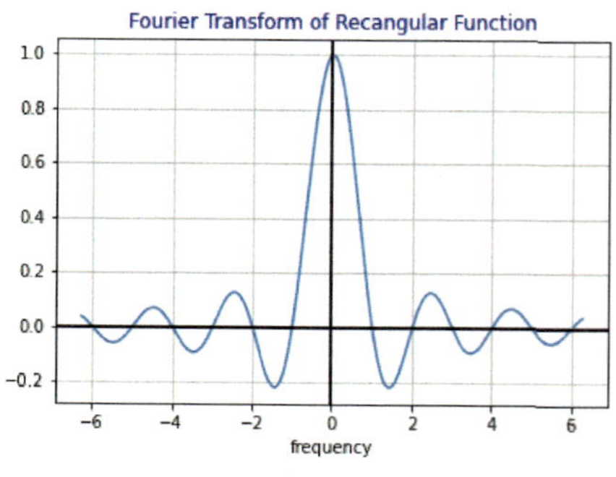

(b) 푸리에 변환 결과

(그림 13-2) 시간영역의 신호를 푸리에 변환한 결과

푸리에 급수를 활용한 주파수 성분 분석은 주로 주기성을 가진 시간영역의 함수를 대상으로 한다. 그러나 대부분의 영상 데이터는 비주기성을 가지는 경우가 많으므로, 여기서는

푸리에 변환을 중심으로 영상신호의 주파수 영역 해석을 다루도록 한다. 일반적으로 신호는 연속신호와 이산신호로 구분한다. 또한 연속신호와 이산신호의 푸리에 변환식은 서로 다른 형태를 가지고 있다. 일반적인 1차원 연속신호 $f(x)$의 푸리에 변환 결과는 아래와 같이 정의된다.

$$F(\omega) = \int_{-\infty}^{+\infty} f(x) e^{-j\omega x} dx \qquad (13\text{–}2)$$

ω는 각주파수 (초당 위상각의 변화, radian/sec)이며 신호의 주파수(f_{sig})에 2π를 곱한 값이다 ($\omega = 2\pi f_{sig}$). 이산신호의 푸리에 변환을 이산푸리에변환(Discrete Fourier Transform, DFT)라고 하며 변환 결과는 아래와 같이 정의된다.

$$F(u) = \sum_{n=0}^{N-1} f(n) e^{-j\frac{2\pi un}{N}}, u = 0, 1, 2, \ldots\ldots, N-1 \qquad (13\text{–}3)$$

u는 디지털 주파수(digital frequency)이다. 2차원 디지털 영상을 사용하여 푸리에 변환을 할 경우에는 영상이 연속 함수가 아닌 유한개의 불연속 픽셀들이므로 적분을 사용한 연속 함수가 아니라 합을 이용한 불연속 함수를 사용하므로 아래와 같이 정의된다.

$$F(u,v) = \frac{1}{N} \sum_{x=0}^{N-1} \sum_{y=0}^{M-1} f(x,y) e^{-j\left(\frac{2\pi}{N}ux + \frac{2\pi}{M}vy\right)} \qquad (13\text{–}4)$$

수식에서 $F(u,v)$는 공간 영역에서 정의된 M행 N열로 표현된 디지털 영상 $f(x,y)$를 이산 푸리에 변환한 결과를 나타낸 함수이며 (x,y)는 영상의 픽셀 좌표를 나타낸다. 여기서는 계산 및 수학식의 간편화를 위해 사용하는 영상의 행과 열의 개수가 같은 경우를 주로 다루기로 한다(앞으로는 $M=N$의 경우를 가정한다). $M \times N$은 영상의 크기를 의미하며 지수함수 e$e^{j\theta}$는 오일러 공식에 의해 사인과 코사인 함수의 조합으로 아래와 같이 실수(real)와 허수(imaginary)의 복소수 식으로 나타낼 수 있다.

$$e^{j\theta} = \cos(\theta) + j\sin(\theta) \qquad (13\text{–}5)$$

푸리에 변환을 수행하면 $F(u,v)$는 실수부와 허수부로 나누어지며, 아래와 같이 실수부와 허수부를 나누어 계산할 수 있다.

$$F^{Real}(u,v) = \frac{1}{N}\sum_{x=0}^{N-1}\sum_{y=0}^{N-1} f(x,y)\cos\left(\frac{-2\pi(ux+uy)}{N}\right) \qquad (13\text{-}6)$$

$$F^{Imag}(u,v) = \frac{1}{N}\sum_{x=0}^{N-1}\sum_{y=0}^{N-1} f(x,y)\sin\left(\frac{-2\pi(ux+uy)}{N}\right) \qquad (13\text{-}7)$$

이산 푸리에 역변환(Inverse Discrete Fourier Transform, IDFT)은 주파수 공간의 영상을 다시 픽셀 공간의 영상으로 변환시키는 역할을 한다. IDFT 수식은 다음과 같이 나타낼 수 있다.

$$f(x,y) = \frac{1}{N^2}\sum_{u=0}^{N-1}\sum_{v=0}^{N-1} F(u,v)e^{j\frac{2\pi}{N}(ux+vy)} \qquad (13\text{-}8)$$

수식에서 보듯이 역변환은 원 변환 수식과 비교하여 지수승의 부호가 반대이고 $F(u,v)$가 $f(x,y)$로 치환된 것 외에 별다른 차이가 없다.

이번에는 2차원 푸리에 변환을 이용하여 입력 영상의 픽셀들을 주파수 영역으로 변환 시키는 예를 보도록 하자. 입력 영상이 2x2 크기를 갖는 영상이고 각 픽셀 값은 아래와 같다.

y \ x	0	1
0	0	1
1	2	3

이 영상의 DFT는 수식 13-4를 변형하여 아래의 식으로 사용할 수 있다.

$$F(u,v) = \frac{1}{N}\sum_{x=0}^{N-1}\sum_{y=0}^{N-1} f(x,y)e^{-j\frac{2\pi}{N}(ux+vy)} \qquad (13\text{-}9)$$

여기서 $N=2$이므로 아래와 같은 식으로 다시 정리할 수 있다.

$$F(u,v)=\frac{1}{2}\sum_{x=0}^{1}\sum_{y=0}^{1}f(x,y)e^{-j\pi(ux+vy)} \tag{13–10}$$

$e^{-j\pi(ux+vy)}=(e^{-j\pi})^{(ux+vy)}=(-1)^{(ux+vy)}$이므로 DFT의 결과는 아래의 식으로 다시 표현할 수 있다.

$$F(u,v)=\frac{1}{2}\sum_{x=0}^{1}\sum_{y=0}^{1}f(x,y)(-1)^{(ux+vy)} \tag{13–11}$$

DFT 수식에 의해 영상의 각 픽셀 값들을 푸리에 공간으로 변환시켜 보면, $F(0,0)$, $F(0,1)$, $F(1,0)$, $F(1,1)$을 모두 구할 수 있다. 계산 결과는 아래와 같다.

$$\begin{aligned}F(0,0)=\frac{1}{2}[&f(0,0)(-1)^{(u\times 0+v\times 0)}\\&+f(0,1)(-1)^{(u\times 0+v\times 1)}\\&+f(1,0)(-1)^{(u\times 1+v\times 0)}\\&+f(1,1)(-1)^{(u\times 1+v\times 1)}]\end{aligned}$$

이 수식은 다시 아래와 같은 값을 갖게 된다.

$$F(0,0)=\frac{1}{2}[0(-1)^0+1(-1)^{(0)}+2(-1)^{(0)}+3(-1)^{(0)}]=3$$

이와 같은 방법으로 나머지 픽셀들에 대해서도 동일한 수식을 적용하면 아래와 같은 결과 값을 갖게 된다.

$$F(0,1)=\frac{1}{2}[0(-1)^0+1(-1)^{(1)}+2(-1)^{(0)}+3(-1)^{(1)}]=-1$$

$$F(1,0)=\frac{1}{2}[0(-1)^0+1(-1)^{(0)}+2(-1)^{(1)}+3(-1)^{(1)}]=-2$$

$$F(1,1)=\frac{1}{2}[0(-1)^0+1(-1)^{(1)}+2(-1)^{(1)}+3(-1)^{(2)}]=0$$

따라서 최종 푸리에 변환된 결과 값(u, v)는 아래와 같다.

v \ u	0	1
0	3	−2
1	−1	0

이 푸리에 결과 값은 다시 역변환에 의해 원래 영상의 값으로 변경 될 수 있다. 먼저 역변환에서 지수식을 다음과 같이 쓸 수 있다.

$$e^{j\frac{2\pi}{N}} = (\cos(\pi) + j\sin(\pi)) = -1$$

변환된 지수식에 따라 푸리에 역변환식은 아래와 같이 다시 정리할 수 있다.

$$f(x,y) = \frac{1}{N}\sum_{u=0}^{N-1}\sum_{v=0}^{N-1}F(u,v)e^{\frac{j2\pi(ux+vy)}{N}} = \frac{1}{2}\sum_{u=0}^{1}\sum_{v=0}^{1}F(u,v)(-1)^{(ux+vy)}$$

IDFT 수식에 의해 주파수 공간에서 정의된 푸리에 값들을 픽셀 공간으로 변환시켜 보면, $f(0,0), f(0,1), f(1,0), f(1,1)$ 을 아래와 같이 계산할 수 있다.

$$\begin{aligned} f(0,0) = \frac{1}{2}[&F(0,0)(-1)^{(0\times x+0\times y)} \\ &+F(0,1)(-1)^{(0\times x+1\times y)} \\ &+F(1,0)(-1)^{(1\times x+0\times y)} \\ &+F(1,1)(-1)^{(1\times x+1\times y)}] \end{aligned}$$

이 수식은 다시 아래와 같은 값을 갖게 된다.

$$f(0,0) = \frac{1}{2}[3(-1)^{0} - 1(-1)^{(0)} - 2(-1)^{(0)} + 0(-1)^{(0)}] = 0$$

나머지 값들도 같은 방법을 통해 아래와 같이 구할 수 있다.

$$f(0,1) = \frac{1}{2}[3(-1)^0 - 1(-1)^{(1)} - 2(-1)^{(0)} + 0(-1)^{(1)}] = 1$$

$$f(1,0) = \frac{1}{2}[3(-1)^0 - 1(-1)^{(0)} - 2(-1)^{(1)} + 0(-1)^{(1)}] = 2$$

$$f(1,1) = \frac{1}{2}[3(-1)^0 - 1(-1)^{(1)} - 2(-1)^{(1)} + 0(-1)^{(2)}] = 3$$

실제 영상에 대해서 이산 푸리에 변환을 취하고 이를 화면에 표현할 때는 주로 공간 주파수 성분에 해당하는 크기값을 아래와 같은 수식을 통해 계산한다.

$$|F(u,v)| = \sqrt{(F^{Real}(u,v))^2 + F^{Imag}(u,v))^2} \tag{13-12}$$

일반적인 푸리에 변환의 결과인 $F(u)$에서 $u=0$일때의 값 $F(0)$를 직류(Direct Current, DC) 값이라고 하는 것처럼 2차원 영상의 화소값 $f(x,y)$을 푸리에 변환 한 결과인 $F(u,v)$에서 $u=v=0$일 때의 값 $F(0,0)$을 DC라 하며 이 값은 아래와 같이 표현할 수 있다.

$$F(0,0) = \frac{1}{2}\sum_{x=0}^{1}\sum_{y=0}^{1} f(x,y)$$

즉, $F(0,0)$은 영상 내 모든 픽셀값의 합과 같다(수식을 N으로 나누었으나 이것은 단순히 스케일의 변화에만 해당 하므로 모든 픽셀값의 합이라고 하더라도 무방하다).

푸리에 변환된 값을 화면에 출력하기 위해서는 정규화 과정이 필요하다. 하지만 단순한 선형 정규화 과정을 거칠 경우 여전히 DC값이 다른 값에 비해서 상당히 큰 경우가 많기 때문에 일반적인 방법과 같이 최대값으로 모든 값을 나누어 줄 경우 화면에는 DC값만 나타나고 다른 값들은 나타나지 않게 된다. 따라서 다른 주파수 성분의 크기를 상대적으로 크게 만들기 위해서 주파수 신호의 세기에 대해 아래 수식과 같이 로그(log) 변환을 취한다.

$$|L[u,v]| = \log(|F[u,v]| + 1) \tag{13-13}$$

로그 변환 후에 영상은 그림 13-2 (b)와 같이 상하좌우 대칭 형태로 나타나게 되는데, 주파수 신호 중 DC가 화면의 중간 부분을 중심으로 출력되도록 이동(shift)시켜야 한다. 이 과정은 실습 프로그램 코드를 참고하도록 하자. 먼저 이산 푸리에변환을 위한 OpenCV함수를 알아보도록 하자.

```
void cv::dft      (        InputArray        src,
OutputArray      dst,
int       flags = 0,
int       nonzeroRows = 0
)
Python:
cv.dft( src[, dst[, flags[, nonzeroRows]]]  ) ->      dst
src: 입력 배열 (real or complex)
dst: 출력배열
flags:  변환 플래그
  0: 출력이 입력과 같은 실수(real) 행렬
  DFT_COMPLEX_OUTPUT: 출력이 입력과 같은 복소수 (complex) 행렬
nonzeroRows:   처리되어야 할 행의 수
```

연습 13-1은 이산푸리에 변환을 구현한 것이고, 그림 13-3은 연습 13-1 이산푸리에 변환 코드 실행 결과 영상을 보여주고 있다.

연습 13-1) 이산푸리에 변환 DFT를 구현하기

```
from google.colab.patches import cv2_imshow
import numpy as np
import cv2
from google.colab import drive
drive.mount('/content/gdrive')

# 영상을 불러오기
img = cv2.imread('/content/gdrive/MyDrive/butterfly.bmp', 0)
# cv2.dft 함수를 이용하여 영상의 이산푸리에 변환 수행
dft = cv2.dft(np.float32(img),flags = cv2.DFT_COMPLEX_OUTPUT)
# DC성분이 중심으로 오도록 주파수 중심을 이동
dft_shift = np.fft.fftshift(dft)
```

```
# DFT결과의 크기값에 로그를 취하여 육안으로 확인이 용이하도록 함
mag_dft = 20*np.log(cv2.magnitude(dft[:,:,0],dft[:,:,1]))
mag_dft_shift = 20*np.log(cv2.magnitude(dft_shift[:,:,0],dft_shift[:,:,1]))
# 결과값을 출력
cv2_imshow(img)
cv2_imshow(mag_dft)
cv2_imshow(mag_dft_shift)
```

코드설명

dft = cv2.dft(np.float32(img),flags = cv2.DFT_COMPLEX_OUTPUT): flags는 dft를 어떤 식으로 수행할지 결정. 여기서 cv2.DFT_COMPLEX_OUTPUT은 출력을 동일 배열 크기의 복소수로 하며 일반적으로 가장 많이 사용하는 방식이다.

dft_shift = np.fft.fftshift(dft): 결과값이 중심으로 오도록 주파수를 중심으로 이동.

mag_dft = 20*np.log(cv2.magnitude(dft[:,:,0],dft[:,:,1])): magnitude는 2D 벡터의 크기를 계산하는 함수. 따라서 dft 결과의 크기값에 로그를 취하여 육안으로 확인이 용이하도록 변경한다.

mag_dft_shift = 20*np.log(cv2.magnitude(dft_shift[:,:,0],dft_shift[:,:,1])): magnitude는 2D 벡터의 크기를 계산하는 함수. 따라서 dft_shift의 결과의 크기값에 로그를 취하여 육안으로 확인이 용이하도록 변환한다.

(a) 입력 영상　(b) DFT 결과　(c) DFT중심 주파수 이동 결과

(그림 13-3) 공간영역에서 정의된 영상의 DFT 변환 결과

이제 역이산 푸리에변환(Inverse DFT)을 이용하여 주파수 영역에서 표현된 정보를 공간 영역에서 표현해보자. 역이산 푸리에 변환을 위한 OpenCV함수는 다음과 같다.

```
void cv::idft      (          InputArray        src,
OutputArray     dst,
int       flags = 0,
int       nonzeroRows = 0
)
Python:
cv.idft( src[, dst[, flags[, nonzeroRows]]]  ) ->     dst
src: 입력 실수 또는 복소수 배열
dst: 플래그에 따른 출력 배열 크기 및 타입
flags: DFT와 동일
nonzeroRows: DFT와 동일
```

이제 역이산 푸리에변환 코드를 연습해보자.

연습 13-2) DFT의 역변환 구현하기

```
from google.colab.patches import cv2_imshow
import numpy as np
import cv2
from matplotlib import pyplot as plt
# 영상을 불러오기
img = cv2.imread('/content/gdrive/MyDrive/butterfly.bmp',0)
# 영상을 이산푸리에 변환함
dft = cv2.dft(np.float32(img),flags = cv2.DFT_COMPLEX_OUTPUT)

#DFT 변환
dft_shift = np.fft.fftshift(dft)
dft_shift = np.fft.fftshift(dft)
mag_dft=20*np.log(cv2.magnitude(dft[:,:,0],dft[:,:,1]))
mag_dft_shift=20*np.log(cv2.magnitude(dft_shift[:,:,0],dft_shift[:,:,1]))

# DC성분 중심으로 이동
rows, cols = img.shape
crow,ccol = int(rows/2), int(cols/2)
# 첫번째 마스크 만들기
mask = np.zeros((rows,cols,2),np.uint8)
mask[crow-30:crow+30, ccol-30:ccol+30] = 1
```

```
# 마스크를 이용하여 inverse DFT취하기
fshift = dft_shift*mask
f_ishift = np.fft.ifftshift(fshift)
# cv2.idft를 이용하여 이산푸리에 역변환을 수행함
img_back = cv2.idft(f_ishift)
img_back = cv2.magnitude(img_back[:,:,0],img_back[:,:,1])
# 영상 및 이산푸리에 역변환한 결과를 출력함
plt.subplot(131), plt.imshow(img, cmap = 'gray')
plt.title('Input Image'), plt.xticks([]), plt.yticks([])
plt.subplot(132), plt.imshow(mag_dft_shift, cmap = 'gray')
plt.title('DFT Image'), plt.xticks([]), plt.yticks([])
plt.subplot(133), plt.imshow(img_back, cmap = 'gray')
plt.title('Result of IDFT'), plt.xticks([]), plt.yticks([])
plt.show()
```

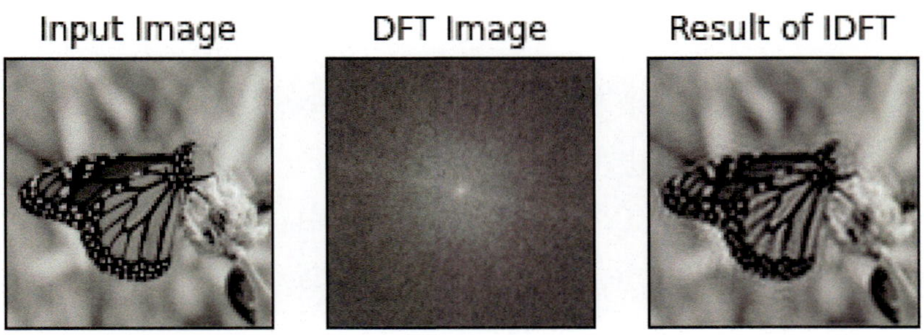

코드설명

mask = np.zeros((rows,cols,2),np.uint8): idft를 수행하기 전 mask를 생성. mask는 원본 영상과 같은 크기의 비어있는 영상. 모든 값은 0으로 되어있다.

mask[crow-30:crow+30, ccol-30:ccol+30] = 1: 새로 생성한 mask의 센터 부분은 값을 1로 변경한다.

fshift = dft_shift*mask: dft를 수행한 결과에 mask를 곱하여 fshift를 생성한다.

img_back = cv2.idft(f_ishift): DC성분을 다시 원상태로 복구 한 f_ishift에 idft를 적용하여 그 결과를 img_back에 저장한다.

13.2 고속 푸리에 변환(Fast Fourier Transform)

프로그램 결과에서 확인한 것처럼 이산 푸리에 변환은 많은 계산량을 요구한다. 보통 일반적인 푸리에 변환은 $O(kN^4)$의 계산 복잡도를 갖는다. 이렇게 계산량이 많은 문제점을 해결하기 위해서 푸리에 변환을 행과 열을 반복적으로 적용하여 $O(kN^3)$까지 계산량을 줄이는 알고리즘이 개발되었다. 지금까지 살펴본 이산 푸리에 변환 방법 이외에도 푸리에 변환식에서 사용되는 반복적인 연산을 제거함으로써 계산 속도를 획기적으로 향상 시킬 수 있는 고속 푸리에 변환(FFT: Fast Fourier) 알고리즘이 개발되었다. FFT는 DFT와 다른 것이 아니라 DFT를 계산량의 측면에서 효율성을 달성하기 위한 알고리즘이다. DFT는 아래와 같이 $N/2$개의 항을 가진 두 개의 식으로 분리하여 표현할 수 있다.

$$F(u) = \sum_{n=0}^{N-1} f(n) e^{-j\frac{2\pi un}{N}} = \sum_{k=0}^{N/2-1} f(2k) e^{-j\frac{2\pi u(2k)}{N}} + \sum_{k=0}^{N/2-1} f(2k+1) e^{-j\frac{2\pi u(2k+1)}{N}} \quad (13\text{–}14)$$

각 두 개의 항을 각각 동일한 방식으로 절반으로 분리하는 작업을 반복하면 DFT 식이 가지는 대칭성을 활용하여 계산량을 줄일 수 있다. N개의 샘플링 시간에서 정의되는 신호의 DFT에서는 N개의 곱셈과 N(N−1)개의 덧셈이 필요하다. 위의 식과 같이 DFT항을 분리한 후 대칭성을 활용하면 $(N/2)\log_2(N)$ 개의 곱셈과 $Nlog_2N$개의 덧셈으로 푸리에 변환을 수행할 수 있다. 예를 들어 1024개의 샘플을 가진 이산신호를 일반적인 DFT를 수행하는 경우 1,048,576회의 곱셈과 4,192,256개의 덧셈 연산이 필요하다. 반면에 FFT를 수행할 경우 5,120회의 곱셈과 10,240회의 덧셈만 수행하면 된다.

(표 13–1) DFT와 FFT의 계산복잡도 비교

이산신호 길이	DFT		FFT	
	곱셈	덧셈	곱셈	덧셈
N	N^2	$N(N-1)$	$(N/2)\log_2(N)$	$Nlog_2N$

실습에서는 python 라이브러리가 제공하는 cv2.fft 함수를 사용(2차원 영상의 경우 fft2 함수)하여 DFT결과를 얻을 수 있다. 연습 13–3는 FFT를 사용하여 영상을 주파수 영역에서 확인하는 코드를 나타내고 있고, 그 결과는 그림 13–4에 나타나 있다.

연습 13-3) 고속푸리에 변환 구현하기

```
from google.colab.patches import cv2_imshow
import numpy as np
import cv2
import matplotlib.pyplot as plt
from google.colab import drive
drive.mount('/content/gdrive')
import numpy as np
from google.colab.patches import cv2_imshow
import cv2
#영상을 불러오기
img = cv2.imread("/content/gdrive/MyDrive/butterfly.bmp", 0)
#고속푸리에 변환을 수행하는 fft2함수 실행
ifourier = np.fft.fft2(img)
#DC성분을 중심 위치에 두기 우해 fftshift 실행
fshift = np.fft.fftshift(fourier)
# 주파수 영역에서의 크기값을 확인하기 용이하도록 하기 위해 log연산 수행
fourier_image = 20* np.log(np.abs(fourier))
#inverse_fourier = np.fft.ifft(fourier)
#inverse_fourier_image = 20* np.log(np.abs(inverse_fourier))
magnitude_spectrum = 20* np.log(np.abs(fshift))
cv2_imshow(img)
cv2_imshow(fourier_image)
cv2_imshow(magnitude_spectrum)
#cv2_imshow(inverse_fourier)
cv2.imwrite('/content/gdrive/MyDrive/buttyfly_fourier.bmp',fourier_image)
cv2.imwrite('/content/gdrive/MyDrive/buttyfly_magnitude_spectrum.bmp',magnitud
e_spectrum)
```

코드설명

ifourier = np.fft.fft2(img): fft보다 빠른 고속 푸리에 변환(fft2)을 수행한다.

fourier_image = 20* np.log(np.abs(fourier)): 주파수 영역에서의 크기값을 확인하기 용이하게 하기 위해 log연산을 수행. 여기서 np.abs(fourier)는 fourier 결과값에 절대값을 취한 것을 입력한다.

(a) 입력 영상 (b) FFT 결과 (c) 주파수 이동 결과

(그림 13-4) 고속푸리에 변환 구현 결과

13.3 주파수 공간에서의 필터링 - 저주파대역 통과 필터링 (Filters in Frequency Domain - Low - Pass Filtering)

이 책의 5장에서 우리는 공간영역에서 영상의 필터링 방법에 대해 알아보았다. 공간영역에서의 영상 필터링을 위해 컨벌루션 연산을 활용하였다. 공간영역에서 2차원 신호 사이의 컨벌루션 연산(*)은 각 신호를 푸리에 변환하여 주파수 공간에서 곱셈 연산을 수행하는 것과 동일한 결과를 보여준다. 공간영역에서 정의된 두 개의 2차원 신호를 각각 $f(x,y), h(x,y)$로 표기하고, 각 신호의 푸리에 변환결과를 각각 $F(u,v), H(u,v)$라 할 때 다음의 관계가 성립한다.

$$Fourier(f(x,y) * h(x,y)) = F(u,v)H(u,v) \quad (13\text{–}5)$$

반대로, 주파수 영역에서의 컨벌루션은 공간영역에서의 곱셈과 같다. 즉 시간영역에서의 컨벌루션(곱셈)은 주파수영역에서의 곱셈(컨벌루션)의 관계가 성립하며, 이 관계를 이용하면 영상 필터링 등의 연산을 효율적으로 수행할 수 있다. 영상의 필터링에서 대표적인 것 두 가지는 블러링(Blurring)과 샤프닝(Sharpening)이다. 전자는 Smoothing이라고 표현하기도 하며, 일반적으로 영상의 고주파 성분을 억제하고 저주파 성분만 유지함으로서 영상을 좀 더 부드럽게 또는 흐리게 만든다. 이러한 역할을 수행하는 필터를 저주파대역 통과 필터(Low pass filter, LPF)라 한다. 후자는 영상의 고주파 성분을 유지하고 저주파 성분을 억제함으로서 영상의 엣지(edge) 성분 등 변화가 큰 영역이 두드러지게 나타나도록 하는 효과를 보여준다. 이러한 역할을 수행하는 필터를 고주파대역 통과필터(High pass filter, HPF) 라 한다.

연습 13-4를 통해 푸리에 변환 후 저주파 대역통과 필터를 구현해 보자.

연습 13-4) 저주파대역통과필터 구현

```
import matplotlib.pylab as pylab
import numpy.fft as fp
import numpy as np

def signaltonoise(a, axis=0, ddof=0):
a = np.asanyarray(a)
m = a.mean(axis)
sd = a.sttd(axis=axis,ddof=ddof)
 return np.where(sd == 0, 0,m/sd)
 #영상을 불러오기
img = cv2.imread('/content/gdrive/MyDrive/butterfly.bmp', 0)
#영상에 fft를 적용하여 수행
freq = fp.fft2(img)
#가우시안 필터를 생성
gauss_kernel = np.outer(signal.gaussian(img.shape[0], 5),signal.gaussian(img.s
hape[1], 5))
assert(freq.shape == gauss_kernel.shape)
#가우시안 필터에 대한 fft수행
freq_kernel = fp.fft2(fp.ifftshift(gauss_kernel))
#주파수 영역에서의 필터링은 곱셈이므로 영상의 fft결과와 가우시안 필터의 fft 결과 단순
 곱 수행
convolved = freq * freq_kernel
img1 = fp.ifft2(convolved).real
mag1 = 20* np.log10(0.1+ fp.fftshift(freq))
mag2 = 20* np.log10(0.1+ fp.fftshift(freq_kernel))
mag3 = 20* np.log10(0.1+ fp.fftshift(convolved))
# 결과를 출력
pylab.figure(figsize=(20, 15)),pylab.gray()
pylab.plot(),pylab.imshow(img)
pylab.show()
pylab.figure(figsize=(20, 15)),pylab.gray()
pylab.plot(),pylab.imshow(gauss_kernel)
pylab.show()
pylab.figure(figsize=(20, 15)),pylab.gray()
```

```
pylab.plot(),pylab.imshow(img1)
pylab.show()
pylab.figure(figsize=(20, 15)),pylab.gray()
pylab.plot(),pylab.imshow(mag1.astype(int))
pylab.show()
pylab.figure(figsize=(20, 15)),pylab.gray()
pylab.plot(),pylab.imshow(mag2.astype(int))
pylab.show()
pylab.figure(figsize=(20, 15)),pylab.gray()
pylab.plot(),pylab.imshow(mag3.astype(int))
pylab.show()

# 하나의 출력창에 모두 보여주려면 아래와 같이 subplot 함수를 사용
# pylab.subplot(2, 3, 1), pylab.imshow(img)
# pylab.title('(a) Original Image', size=10), pylab.axis('off')
# pylab.subplot(2, 3, 2), pylab.imshow(gauss_kernel)
# pylab.title('(b) Gaussian Kernel', size=10)
# pylab.subplot(2, 3, 3), pylab.imshow(img1)
# pylab.title('(c) Output Image', size=10), pylab.axis('off')
# pylab.subplot(2, 3, 4), pylab.imshow(mag1.astype(int))
# pylab.title('(d) Original Image Spectrum', size=10), pylab.axis('off')
# pylab.subplot(2, 3, 5), pylab.imshow(mag2.astype(int))
# pylab.title('(e) Gaussian Kernel Spectrum', size=10)
# pylab.subplot(2, 3, 6), pylab.imshow(mag3.astype(int))
# pylab.title('(f) Output Image Spectrum', size=10), pylab.axis('off')
# pylab.subplots_adjust(wspace=0.2, hspace=0)
# pylab.show()
```

결과는 그림 11-4에서 확인하자.

코드설명

gauss_kernel = np.outer(signal.gaussian(img.shape[0], 5),signal.gaussian(img.shape[1], 5)): img.shape[0]은 가로, img.shape[1]은 영상의 세로 길이를 뜻한다. 영상의 가로, 세로 길이에 맞는 가우시안 필터를 생성. np.outer는 두 벡터의 외부 곱을 계산하는 함수이다.

assert(freq.shape == gauss_kernel.shape): fft2를 적용한 결과 영상의 크기와, 가우시안 필터의 크기가 같은 경우에만 다음 코드로 넘어간다.

연습 13-4의 코드에서 구현한 저주파대역 필터링의 결과는 그림 13-5와 같다. 입력영상에 대해 2차원 가우시안 필터를 설계하고 (13-5 (b)) 이것을 푸리에 변환한다 (13-5 (e)). 마찬가지로 입력영상에 대해 푸리에 변환을 실시하고(13-5 (d)) 주파수 영역으로 표현된 가우시안 필터를 적용하면(13-5 (e)) 필터링 된 주파수 영역을 얻을 수 있다(13-5 (f)). 이것을 다시 역변환하면 가우시안 필터가 적용된 영상을 얻을 수 있다 (13-5 (c)).

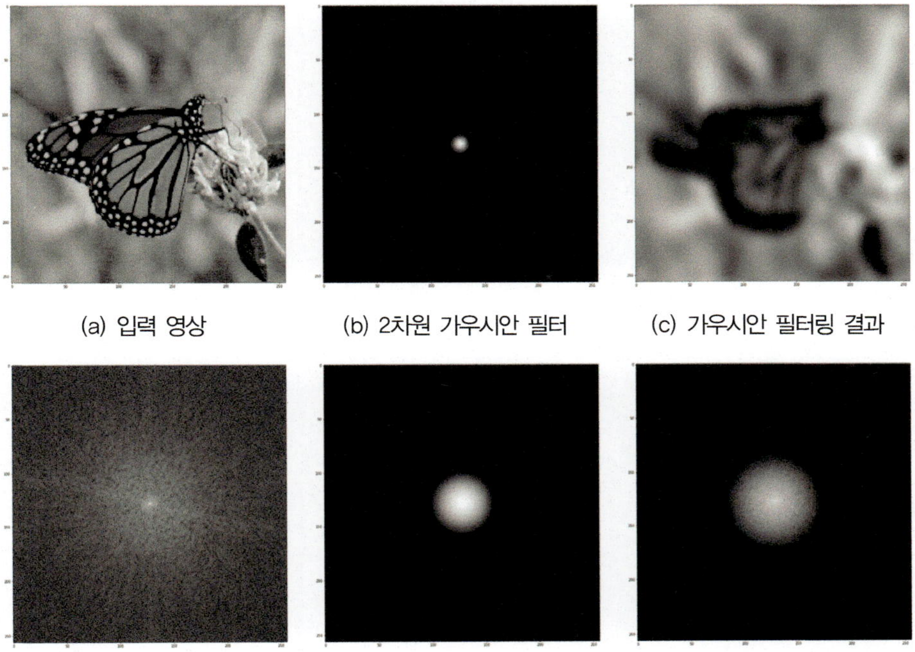

(a) 입력 영상 (b) 2차원 가우시안 필터 (c) 가우시안 필터링 결과

(d) (a)의 주파수 영역 표현 (e) (b)의 주파수영역 표현 (f) (c)의 주파수 영역 표현

(그림 13-5) 공간영역에서 정의된 영상의 주파수 영역에서의 저주파대역 필터링 결과

13.4 주파수 공간에서의 필터링 - 고주파대역 통과 필터링 (Filters in Frequency Domain - High-Pass Filtering)

우리는 고주파대역 통과필터링을 통해 영상의 고주파 성분을 유지하고 저주파 성분을 억제함으로서 영상의 엣지(edge) 성분 등 변화가 큰 영역이 두드러지게 나타나도록 하는 효과를 얻을 수 있다. 이러한 역할을 수행하는 필터를 고주파대역 통과필터(High pass filter, HPF) 라 한다. 연습 13-4와 유사한 방식으로 고주파 대역 통과 필터링도 쉽게 프로그램 할 수 있다. 연습 13-5를 통해 고주파 대역 통과 필터링을 프로그램 해보자.

연습 13-5) 고주파 대역 통과 필터링

```
import numpy as np
from google.colab.patches import cv2_imshow
import cv2

from scipy import ndimage, misc, signal, fftpack
import matplotlib.pylab as pylab
import numpy.fft as fp
import numpy as np

def signaltonoise(a, axis=0, ddof=0):
    a = np.asanyarray(a)
    m = a.mean(axis)
    sd = a.sttd(axis=axis, ddof=ddof)
    return np.where(sd == 0, 0, m/sd)

img = cv2.imread('/content/gdrive/MyDrive/butterfly.bmp', 0)
freq = fp.fft2(img) ##
freq1 = np.copy(freq)
freq2 = fp.fftshift(freq1)
(w, h) = freq.shape
half_w, half_h = w//2, h//2
n = 15
# 주파수 영역에서 고주파대역 통과 필터를 설계함
freq2[half_w-n:half_w+n+1,half_h-n:half_h+n+1] = 0
gauss_kernel = (20 * np.log10(0.1 + freq2)).astype(int) ##
assert(freq.shape == gauss_kernel.shape)
freq_kernel = fp.fft2(fp.ifftshift(gauss_kernel))
convolved = freq * freq_kernel
img1 = fp.ifft2(fftpack.ifftshift(freq2)).real
img2 = np.clip(img1, 0, 255)

mag1 = 20 * np.log10(0.1 + fp.fftshift(freq))
mag2 = 20 * np.log10(0.1 + fp.fftshift(freq_kernel))
mag3 = 20 * np.log10(0.1 + fp.fftshift(convolved))

pylab.figure(figsize=(20, 15)), pylab.gray()
pylab.plot(), pylab.imshow(img)
pylab.show()
```

```
pylab.figure(figsize=(20, 15)), pylab.gray()
pylab.plot(), pylab.imshow(gauss_kernel)
pylab.show()
pylab.figure(figsize=(20, 15)), pylab.gray()
pylab.plot(), pylab.imshow(img1)
pylab.show()
pylab.figure(figsize=(20, 15)), pylab.gray()
pylab.plot(), pylab.imshow(mag1.astype(int))
pylab.show()
pylab.figure(figsize=(20, 15)), pylab.gray()
pylab.plot(), pylab.imshow(mag2.astype(int))
pylab.show()
pylab.figure(figsize=(20, 15)), pylab.gray()
pylab.plot(), pylab.imshow(mag3.astype(int))
pylab.show()
```

결과는 그림 13-5에서 확인하자.

코드설명

a.mean(axis = N) : 이미지의 평균을 계산하는 연산, N개의 축에 대해서 평균을 구한다는 의미이며, 이 코드에서는 2차원 이미지를 다루므로 N=2로 설정되어 있음. np.mean을 수행하지 않아도 무방하므로, 독자들은 np.mean을 사용한 것과 사용하지 않은 결과를 비교해 보도록 하자.

freq1 = np.copy(freq): freq를 freq1에 복사한다.

img2 = np.clip(img1, 0, 255): np.clip은 max값보다 큰 값들을 max값으로 바꿔주고 min값보다 작은 값들을 min값으로 바꿔주는 함수. 여기서 0보다 작은 값은 0으로 바뀌고, 255보다 큰 값들은 255로 바뀐다.

그림 13-5는 고주파 대역 필터링 결과를 보여준다. 입력영상에 대해 푸리에 변환을 적용하고 (13-5 (d)) 마찬가지로 고주파 대역 통과필터를 설계한다 (13-5 (b)). 설계된 고주파 대역 필터를 푸리에 변환하고(13-5 (e)) 이것을 입력영상의 주파수 변환 영상에 적용하여 주파수 영역에서의 고주파 대역 필터링 결과를 얻을 수 있다 (13-5 (f)). 다시 이것을 원래 영상으로 복원하면 그림 13-5 (c)와 같다.

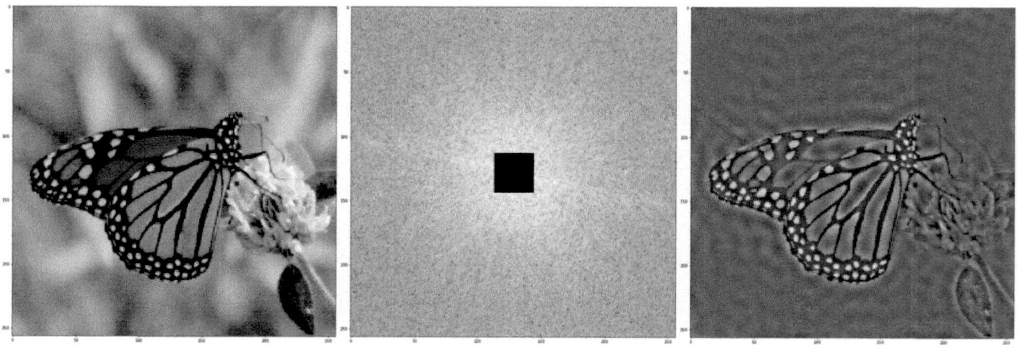

(a) 입력 영상 (b) 2차원 고주파대역 통과 필터(HPF) (c) HPF 필터링 결과

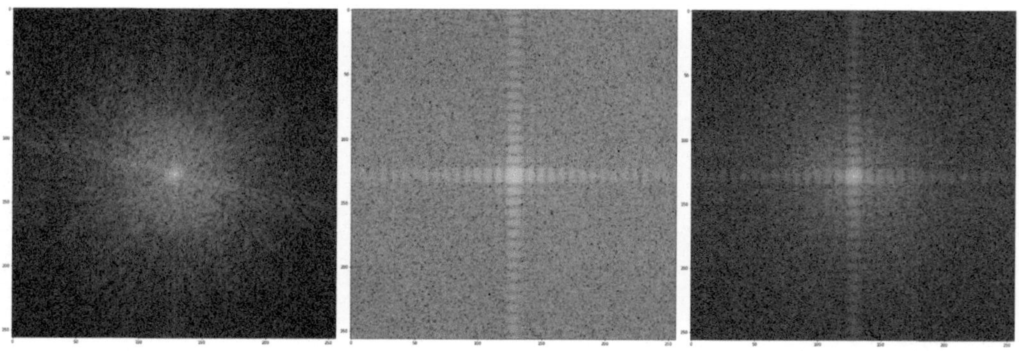

(d) (a)의 주파수 영역 표현 (e) (b)의 주파수영역 표현 (f) (c)의 주파수 영역 표현

(그림 13-5) 주파수 영역에서의 고주파대역 필터링 결과

13장 정리

1. 푸리에 변환은 입력 주기성을 가진 입력 신호를 sin 함수와 cos 함수의 기저 함수를 사용하여 주파수 공간으로 변환할 수 있다는 이론이다

2. 어떤 함수 f(x)에 대해 시간 영역에서 해석하기 곤란한 신호의 주파수 성분과 진폭 등을 푸리에 변환을 통해 주파수 영역으로 변환함으로써 쉽게 파악할 수 있는 장점이 있다.

3. 불연속 함수를 이용하여 픽셀 공간 좌표 값을 주파수 성분으로 변환하는 것을 이산 푸리에 변환(DFT: Discrete Fourier Transform)이라고 한다.

4. 2차원 영상을 푸리에 변환 하면 u=v가 0인 F(0,0)위치의 값을 DC(direct current: 직류)라고 부르며 이 값은 영상 내 모든 픽셀의 그레이 값의 합과 같다.

5. 푸리에 변환식에서 사용되는 반복적인 연산을 제거함으로써 계산 속도를 획기적으로 향상시킬 수 있는 고속 푸리에 변환(FFT: Fast Fourier) 알고리즘이 개발되었다.

6. 2차원 영상의 필터링은 공간영역에서는 컨벌루션 연산을, 주파수 영역에서는 곱셈 연산을 수행함으로서 동일한 결과를 얻을 수 있다.

연습문제

1. 아래 그림과 같이 4x4 크기의 영상이 있을 경우 각 픽셀값들을 푸리에 계수로 변환 하고 반대로 푸리에 계수를 역 변환하는 과정을 풀이하시오.

52	55	61	65
63	59	60	90
62	59	68	113
63	59	71	112

2. 웹이나 관련 서적을 참고하여 행과 열 단위로 이산 푸리에 변환을 진행하는 알고리즘을 구현하시오.

3. 아래의 영상에 대해 저주파 대역 및 고주파 대역 통과 필터를 수행하시오

(1) 저주파 및 고주파 대역 필터링을 공간영역에서 컨벌루션을 이용하여 수행하시오

(2) 푸리에 변환을 활용하여 주파수 공간에서 필터링을 수행하시오.

참고문헌

[1] 이대호, 박영태, "영상처리를 위한 C++ 프로그래밍", 도서출판 인터비젼

[2] 황선규, "영상처리 프로그래밍 by Visual C++", 한빛미디어

[3] Robert Fisher, Simon Perkins, Ashley Walker and Erik Wolfart, "Hypermedia Image Processing Reference", John Wiley & Sons Ltd

[4] 정성환, 조보호, 배종욱, "파이썬으로 배우는 영상처리", 도서출판 홍릉, 2020.

[5] 고병철, "VISUAL C++기반의 의료영상처리 프로그래밍", 그린출판사, 2011.02.25

저 / 자 / 소 / 개

고병철

2004.02 연세대학교 컴퓨터과학과에서 박사를 마쳤다. 2004.03부터 2005.08까지 삼성전자 통신연구소에서 책임연구원으로 근무하다가 2005.09 계명대학교 컴퓨터공학과 교수로 자리를 옮겼다. 머신러닝 기반의 컴퓨터비전에 대한 다양한 연구를 수행하였고 최근에는 설명 가능한 인공지능, 경량(Tiny) 인공지능에도 관심을 갖고 있다. 언젠가는 컴퓨터비전에 적용되는 인공지능 모델이 지금의 심층신경망 구조를 벗어날 것을 확신하며 연구에 매진하고 있다. 교재로 '의료영상처리프로그래밍', '영상처리기반의 인공지능 입문', '머신러닝 알고리즘 마스터(번역)', '텐서플로우 2.x기반의 인공지능 이론과 실습' 등이 있다. 현재 계명대학교 공과대학장 및 AI융합연구소 소장도 겸하고 있다.

이덕우

2012년 12월 North Carolina State University 전기컴퓨터공학부에서 영상신호처리 전공으로 박사학위를 취득했다. 세인트루이스 워싱턴 대학교 박사 후 연구원 근무를 하다가 2013년 9월부터 2016년 8월까지 삼성전자 무선사업부 카메라개발그룹에서 책임연구원으로 근무하였다. 2016년 9월부터 2018년 2월까지 영산대학교 조교수, 2018년 3월부터 현재까지 계명대학교 컴퓨터공학부(컴퓨터공학전공) 조교수로 근무하고 있다. 영상 및 신호처리와 컴퓨터 비전 분야의 이론 및 기반기술 연구를 주로 하고 있다. 번역한 교재로는 '머신러닝 알고리즘 마스터(공저자)'가 있다.

도서출판 **그린**

파이썬과 코랩기반의
OpenCV로 배우는 영상처리 (제2판)

초 판 인쇄 ▶	2022년 1월 7월
수정판 발행 ▶	2023년 2월 10일
2판1쇄 발행 ▶	2024년 8월 30일
저 자 ▶	고병철, 이덕우
발행처 ▶	도서출판 **그린**
발행인 ▶	윤 덕 우
출판등록 ▶	제8-161호(1995. 5. 3.)
주소 ▶	경기 파주시 가람로116번길 107 운정한강듀클래스 411호 (우) 10896
전화 ▶	02) 333-2574, 2575
Fax ▶	02) 333-2561
E-mail ▶	greenpress@greenpress.co.kr
Homepage ▶	http://www.greenpress.co.kr

Green Pub.

정가 : 25,000원

ISBN 978-89-5727-369-2